Knaur.

Über den Autor:
Dr. Helmut Kohl, geboren 1930 in Ludwigshafen am Rhein; seit 1947 Mitglied der CDU. 1959 Mitglied des Landtages von Rheinland-Pfalz, 1969 bis 1976 Ministerpräsident des Landes Rheinland-Pfalz. Von 1973 bis zum 7. November 1998 Bundesvorsitzender der CDU. Mitglied des Deutschen Bundestages von 1976 bis 2002, von Dezember 1976 bis Oktober 1982 Oppositionsführer als Vorsitzender der CDU/CSU-Bundestagsfraktion. Vom 1. Oktober 1982 bis 27. Oktober 1998 Bundeskanzler der Bundesrepublik Deutschland. Helmut Kohl lebt in Ludwigshafen und Berlin.

Helmut Kohl
Vom Mauerfall zur Wiedervereinigung
Meine Erinnerungen

Knaur Taschenbuch Verlag

Der vorliegende Band
»Vom Mauerfall zur Wiedervereinigung«
fasst erstmals die einschlägigen Kapitel des zweiten und
dritten Bandes der Erinnerungen Helmut Kohls zusammen;
diese wurden teilweise gekürzt und überarbeitet.

**Besuchen Sie uns im Internet:
www.knaur.de**

Originalausgabe November 2009
Copyright © 2009 by Knaur Taschenbuch.
Ein Unternehmen der Droemerschen Verlagsanstalt
Th. Knaur Nachf. GmbH & Co. KG, München.
Alle Rechte vorbehalten. Das Werk darf – auch teilweise – nur mit
Genehmigung des Verlags wiedergegeben werden.
Umschlaggestaltung: ZERO Werbeagentur, München
Umschlagabbildung: Konrad R. Müller, Agentur Focus
Satz: Adobe InDesign im Verlag
Druck und Bindung: CPI – Clausen & Bosse, Leck
Printed in Germany
ISBN 978-3-426-78336-8

2 4 5 3 1

*Für Maike,
ohne die ich das Jahr 2009
nicht erlebt hätte*

Inhalt

Vorwort
Mauerfall und Wiedervereinigung –
Gestaltung und Geschenk 7

1. Schlüsselbegegnung – Michail Gorbatschow in Bonn .. 23
2. Die Lage spitzt sich zu – Botschaftsflüchtlinge,
   »Ungarn-Touristen« und ein starres SED-Regime 35
3. Der Anfang vom Ende des SED-Regimes –
   Der ungarische Ministerpräsident in Gymnich 46
4. Weltpolitische Veränderungen und parteipolitischer
   Kleinmut – Der gescheiterte Putsch in Bremen 51
5. Triumph des Freiheitswillens – Ausreise aus Prag
   und der Sturz Honeckers 59
6. Bremser und Gegner auf dem Weg zur Einheit –
   Thatcher, Mitterrand, Andreotti und andere 70
7. Ein Traum geht in Erfüllung –
   Der Fall der Berliner Mauer 83
8. Ich gehe in die Offensive – Der Zehn-Punkte-Plan ... 108
9. Schock in Europa – Resonanz aus Ost-Berlin,
   Gipfeldiplomatie in Brüssel und Straßburg 128
10. Wir sind ein Volk – Vor der Ruine der Frauenkirche
    und die Öffnung des Brandenburger Tores 145
11. Blick auf neue Horizonte –
    Der Jahreswechsel 1989/90 160
12. Irritationen – Bei Mitterrand am Atlantik,
    Angstvisionen vor »Großdeutschland«,
    die polnische Westgrenze 168
13. Unsere Partner in der DDR – Die Allianz für
    Deutschland 178

14. Kehrtwende – Modrows Initiative für »Deutschland,
    einig Vaterland« und die Protokolle des Politbüros ... 185
15. Ein guter Tag für Deutschland –
    Mein Gespräch mit Gorbatschow in Moskau 198
16. Unter Freunden – Bei Mitterrand in Paris,
    mit Bush und Baker in Camp David 210
17. Sieg der Selbstbestimmung –
    Die ersten freien Wahlen in der DDR 223
18. Wechselbad der Gefühle – Margaret Thatcher,
    EG-Sondergipfel in Dublin, mein 60. Geburtstag 238
19. Die D-Mark kommt –
    Die Währungs-, Wirtschafts- und Sozialunion 248
20. Krise und Kreml-Poker – Litauen,
    Zwei-plus-Vier, Finanzhilfe für Gorbatschow 279
21. Wegbereiter Bush – Der amerikanisch-sowjetische
    Gipfel in Washington 297
22. Bündnisfrage – Die Haltung der DDR-Regierung und
    Gorbatschows Einladung zum vertieften Dialog 309
23. Bewegte Zeiten – Dublin, London, Houston 317
24. Der Durchbruch – In der kaukasischen Heimat
    Michail Gorbatschows........................... 327
25. Die inneren Aspekte der deutschen Einheit –
    Der Einigungsvertrag und der
    gesamtdeutsche Wahltermin 352
26. Rückschläge – Moskaus Nachbesserungsversuche
    und die Regierung Ihrer Majestät 379
27. Ein Traum wird wahr –
    Vereinigungsparteitag und Einheitsfeier 394

Bildnachweis 410
Register 411

Vorwort
Mauerfall und Wiedervereinigung –
Gestaltung und Geschenk

Am 9. November 1989 fiel die Berliner Mauer – über vier Jahrzehnte nach Beginn des Kalten Krieges, 28 Jahre nach ihrer Errichtung.

Die Mauer von Berlin hatte jahrzehntelang nicht nur – schlimm genug – Familien zerrissen, eine Stadt und ein Land faktisch in zwei Teile geteilt. Sie war auch das Symbol des Kalten Krieges. Sie stand für die Spaltung Berlins, unseres Landes, Europas und der Welt in einen freien und einen unfreien Teil.

Die Mauer fiel schließlich ganz friedlich, ohne einen Schuss, ohne Blutvergießen. Es war wie ein Wunder. Der friedliche Protest der Menschen in der DDR hatte sich über Monate langsam, aber stetig aufgebaut und war schließlich nicht mehr aufzuhalten. Das starrsinnige SED-Regime, das sich bis zuletzt grundlegenden Reformen verweigerte, scheiterte am Freiheitswillen der Menschen – so, wie es Konrad Adenauer, der erste Bundeskanzler der Bundesrepublik Deutschland, 40 Jahre zuvor vorausgesehen hatte.

Nach dem Mauerfall im November 1989 sollte nicht einmal ein Jahr vergehen, bis wir die Wiedervereinigung in Frieden und Freiheit und mit Zustimmung unserer Partner und Verbündeten in der Welt erreichten. Am 3. Oktober 1990 konnten wir den Tag der deutschen Einheit feiern. Es war der Triumph der Freiheit.

So ist der 20. Jahrestag des Mauerfalls für uns Deutsche vor allem ein Tag großer Freude und Dankbarkeit. Zugleich ist er für uns auch ein gewichtiges Datum, uns im historischen Kontext bewusst zu machen, wie es zum Mauerfall und wie es anschließend zur deutschen Einheit kam. Denn weder Mauerfall noch Wiedervereinigung sind zwangsläufige Ereignisse der Geschichte, die sich einfach so ergeben haben.

Mauerfall und Wiedervereinigung sind vielmehr das Ergebnis eines seit 1945/49 andauernden, schwierigen und immer wieder auch höchst umstrittenen politischen Balanceaktes. Es war die stete Balance zwischen Abgrenzung und Annäherung. Einerseits galt es, die deutsche Frage offenzuhalten. Andererseits galt es, so weit wie möglich und ohne Aufgabe der eigenen Grundpositionen »normale Beziehungen« zwischen der Bundesrepublik Deutschland und der DDR aufzubauen, den Menschen im östlichen Teil unseres Landes Erleichterungen zu verschaffen und der Entfremdung zwischen den Deutschen in Ost und West entgegenzuwirken.

Dass die Mauer irgendwann fallen und Deutschland wieder vereint würde, daran hatte ich nie einen Zweifel. Aber wie und wann dies geschehen würde, war für mich immer eine offene Frage. Lange Zeit wusste ich nicht einmal, ob sich dies noch zu meinen Lebzeiten ergeben würde. Es war immer klar, dass dafür vieles zusammenkommen musste – so, wie es in den Jahren 1989 und 1990 dann auch geschah. Nicht allein der Freiheitswillen der Menschen in der DDR, nicht allein Glasnost und Perestroika, nicht allein die Entspannungspolitik zwischen Ost und West, nicht allein US-Präsident George Bush, nicht allein der sowjetische Generalsekretär Michail Gorbatschow, nicht allein der deutsche Bundeskanzler – niemand allein hätte ausgereicht, um die Mauer zu Fall und die Wiedervereinigung zustande zu bringen. Es bedurfte dazu vielmehr einer glücklichen, ich möchte sagen einer historischen Konstellation von Personen und Ereignissen.

Zum historischen Bewusstsein gehört auch die Erkenntnis: Mit dem Mauerfall war die Einheit noch nicht erreicht. Im Gegenteil, noch war nichts entschieden am 9. November 1989. Eine Tür hatte sich einen Spalt breit geöffnet, das ist wahr, aber entschieden war noch nichts an diesem Tag des Mauerfalls. Die Wiedervereinigung unseres Landes war vielmehr ein politischer Machtkampf um die europäische Statik und die Sicherheitsinteressen in Ost wie West. Sie war bis zuletzt ein Balanceakt im Spannungsfeld des Kalten Krieges.

Ich zitiere für die Situation, in der ich mich damals wiederfand, gerne Otto von Bismarck, denn es gibt kein besseres Bild: Wenn der Mantel Gottes durch die Geschichte wehe, müsse man zuspringen und ihn festhalten. Dafür müssen drei Voraussetzungen gegeben sein: Erstens muss man einen Blick dafür haben, dass es den Mantel Gottes gibt. Zweitens muss man ihn spüren, den historischen Moment, und drittens muss man springen und ihn festhalten (wollen). Dazu gehört nicht nur Mut. Es bedarf vielmehr einer Paarung von Mut und Klugheit. Denn Politik ist nicht wie »Zieten aus dem Busch«. Dass der Reitergeneral Zieten Schlachten für Friedrich den Großen entschieden hat, indem er aus dem Wald hervorbrach und die Gegner in einem Überraschungsangriff überwältigte, ist kein Vorbild für die Politik.

Politik braucht Gespür für das Machbare, auch für das dem anderen Zumutbare. Dies galt in besonderer Weise für die deutsche Frage, und hier erst recht in der Zeit nach dem Mauerfall. Der politische Einigungsprozess war in höchstem Maße sensibel, denn wir Deutschen waren ja nicht allein auf der Welt. In dem Moment, als die Einheit greifbar nahe schien, wäre es für die Sache der Deutschen in hohem Maße schädlich gewesen, der deutschen Einheit das Wort zu reden oder etwa deutschnationale Reden zu führen. Innerlich war ich, zumal nach dem Fall der Mauer, auf dem Weg der Einheit schon viel weiter, als ich aussprechen durfte.

Ein besonders eindringliches Beispiel dafür ist mein Zehn-Punkte-Programm, das ich zweieinhalb Wochen nach dem Mauerfall, am 28. November 1989, im Deutschen Bundestag im Alleingang, das heißt ohne jede innen- und außenpolitische Abstimmung, vorgelegt habe. Als Ziel nannte ich in Punkt zehn die Wiedergewinnung der staatlichen Einheit Deutschlands beim Namen, verzichtete allerdings bewusst auf eine zeitliche Festlegung. Mit dem in Zehn Punkte gekleideten Fahrplan habe ich die Initiative auf dem Weg zur deutschen Einheit übernommen und die Richtung unzweideutig vorgegeben. Es war damals das Äußerste, das ich wagen durfte. Die Reaktionen verdeutlichten dies einmal mehr.

Ein anderes Beispiel für die gebotene Vorsicht ist meine Rede in Dresden wiederum drei Wochen später, am 19. Dezember 1989. Zahlreiche Journalisten aus dem In- und Ausland waren angereist. Auch hier, vor der gesamten Weltöffentlichkeit, die auf uns schaute, durfte es nicht mein Thema sein, in der Frage der Einheit die Stimmung anzuheizen, auch wenn die Menschen offenkundig auf eine klare Antwort von mir warteten. Und das machte die Rede, die ich gewissermaßen aus dem Stegreif hielt, so schwierig. Ich musste den rund 100 000 Menschen in einer aufgeheizten Stimmung ein Wort der Treue und der Besonnenheit sagen. Ich durfte zugleich aber keine Formulierung wählen, die im Ausland auch nur den geringsten Anlass gegeben hätte, zu glauben, dass wir Deutschen einen unverständlichen Alleingang unternehmen würden.

Auf die Wiedervereinigung unseres Landes hatte ich immer hingearbeitet. Es entsprach meiner tiefsten Überzeugung, dass wir die deutsche Frage offenhalten mussten, bis der Moment kommen würde. Ich habe mich dabei immer in der Kontinuität Konrad Adenauers gesehen. Der erste Bundeskanzler der Bundesrepublik Deutschland hat die entscheidenden Weichen in der deutschen Frage gestellt. Von Beginn an hatte Adenauer einen klaren Kompass. Er wollte Deutschland nach dem Zweiten Weltkrieg wieder in die Gemeinschaft der freien Völker zurückführen, er wollte ein freies und geeintes Europa mit einem freien und geeinten Deutschland. Er stand klar auf der Seite des freiheitlichen Westens, er war kein Wanderer zwischen West und Ost. Die Integration der Bundesrepublik in den freien Westen und die Bindung an die USA standen für ihn eindeutig vor der deutschen Wiedervereinigung, die er gleichwohl immer fest im Blick hatte.

So rief Konrad Adenauer am 5. Mai 1955, dem Tag, an dem die Westmächte die Bundesrepublik für souverän erklärten, an dem die Bundesrepublik der Westeuropäischen Union beitrat und an dem sie in die Nato aufgenommen wurde, den Landsleuten in der DDR zu: »Ihr gehört zu uns, wir gehören zu Euch. Ihr könnt Euch immer auf uns verlassen, denn gemeinsam mit der freien Welt werden wir nicht rasten und nicht ruhen, bis auch Ihr die Menschenrechte wiedererlangt habt und mit uns friedlich vereint im gleichen Staate seid.« Beharrlich hielt er auch am Alleinvertretungsanspruch der Bundesrepublik für Deutschland fest.

Was heute manchem wie eine Selbstverständlichkeit erscheint, war in den insgesamt labilen Jahren nach dem Zweiten Weltkrieg in höchstem Maße unsicher. Der Schuman-Plan von 1950 als Grundstein der heutigen Europäischen Union, der Deutschlandvertrag von 1952 mit der Aufhebung des Besatzungsstatuts und zugleich der Verpflichtung der Westmächte auf ein wiedervereinigtes Deutschland, der Beitritt der Bundesrepublik Deutschland zur Nato im Mai 1955, um nur einige wenige Punkte zu nennen – all dies trägt Adenauers Handschrift. Adenauer war sich sicher, dass die Attraktivität des Westens und der Freiheit irgendwann zur deutschen Wiedervereinigung führen müsste. Und er war immer auch klug genug, dies nicht um den Preis der Neutralität erreichen zu wollen.

Die brutale Niederschlagung des Volksaufstands in der DDR am 17. Juni 1953 durch sowjetische Truppen hat Konrad Adenauer darin bestärkt, dass es keine verantwortbare Alternative zur Integration in den Westen gab. Es war richtig, dass die Westalliierten als Antwort auf die Stalin-Note von 1952 im Einklang mit dem deutschen Bundeskanzler freie Wahlen in ganz Deutschland als Voraussetzung für weitere Schritte gefordert hatten. Denn die Bedingung Stalins war ein neutrales Deutschland gewesen. Adenauer ging zu Recht davon aus, dass eine Neutralisierung Deutschlands zu einem Machtvakuum in Europa führen würde, das die Sowjetunion ausfüllen würde. Dass es ihm in seiner Regierungszeit gleichwohl gelang, 1955 die letzten deutschen Kriegsgefangenen aus der Sowjetunion heimzuholen, unterstreicht, dass die Westbindung für ihn kein Dogma war, das der Wahrung nationaler Interessen im Osten im Wege stand.

Aus meiner Sicht hatten Adenauers Überzeugungen nie an Aktualität verloren: Eine Wiedervereinigung ohne feste Einbettung in die westlichen Bündnisse hätte unser Land in die Neutralität geführt. Die Folge wäre letztlich ein unfreies Deutschland im Machtbereich der Sowjetunion gewesen. Der Mauerfall am 9. November 1989 und die deutsche Wiedervereinigung am 3. Oktober 1990 sind daher nicht zuletzt die beeindruckende, späte Bestätigung von Adenauers konsequentem Kurs der Westbindung mit Wiedervereinigungsvorbehalt, an dem wir über die Jahre festgehalten hatten.

Wahr ist auch, dass das Festhalten an der deutschen Frage immer schwieriger wurde, weil der Zeitgeist immer stärker dagegen stand. Je länger die Teilung dauerte, desto größer wurde in der Bundesrepublik die Gruppe derer, die sich mit der Zweistaatlichkeit zumindest arrangiert hatte und die Teilung Deutschlands als Realität akzeptiert wissen wollte. Schon in den siebziger Jahren war die Einheit nur noch für wenige in unserem Land eine Herzensangelegenheit. Nicht die Mehrheit der Menschen, aber sicher eine Mehrheit der politischen Klasse in unserem Land hatte die Idee der Einheit längst aufgegeben. Diese Haltung war durchaus parteiübergreifend anzutreffen. Der Unterschied zwischen den Parteien lag aber darin, wo die Mehrheit der Partei und wo ihre Führung stand.

Wer damals für die Einheit eintrat, galt als Ewiggestriger oder Kriegstreiber. Ich erinnere mich noch sehr gut an die Zeit, als ich 1976 als Oppositionsführer nach Bonn kam. Weil ich einer der wenigen war, die noch an die deutsche Einheit glaubten, stand ich in dem Ruf des »Hardliners«. Mit meinem Amtsantritt als Bundeskanzler 1982 schürten meine innenpolitischen Gegner sogleich Ängste vor einer vermeintlichen »neuen Eiszeit« zwischen Ost und West, die mit mir als Regierungschef anbrechen sollte. Meine Gegner sollten sich irren, das Gegenteil war der Fall: Unter meiner politischen Führung wurden ganz wesentliche Weichenstellungen auf dem Weg zur Einheit vorgenommen. Ich trieb den europäischen Integrationsprozess im Tandem mit Frankreichs Staatspräsident François Mitterrand voran. Ich bemühte mich um ganz konkrete Erleichterungen für die Menschen in der DDR, ich versuchte, keinen Anlass für Spannungen zwischen Ost und West zu geben, signalisierte auch der Sowjetunion Gesprächsbereitschaft, bot Möglichkeiten der Zusammenarbeit an und hielt doch an meinen deutschlandpolitischen Grundpositionen fest.

Mit meiner Politik folgte ich der Adenauerschen Logik: Europäische Einigung und deutsche Einheit sind zwei Seiten derselben Medaille. Zu Beginn meiner Kanzlerzeit war der europäische Einigungsprozess an einem Tiefpunkt angelangt. Viele glaubten nicht mehr an die Idee des gemeinsamen Hauses Europa. Das hässliche Wort der »Eurosklerose« beherrschte das Meinungsbild und drückte die ganze Mutlosigkeit aus. Doch mit Überzeugung und Ausdauer sind wir, die Befürworter der europäischen Integration, weiter Schritt für Schritt und gegen Kleinmut und Ängstlichkeit der Skeptiker auf dem europäischen Einigungsweg vorangegangen.

Mit Erfolg, denn als 1989 die Wiedervereinigung auf die politische Tagesordnung rückte, war zwar noch vieles zu tun, aber waren mit meinem Zutun doch ganz wesentliche Fortschritte gemacht worden: So hatten wir in den achtziger Jahren die Einheitliche Europäische Akte unter anderem zur Vollendung des Europäischen Binnenmarktes unterzeichnet. Bereits ab Mitte der achtziger Jahre hatte ich mich auch gemeinsam mit dem französischen Staatspräsidenten Mitterrand für die Einführung einer gemeinsamen europäischen Währung eingesetzt und die Weichen in diese Richtung gestellt.

In der Deutschlandpolitik führte ich mit der Übernahme der Kanzlerschaft ein, dass der alljährliche Bericht zur Lage der Nation inhaltlich wieder erweitert und im Titel mit dem Zusatz »im geteilten Deutschland« versehen wurde. Ich sah darin zugleich ein wichtiges Signal nach innen wie nach außen. Mit dem Milliardenkredit an die DDR, der mit meiner Rückendeckung im wesentlichen über Franz Josef Strauß lief, nahmen wir den Gesprächsfaden mit der DDR wieder auf und erreichten als Gegenleistungen erhebliche menschliche Erleichterungen, wie den Abbau der Selbstschussanlagen an der

Gestaltung und Geschenk 15

innerdeutschen Grenze, Erleichterungen bei der Familienzusammenführung und beim Mindestumtausch.

Die Entscheidung aller Entscheidungen auf dem Weg zur deutschen Einheit war der Nato-Doppelbeschluss, den mein Vorgänger Helmut Schmidt gegen den Willen seiner Partei auf den Weg brachte und den ich mit meiner Regierung 1983 gegen alle Widerstände in unserem Land durchsetzte. So überzeugt ich von der Richtigkeit der Entscheidung bis heute bin, so persönlich schwierig war sie damals. Es war eine sehr einsame Entscheidung. Das Bild von Hunderttausenden Demonstranten, die gegen den Nato-Doppelbeschluss auf die Straße gingen, habe ich bis heute vor Augen. Ich erinnere mich auch an die eisigen Mienen der Sozialdemokraten, als der Sozialist Mitterrand sich in einer Rede vor dem Deutschen Bundestag ohne Wenn und Aber an unsere Seite stellte – und gegen seine deutschen Parteifreunde, die mit ihrer Ablehnung in Westeuropa völlig isoliert waren.

Ich bin zutiefst überzeugt, dass ohne den Nato-Doppelbeschluss 1989 nicht die Mauer gefallen wäre und wir 1990 nicht die Wiedervereinigung erreicht hätten. Die Welt hätte eine ganz andere Entwicklung genommen. Das Risiko war offenkundig. Ohne Nato-Doppelbeschluss drohte eine massive Machtverschiebung in Europa zugunsten der Sowjetunion. Die Nato mit den Amerikanern hätte sich schrittweise aus Kerneuropa zurückgezogen. Mindestens die Bundesrepublik Deutschland, Österreich und die DDR, wenn nicht sogar die Benelux-Staaten und Italien wären in der Folge zur sogenannten atomwaffenfreien Zone geworden und entmilitarisiert worden, während die Sowjetunion ihren Einflussbereich ausgedehnt und vor allem von der Wirtschaftskraft der Bundesrepublik profitiert hätte. Entgegen allen Befürchtungen seiner Gegner und Kritiker machte die mit dem Nato-Doppelbeschluss verbundene Standfestigkeit des Westens die Entspannungspolitik zwischen Ost und West erst möglich – und damit auch Michail Gorbatschow mit Glasnost und Perestroika in der Sowjetunion.

Meine Bundesregierung verteidigte gegen alle Widerstände auch die grundlegenden Positionen unserer Deutschlandpolitik. Dazu gehörte vor allem die Frage der deutschen Staatsbürgerschaft. Ich erinnere mich sehr genau an die Debatte, die gerade in der Zeit meines Amtsantritts als Bundeskanzler heftig geführt wurde. Die Anerkennung der DDR-Staatsbürgerschaft sollte über die Jahre eine der hartnäckigsten Forderungen Honeckers an die Bundesregierung bleiben. Für meine strikte Ablehnung hatte ich gute Gründe. Mit der Aufgabe der einen deutschen Staatsbürgerschaft hätten wir zugleich die Idee der einen deutschen Nation aufgegeben, wir hätten damit das entscheidende Band der Gemeinsamkeit zwischen den Menschen in beiden Teilen Deutschlands aufgelöst, und wir hätten den Menschen in der DDR einen ganz wesentlichen Schutz und ein gutes Stück Hoffnung genommen. Zu den praktischen Folgen hätte gehört: Ungarn hätte 1989 keine völkerrechtliche Grundlage gehabt, unseren Landsleuten den Weg in die Freiheit »legal« zu ermöglichen. Und die Menschen aus der DDR hätten – wie Ausländer – bei uns um Asyl nachsuchen müssen.

Weniger gewichtig in der Konsequenz, aber bedeutsam für die Betroffenen, war auch immer die zweite große Forderung Honeckers an die Bundesregierung, die Zentrale Erfassungsstelle für DDR-Unrecht in Salzgitter zu schließen. Ich habe mich auch dieser Forderung – ebenfalls im Gegensatz zu den Sozialdemokraten – deutlich widersetzt. Ich habe es, im Gegenteil, immer für einen Verrat an den politischen Gefangenen in der DDR gehalten, dass die sozialdemokratisch geführten Bundesländer Mitte der achtziger Jahre damit drohten und es zum Teil auch beschlossen, ihren Anteil an der Finanzierung dieser Stelle einzustellen.

Die Einladung meines Vorgängers Helmut Schmidt an Erich Honecker hielt ich aufrecht, als ich ins Amt kam. Es war notwendig, mit dem anderen Teil Deutschlands im Gespräch zu bleiben. Als der SED-Generalsekretär 1987 endlich Bonn besuchen sollte, verband ich die Begegnung mit dem Junktim, dass unsere Tischreden beim offiziellen Abendessen live im westlichen und vor allem auch im östlichen Teil unseres Landes gesendet wurden. Millionen Menschen in der DDR blickten an diesem Abend durch den Eisernen Vorhang und konnten am Fernsehen miterleben, wie ich Honecker sagte: »Das Bewusstsein für die Einheit der Nation ist wach wie eh und je, und ungebrochen ist der Wille, sie zu bewahren. [...] Für die Bundesregierung wiederhole ich: Die Präambel unseres Grundgesetzes steht nicht zur Disposition, weil sie unserer Überzeugung entspricht. Sie will das vereinte Europa, und sie fordert das gesamte deutsche Volk auf, in freier Selbstbestimmung die Einheit und Freiheit Deutschlands zu vollenden. Das ist unser Ziel. Wir stehen zu diesem Verfassungsauftrag, und wir haben keinen Zweifel, dass dies dem Wunsch und Willen, ja der Sehnsucht der Menschen in Deutschland entspricht.«

Wie die Union sahen sich auch die Sozialdemokraten im Grundsatz stets der deutschen Frage verpflichtet. Der Unterschied zu uns aber bestand darin, dass die SPD immer stärker national ausgerichtet war und den Primat der Westintegration nie in ganzer Konsequenz akzeptierte. Während die Union im Balanceakt zwischen Annäherung und Abgrenzung bei ihrer klaren Distanz blieb, ging die SPD eher auf Annäherungskurs mit der SED. Das offenkundigste Beispiel dafür bleibt das SPD-SED-Papier von 1987. Der Skandal zeigt sich in der zentralen Aussage: »Keine Seite darf der anderen die Existenzberechtigung absprechen. Unsere Hoffnung kann sich nicht darauf richten, dass ein System das andere abschafft. Sie richtet sich darauf, dass beide Systeme reformfähig sind und der Wettbewerb der Systeme den Willen zur Reform auf beiden Seiten stärkt. Koexistenz und gemeinsame Sicherheit gelten also ohne zeitliche Begrenzung.« Das hierin zum Ausdruck kommende ideologische Arrangement der SPD mit dem SED-Unrechtsregime war auch innerhalb der SPD selbst umstritten. Das Papier betont die Gemeinsamkeiten und verwischt die grundlegenden, menschenverachtenden Unterschiede, die uns systembedingt trennten. Es war zugleich eine Absage an die auch in der Präambel unseres Grundgesetzes verankerte Verpflichtung, die deutsche Einheit anzustreben. Am Vorabend der Wiedervereinigung, in den entscheidenden Monaten in den Jahren 1989 und 1990, zeigte sich diese Ambivalenz in einer in sich völlig zerstrittenen SPD, die sich in innerparteilichen Kämpfen und populistischen Sprüchen gegen die deutsche Einheit verlor und Ängste bei den Deutschen in West wie Ost schürte.

Natürlich gab es auch in den Reihen der Union, dem Zeitgeist folgend, Befürworter einer stärkeren Annäherung an die DDR und das SED-Regime, dies allerdings nur am Rande, nie in der Mehrheit. Beispielhaft dafür stehen meine innerparteilichen Widersacher, die mich auf dem Bremer Parteitag noch im September 1989 – also während die Welt sich grundlegend veränderte und die Lösung der deutschen Frage immer näher rückte – stürzen wollten, um den Kurs der Partei zu ändern. Mit meiner Wiederwahl zum Parteivorsitzenden entzog die Basis diesem Ansinnen den Boden und gab zugleich ein klares Votum für meinen deutschlandpolitischen Kurs ab.

Die entscheidenden Verbündeten auf unserem Weg waren

die Amerikaner. Sie erwiesen sich einmal mehr als Schutzmacht denn als Besatzungsmacht und als Freunde der Deutschen. Die inhaltlich bedeutsamste Rede eines amerikanischen Präsidenten für das deutsch-amerikanische Verhältnis hielt George Bush Ende Mai 1989 in Mainz, wenige Monate nachdem er Präsident der Vereinigten Staaten geworden war. Es war eine ganz bewusste Proklamation auch an die Adresse unserer europäischen Partner wie an die Sowjetunion, als Bush vor dem Hintergrund der weltpolitischen Veränderungen Amerika und Deutschland »partners in leadership« nannte. Während des gesamten Einigungsprozesses konnte ich mich auch persönlich immer auf meinen Freund George Bush verlassen, mit dem ich mich über den gesamten Zeitraum eng abstimmte. Dies war vor allem in der Frage der Bündniszugehörigkeit des vereinten Deutschlands außerordentlich hilfreich. Unser Schulterschluss beruhte neben persönlicher Sympathie ganz wesentlich darauf, dass wir die gleichen Grundüberzeugungen von Freiheit hatten.

Ganz ähnlich, was die Bedeutung von Vertrauen angeht, und doch ganz anders, was die deutsche Frage betrifft, verhielt es sich mit Michail Gorbatschow. Das Staatsoberhaupt der Sowjetunion wollte die deutsche Einheit ursprünglich nicht. Er sah die Notwendigkeit von Reformen nicht zuletzt aus der eigenen Erfahrung mit der desolaten wirtschaftlichen Lage in Russland. Mit den Worten Glasnost und Perestroika öffnete er den Weg für Veränderungen im gesamten Ostblock. Gleichwohl, und das habe ich in Gesprächen immer wieder feststellen können, wollte er die Konsequenzen seines Reformkurses nicht zu Ende denken. Er wollte die Öffnung des Ostblocks, aber er wollte das daraus sich zwangsläufig ergebende Ende auch der Sowjetunion nicht sehen oder nicht wahrhaben. Sein größtes Verdienst bleibt, dass er seine Politik den Notwendigkeiten immer wieder anpasste. Dazu gehört vor allem, dass er in den aufgeregten Tagen des Mauerfalls in Berlin die sowjetischen Panzer in den Kasernen gehalten hat und den Aufstand nicht blutig niederschlagen ließ. Die friedliche Linie behielt er über den gesamten Einigungsprozess bei. Wir Deutschen können ihm für seinen Mut nicht dankbar genug sein. Er ist damit auch ein großes persönliches Risiko eingegangen. Michail Gorbatschow musste 1989/90 ständig fürchten, von den Reformgegnern in der Sowjetunion weggeputscht zu werden. Für uns hätte dies bedeutet, dass die Grenze mit Mauer und Stacheldraht über Nacht wieder hochgezogen und die deutsche Frage auf Jahre verschoben worden wäre.

Michail Gorbatschow hat für seine friedliche Linie einen hohen Preis bezahlt. Ich erinnere mich gut daran, wie er bei seinem Besuch im Juni 1989 in Bonn unter dem Eindruck der »Gorbimanie« in der Bundesrepublik zu mir sagte, auf dem Bonner Marktplatz habe er sich gefühlt wie auf dem Roten Platz in Moskau. Als ich dann später, Ende der neunziger Jahre, nach dem Zerfall der Sowjetunion mit Michail Gorbatschow über den Roten Platz in Moskau ging, haben sich die Menschen von ihm abgewandt.

Unsere europäischen Nachbarn und Partner trafen der Mauerfall und die Aussicht auf die Wiedervereinigung Deutschlands wie ein Schock. Viele hatten damit gerechnet, dass die deutsche Einheit kommt, aber nicht zu ihren Lebzeiten und schon gar nicht zu diesem Zeitpunkt. Der Mauerfall kam daher für die meisten schlicht ungelegen. Selbstverständlich war in vielen Verträgen in den vorangegangenen Jahren das Recht der Deutschen auf die Einheit verankert worden, aber das war gestern gewesen mit der Aussicht auf übermorgen. Und nun war sie da, unsere historische Chance auf ein geeintes deutsches Vaterland. Und nach kurzer Zeit schon flammte das alte Misstrauen gegen die Deutschen wieder auf – nur für kurze Zeit zwar, aber dafür umso heftiger. Aus dem Kreis unserer europäischen Verbündeten stand nur einer von Beginn an fest an unserer Seite: der spanische Ministerpräsident Felipe González, der keine Minute einen Zweifel aufkommen ließ, wo sein Platz war.

Margaret Thatcher war die Ehrlichste unter den Gegnern der Einheit und sagte: »Zwei Deutschland sind mir lieber als eines.« Sie sagte auch: »Zweimal haben wir die Deutschen geschlagen, jetzt sind sie wieder da!« Die britische Regierungschefin, die sich schließlich aus Einsicht in die Unabwendbarkeit der Entwicklung nicht mehr gegen die Wiedervereinigung unseres Landes sperrte, hatte irrtümlich darauf gesetzt, dass Gorbatschow der Nato-Zugehörigkeit eines vereinten Deutschlands nie zustimmen würde. Sie sah sich darin zumindest anfänglich mit François Mitterrand einig.

Auch von dem Präsidenten der Grande Nation kam manches unfreundliche Wort, bis er sich schließlich zu einer für die Deutschen klaren, freundlichen Position bekannte. Mitterrands Umschwenken von seiner anfänglich kritischen Haltung zur Wiedervereinigung Deutschlands auf Zustimmung lag sicher ganz wesentlich darin begründet, dass ich ihn einmal mehr davon überzeugen konnte: Die deutsche Einigung und die europäische Einigung waren für mich zwei Seiten derselben Medaille. Dafür stand nicht zuletzt die deutsch-französische Initiative zur Einführung der gemeinsamen europäischen Währung, des Euro, und für die Politische Union, die wir im Frühjahr 1990 parallel zum deutschen Einigungsprozess mit ganz konkreten Schritten vorantrieben.

Und so haben wir Deutschen schließlich mit Gottes Hilfe und der Hilfe unserer Freunde und Verbündeten nach über 40 Jahren des Kalten Krieges, in nicht einmal einem Jahr ab dem

Zeitpunkt des Mauerfalls, die Wiedervereinigung unseres Landes in Frieden und Freiheit erreicht. Es hätte alles auch ganz anders kommen können. Es war auch ein Geschenk. Das wollen wir nie vergessen. Es sollte uns einmal mehr Ansporn und Verpflichtung für die Zukunft sein.

Der vorliegende Band enthält meine Erinnerungen an die aus meiner Sicht wichtigsten Ereignisse vom Mauerfall bis zur Wiedervereinigung. Ich habe dafür die einschlägigen Abschnitte aus meinen Erinnerungsbänden II und III überarbeitet, stärker thematisch statt chronologisch zusammengefasst, ergänzt und verdichtet. Sie haben insoweit auch Neuigkeitswert für die Leser, die meine Memoiren schon kennen. Bewusst beginne ich nicht erst mit dem Tag des Mauerfalls, sondern bereits mit dem Deutschlandbesuch Michail Gorbatschows im Juni 1989 in Bonn. Den Besuch mit der berühmten Szene im Garten des Kanzleramts auf der Mauer unten am Rhein halte ich für eine Schlüsselbegegnung auf unserem Weg zur Einheit unseres Vaterlands. Diese Begegnung hat, so denke ich, ganz wesentlich dazu beigetragen, dass Gorbatschow seine Sicht auf Deutschland veränderte und dass er hier auch das notwendige Vertrauen zu mir aufbaute. Der vorliegende Band endet am 3. Oktober 1990 um Mitternacht am Reichstag in Berlin in einem Meer fröhlich-feiernder Menschen und schwarz-rot-goldener Deutschlandfahnen.

Helmut Kohl
Ludwigshafen, im Juli 2009

1.
Schlüsselbegegnung –
Michail Gorbatschow in Bonn

Sechs Wochen nachdem die Ungarn Anfang Mai 1989 begonnen hatten, ihre Grenzsperranlagen abzubauen und den »Eisernen Vorhang« zu demontieren, kam Michail Gorbatschow, der Generalsekretär des Zentralkomitees der KPdSU und Vorsitzende des Obersten Sowjets, zu seinem ersten Staatsbesuch in die Bundesrepublik Deutschland. Der Besuch war eine Schlüsselbegegnung zwischen ihm und mir, deren weitreichende Folgen im Juni 1989 noch niemand erahnen konnte.

Ich freute mich darauf, Gorbatschow wiederzusehen. Wir hatten uns für den mehrtägigen Besuch viel vorgenommen. Unser gemeinsames Ziel war es, die Beziehungen unserer beiden Länder in Anerkennung der jeweiligen Vertrags- und Bündnisverpflichtungen und trotz aller grundsätzlichen Unterschiede auf eine ganz neue Basis zu stellen. Wir wollten damit unseren Beitrag zur Bewältigung der historischen Herausforderungen in der Welt leisten und vor allem die Chancen der Veränderungen für Frieden in Europa und der Welt nutzen. Ich verband damit auch Hoffnung für die deutsche Frage.

Unsere Begegnung stand unter drei Leitmotiven, die wir uns bei meinem Besuch in Moskau im Oktober 1988 gemeinsam vorgenommen hatten:

- Wir wollten die Beziehungen zwischen der Sowjetunion, unserem größten und wichtigsten östlichen Nachbarn, und der Bundesrepublik auf allen Gebieten ausbauen. Diese Beziehungen waren für uns von zentraler Bedeutung.

- Wir wollten das Fundament des Vertrauens zwischen beiden Staaten und Regierungen verbreitern und darauf einen Zustand guter Nachbarschaft dauerhaft begründen.
- Wir wollten einer über die Verständigung der Regierungen hinausführenden Aussöhnung der Völker den Weg ebnen.

Der 12. Juni 1989, an dem das Staatsoberhaupt der UdSSR mit seiner Frau Raissa kurz nach 11 Uhr auf dem Köln-Bonner Flughafen landete, war ein herrlicher Tag. Gorbatschow wurde von rund 70 Delegationsmitgliedern begleitet; unsere Gäste hatten sogar ihre eigenen schweren SIL-Limousinen aus Moskau mitgebracht. Mit 21 Schuss Salut wurde der Staatsgast empfangen.

Fast zwei Stunden dauerte das erste von insgesamt drei vertraulichen Gesprächen zwischen Gorbatschow und mir im Bundeskanzleramt. Gorbatschow schien mir dabei in viel besserer Verfassung zu sein als noch bei meinem Besuch wenige Monate zuvor in Moskau. Vor allem im Blick auf seine eigene Situation kam er mir viel optimistischer vor. Zu Beginn überreichte ich dem Gast aus Moskau zwei Silbermünzen, die anlässlich des Besuchs mit unseren Porträts geprägt worden waren. Gorbatschow bedankte sich und stellte mit einem ironischen Lächeln eine gewisse Ähnlichkeit der beiden Porträts fest. In den Vorberichten zum Besuch Gorbatschows hatte ich ein Interview mit seiner Mutter im Fernsehen gesehen, das mich sehr beeindruckte. Ich erlaubte mir deshalb, dem Generalsekretär ein Geschenk für seine Mutter mitzugeben. Michail Gorbatschow zeigte sich von der Geste sehr gerührt. Seine Mutter, sagte er, sei eine sehr einfache Frau, die nun schon 78 Jahre alt sei, während sein Vater, eigentlich der robustere und sportlichere von beiden, im Alter von nur 66 Jahren plötzlich gestorben sei.

Bei unserem Gespräch ging es zunächst um die weltpolitische Lage. Im Mittelpunkt standen dabei die Ost-West-Beziehungen und die damit verbundenen komplizierten Abrüstungsfragen. Neben den Ergebnissen des Brüsseler Nato-Gipfels, der wenige Tage zuvor stattgefunden hatte, behandelten wir die Konsequenzen, die sich aus der amerikanischen Präsidentenwahl ergaben. Gorbatschow wollte von mir Näheres über die Persönlichkeit des neuen Präsidenten George Bush und seiner Frau Barbara erfahren. Er machte deutlich, dass Bush ihm etwas ambivalent erscheine. Ganz offen berichtete ich ihm über das gute Verhältnis zwischen Bush und mir und vor allem zwischen Barbara Bush und meiner Frau Hannelore, die sich auf Anhieb außerordentlich gut verstanden hätten. Ich erläuterte, wie sich mir die außen- und innenpolitische Lage des amerikanischen Präsidenten darstellte, und zeichnete ein ausgesprochen positives und europafreundliches Bild meines Freundes George Bush. Ich beschrieb auch seine starke Rolle beim jüngsten Nato-Gipfel. Zu Barbara Bush merkte ich an, dass sie im Weißen Haus zur Beruhigung beitrage. Als Mutter und Großmutter habe sie sicher keinen Sinn für Scharfmacherei. Auch mein besonderes Verhältnis zum französischen Staatspräsidenten François Mitterrand erläuterte ich kurz. Zwischen uns gebe es in zentralen Fragen keine Meinungsunterschiede.

Schließlich kamen wir auf die DDR zu sprechen. Unter Bezug auf die grundlegenden Veränderungen in den sozialistischen Staaten wies Gorbatschow darauf hin, dass es zu einer Destabilisierung führen müsse und damit auch die Verständigung zwischen West und Ost gefährden würde, wenn jemand versuchen würde, von außen Einfluss zu nehmen. Mit allem Nachdruck unterstrich ich, dass die Bundesrepublik nicht an einer Destabilisierung der DDR interessiert sei. Im Augenblick jedoch trage Generalsekretär Honecker selbst zur Destabilisierung der DDR bei, weil er nicht bereit sei, Veränderungen durchzusetzen. Ich erläuterte Gorbatschow, dass man mich immer wieder aufforderte, öffentlichen Druck auf die DDR auszuüben, damit dort wie in der Sowjetunion, Polen und Ungarn Reformen durchgeführt würden. Mir sei bewusst, dass die Lage in der DDR immer schwieriger werde, und ich würde mich deshalb mit öffentlichen Äußerungen zurückhalten, könne allerdings die innenpolitischen Wirkungen nicht völlig außer acht lassen.

Gorbatschow zeigte keine Reaktion. Er wollte offenbar keine Kritik an Honecker üben. Aber was er dann sagte, zeugte doch von einer bemerkenswerten Distanz zur Ost-Berliner Führung: Auch für die DDR gelte der Grundsatz, dass jeder für sich selbst verantwortlich sei. Moskau habe nicht die Absicht, anderen Lehren zu erteilen. Man bitte ja selbst auch nicht darum, belehrt zu werden. Sein Land trete für positive Veränderungen in allen Beziehungen, für die politische Erneuerung, für den Umbau der Wirtschaft sowie für die Selbständigkeit der sozialistischen Staaten ein.

Wir waren uns einig, dass es jetzt, in dieser Stunde der Veränderungen, darauf ankam, klug zu handeln und trotz der unterschiedlichen Positionen Verständnis füreinander zu haben. Als Vorsitzender der größten christlich demokratischen Partei Europas war ich ideologisch vom Generalsekretär der KPdSU weit entfernt und dennoch an seinem Erfolg interessiert. Gorbatschows Erfolg würde die Chance auf Frieden erhöhen, und mit seinem Reformkurs würden wir auch in der deutschen Frage, in der ich sicherlich nicht mit ihm übereinstimmte, weiterkommen. Ich war dabei ohne Illusionen. Mir war wohl bewusst, dass Gorbatschow über eine Veränderung der europäischen Statik – und dazu gehörte auch die deutsche

Frage – mit mir nicht diskutieren wollte, und so lenkte ich das Gespräch auf die Beziehungen zwischen unseren beiden Ländern, insbesondere die Wirtschaftsbeziehungen, und betonte, mir hier eine Verbesserung zu wünschen. Entscheidend war jetzt, dass wir in Anerkennung bestehender, auch gewichtiger Unterschiede – wie in der deutschen Frage – gleichwohl auf Zusammenarbeit setzten, wo dies sinnvoll und vernünftig war, ohne unsere Grundpositionen aufzugeben.

Zum Ende unserer ersten Gesprächsrunde, als wir wieder auf den Brüsseler Nato-Gipfel und aktuelle Abrüstungsfragen zurückkamen, bot ich Michail Gorbatschow an, in den vor uns liegenden Monaten, die sehr wichtig werden dürften, sehr direkt zusammenzuarbeiten und immer dann zum Telefon zu greifen, wenn es konkrete Fragen gebe. Wichtig sei, dass man miteinander spreche. Dann falle es auch leichter, zu Lösungen zu kommen, wenn tatsächlich einmal Probleme auftreten würden. Schon am nächsten Tag wurde eine Vereinbarung zwischen unseren beiden Ländern über die Einrichtung einer direkten Nachrichtenverbindung zwischen dem Bundeskanzleramt und dem Kreml unterzeichnet. Ich bot dem Generalsekretär schließlich an, meinen außenpolitischen Berater Horst Teltschik direkt nach Moskau zu entsenden, wenn dies erforderlich sei. Gorbatschow stimmte zu.

Am Ende des Gesprächs, nachdem wir uns beide zufrieden über den offenen und freundschaftlichen Charakter unserer Begegnung geäußert hatten, erwähnte ich einen Punkt, der noch unbefriedigend war: die Einbeziehung West-Berlins in die Schiffahrtsabkommen. Ich fragte Gorbatschow ganz direkt, ob dieses Problem nicht doch zu lösen sei, solange er in der Bundesrepublik weile. Bei seiner Abreise war auch dieses Problem gelöst und für alle Zeit erledigt.

Bei den zwei folgenden Treffen am 13. und 14. Juni nahm

neben Abrüstungsaspekten auch die Frage einen breiten Raum ein, wie die Bundesrepublik der desolaten sowjetischen Wirtschaft helfen könne. Wir erörterten aber auch eine Reihe weiterer Themen, zum Beispiel die Suche nach vermissten Kriegsgefangenen, die Öffnung des nordwestlichen Teils des früheren Ostpreußens für Touristen aus der Bundesrepublik oder die Wiederherstellung der Autonomie der Russlanddeutschen. So aufgeschlossen Gorbatschow in diesen Punkten auch war, so ausweichend reagierte er jedoch, wenn es um die Entwicklung in der DDR ging.

Am Abend des dritten Tages führten wir im Park des Bundeskanzleramts, fernab jeglichen Protokolls, ein Gespräch, das von entscheidender Bedeutung für die Sache der Deutschen wurde. Gemeinsam mit unseren Frauen hatten wir im Bungalow zu Abend gegessen. Gorbatschow war wie immer ein aufgeschlossener, eloquenter Gesprächspartner voller Charme und Selbstironie. Es war schon nach Mitternacht, als der Generalsekretär und ich beschlossen, noch etwas im Park spazieren zu gehen. Nur der Dolmetscher war dabei, als wir hinunter in Richtung Rhein liefen. Dort setzten wir uns auf die Mauer, von der aus man diesen schönen Blick auf den vorbeifließenden Strom und das gegenüberliegende Siebengebirge hat. Unterhalb der kleinen Mauer schlenderten Spaziergänger vorbei und waren überrascht, dort oben Michail Gorbatschow und mich zu sehen. Aufgeschlossen, wie der Generalsekretär nun einmal ist, kam er mit den jungen Leuten ins Gespräch und scherzte mit ihnen. Sie überschütteten ihn mit Komplimenten, was er sehr genoss. Es war die ideale Voraussetzung für ein offenes und freundschaftliches Gespräch.

Wir waren einer Meinung, dass wir die deutsch-sowjetischen Beziehungen auf eine neue Basis stellen mussten, wenn sich die Lage in Europa zum Besseren wenden sollte. Daraus entwickelte sich der Gedanke, dass man einen Vertrag schließen müsse, in dem die Deutschen und die Sowjetunion zwar keinen Schlussstrich unter die Vergangenheit zogen, aber eine neue Perspektive für die Zukunft entwickelten. Ein solcher Vertrag – wir nannten ihn den »Großen Vertrag« – würde von den Menschen in beiden Staaten gewiss begrüßt werden. Ich fügte allerdings hinzu: Aus dem Vertrag werde nichts Richtiges, solange zwischen uns die Teilung Deutschlands stehe. Sie sei die entscheidende Belastung zwischen unseren beiden Völkern. Gorbatschow widersprach dem, und zwar ganz im Sinne der sowjetischen Haltung. Die Teilung sei die logische Folge der geschichtlichen Entwicklung, sagte er.

Ich zeigte auf den Rhein und meinte: »Schauen Sie sich den Fluss an, der an uns vorbeiströmt. Er symbolisiert die Geschichte; sie ist nichts Statisches. Sie können diesen Fluss stauen, technisch ist das möglich. Doch dann wird er über die Ufer treten und sich auf andere Weise den Weg zum Meer bahnen. So ist es auch mit der deutschen Einheit. Sie können ihr Zustandekommen zu verhindern suchen. Dann erleben wir beide sie vielleicht nicht mehr. Aber so sicher wie der Rhein zum Meer fließt, so sicher wird die deutsche Einheit kommen – und auch die europäische Einheit.« Meiner Meinung nach könnte die Frage nur lauten: »Machen wir es in unserer Generation oder warten wir weiter – mit all den Problemen, die damit verbunden sind?« Und ich bekräftigte noch einmal, dass sich die Deutschen nicht mit der Teilung abfinden würden. Michail Gorbatschow hörte sich meine Überlegungen an und widersprach mir nicht mehr. Das war das Wesentliche. Er sagte zwar nicht, dass er meine Meinung teile, aber er widersprach mir auch nicht mehr.

Von diesem Zeitpunkt an setzte bei Gorbatschow ein Prozess des Umdenkens ein – nicht zuletzt deshalb, weil wir uns menschlich näherkamen und Vertrauen zueinander fassten. Sehr persönlich sprachen wir auch über unsere Herkunft und unseren Lebensweg. Gorbatschow ist Jahrgang 1931, also nur ein Jahr jünger als ich. Wir beide gehören der Generation an, die die Schrecken des Zweiten Weltkriegs noch bewusst erlebt hat. Gorbatschow erzählte mir, sein Vater sei Mähdrescherfahrer in einer Kolchose gewesen, in einem kleinen Dorf in der Nähe von Stawropol. Schon bei Ausbruch des Krieges sei er zur Roten Armee eingezogen worden und habe vier Jahre im »Großen Vaterländischen Krieg« gekämpft, sei schließlich als Minenräumsoldat schwer verwundet worden und wenige Jahre nach Kriegsende an den Folgen dieser Verwundung gestorben. Er selbst, Gorbatschow, habe als Kind in seinem Heimatdorf den Einmarsch der Wehrmacht erlebt, unter deutscher Besatzung gelitten und Schlimmes durchgemacht.

Gorbatschow erzählte weiter, sein Großvater sei unter Stalin im Lager gewesen. Dies sei der persönliche Hintergrund für sein angekündigtes Vorhaben, die Verbrechen der Stalin-Zeit offenzulegen. Schon bald sollten ein entsprechender Bericht und Akten veröffentlicht werden. Es seien schreckliche Wahrheiten, die man nicht unterdrücken könne. Auch ich erzählte Gorbatschow von meinem Elternhaus, von meiner Mutter, von meinen beiden Geschwistern und von meinem Vater, einem Finanzbeamten, der dem Nationalsozialismus ablehnend gegenübergestanden hatte. Ich berichtete auch von meinem Bruder, der im letzten Kriegsjahr gefallen war, und erläuterte meinen Lebensweg. Gorbatschow interessierte sich vor allem dafür, wie ich das Ende des Krieges erlebt hatte, wie ich schließlich im Spätsommer 1945 heim nach Ludwigshafen kam und meine Eltern wiederfand. Es war ihm anzumerken, dass auch er innerlich bewegt war. Friede war für uns beide nicht nur ein Wort, sondern ein existentielles Grundbedürfnis.

An diesem Abend im Garten des Kanzleramts unten am Rhein fragte Gorbatschow mich auch ganz offen, ob ich ihm helfen würde, wenn es im Winter in Moskau und Leningrad zu Versorgungsschwierigkeiten käme. Damit hatte ich nicht gerechnet. Ohne zu zögern antwortete ich mit einem uneingeschränkten Ja. Als dann zum Jahreswechsel 1989/90 in den russischen Metropolen tatsächlich die Versorgung zusammenbrach, erfüllte ich mein Versprechen, und ohne viel Aufhebens begann unverzüglich eine gewaltige Hilfsaktion: Mit 220 Millionen D-Mark aus dem Bundeshaushalt subventioniert, lieferte die Bundesrepublik von Mitte Februar 1990 an aus der Nato-Reserve Lebensmittel sowie Gebrauchsgüter des täglichen Bedarfs in die Sowjetunion.

Als das Ehepaar Gorbatschow am Abend des 14. Juni schließlich den Kanzlerbungalow verließ, umarmten wir uns zum Abschied. Für mich war dieser Abend ein Schlüsselerlebnis. Ich denke, für Michail Gorbatschow auch. Zum veränderten Denken über Deutschland trug bei ihm sicherlich auch die große Herzlichkeit bei, mit der ihm die Deutschen bei seinem Besuch begegneten. Unvergessliche Szenen spielten sich auf dem Bonner Rathausplatz ab. Eine Woge von Sympathie- und Freundschaftsbekundungen schlug ihm dort entgegen. Ob er den Hoesch-Konzern in Dortmund oder Mercedes in Sindelfingen besuchte oder in Köln mit Politikern und Unternehmern diskutierte, es war überall dasselbe: Eine regelrechte »Gorbimanie« hatte die Bundesrepublik erfasst. Gorbatschow sagte mir, er habe zwar gewusst, dass die Menschen in der Bundesrepublik eine positive Einstellung gegenüber den Veränderungen in der Sowjetunion hätten. Eine ganz andere Sache aber sei es, dies selbst zu sehen und zu spüren. Auf dem Bonner Marktplatz habe er sich gefühlt wie auf dem Roten Platz in Moskau.

»Wir ziehen den Strich unter die Nachkriegsperiode.« Dies war sicherlich der bemerkenswerteste Satz in seiner Tischrede in der Bonner Redoute bereits am ersten Abend seines Besuchs. Ich verstand das als Ziel, von der Konfrontation im Verhältnis zwischen Ost und West wegzukommen und in Zukunft auf Dialog und Zusammenarbeit zu bauen. Während Gorbatschows Besuch wurden elf Abkommen unterzeichnet, vor allem in den Bereichen Wirtschaft, Wissenschaft und Kultur, darunter ein Investitionsschutz- und -förderungsvertrag sowie ein Abkommen über die Aus- und Weiterbildung von Fach- und Führungskräften. Das wichtigste Ergebnis war die »Gemeinsame Erklärung«, die Michail Gorbatschow und ich unterzeichneten. Sie enthielt Formulierungen, die uns Deutschen in bemerkenswerter Weise entgegenkamen. Hier war ein politisches Programm vorgezeichnet, das wir in den kommenden Jahren Schritt für Schritt umsetzen wollten. Seine Verwirklichung hing untrennbar damit zusammen, dass es uns gelang – wie es in der Erklärung hieß –, das Recht aller Völker und Staaten, ihr Schicksal frei zu bestimmen, und die uneingeschränkte Achtung der Grundsätze und Normen des Völkerrechts, insbesondere die Achtung des Selbstbestimmungsrechts der Völker, in ganz Europa durchzusetzen. Von besonderer Bedeutung war für die deutsche Seite dabei die Feststellung, dass jeder Staat das Recht habe, das eigene politische und soziale System frei zu wählen.

Das Bonner Dokument ging weit über die bilateralen Beziehungen hinaus: Ausdrücklich wurden die europäische Identität und Gemeinsamkeit beschworen, die trotz jahrzehntelanger Trennung lebendig geblieben waren; ausdrücklich wurden alle Teilnehmerstaaten der KSZE zur Mitarbeit an der künftigen Architektur Europas aufgefordert; ausdrücklich wurde der Platz unserer amerikanischen und kanadischen Freunde im

Europa des Friedens und der Zusammenarbeit verankert. Das Dokument schloss mit einem Satz, der für mich der wichtigste war: »Diese Politik [...] entspricht dem tiefen und langgehegten Wunsch der Völker, mit Verständigung und Versöhnung die Wunden der Vergangenheit zu heilen und gemeinsam eine bessere Zukunft zu bauen.« Hier kamen wir zum Wesentlichen: Dokumente bleiben Papier, Politik bleibt abstraktes Gedankengebäude, wenn sie nicht von den Völkern angenommen und mitgetragen wird. Dass dies in unserem Fall so war, daran hatte ich keinen Zweifel.

International war die »Gemeinsame Erklärung« eine Sensation. Erstmals hatten wir mit einem Partner aus einem kommunistischen Land festgeschrieben, dass die menschlichen Anliegen vorrangig vor Klassenkampf und Konfrontation waren. Das Bonner Dokument war nicht im Auswärtigen Amt entstanden. Viele Formulierungen kamen aus dem Bundeskanzleramt und wurden zum Teil gegen den Widerstand des Außenministeriums aufgenommen.

Mit den beiden Begegnungen in Moskau im Oktober 1988 und jetzt in Bonn war das Fundament der deutsch-sowjetischen Beziehungen gefestigt und erheblich verbreitert worden. Neue Chancen der Verständigung und Zusammenarbeit, die dem Frieden in Europa und der Welt dienten, eröffneten sich. Gorbatschow und ich waren fest entschlossen, sie zu nutzen. Sichtlich beeindruckt erklärte Gorbatschow auch am Ende seines Besuchs den Kalten Krieg zwischen der Sowjetunion und der Bundesrepublik für beendet und sprach von einer neuen Qualität der bilateralen Beziehungen.

Für mich war klar, dass dieser Weg nur in enger Abstimmung mit unseren westlichen Verbündeten und Partnern erfolgen konnte. Noch am Tag von Gorbatschows Abreise, am 15. Juni, telefonierte ich mit George Bush, Margaret Thatcher und Felipe González, um sie über meine Gespräche zu unterrichten. Mit François Mitterrand traf ich wenige Tage später, am 22. Juni, in Paris zusammen und informierte ihn im persönlichen Gespräch über die aus meiner Sicht außerordentlich erfolgreiche Zusammenkunft mit Gorbatschow.

In einer Schlussbilanz bewerteten alle Bonner Parteien den Besuch als großen Erfolg. Die Bundestagsfraktionen von CDU/CSU, FDP und SPD verständigten sich auch auf eine gemeinsame Resolution zum Gorbatschow-Besuch, die mit großer Mehrheit vom Plenum verabschiedet wurde. In meiner Regierungserklärung am 16. Juni erläuterte ich den hohen Stellenwert der Begegnung nicht zuletzt vor dem Hintergrund der dramatischen Entwicklung in der DDR.

Ich stellte mir damals vor, welche Empfindungen wohl ein junger Mann oder eine junge Frau aus dem östlichen Teil unseres Vaterlands haben mussten, die im Fernsehen oder im Radio Berichte und Reportagen über den Gorbatschow-Besuch in der Bundesrepublik verfolgten. Ihnen musste in diesem Augenblick doch bewusst sein, dass wir sie nicht abgeschrieben hatten, sondern beharrlich daran arbeiteten, ihnen eine Zukunft in Freiheit zu ermöglichen. Auch deshalb war der Gorbatschow-Besuch ein Signal der Hoffnung für unsere Landsleute in der DDR.

2.
Die Lage spitzt sich zu – Botschaftsflüchtlinge, »Ungarn-Touristen« und ein starres SED-Regime

Wenige Tage nach dem Besuch Gorbatschows in Deutschland, am 28. Juni 1989, durchschnitten der ungarische Außenminister Gyula Horn und sein österreichischer Amtskollege Alois Mock in einer symbolischen Geste den trennenden Stacheldraht an der ungarisch-österreichischen Grenze. Sie brachten das SED-Regime damit weiter in Bedrängnis. Denn das war für diejenigen in der DDR, denen die Ausreise in den Westen verweigert wurde oder die sich scheuten, einen entsprechenden Antrag zu stellen, das Signal zum Aufbruch – auch weil viele fürchteten, dass die Gorbatschow-Ära nicht lange andauern würde.

Die Zahl der Ferienreiseanträge, die in der DDR für Ungarn gestellt wurden, war ungleich höher als in den Jahren zuvor. Abertausende setzten sich als Touristen getarnt ins reformkommunistische Ungarn ab, von wo man irgendwie in den Westen zu gelangen hoffte. Aber nicht nur über Ungarn suchten Ausreisewillige ihren Weg in die Freiheit. Hunderte suchten ihn auch über die Vertretungen der Bundesrepublik Deutschland – über die Ständige Vertretung in Ost-Berlin sowie unsere Botschaften in Prag und Budapest. Am 8. August mussten wir die Vertretung in Ost-Berlin bis auf weiteres für den Publikumsverkehr schließen. Zu diesem Zeitpunkt hielten sich 130 DDR-Deutsche dort auf, die nicht bereit waren, die Vertretung zu verlassen. Es war unmöglich, dass noch weitere Personen hinzukamen; unter menschenwürdigen Bedingungen wäre sonst ein Aufenthalt nicht mehr möglich gewesen. Gleiches galt wenig später für unsere Botschaften in Budapest und Prag, die wir im Laufe des August ebenfalls schließen mussten.

Die DDR sicherte zwar jedem, der die Vertretungen verließ, Straffreiheit zu, gab jedoch keine weiterreichenden Zusicherungen in bezug auf Ausreisewünsche. Darauf wollte sich aber kaum einer der »Botschaftsflüchtlinge« einlassen. Unsere Gespräche mit der DDR-Führung brachten keinerlei Bewegung in die Angelegenheit. Stattdessen warf man der Bundesregierung Einmischung in die inneren Angelegenheiten der DDR vor und forderte uns auf, unseren zufluchtsuchenden Landsleuten aus der DDR den Aufenthalt in unseren Vertretungen zu verweigern und sie zurückzuweisen.

Die sich zuspitzende Lage verfolgte ich vom 21. Juli an für vier Wochen von Sankt Gilgen aus, meinem alljährlichen Feriendomizil am Wolfgangsee. Jeden Morgen wurde ich von Eduard Ackermann aus dem Kanzleramt über die aktuelle Lage telefonisch informiert. Mit wachsender Sorge registrierte ich gerade auch vor dem Hintergrund des anhaltenden Flüchtlingsstroms, dass sich die Honecker-Regierung weiter beharrlich jeglichen Reformen verweigerte, während sich in den meisten sozialistischen Ländern im Zuge von Gorbatschows Glasnost und Perestroika grundlegende positive Veränderungen für die Menschen ergaben. An der starrsinnigen Haltung des SED-Regimes änderte auch die desolate wirtschaftliche Situation in der DDR nichts, die den Unmut der Menschen noch verstärkte.

Ich konnte mich gut in die Lage der Deutschen in der DDR versetzen. Da wurde in vielen Familien die Diskussion neu belebt, die es kurz vor dem Bau der Mauer im August 1961 schon einmal gegeben hatte, wie ich aus vielen Gesprächen weiß. »Wenn du damals nicht gezögert hättest, wären wir noch rausgegangen«, dieser oder ein ähnlicher Satz war seit 1961 bei nicht wenigen Ehepaaren und Familien in der DDR zur stehenden Wendung geworden. Viele hatten sich damals gesagt: »Wir warten noch, es ist noch Zeit.« Doch dann wurde die Mauer gebaut, und sie konnten nicht mehr hinaus – der Weg in den freien Westen war verschlossen. Die Kinder von damals saßen im Sommer 1989 als Eltern auf den Campingplätzen in Ungarn und sahen sich vor die gleiche Entscheidung gestellt wie einst ihre Eltern. Wir mussten annehmen, dass sich viele von ihnen in den Westen absetzen wollten.

Während meines Urlaubs hielt ich mich mit öffentlichen Erklärungen zurück. Wir wollten die DDR-Führung nicht noch mehr verunsichern, und an einer Eskalation konnten wir nicht interessiert sein. Mir war bewusst, dass auf östlicher Seite einige nur auf schärfere Töne aus Bonn warteten, um einen Vorwand zu haben, zu den aggressiven Methoden des Kalten Krieges zurückkehren zu können und die hoffnungsvolle Annäherung zwischen Ost und West womöglich wieder zunichte zu machen. Wir setzten daher auf eine Politik der kleinen Schritte und versuchten zugleich, unseren Landsleuten so gut es ging zu helfen. Gleichwohl hielt ich es für wichtig, unsere Position erneut mit Nachdruck darzustellen und den Ost-Berliner Gesprächspartnern deutlich zu machen, dass eine starke Belastung der Beziehungen kaum zu vermeiden sei, wenn sich an der gegenwärtigen Entwicklung nichts ändere. Unverrückbar und von jeweiligen Stimmungen nicht beeinflussbar, blieb es vorrangige Aufgabe unserer Politik, allen Deutschen das Recht auf Zuflucht und Unterstützung zu gewähren.

Mitte August, noch aus meinem Urlaub, verfasste ich meine persönliche Botschaft an Honecker. Ich legte ihm moderat, aber unmissverständlich noch einmal dar, dass die Bundesrepublik nicht von ihrer Praxis abrücken werde, sich für alle Deutschen verantwortlich zu fühlen und damit auch für diejenigen, die Zuflucht in den diplomatischen Vertretungen gesucht hätten. Wir würden niemanden, schrieb ich, der sich an uns mit der Bitte um Hilfe wende, zurückweisen und gewaltsam zum Verlassen unserer Vertretungen nötigen. In meinem Brief an Honecker heißt es weiter:

»Unser Wunsch ist freilich, dass die Menschen in ihrer angestammten Heimat ein für sie lebenswertes Leben führen können. Nach meinem Eindruck sehen derzeit nicht nur einzelne, sondern eine größere Zahl, insbesondere auch viele jüngere Menschen, dafür unter den gegebenen Umständen keine Perspektive. Dies zu ändern liegt ausschließlich in der Verantwortung der Führung der Deutschen Demokratischen Republik. Ziel meiner Politik ist es – und das wissen Sie aus unseren persönlichen Gesprächen –, einen Beitrag für eine konstruktive und den Interessen der Menschen dienende Entwicklung der Beziehungen zwischen unseren beiden Staaten zu leisten.
Die gegenwärtige Lage erschwert diese Bemühungen. Auf die Dauer sind Belastungen unserer Beziehungen mit negativen Auswirkungen in allen Bereichen nicht auszuschließen. Ich möchte Ihnen noch einmal versichern, dass es das Interesse der Bundesregierung und mein ganz persönliches Interesse bleibt, die Beziehungen in einer vernünftigen Weise weiterzuentwickeln, wie wir es bei Ihrem Besuch vor zwei Jahren besprochen haben. Dies erfordert Beiträge von beiden Seiten [...].
Ich möchte an Sie auch persönlich appellieren, zu kon-

struktiven Lösungen beizutragen, und wiederhole meine Anregung, durch vertrauliche Gespräche zwischen Vertretern der Führungen beider Seiten dafür Möglichkeiten zu suchen.«

In seinem vorab übermittelten Antwortschreiben vom 30. August hob Honecker wieder einmal hervor, dass die Bundesregierung für die Bürger der DDR nicht zuständig sei, und drohte, dass »bei einer Beibehaltung dieser Praxis […] in der Tat Belastungen unserer Beziehungen nicht auszuschließen« seien. Die Lösung des entstandenen Problems könne nur darin bestehen, wenn die Bundesregierung dafür Sorge trage, dass die Bürger der DDR »unverzüglich die Vertretungen der Bundesrepublik Deutschland verlassen«. Honecker sicherte zu, dass den Betroffenen keine Nachteile entstünden. Darüber hinausgehende Zusagen seien jedoch nicht möglich. Im übrigen betrachte er meine Vorhaltungen als »Einmischung in souveräne Angelegenheiten eines anderen Staates«; dies sei der Gestaltung gutnachbarlicher Beziehungen zwischen beiden Staaten nicht dienlich.

Der SED-Generalsekretär zeigte sich unbeweglich. Ich war überzeugt, dass die Zeit gegen ihn arbeitete. Auch für ihn galt der berühmte Satz, den Talleyrand zu Napoleon sprach: »Sire, auf Bajonetten kann man nicht sitzen.«

Zum 28. Jahrestag des Mauerbaus, dem 13. August 1989, erreichte die Propaganda aus Ost-Berlin einen neuen Höhepunkt: Während am Checkpoint Charlie wieder ein Fluchtversuch scheiterte und die Verzweiflung unter den Menschen in der DDR immer weiter wuchs, konnte man im SED-Zentralorgan *Neues Deutschland* in kaum zu überbietender Verkennung der Wirklichkeit lesen, dass die »zunehmende Wirtschaftskraft« sich »als solides Fundament für wachsenden Lebensstandard, soziale Sicherheit, Vollbeschäftigung, hohes Bildungsniveau und kostenlose Gesundheitsfürsorge« erweise. Die Mauer wurde als Garant der Stabilität gefeiert, und jeglicher Reform wurde abermals eine strikte Abfuhr erteilt: »Die Mauer wird nicht niedergelegt, solange die Bedingungen weiter bestehen, die zu ihrer Errichtung führten. Und solche Bedingungen bestehen weiter.« Der Mauerbau habe die Völker Europas vor einem »neuen kriegerischen Inferno« bewahrt.

Einen Tag später pries Erich Honecker die Vorzüge des DDR-Sozialismus: Dass es dem Erfurter Kombinat Mikroelektronik gelungen sei, erste Funktionsmuster von 32-bit-Mikroprozessoren zu entwickeln, sei ein Beweis dafür, »dass das Triumphgeschrei westlicher Medien über das Scheitern der sozialistischen Gesellschaftskonzeption nicht das Geld wert ist, das dafür ausgegeben wird«. Er fügte hinzu: »Den Sozialismus in seinem Lauf hält weder Ochs noch Esel auf.«

Die Ausreisewelle zeigte das Gegenteil. Mehr als 200 000 DDR-Deutsche hielten sich mittlerweile in Ungarn auf. Viele von ihnen kampierten auf grenznahen Zeltplätzen und warteten nur auf eine günstige Gelegenheit, um sich in die Freiheit abzusetzen. Am 19. August war die Gelegenheit da, als Otto von Habsburg, der Präsident der Paneuropa-Union, ein »Paneuropäisches Picknick« im ungarischen Grenzort Sopron inszenierte. Es war eine großartige Sache, die immer auch mit dem Namen Otto von Habsburg verbunden bleiben wird. Als während des Picknicks – wie vorgesehen – für kurze Zeit der Grenzzaun geöffnet wurde, rannten Hunderte Menschen einfach über die ungarische Grenze nach Österreich. Ermöglicht hatte dies der ungarische Ministerpräsident Miklós Németh, der über mehrere Kilometer die Grenzposten hatte abziehen lassen.

Es war ein unbeschreibliches Gefühl, diese Bilder im Fernsehen zu sehen – Bilder von Menschen, die durch das Schilfmeer am Neusiedler See in die Freiheit wateten. In Österreich haben sie überglücklich den Boden geküsst und sich umarmt. Es war eine große Stunde in unserer Geschichte, übrigens auch eine große Stunde in der Geschichte der Burgenländer, dass die Leute so unglaublich zueinander standen.

Die Massenflucht von Sopron wurde nicht nur von den Ausreisewilligen, die in Ungarn bereits warteten, sondern auch von den noch Unentschlossenen in der DDR als neuerliches Signal verstanden. Obwohl die Sommerferien fast vorüber waren, machten sich noch einmal Zehntausende auf den Weg nach Süden. In Budapest und vor allem in den grenznahen Städten stauten sich Trabants und Wartburgs. Der ungarische Malteser-Caritas-Dienst und das Rote Kreuz bauten mit Unterstützung der Behörden riesige Zeltlager auf, und in der Bundesrepublik wurden Spendenkonten für die ungarischen Hilfsdienste eingerichtet.

Unmittelbar nach Beendigung meines Urlaubs am Wolfgangsee gab ich am 22. August vor der Bundespressekonferenz in Bonn eine Erklärung zur Deutschlandpolitik und zu der Flüchtlingswelle aus der DDR ab. Zur Situation der Ausreisewilligen stellte ich klar:

»Für die jetzt entstandene Lage trägt ausschließlich die DDR-Führung die Verantwortung. Wir werden sie daraus nicht entlassen. [...] Die Bundesregierung steht mit der Führung der DDR in Kontakt [...] Wir werden auch weiterhin alle zur Verfügung stehenden Möglichkeiten ausschöpfen, um die SED-Führung zu einer raschen und für die betroffenen Menschen akzeptablen Lösung zu bewegen. Nicht Rechthaberei, sondern Menschlichkeit ist jetzt gefragt.«

Ich sagte auch, dass ich sofort zu einer Begegnung mit Generalsekretär Honecker bereit sei, wenn damit weitreichende und dauerhafte Erleichterungen für die Menschen erreicht werden könnten. Ich schloss mit einem klaren Bekenntnis zur Einheit der Nation und berief mich auch auf die »Gemeinsame Erklärung«, die Gorbatschow und ich erst einige Wochen zuvor, im Juni, unterzeichnet hatten:

> »Die Entwicklung der letzten Wochen hat deutlich gemacht, dass die deutsche Frage – entgegen dem, was hier und da auch bei uns gesagt wird – nach wie vor auf der Tagesordnung der internationalen Politik steht. Der Wille der Deutschen zur Einheit in Freiheit ist ungebrochen. Was die Lösung der deutschen Frage betrifft, hier sind nicht nur die Deutschen allein gefordert. Hierbei vertrauen wir vor allem auch auf die besondere Verantwortung der drei Westmächte. Das Verhältnis der beiden deutschen Staaten zueinander ist aber zugleich ein wesentliches Element der Stabilität in Europa, das alle europäischen Staaten berührt. In der Gemeinsamen Erklärung, die Generalsekretär Gorbatschow und ich am 13. Juni in Bonn unterzeichnet haben, sprachen wir von der ›vorrangigen Aufgabe‹ unserer Politik, ›zur Überwindung der Trennung Europas beizutragen‹. Die jetzige Lage beweist die Dringlichkeit dieser Aufgabe.«

Am Tag, nachdem ich vor die Bundespressekonferenz getreten war, am 23. August, erreichte mich ein Schreiben der Zufluchtsuchenden aus der Ständigen Vertretung in Ost-Berlin, das an Dramatik nicht zu überbieten war. Ihre Worte drücken bis heute mehr aus und fassen die Situation besser zusammen als alle politischen Analysen jener bewegten Tage. Sie schrieben:

»Sehr geehrter Herr Bundeskanzler Dr. Kohl!
Wir, die 115 Ausreisewilligen in der Ständigen Vertretung der Bundesrepublik in Ost-Berlin, möchten uns mit diesem Hilfeersuchen an Sie wenden. Den Entschluss, an Sie persönlich zu schreiben, fassten wir, nachdem Kanzleramtsminister Seiters uns über das ergebnislose Gespräch mit dem stellvertretenden Außenminister der DDR, H. Krolikowski, informiert hatte.
Wir freuen uns über Ihre uneingeschränkte Bereitschaft, sich für uns einzusetzen. Ergreifende, tränenreiche und ungerechte Schicksale haben uns hier zusammengeführt. Für uns ist es die letzte Möglichkeit, unserem humanitären Anliegen gegen die Uneinsichtigkeit und gegen die willkürliche Auslegung der ›Verordnung über Reisen von DDR-Bürgern nach dem Ausland‹ vom 30.11.1988 Ausdruck zu verleihen.
Was Menschen in diesem Staat erlebt haben und erleben müssen, ist nahezu unvorstellbar. Frauen dürfen nicht zu ihren Männern, Kinder nicht zu ihren Eltern, Pflegebedürftige erhalten keine verwandtschaftliche Hilfe. Familienbande sollen zerrissen werden, was humanitäre Gründe sind, entscheiden die Behörden der DDR willkürlich. Vielen von uns wurde die Möglichkeit genommen, ihren Beruf auszuüben, andere werden aufgrund ihres Berufes gegen ihren Willen in der DDR festgehalten. Politische Meinungsfreiheit wird uns nicht zugestanden. Mehrmals negativ bescheinigte Ausreiseanträge von 2 – 5 Jahren Dauer sind keine Seltenheit. Eine erneute Antragstellung ist nur möglich, wenn die Gründe, die zur Ablehnung des Antrages führten, nicht mehr vorliegen. Und so ließe sich die Kette der Verstöße gegen die Menschenrechte seitens des Staates DDR beliebig fortführen.

So verschieden die einzelnen Beweggründe auch sein mögen – für uns alle war es ein Akt der Verzweiflung und die letzte Hoffnung auf Erfolg.

Wir alle sind deshalb fest entschlossen, bis zu einer für uns akzeptablen Lösung auf dem Gelände der Ständigen Vertretung zu verbleiben. Ohne diese werden wir niemals den freiwilligen Weg zurück in die DDR antreten. Würden wir diesen Schritt zurück wählen, gäbe es für uns und unsere Kinder keine Perspektive mehr. Ein menschenwürdiges Leben als mündige Bürger wäre für uns alle nicht möglich. Versprechen der DDR-Behörden werden erfahrungsgemäß nur selten eingehalten. Dieses sind nicht nur unsere Befürchtungen, sondern praxisnahe Erfahrungen aus unserem bisherigen Umfeld.

Wir, die hier in Ihrem Hause Hoffenden, müssen deshalb mit der uns verbleibenden Kraft und innerlichen Stärke auf Ihre Hilfe warten. Dieses haben wir über Jahrzehnte gelernt, ja mussten es erlernen. Tränen und Verzweiflungsmomente sind uns nicht fremd, doch wir haben die Hoffnung, mit Ihrer Hilfe zu erreichen, worum wir schon so lange kämpfen – um die Freiheit, unseren Wohnsitz selbst zu wählen.

Ihnen, sehr geehrter Herr Bundeskanzler, sowie Ihren Mitarbeitern und dem Personal der Ständigen Vertretung danken wir sehr herzlich für die uns täglich zuteil werdende menschliche und materielle Hilfe und gute Betreuung.

Insbesondere sind wir dankbar für das uneingeschränkte Gastrecht, welches wir hier genießen dürfen.

Alle unsere Hoffnungen beruhen auf Ihren Verhandlungen, auf Ihrer Kraft, uns die Übersiedlung in unser freiheitliches und demokratisches Vaterland zu ermöglichen.

Unsere Hoffnungen und Wünsche begleiten Sie bei Ihren für uns so wichtigen Gesprächen mit der DDR-Führung.
Sollte es Ihre Zeit erlauben, würden wir uns über Ihren Besuch herzlich freuen.
Im Wissen um Ihre schwierige Aufgabe setzen wir unser ganzes Vertrauen in Sie […].«

Schreiben wie dieses, das alle 115 Ausreisewilligen unterzeichnet hatten, waren in jenen Tagen für mich und meine Mitstreiter einmal mehr Verpflichtung und Ansporn zugleich, in unseren Bemühungen um die Sache der Deutschen nicht nachzulassen.

3.
Der Anfang vom Ende des SED-Regimes – Der ungarische Ministerpräsident in Gymnich

In diesen aufrüttelnden und schwierigen Tagen kamen die Ungarn mit einer überraschenden Initiative auf uns zu, mit der sie den ersten Stein aus der Berliner Mauer schlagen sollten und den Anfang vom Ende des SED-Regimes einläuteten: Der ungarische Botschafter in Bonn, István Horváth, ein Freund der Deutschen, wurde bei Horst Teltschik mit dem Wunsch vorstellig, Ministerpräsident Miklós Németh wolle mit mir so rasch wie möglich und unter Wahrung absoluter Diskretion zusammentreffen. Wir zögerten keinen Moment und verständigten uns unverzüglich auf eine Begegnung am 25. August, einem Freitag. Als geheimer Treffpunkt wurde Schloss Gymnich bei Bonn verabredet.

Noch heute läuft es mir kalt über den Rücken, wenn ich daran denke. Außer Hans-Dietrich Genscher, der gerade erst einen Herzinfarkt hinter sich hatte und selbst bei dem Gespräch dabei sein würde, weihte ich nur meine engsten Mitarbeiter ein: Eduard Ackermann, Rudolf Seiters und Juliane Weber. Horst Teltschik wusste ohnehin Bescheid. Alle waren zu striktem Stillschweigen verdonnert. Die ungarischen Reformer standen unter enormem Druck. Es musste alles getan werden, um das Treffen geheim zu halten und das äußerst angespannte Verhältnis zwischen Budapest und Ost-Berlin nicht weiter zu verschärfen.

Ich blickte dem Gespräch mit großer Erwartung entgegen.

Die ungarischen Reformkommunisten hatten sich bezüglich der ausreisewilligen Deutschen aus der DDR bisher als äußerst standfest und mutig erwiesen. Soeben erst hatten sie die Flüchtlinge in unserer Budapester Vertretung ausfliegen lassen. Ich war gespannt, mit welcher Botschaft sie jetzt zu uns nach Deutschland kamen. Wenn ich damals gewusst hätte, was die Ost-Berliner Führung alles unternahm, um die Regierenden in Budapest dazu zu bewegen, die Flüchtlinge in die DDR zurückzuschicken, hätte ich unserem Geheimtreffen kaum eine Chance eingeräumt.

Am Morgen des 25. August landeten Ministerpräsident Németh, Außenminister Gyula Horn und Botschafter Horváth mit einer ungarischen Regierungsmaschine auf dem militärischen Teil des Flughafens Köln-Bonn. Von dort flogen sie mit einem Hubschrauber des Bundesgrenzschutzes weiter nach Schloss Gymnich, wo Hans-Dietrich Genscher und ich sie begrüßten.

Der ungarische Ministerpräsident begann das Gespräch mit einer ungeschminkten Schilderung der Lage Ungarns. Mit Blick auf die Ausreisewilligen erläuterte er, dass sein Land, das nach wie vor dem Warschauer Pakt angehöre, gültige Verträge breche, wenn es die »Staatsbürger der DDR« ohne gültige Dokumente ausreisen lasse. Er verwies auf die bilateralen Abkommen zwischen beiden Staaten, denen zufolge es untersagt war, Staatsbürger des jeweils anderen Landes in den Westen ausreisen zu lassen, wenn sie nicht über gültige Ausreisegenehmigungen verfügten. Niemand wisse, fuhr Németh sichtlich besorgt fort, wie Honecker und sein Politbüro reagieren würden. Seine Sorge hatte ihren Ursprung nicht zuletzt in der Einschätzung des Ost-Berliner Regierungschefs. Németh kannte Honecker aus Gesprächen als »verbohrten Reformgegner«.

Offen informierte mich der ungarische Ministerpräsident auch über die Reformbemühungen in seinem Land sowie über die Entwicklung in Polen und den anderen mittel- und osteuropäischen Staaten. Seine Einschätzungen über den erst kurz zuvor zu Ende gegangenen Warschauer-Pakt-Gipfel und seine Erläuterung der positiven Rolle Gorbatschows im Reformprozess waren für mich von höchstem Interesse. Doch auch Gorbatschow, der den ungarischen Reformen wohlwollend gegenüberstand, war in der sowjetischen Nomenklatura nicht unumstritten, und niemand wusste, wie Moskau letztendlich darauf reagieren würde, wenn Ungarn seine Grenze für die DDR-Deutschen öffnen würde. Immerhin standen 200 000 sowjetische Soldaten in Ungarn.

Németh berichtete weiter, dass sich nach seinen Informationen sowohl in Bulgarien als auch in Rumänien und der Tschechoslowakei eine große Zahl deutscher Touristen aus der DDR aufhalte, um von dort den Fortgang der Ereignisse zu beobachten. Sie würden die nächsten Schritte der ungarischen Regierung abwarten, um dann entweder in die DDR zurückzukehren oder aber über Ungarn in den Westen auszureisen.

Schließlich wartete der ungarische Ministerpräsident mit der erlösenden Nachricht auf: »Eine Abschiebung der Flüchtlinge zurück in die DDR kommt nicht in Frage. Wir öffnen die Grenze. Wenn uns keine militärische oder politische Kraft von außen zu einem anderen Verhalten zwingt, werden wir die Grenze für DDR-Bürger geöffnet halten.« Es sei beabsichtigt, alle Deutschen bis Mitte September ausreisen zu lassen.

Mir stiegen die Tränen in die Augen, als Németh dies ausgesprochen hatte. In diesem Moment wurde mir deutlicher denn je bewusst, wie wichtig und richtig es gewesen war, dass wir all die Jahre an der einen deutschen Staatsbürgerschaft festgehalten hatten, dass wir nicht den Forderungen aus Ost-Berlin und der SPD-Opposition, der Grünen und weiter Teile der Medien, die sich alle mit der Teilung unseres Landes längst arrangiert hatten, gefolgt waren, eine eigene DDR-Staatsbürgerschaft anzuerkennen. Der Gedanke, dass all die Deutschen, die in Ungarn und anderswo ihre Ausreise in die Freiheit herbeisehnten, als Ausländer einen Antrag auf politisches Asyl hätten stellen müssen, war in diesem Moment für mich einmal mehr absurd und unerträglich.

Mehrmals fragte ich bei Németh nach, ob die Ungarn dafür keine Gegenleistung erwarteten, und jedes Mal winkte er mit den Worten ab: »Ungarn verkauft keine Menschen.« Zugleich spürte ich die große Angst der Ungarn, im Ostblock isoliert zu werden. Im schlimmsten Fall rechneten sie mit einer Unterbrechung der Energieversorgung von seiten der Sowjetunion. Bei Öl und Gas war Ungarn von Moskau völlig abhängig. Außerdem befürchteten der Ministerpräsident und sein Außenminister, dass die DDR, Rumänien und die Tschechoslowakei Wirtschaftssanktionen verhängen würden. Deshalb richteten sie die Frage an mich, ob der deutsche Bundeskanzler in einem solchen Fall helfen werde. Ohne die Absicherung durch einen Kabinettsbeschluss oder die Entscheidung anderer Gremien zu haben, versicherte ich spontan, dass die Bundesrepublik helfen werde. Ich hielt es für selbstverständlich, denen zu helfen, die uns halfen. Die Ungarn hätten sich auch ganz anders verhalten können. Es war für die Regierung in Budapest nicht leicht, in dieser Situation entgegen den geltenden Abmachungen mit der DDR zu sagen: »Wir lassen die Deutschen raus.«

Unsere Hilfe für Ungarn konkretisierten wir noch auf Schloss Gymnich. Die Bundesregierung würde einen Kredit von 500 Millionen D-Mark gewähren, über den bereits seit längerer Zeit verhandelt worden war. Außerdem sagten wir die Aufhebung des Visumzwangs zu und versicherten Budapest der deutschen Unterstützung beim angestrebten Beitritt zur Europäischen Gemeinschaft. Zur Entschuldungsproblematik – Ungarns Verbindlichkeiten bei Banken in der Bundesrepublik beliefen sich auf mehrere Hundert Millionen D-Mark – sagte ich die Entsendung des Chefs der Deutschen Bank, Alfred Herrhausen, nach Ungarn zu. Ebenso erklärte ich unseren ungarischen Gästen, mich in der EG und in den USA dafür einsetzen zu wollen, dass Ungarn umgehend und unbürokratisch aus seiner großen Wirtschaftskrise geholfen werde.

Allesentscheidend würde aber zunächst sein, wie die Moskauer Führung auf die ungarischen Pläne reagieren würde, die Grenze für die Deutschen aus der DDR zu öffnen. Immerhin hatte sich Gorbatschow bisher nicht zu einer weiterreichenden Interpretation des Selbstbestimmungsrechts der Deutschen verleiten lassen. »Die Welt«, so hatte er zuletzt auf die Frage eines Journalisten nebulös geantwortet, »wird sich entsprechend unserer Haltungen verändern.«

Wenig später telefonierte ich mit Michail Gorbatschow. Ich berichtete ihm, was ich mit Németh und Horn besprochen hatte, und fragte, ob sie seine Unterstützung hätten. Gorbatschow schwieg zunächst. Dann antwortete er: »Die Ungarn sind gute Leute.« Mehr sagte er nicht dazu. Für mich war damit klar, dass der ungarische Ministerpräsident und sein Außenminister nicht auf eigene Faust handeln mussten, sondern sich des Segens aus Moskau sicher sein konnten.

4.
Weltpolitische Veränderungen und parteipolitischer Kleinmut – Der gescheiterte Putsch in Bremen

Es waren dramatische Tage, die Welt war in Bewegung, die Spannung war mit Händen zu greifen. Außenpolitisch vollzogen sich Veränderungen, die Monate zuvor noch fast undenkbar waren. Auch in der Frage der deutschen Einheit hatte sich eine ganz andere Stimmungslage ergeben. Über Nacht war sie näher gerückt und nicht mehr erst eine Angelegenheit, die späteren Generationen vorbehalten sein würde. Im krassen Gegensatz dazu sah ich mich innenpolitisch und innerparteilich schwersten Belastungen ausgesetzt. Ausgerechnet in diesen Wochen planten meine Gegner in der CDU, unterstützt von einem Großteil der Medien, mich als Parteivorsitzenden und letztlich auch als Bundeskanzler zu stürzen.

Es gleicht einem Treppenwitz der Geschichte, dass die weltpolitischen Veränderungen von meinen Gegnern völlig ignoriert wurden. Geradezu abenteuerlich mutet es an, dass ausgerechnet jetzt meine parteiinternen Kritiker weiter die Abkehr der Union vom deutschlandpolitischen Profil betrieben – gerade jetzt, als unser beharrliches und über all die Jahre konsequentes Festhalten am Ziel der deutschen Einheit durch die Geschichte bestätigt zu werden schien.

Mir war bewusst, dass der Bremer Parteitag im September 1989 für mein politisches Überleben, für den Kurs unserer Partei und damit auch in der Frage der deutschen Einheit ein ganz kritisches Datum sein würde. Meine innerparteilichen Gegner glaubten sich durch schlechte Umfragewerte und das mir unverständlich schlechte Abschneiden bei drei Wahlen gestärkt: Bei der Europawahl am 18. Juni 1989 hatte die Union erhebliche Einbußen erlitten, auch wenn sie stärkste Partei geblieben war. Bei den am gleichen Tag stattfindenden Kommunalwahlen im Saarland verlor die CDU ebenfalls deutlich. Es tröstete nur wenig, dass es auch bei der Saar-SPD Stimmenverluste gab. Noch schlimmer fiel das Ergebnis der ebenfalls am 18. Juni stattfindenden Kommunalwahlen in meinem Heimatland Rheinland-Pfalz aus. Hier verlor meine Partei ihre jahrzehntelange Position als stärkste politische Kraft.

Für wohl alle demokratischen Parteien gleichermaßen erschreckend war das Abschneiden der Republikaner an diesem Tag: Mit rund sieben Prozent zogen sie 1989 erstmals ins Europäische Parlament ein. Auch bei den beiden Kommunalwahlen legten sie in manchen Regionen erheblich zu. Die Erfolge der Republikaner waren bedenklich. Sie zeigten uns auch, wie leicht sich die Ängste der Menschen instrumentalisieren lassen. Ich warb innerparteilich daher vehement dafür, die vor dem Hintergrund der anhaltenden Ausreisewelle aus der DDR verschärfte Diskussion über Aus- und Übersiedler, Asylanten und Ausländer und in diesem Zusammenhang über Fragen wie Sozialleistungen, Wohnungsversorgung und Arbeitsplätze offensiv anzugehen und die Wählerschaft für die Unionsparteien zurückzugewinnen.

Die Ergebnisse der Wahlen hatte ich als umso schmerzhafter empfunden, als unsere Verluste in einer ausgesprochen erfolgreichen politischen Gesamtsituation auftraten. Ich stellte mir damals schon die Frage, wie eine politische Großwetterlage eigentlich beschaffen sein musste, um positive Wahlergebnisse zu erzielen. Außen- wie innenpolitisch hatten wir eine erfreuliche Entwicklung wie seit Jahrzehnten nicht mehr.

Innerparteilich hatte ich im Jahresverlauf deutlich gespürt, dass der Kreis meiner Gegner um Heiner Geißler, Lothar Späth, Kurt Biedenkopf, Walther Leisler Kiep, Rita Süssmuth und zeitweise auch Norbert Blüm meinen Sturz vorbereitete. Sie waren mit meinem Kurs für die Partei und das Land nicht einverstanden. Sie wollten die CDU stärker nach links ausrichten. Das hätte gerade auch unsere über Jahre klare Deutschlandpolitik betroffen und unsere Verlässlichkeit bei den Menschen in der DDR, aber auch unseren Partnern im Ausland massiv erschüttert. Meine Gegner gehörten zu jenen, die die deutsche Einheit schon aufgegeben hatten und die mich in dieser Frage zu den Ewiggestrigen zählten. Offenbar waren sie Opfer eines diffusen, gleichwohl mächtigen Zeitgeistes geworden.

Mir war und ist bis heute nicht ganz klar, was die Gruppe im einzelnen politisch verändern wollte. Schließlich hatten sie die wesentlichen Entscheidungen meiner Regierungszeit mitgetragen. Eines aber war mir sehr klar: Mit dieser Gruppe als neuer Führung würden bisher klare Positionen unserer Partei in der Deutschlandpolitik zumindest in Frage gestellt, wenn nicht sogar aufgegeben werden. Ich bin mir sicher, dass meine Partei dann dem Drängen Honeckers etwa zur Anerkennung der DDR-Staatsbürgerschaft oder nach Schließung der Zentralen Erfassungsstelle für DDR-Unrecht in Salzgitter nachgegeben hätte.

Wegen der seit Monaten andauernden Querelen mit Heiner Geißler, der immer wieder mit Bemerkungen, die mit mir nicht abgestimmt waren und die ich auch inhaltlich nicht teilte, Unruhe in die Partei brachte, beschloss ich trotz des Wissens um seine Putschpläne, ihn auf dem kommenden Bremer Parteitag nicht wieder für das Amt des Generalsekretärs der CDU vorzuschlagen. Seine Amtszeit lief zu diesem Zeitpunkt aus, und als Parteivorsitzender lag das Vorschlagsrecht für den Generalsekretär bei mir. Dass ich ihn nicht wieder nominieren würde, hatte ich Geißler unmittelbar nach der Rückkehr aus meinem Urlaub im August mitgeteilt. Zu meiner Überraschung hatte ihn dies völlig unerwartet getroffen. Offenbar hatte er meine Warnungen der vergangenen Wochen und Monate nicht ernst genommen. Mit seiner Nicht-Nominierung hatte ich mir Geißler natürlich endgültig zum Feind gemacht. Dies war mir auch bewusst. Es war aber um den Preis des innerparteilichen Friedens und vor allem der Verlässlichkeit unserer Politik nicht zu ändern.

Dieser Schritt war auch deshalb nicht unproblematisch, weil Geißler über beachtliche Unterstützung in der Partei verfügte. Zum Kreis der Verbündeten für seine Putschpläne gehörte vor allem der baden-württembergische Ministerpräsident Lothar Späth, der mich zunächst als Parteivorsitzender und anschließend als Bundeskanzler beerben wollte. Auch Bundestagspräsidentin Rita Süssmuth teilte mir zwar ihre Loyalitätsbekundungen gerne schriftlich mit, arbeitete zugleich aber hinter meinem Rücken an meinem Sturz mit. Ähnlich verhielten sich der Schatzmeister Walther Leisler Kiep, Kurt Biedenkopf und zeitweise auch der Bundesarbeits- und -sozialminister Norbert Blüm. Auch Bundespräsident Richard von Weizsäcker teilte meine politische Linie nicht und betrieb meinen Sturz heimlich mit.

Am Sonntag, den 10. September, wenige Stunden vor meiner Abreise nach Bremen zum CDU-Bundesparteitag, erhielt ich nach Tagen angespannten Wartens, in denen allerlei Falschmeldungen und Gerüchte für Verunsicherung gesorgt hatten, vom ungarischen Botschafter die erlösende Nachricht, dass es um 24 Uhr an diesem Sonntag endlich so weit sein werde: Wie Ministerpräsident Németh mir am 25. August bei unserem Geheimtreffen auf Schloss Gymnich zugesagt hatte, könnten

Der gescheiterte Putsch in Bremen

dann die Deutschen aus der DDR von Ungarn aus in ein Land ihrer Wahl ausreisen. Das zeitliche Zusammentreffen dieses wahrhaft historischen Ereignisses mit dem Bremer Parteitag war ein reiner Zufall. Es war weder geplant noch beabsichtigt, aber natürlich kam es mir bei der Abwehr des erwarteten Putschversuchs meiner innerparteilichen Gegner sehr gelegen.

Den Ungarn war, wie erwartet, die Entscheidung, die Grenze zu öffnen, nicht leicht gemacht worden. Wie wir heute wissen, hatte in den vorangegangenen Tagen und Wochen der Druck von seiten der DDR-Regierung auf Budapest noch einmal erheblich zugenommen. So hatte DDR-Außenminister Oskar Fischer seinem ungarischen Amtskollegen Horn Anfang September massiv mit Repressalien der sozialistischen Bruderländer gedroht. Die Ungarn blieben allen Drohungen zum Trotz standfest.

Es war verabredet, dass die Außenminister Horn und Genscher die Öffentlichkeit über die sensationelle Nachricht aus Budapest informieren sollten. Ich bat die ungarische Seite, das Ereignis bereits um 20 Uhr öffentlich zu machen. Zu diesem Zeitpunkt begann in der Bremer Stadthalle der traditionelle Presseabend am Vorabend des Parteitags, und ich würde Gelegenheit haben, ein paar Worte zu sagen. Das wollte ich nutzen.

Es bereitete mir große Genugtuung, an jenem denkwürdigen 10. September in Bremen vor die versammelten Journalisten zu treten, die in der Erwartung meines Sturzes zu unserem Parteitag gekommen waren, und die Nachricht von der Öffnung der ungarischen Grenze zu verkünden:

»Vor wenigen Minuten«, so sagte ich, »hat der ungarische Außenminister die Entscheidung seiner Regierung bekanntgegeben, dass ab heute nacht null Uhr Deutsche aus der DDR in ein Land ihrer Wahl von Ungarn aus ausreisen können. […] Wer in die Gesichter der Betroffenen schaut, wer erlebt hat, welche Spannung bis hin zur Verzweiflung in diesen Tagen und Wochen herrscht, kann ermessen, was es heißt, dass diese Entscheidung ab heute nacht null Uhr in Kraft tritt.«

Nachdem die Ungarn in der Nacht ihr Versprechen eingelöst hatten, passierten mehr als 6000 Menschen in den darauffolgenden Stunden die ungarisch-österreichische Grenze in Richtung Freiheit, über 100 000 sollten es noch werden. Niemand konnte damals wissen, wohin dieser Aufbruch in Mittel- und Osteuropa am Ende führen würde. Aber jeder konnte spüren, dass dies eine Stunde von wahrhaft historischer Bedeutung war. Der Eiserne Vorhang hatte sich ein entscheidendes Stück gehoben, und Deutschland war damit auf seinem Weg zur Einheit in Frieden und Freiheit einen wichtigen Schritt vorangekommen.

Erwartungsgemäß protestierte die DDR scharf gegen Bonn und Budapest, weil Ungarn die Ausreise aller DDR-Flüchtlinge in den Westen genehmigt hatte. Die amtliche DDR-Nachrichtenagentur ADN sprach sogar von einem »organisierten Menschenhandel«. Ich schickte dagegen noch von Bremen aus ein Danktelegramm an den ungarischen Ministerpräsidenten Németh:

»Sehr geehrter Herr Ministerpräsident, für den großherzigen Akt der Menschlichkeit, den Ihr Land in diesen Tagen Tausenden meiner Landsleute erweist, möchte ich Ihnen im Namen aller Deutschen aufs herzlichste danken. In meinen Dank schließe ich Ihre Mitarbeiter, insbesondere Herrn Außenminister Horn, sowie die karitativen Organisationen und alle Bürger Ihres Landes ein, die in den vergangenen Wochen großzügig und selbstlos geholfen haben. Die weltweite Zustimmung, die Ihre Politik jetzt erntet, würdigt den Mut und die Entschlossenheit Ihres Handelns genauso wie Ihre humanitären Beweggründe, die in den besten Traditionen Europas wurzeln und auf den festen Boden der KSZE-Dokumente von Helsinki, Madrid und Wien gegründet sind. Ihre Politik ist richtungweisend und vorbildlich für eine europäische Friedensordnung, in der der Mensch mit seiner Würde und seinen Rechten im Mittelpunkt der Politik steht. Herr Ministerpräsident, was Ungarn in diesen Tagen für uns geleistet hat, werden wir nie vergessen. Sie haben in überwältigender Weise Ihr Wort gehalten, sich für die menschliche Lösung eines Problems einzusetzen, das in der deutschen Teilung begründet ist. Auch ich stehe meinerseits zu dem, was wir während Ihres kürzlichen Besuchs in der Bundesrepublik Deutschland besprochen haben.«

Am Tag nach der historischen Grenzöffnung standen die fast 750 Delegierten des Bundesparteitags in der Bremer Stadthalle ganz unter dem Eindruck der Ereignisse, die die Welt veränderten. Der Kreis um Geißler hatte seine Putschpläne gleichwohl noch nicht aufgegeben. Nachdem ich den traditionellen Bericht des Parteivorsitzenden vorgetragen hatte, stellte ich mich der mit scharfen Attacken geführten Diskussion. In einer leidenschaftlichen, offensiven Rede antwortete ich auf die Angriffe und wies sie zurück. Die Delegierten waren begeistert und zollten mir stehend Beifall. Dem Ansinnen, mich zu stürzen, war damit der Boden entzogen.

Die Basis der Partei bestätigte mich mit einer überwältigenden Mehrheit. Mit 571 Ja-Stimmen bei 147 Nein-Stimmen und 20 Enthaltungen wurde ich zum neunten Mal zum Bundesvorsitzenden der CDU gewählt. Auch das Votum für Volker Rühe, den ich anstelle von Heiner Geißler für das Amt des Generalsekretärs vorschlug, fiel klar aus. Er wurde mit 84 Prozent der Stimmen in sein neues Amt gewählt. Meine schärfsten innerparteilichen Gegner wurden abgestraft: Lothar Späth wurde aus dem Präsidium gewählt, Heiner Geißler erhielt bei seiner Wahl zum stellvertretenden Parteivorsitzenden knappe 57 Prozent. Das Ergebnis der Bundesvorstandswahl war ein klares Votum der Basis gegen Kleinmut und für die Zukunft und den Kurs unserer Partei.

Was niemand außer einem kleinen Kreis Eingeweihter wusste: Während des ganzen Parteitags war ich gesundheitlich schwer angeschlagen. Ausgerechnet in der Woche vor Bremen erkrankte ich schwer. Der ärztliche Befund war eindeutig. Ich musste mich operieren lassen. Um auf dem Parteitag auftreten und bei der alles entscheidenden Wahl zum Bundesvorsitzenden antreten zu können, hatte ich mich mit den Ärzten verständigt, mich trotz fast unerträglicher Schmerzen erst unmittelbar nach dem Bremer Parteitag operieren zu lassen. Das bedeutete für mich eine enorme zusätzliche physische Anstrengung, aber ich sah keine Alternative. Zuviel stand für mich persönlich, aber auch für die Partei und unsere Zukunft auf dem Spiel. Der Eingriff selbst verlief dann ohne Komplikationen. Nach einer guten Woche wurde ich aus dem Krankenhaus bereits wieder nach Hause entlassen, wo ich mich noch etwas schonen sollte. Zur Schonung blieb allerdings nicht viel Zeit, denn die Ereignisse gewannen weiter an Eigendynamik, die zu weitreichenden Hoffnungen und Sorgen gleichermaßen Anlass gab.

5.
Triumph des Freiheitswillens – Ausreise aus Prag und der Sturz Honeckers

Die Öffnung der ungarisch-österreichischen Grenze mit der Ausreise von Tausenden Flüchtlingen aus Ungarn hatte dem Freiheitswillen der Menschen in der DDR nochmals eine neue Dynamik verliehen, die sich bereits nicht mehr eindämmen ließ. Einerseits hielt die Ausreisewelle unvermindert an. Andererseits machte sich innerhalb der DDR die Unzufriedenheit explosionsartig Luft: Immer mehr Menschen gingen in Leipzig, Dresden, Ost-Berlin und anderswo mutig auf die Straße. Die Menschen in der DDR hatten eine Bewegung in Gang gesetzt, die sich nicht mehr unterdrücken ließ. Immer mehr wurden von ihr ergriffen, immer weiter breitete sie sich aus: Am 4. September demonstrierten Hunderte von Menschen vor der Leipziger Nikolaikirche für Reisefreiheit. Auf dem Alexanderplatz in Ost-Berlin protestierten DDR-Bürger gegen vermutete Wahlfälschungen bei den Kommunalwahlen vom 7. Mai. Rund 80 Personen wurden vorübergehend festgenommen.

Am 24. September einigten sich 80 Vertreter von Reformgruppen bei ihrem ersten landesweiten Treffen darauf, das »Neue Forum« als Dachorganisation zu gründen. Wenige Tage zuvor hatte das DDR-Innenministerium die Zulassung des Neuen Forums als politische Vereinigung abgelehnt und die Gruppe für staatsfeindlich erklärt. Am 25. September protestierten etwa 5000 Menschen in Leipzig für Reformen und gegen das Verbot des Neuen Forums.

Während die DDR innenpolitisch mehr und mehr unter Druck geriet, nahm das Flüchtlingsdrama immer drastischere Formen an. Täglich wuchs die Zahl derjenigen, die in den Botschaften der Bundesrepublik in Prag und in Warschau Zuflucht suchten. Nach entsprechenden Zusagen über ihre Ausreise von DDR-Unterhändler Wolfgang Vogel hatten zwar 300 Botschaftsflüchtlinge am 12. September unsere Prager Vertretung verlassen und sich auf den Heimweg gemacht, aber das Problem war damit nicht gelöst. Im Gegenteil: Immer neue Flüchtlinge kamen und drängten in die Vertretungen. Bis Ende September stieg ihre Zahl in Prag auf mehr als 3000 und in Warschau auf mehr als 600 Menschen an.

Wir bemühten uns weiter um eine Lösung. Abhilfe war aber vorerst nicht zu erwarten, denn die Gespräche über die diplomatischen Kanäle kamen nicht voran. Ost-Berlin schaltete auf stur, und über die Haltung der tschechoslowakischen Führung brauchte man sich keine Illusionen zu machen. Die kommunistischen Machthaber auf der Prager Burg waren sich in der Ablehnung des Gorbatschowschen Reformkurses mit der Honecker-Führung einig. Die Bilder von Sicherheitskräften, die in Prag brutal gegen die Flüchtlinge aus der DDR vorgingen, sprachen eine deutliche Sprache.

Wenn es doch noch eine Lösung für das Problem der Botschaftsflüchtlinge gab, dann würde sie sicher nicht von dem Prager Regime kommen, sondern von den Reformern in Moskau, die hinter den Kulissen auch aktiv waren. Meine Telefonate mit Generalsekretär Gorbatschow während dieser dramatischen Tage zeigten, dass er die Bemühungen um unsere deutschen Landsleute in den Botschaften ebenso wie Außenminister Eduard Schewardnadse wohlwollend begleitete. Am Rande der UN-Vollversammlung in New York erhielt Außenminister Genscher von seinem sowjetischen Kollegen die

Zusage, dass der Kreml mit der DDR-Führung in Verbindung treten und auf eine Verbesserung der Lage der Flüchtlinge hinwirken werde.

Die DDR-Führung hatte wohl darauf gebaut, dass wir unter dem Zwang der Verhältnisse Druck auf die Menschen ausüben würden, die Botschaften zu verlassen. Von Anfang an hatten wir jedoch klargestellt, dass dies für uns nicht in Frage kam, dass von uns niemand auf die Straße gewiesen würde und wir uns auf eine lange Wegstrecke einrichteten, wenn die DDR ihre Haltung nicht änderte. Und dabei blieben wir. Die Bilder von den menschenunwürdigen Zuständen in unserer Prager Botschaft gingen um die Welt und machten auch auf die osteuropäischen Regierungen Eindruck. So kurz vor den Feierlichkeiten zum 40jährigen Bestehen der DDR am 7. Oktober wollte die Ost-Berliner Führung wohl einen weiteren Ansehensverlust vermeiden, und so unterbreitete uns die Ständige Vertretung der DDR schließlich am 30. September den Vorschlag, dass die Botschaftsflüchtlinge in Prag und Warschau mit von der DDR bereitgestellten Sonderzügen über das Territorium der DDR in die Bundesrepublik ausreisen dürften. Erleichtert nahm ich den Vorschlag an.

Ich wollte damals unbedingt selbst nach Prag reisen, um den Menschen diese freudige Nachricht zu überbringen und ihnen vor allem auch das Misstrauen vor der Ausreise zu nehmen, die über das Gebiet der DDR erfolgen sollte. Doch meine Ärzte rieten mir so kurz nach meiner Operation dringend von der Reise ab. So beschlossen wir, dass Hans-Dietrich Genscher und Rudolf Seiters noch am selben Nachmittag nach Prag fliegen sollten. Am Fernsehgerät in Ludwigshafen verfolgte ich die unbeschreiblichen Szenen, die sich an jenem Abend in Prag abspielten, als Genscher und Seiters kurz vor 19 Uhr vom Balkon des Palais Lobkowitz den Tausenden die erlösende Botschaft der Freiheit überbrachten. Der Jubel der Menschen wollte nicht enden. Zur selben Zeit eröffnete Staatssekretär Jürgen Sudhoff den Botschaftsflüchtlingen in Warschau, dass auch ihre Ausreise gesichert sei. Schon am nächsten Morgen verließen die Sonderzüge Prag und Warschau in Richtung Bayern und Niedersachsen. Über 5000 Flüchtlinge aus Prag und rund 800 aus Warschau gelangten mit dieser ersten Aktion ohne größere Zwischenfälle über das Gebiet der DDR in die Bundesrepublik.

Mich hielt es entgegen allem ärztlichen Rat nicht mehr zu Hause. Am 3. Oktober brach ich meinen Genesungsurlaub ab und eilte nach Bonn. Die Lage machte es erforderlich: Unsere Prager Botschaft war nun zu einem regelrechten Brückenkopf in die Freiheit geworden. In Windeseile war unsere Botschaft wieder mit Tausenden Menschen hoffnungslos überfüllt. In pausenlosen Krisensitzungen suchten wir nach einem Ausweg. Da sich Ost-Berlin unnachgiebig zeigte und sich die Lage weiter zuspitzte, meldete ich ein Telefongespräch mit Erich Honecker an, doch wir bekamen eine schroffe Absage: Aus Termingründen stehe der Generalsekretär bis zum 7. Oktober nicht zur Verfügung, hieß es.

Daraufhin rief ich am späten Nachmittag den tschechoslowakischen Ministerpräsidenten Ladislav Adamec an. Ich sagte ihm, dass ich über die Vorgänge zutiefst beunruhigt sei und hoffe, dass in den nächsten Stunden eine befriedigende Lösung gefunden werde. Ich würde mir wünschen, dass diese Frage unter humanitär akzeptablen Bedingungen geregelt werde und dass die Tschechoslowakei dazu ihren Beitrag leiste. Adamec berichtete mir, dass sich bereits wieder 6000 Flüchtlinge in der Botschaft selbst aufhielten, weitere 2000 in ihrer Umgebung. Außerdem seien 3000 bis 4000 Ostdeutsche auf dem Weg nach Prag. Mit der DDR sei vereinbart, dass ab

17 Uhr an diesem Tag die Grenze geschlossen werde. Alle Flüchtlinge aus der DDR, die sich zu diesem Zeitpunkt in der Tschechoslowakei befänden, würden die Möglichkeit bekommen, noch am selben Abend oder in der Nacht über die DDR in die Bundesrepublik auszureisen. Mit Erleichterung begrüßte ich die Nachricht.

Diese zweite Massenausreise aus Prag begann mit einiger Verspätung, weil auf den Gleisen und in den Bahnhöfen in der DDR Menschen standen, die auf die Flüchtlingszüge aufspringen wollten. Im Dresdner Bahnhof spielten sich dramatische Szenen ab. Mit unerbittlicher Härte ließ die Dresdner SED-Bezirksleitung unter ihrem Vorsitzenden Hans Modrow die Demonstration in den Abendstunden zerschlagen. Die Volkspolizei setzte Wasserwerfer und Knüppel ein. Es kam zu Massenfestnahmen. Viele wurden verletzt. Die SED-Führung um den erkrankten Honecker bunkerte sich unterdessen immer mehr ein. Nach wie vor unfähig, sich der Wirklichkeit zu stellen und in geeigneter Form auf die Herausforderungen zu reagieren, bezichtigte sie stattdessen kurzerhand alle, die Kritik übten, der »Komplizenschaft mit dem Klassenfeind«. Die Bundesregierung wurde beschuldigt, mit ihrer »propagandistischen und revanchistischen Politik« für die gegenwärtigen Probleme der DDR verantwortlich zu sein. In Wahrheit bemühten wir uns, die Entwicklung in der DDR und die Situation in unseren Botschaften zu entschärfen, soweit dies in unseren Möglichkeiten lag, und ohne natürlich von unseren deutschlandpolitischen Grundpositionen abzurücken.

Die Lage eskalierte, als Michail Gorbatschow Anfang Oktober zu den Feiern zum 40. Jahrestag der DDR nach Ost-Berlin kam. Auf ihn und seine Perestroika hatten die meisten in der DDR ihre Hoffnung gesetzt. Nun war er unter ihnen und erging sich in Anspielungen auf Honecker, etwa mit den

Worten: »Wer zu spät kommt, den bestraft das Leben.« Solch ein Satz aus dem Mund des ersten Mannes der Sowjetunion ermutigte die Menschen, ihre Unzufriedenheit immer offener zu zeigen.

Am Abend des 7. Oktober erlebte Ost-Berlin eine gewaltige Demonstration. Doch nicht nur dort gingen die Menschen zu Abertausenden auf die Straße, sondern überall im Lande: in Dresden, Chemnitz (Karl-Marx-Stadt), Halle, Erfurt, Potsdam, Leipzig und anderswo. Von Tag zu Tag wurden es mehr. Bei aller Freude über den Freiheitswillen, der sich hier so eindrucksvoll manifestierte, wuchs bei mir die – nach allem, was wir später erfahren sollten, auch sehr berechtigte – Sorge, dass die DDR-Sicherheitsorgane eingreifen und ein Blutbad anrichten könnten. Mit seiner Unnachgiebigkeit nährte Honecker derartige Befürchtungen noch, beispielsweise wenn er am Rande eines Treffens mit dem stellvertretenden chinesischen Ministerpräsidenten Yao Yilin die Führungsrolle der SED bekräftigte und ankündigte, der gegenwärtige Kurs werde fortgesetzt. Wir konnten zu dieser Entwicklung nicht schweigen. Am 9. Oktober gab ich in meiner Eigenschaft als CDU-Vorsitzender eine Erklärung ab, in der ich die verordneten 40-Jahr-Feiern der DDR zu »Tagen der nationalen Betroffenheit« erklärte:

> »Während die SED-Führung mit Fackelaufmärschen, Stechschritt und Militärparaden feierte, ist die Weltöffentlichkeit Zeuge, wie Polizei und Staatssicherheit der DDR friedliche Demonstrationen mit brutaler Gewalt auflösten. Überfüllte Gefängnisse, zahlreiche Verletzte, anhaltende Fluchtbewegung sind heute Symbol eines erstarrten autoritären Systems, das seine Macht nur noch durch Repression nach innen und Abschottung nach au-

ßen zu sichern versucht. Sie sind zugleich Ausdruck tiefer Unsicherheit der Verantwortlichen in Ost-Berlin […].«

Den Menschen in der DDR, die ihre selbstverständlichen staatsbürgerlichen Rechte in Anspruch nehmen wollten und für mehr Freiheit und Menschenrechte auf die Straße gegangen waren, sprach ich meine Sympathie und Solidarität aus. Ich versicherte ihnen, die Bundesregierung werde alle Reformkräfte unterstützen, die für die Achtung der Menschenwürde und die Verwirklichung der Menschenrechte einträten und die ihre Zukunft selbst bestimmen wollten. Abermals appellierte ich an die DDR-Führung, endlich politische und wirtschaftliche Reformen einzuleiten und auf die Bedürfnisse und Sorgen ihrer Bürger einzugehen:

»Innerer Frieden und Stabilität können nicht durch Gewalt und Entmündigung der Menschen garantiert werden. Äußerer Friede und gute Nachbarschaft durch Dialog und Zusammenarbeit können nicht gedeihen, wenn die DDR-Führung fortfährt, sich von den internationalen Veränderungen und Reformen in Ost und West abzukoppeln und sich selbst zu isolieren. Die DDR allein trägt die Verantwortung für eine Politik des Unfriedens nach innen und nach außen.«

Für den Fall, dass die DDR-Führung bereit sei, grundlegende politische, soziale und wirtschaftliche Reformen durchzuführen, kündigte ich die Bereitschaft der Bundesregierung an, diese Reformanstrengungen umfassend und weitreichend zu unterstützen. Meine Erklärung schloss ich mit den Worten:

»Die CDU Deutschlands sieht sich durch die Entwicklungen in ihren deutschlandpolitischen Zielen voll bestätigt. Im Gegensatz zur SPD muss sie ihre Politik nicht revidieren. Auf der Grundlage der Ostverträge hält sie an dem politischen Ziel fest, auf einen Zustand des Friedens in Europa hinzuwirken, in dem das deutsche Volk in freier Selbstbestimmung seine Einheit wiedererlangt. So heißt es im ›Brief zur deutschen Einheit‹ zum Moskauer Vertrag von 1970.«

Am 11. Oktober telefonierte ich mit Michail Gorbatschow, der soeben von den Jubelfeiern aus Ost-Berlin zurückgekehrt war. Ich hob hervor, dass für die Bundesregierung die Leitlinien der Politik weiterhin uneingeschränkt gelten würden, die wir bei seinem Besuch im Juni in Bonn verabredet hätten. Gorbatschow nahm das gerne zur Kenntnis, das sei »gut«, sagte er auf Deutsch. Dann versicherte ich ihm, dass die Bundesrepublik keinesfalls an einem Chaos in der DDR interessiert sei; wir hofften, dass die Entwicklung dort nicht außer Kontrolle gerate, dass die Gefühle nicht überschwappten. Unser Interesse sei vielmehr, dass sich die DDR dem sowjetischen Reformkurs anschließe und die Menschen in der DDR blieben. Es sei ihm sehr wichtig, sagte Gorbatschow, solche Worte aus dem Munde des deutschen Bundeskanzlers zu hören. Er hoffe, dass mein Handeln damit in Einklang stünde.

Um seine Zweifel zu zerstreuen und unsere Vertrauensbasis zu stärken, verabredete ich mit Gorbatschow einen noch engeren Kontakt. Ich sei für ihn stets ansprechbar, sagte ich und bat ihn, unverzüglich mit mir zu telefonieren, wann immer er es für erforderlich halte. Ich hielte es für richtig, noch häufiger miteinander zu sprechen als bisher. Gorbatschow stimmte mir zu, sprach von einem »heißen Draht«, einer vertraulichen Telefonverbindung, die wir endlich zwischen Moskau und Bonn schaffen müssten, wie wir es im Juni in Bonn vereinbart hätten. Gorbatschow drückte mir zum Schluss ausdrücklich nochmals sein Vertrauen aus und verabschiedete sich dann, wie er sagte, mit einem »Händedruck«.

Unterdessen gingen die Demonstrationen in der DDR weiter. Am 9. Oktober hatte die DDR-Regierung erstmals einen Protestmarsch mit etwa 50 000 bis 70 000 Teilnehmern in Leipzig geduldet. Die Menschen forderten eine demokratische Erneuerung. Der Ruf »Wir sind das Volk – keine Gewalt« und ein unter anderen von dem Dirigenten des Gewandhausorchesters, Kurt Masur, und drei Sekretären der SED-Bezirksleitung unterzeichneter Aufruf, der über Rundfunk übertragen wurde, verhinderten einen blutigen Zusammenstoß mit den Sicherheitskräften.

Eine Woche später, am 16. Oktober, zogen bei der bis dahin größten Demonstration in der DDR seit dem Aufstand vom 17. Juni 1953 mehr als 120 000 Menschen durch Leipzig.

Zwei Tage später, am 18. Oktober, wurde Erich Honecker gestürzt. Nummer eins des SED-Staats wurde Egon Krenz, der bisherige zweite Mann im Politbüro. Ich nahm die Nachricht aus Ost-Berlin mit einer gewissen Erleichterung auf. Endlich hatte das Drängen der Menschen wenigstens zu personellen Konsequenzen geführt. Doch bei einem bloßen Auswechseln von Personen konnte es nicht bleiben. Die entscheidende Frage war, ob Krenz nun den Weg frei machte zu den überfälligen Reformen oder ob er weiterhin nur das Machtmonopol der SED verteidigen würde. In meinem Glückwunschtelegramm an den neuen ersten Mann der DDR brachte ich die Hoffnung der Deutschen in der Bundesrepublik zum Ausdruck, dass der Reformprozess endlich auch in der DDR seine Chance bekomme.

Mit Spannung verfolgten wir im Kanzleramt die Erklärung, mit der sich Krenz am Abend des 18. Oktober an die Öffentlichkeit wandte. Einerseits kündigte Krenz eine Wende an und berief sich auf Gorbatschow und stellte unter anderem eine Rücknahme der Reisebeschränkungen ins sozialistische Ausland und eine Reiseregelung für den Westen in Aussicht. Andererseits weigerte er sich jedoch wie schon sein Vorgänger, mit den Oppositionsgruppen einen gleichberechtigten Dialog aufzunehmen. Krenz beharrte auch darauf, die DDR könne ihre Probleme ohne fremde Einmischung lösen. Welchen Kurs Krenz verfolgte, würde sich also erst an seinen Taten zeigen.

Am 24. Oktober wählte die Volkskammer den neuen SED-Generalsekretär zum Staatsratsvorsitzenden und zum Vorsitzenden des Nationalen Verteidigungsrats. Als ich zwei Tage später zum ersten Mal mit ihm telefonierte, verabredeten wir zunächst, regelmäßigen Kontakt zu halten, sei es telefonisch, sei es persönlich. Ich nannte dann ein paar Punkte, die mir besonders wichtig waren: die angekündigte Neuregelung der Reisefreiheit, die in Aussicht genommene Amnestie für Personen, die wegen illegalen Grenzübertritts und Republikflucht verurteilt worden waren, und die Einstellung der Verfolgung all jener, die im Verlaufe von Demonstrationen festgenommen worden waren. Die Suche nach einer positiven Lösung für die sogenannten Botschaftsflüchtlinge lag mir ebenfalls sehr am Herzen. Diese Menschen bräuchten ihre Urkunden, ihr Umzugsgut und anderes, sagte ich und bat Krenz, bei der Regelung all dieser praktischen Fragen für ein großzügiges Verhalten der Behörden zu sorgen.

Krenz erwiderte, dass er in seiner Fernsehansprache ganz bewusst von einer »Wende« gesprochen habe. »Wende bedeutet jedoch keinen Umbruch«, sagte er und fügte hinzu, ich stimmte doch wohl mit ihm überein, dass eine sozialistische

DDR auch im Interesse der Stabilität in Europa sei. Dem widersprach ich, betonte aber, dass man die deutsche Frage natürlich nicht isoliert betrachten könne, denn sie habe eine europäische Dimension und sei eingebettet in das Ost-West-Verhältnis insgesamt. Deshalb würde ich auch Gorbatschow bei jeder Gelegenheit sagen, dass man zum Beispiel die Abrüstungsverhandlungen in Wien in diesem Zusammenhang sehen müsse. Wenn wir dort weiterkämen, würde dies den Ost-West-Gegensatz entschärfen, was nicht zuletzt den innerdeutschen Beziehungen zugute käme.

Anschließend schlug ich dem neuen SED-Generalsekretär eine Art Geschäftsordnung vor, wie beide Seiten künftig miteinander umgehen könnten. Für mich sei der beste Weg, wenn wir unsere gegensätzlichen Ansichten als gegeben zur Kenntnis nähmen und uns auf allen Gebieten, in denen eine Zusammenarbeit möglich sei, um praktische Kooperation zum Wohle und im Interesse der Menschen bemühten. Der SED-Generalsekretär stimmte mir zu und verwies auf seine Ausführungen vor dem Zentralkomitee der SED, wo er gesagt habe: »Unsere Hand ist ausgestreckt.« Ich erwiderte knapp: »Ja, also, Herr Generalsekretär, machen wir das so, wie besprochen.«

Eine Stunde später telefonierte ich in einer anderen Sache mit Michail Gorbatschow. Bei dieser Gelegenheit erzählte ich ihm, dass ich gerade mit Krenz gesprochen hatte. »Was hat er denn gesagt?«, wollte Gorbatschow wissen. »Krenz will Reformen«, sagte ich, »aber mit der DDR einen eigenen Weg gehen, also nicht den Polens, Ungarns oder der Sowjetunion.« Als der Generalsekretär dazu schwieg, wusste ich, dass Egon Krenz nicht »sein Mann« war.

6.
Bremser und Gegner auf dem Weg zur Einheit – Thatcher, Mitterrand, Andreotti und andere

Unterdessen hielt die Fluchtbewegung aus der DDR unvermindert an. Allein zwischen dem 3. und 5. November kamen noch einmal fast 20 000 Übersiedler über Ungarn und die ČSSR in die Bundesrepublik. Was mich in diesen Tagen nachhaltig beschäftigte und auch bedrückte, waren einerseits die Beweggründe, aus denen unsere Landsleute ihre Heimat verließen, und andererseits der Kleinmut und die Ängstlichkeit, mit der wir auf westdeutscher Seite der Übersiedlerwelle mitunter begegneten. Wer in dieser Situation von materiellen Motiven der Flüchtlinge sprach, hatte von den Sorgen und Nöten der Menschen nichts verstanden. Sie kehrten der DDR aus dem Wunsch nach persönlicher Meinungs- und Bewegungsfreiheit, nach besseren Lebensbedingungen, nach mehr Chancen zum Glück den Rücken. Diese Menschen verließen ihre angestammte Heimat, ihren Arbeitsplatz, ihre Freunde und Verwandten, um in Freiheit leben zu können. Wie groß musste die Bedrängnis sein, wenn jemand all dies zurückließ, was bisher sein Leben ausmachte?

Die Bundestagsdebatte zum Bericht zur Lage der Nation im geteilten Deutschland am 8. November gab mir Gelegenheit, ausführlich zu den aktuellen politischen Ereignissen Stellung zu nehmen und auch auf diese Diskussion einzugehen:

»Die Flucht von Zehntausenden vor allem jüngerer Menschen aus der DDR in den freien Teil Deutschlands ist vor aller Welt eine Abstimmung mit den Füßen, ein unübersehbares Bekenntnis zu Freiheit und Demokratie, zur Rechtsstaatlichkeit, zu einer Wirtschafts- und Gesellschaftsordnung, die den Menschen einen gerechten Anteil an den Früchten ihrer Arbeit sichert […]. Die Bilder und die Äußerungen der Flüchtlinge, die in großer Zahl zu uns kommen, haben mehr als alles andere deutlich gemacht, um was es geht: um Freiheit. Diese überwiegend jungen Leute sind ja nicht ahnungs- und willenlose Menschen, die den verderblichen Sirenengesängen des Kapitalismus gefolgt wären. Es sind selbstbewusste, tüchtige Leute, die oft genug schweren Herzens ihre Heimat, ihre Freunde und Familien verlassen haben, um im freien Teil Deutschlands in einer freiheitlichen Demokratie ein neues Leben zu beginnen.«

Ich betonte vor allem auch die großartigen Chancen, die die Veränderungen im Osten unseres Kontinents für uns alle bedeuteten. Ich sprach davon, dass wir erstmals seit dem Ende des Zweiten Weltkriegs eine begründete Hoffnung auf die Überwindung des Ost-West-Konflikts hätten, dass es jetzt eine Perspektive für einen wirklichen Wandel in ganz Europa gebe, eine Chance für ein Europa der Freiheit und der Selbstbestimmung. Ich nutzte die Gelegenheit zu einem Bekenntnis zu der einen deutschen Nation und verteidigte den deutschlandpolitischen Kurs, an dem meine Partei über Jahrzehnte festgehalten hatte, während andere uns als Ewiggestrige verspottet hatten. Unter dem Beifall meiner Fraktion sagte ich im Bundestag:

»Wir haben allen Grund, an unseren freiheitlichen Zielen in der Deutschlandpolitik festzuhalten. Weniger denn je haben wir Grund zur Resignation, und weniger denn je haben wir Grund, uns auf Dauer mit der Zweistaatlichkeit abzufinden. Gerade die Ereignisse der letzten Tage und Wochen haben insbesondere unsere klare und feste Haltung in der Frage der einheitlichen deutschen Staatsangehörigkeit für jedermann erkennbar bestätigt. Die Deutschen in der DDR sind und bleiben unsere Landsleute, die wir auf keinen Fall als Ausländer behandeln wollen und als Ausländer behandeln dürfen. Alle Empfehlungen, den politischen Status quo als endgültig anzuerkennen, haben sich als kurzlebig, als kurzsichtig erwiesen. Denn sie haben ein Grundgesetz menschlicher Existenz, das Streben des Menschen nach Freiheit, ignoriert.«

Ich erläuterte, dass wir seit Jahresanfang bereits 200 000 Übersiedler in unserer Mitte als Deutsche unter Deutschen aufgenommen hätten, und zeigte mich zuversichtlich, dass die Hilfsbereitschaft anhalten werde. Wiederum machte ich deutlich, dass ein Massenexodus aus der DDR weder im Interesse der Menschen liege noch Ziel unserer Deutschlandpolitik sein könne. Ich wiederhole unsere Bereitschaft, die DDR bei den notwendigen Veränderungen zu unterstützen, wies aber zugleich darauf hin, dass die Probleme der DDR nicht von der Bundesrepublik gelöst werden könnten, sondern dass Ost-Berlin mit tiefgreifenden Reformen die Voraussetzungen selbst schaffen müsse.

Dort tat sich wenig. Mit dem Wechsel an der Spitze zogen ins Politbüro zwar auch neue Leute ein, denen eine Nähe zu Gorbatschow nachgesagt wurde. Grundlegende Reformen aber waren nicht in Sicht. Hinzu kam die hoffnungslose wirtschaftliche Lage der DDR. Bei einem Gespräch in Moskau am

1. November nannte Krenz – wie wir erst später aus den Protokollen des Moskauer Politbüros erfuhren – dem sowjetischen Generalsekretär Zahlen zur Wirtschafts- und Finanzlage der DDR, von denen wir nicht die geringste Vorstellung hatten. Spätestens jetzt musste Gorbatschow das Gefühl bekommen haben, dass die DDR zumindest wirtschaftlich nicht mehr zu retten war. Von seinem Land war keine Hilfe zu erwarten, denn in der Sowjetunion fehlte es selbst an allem.

Gleichwohl machte Gorbatschow seinem Gast Mut und sprach sich für die Koexistenz zweier deutscher Staaten aus. Er hatte für seinen Besucher aus Ost-Berlin zudem den Rat, er solle auf die Bundesrepublik zugehen und Reformen in der DDR durchsetzen. Dass Krenz daraufhin von ersten Schritten sprach, die bereits unternommen worden seien, und als Beleg dafür anführte, dass es verboten sei, an der Grenze zu schießen, ist ein unfreiwilliger Beweis dafür, dass der Schießbefehl, dessen Existenz immer in Abrede gestellt worden war, bis kurz vor dem Mauerfall immer noch Gültigkeit hatte. Gorbatschow riet Krenz am Schluss des mehrstündigen Gesprächs auch, die Partei müsse dort sein, wo die Massen seien.

Die Wirklichkeit in der DDR sah allerdings anders aus. Von besonderer Brisanz waren die großen Demonstrationen in Leipzig und Berlin. Dass der Name Krenz für die Deutschen in der DDR nicht für Reformen stand, zeigte sich nicht zuletzt bei der Großdemonstration auf dem Ost-Berliner Alexanderplatz am 4. November. Mehr als eine halbe Million Menschen nahm daran teil, um gegen die Bremser und namentlich gegen Krenz zu demonstrieren. Unter den Rednern, die sich auf Gorbatschow beriefen und einen »dritten Weg« der DDR hin zu einem humanen Sozialismus propagierten, befanden sich viele namhafte, einstmals systemtreue Schriftsteller, Künstler und Wissenschaftler. Es war erstaunlich, wie rasch Leute, die lange Jahre Nutznießer des Regimes gewesen waren, auf die andere Seite überwechselten und an einer Veranstaltung teilnahmen, die zu einer Abrechnung mit den »SED-Bonzen« geriet.

Die Idee der Zweistaatlichkeit und reformkommunistische Vorstellungen eines »dritten Weges« statt der deutschen Einheit hatten auch in den Reihen der westdeutschen Opposition Anhänger. Berlins Regierender Bürgermeister Walter Momper sah den »dritten Weg der DDR zwischen Kapitalismus und Kommunismus« als das Zukunftsmodell schlechthin an, das durch die »überflüssige, in die Sackgasse führende Wiedervereinigungsdiskussion« nicht gefährdet werden dürfe. Andere namhafte Sozialdemokraten, wie etwa Oskar Lafontaine oder der schleswig-holsteinische Ministerpräsident Björn Engholm, äußerten sich ähnlich. Zurückhaltender gab sich der SPD-Vorsitzende Hans-Jochen Vogel, der Informations-, Meinungs- und Reisefreiheit als Prüfstein für den Reformwillen der neuen SED-Führung bezeichnete. Eine klare Linie ließen die Sozialdemokraten vermissen.

Die Ambivalenz der SPD kann nicht verwundern, wenn man ihre jahrelange Annäherungsstrategie an die SED betrachtet, auch wenn die SPD heute davon nichts mehr wissen will. Wir vergessen nicht, dass führende Vertreter der SPD sich immer wieder für die Anerkennung einer DDR-Staatsbürgerschaft ausgesprochen haben. Wir vergessen auch nicht, dass aus den Reihen der SPD immer wieder die Forderung nach einer Streichung des Wiedervereinigungsgebots aus der Präambel unseres Grundgesetzes erhoben wurde. Statt gemeinsame ideologische Erklärungen und Vertragsentwürfe über fragwürdige Zonenkonzepte zu erarbeiten, deren zukunftsweisender Wert sich 1989/90 als völlig nichtig erwies, hätten die Sozialdemokraten besser daran getan, mit der SED-

Führung über die Lage der Menschen in der DDR zu sprechen und darüber, dass sie mehr Menschenrechte und eine menschenwürdige Zukunft zugesichert erhielten. In der kritischen Phase 1989/90 wurde mir einmal mehr bewusst, dass die traditionsreiche Volkspartei SPD, einst engagierter Anwalt der Freiheit, eine zentrale Lehre der Geschichte verdrängt hatte: Die Zeit arbeitet immer für, nicht gegen die Sache der Freiheit.

Auch die Grünen hatten sich in die Idee der Zweistaatlichkeit verrannt und warnten vor einer »Wiedergeburt eines deutschen Nationalstaats«. Damit befanden sie sich wirklich im Abseits. Die Grünen, die einst die DDR-Dissidenten unterstützten, reagierten in den für unser Land zukunftsweisenden Tagen des Umbruchs überhaupt kopflos und ohne Konzepte auf die Ereignisse in der DDR.

Bei uns in der Union gab es sicher auch Abweichler von meinem deutschlandpolitischen Kurs. Die Herren Weizsäcker, Späth und Geißler redeten statt über die Einheit weiter lieber über die Annäherung der Systeme. Sie waren in unserer Partei aber in der Minderheit, wie auch der Bremer Parteitag im September 1989 gerade mit meiner Wiederwahl zum Parteivorsitzenden bestätigt hatte. Und so war diese Haltung einer Minderheit in unserer Partei in den entscheidenden Tagen 1989/90 auf dem Weg zur Einheit zwar manches Mal ärgerliches Störfeuer, aber im Ergebnis der Einheit ohne Wirkung.

Und wo standen unsere europäischen Nachbarn und Verbündeten in der deutschen Frage, die durch die Ereignisse in der DDR jetzt wieder auf die Tagesordnung geraten war? François Mitterrand, der französische Staatspräsident, was war seine Position? Wir kannten uns aus zahlreichen Gesprächen, waren gemeinsam in vielen Gegenden Frankreichs und Deutschlands gewandert und hatten uns oft über die deutsch-französischen Kriege und die Geschichte des deutschen Widerstands unterhalten. Es bleibt mir unvergessen, wie ich im September 1984 mit ihm Hand in Hand vor den Gräberfeldern von Verdun stand. Damals vollendeten wir, was Adenauer und de Gaulle mit ihrer Umarmung in der Kathedrale von Reims 1962 begründet hatten: die deutsch-französische Versöhnung.

Ich kannte auch die Haltung des französischen Präsidenten, der im Ministerrat gesagt hatte, Frankreich verfüge in keiner Weise über Mittel, um sich der Wiedervereinigung entgegenzustellen, wenn sich diese vollziehe:

»Man kann ja nicht gut Krieg gegen Deutschland führen, um die Wiedervereinigung zu verhindern […]. Das einzige, was Frankreich machen kann, ist, darauf zu drängen, dass gewisse Prinzipien dabei eingehalten werden […]. Wir können auch die EG so attraktiv machen, dass ein eventuell vereinigtes Deutschland die Gemeinschaft einer Balance zwischen Ost und West vorzieht.«

Beim deutsch-französischen Gipfel in Bonn am 2./3. November stand die Entwicklung in Osteuropa im Mittelpunkt unserer Gespräche. Ich erläuterte die immer kritischer werdende Lage in der DDR, und Mitterrand fragte mich, was – außer Repression – den Gang der Dinge in der DDR noch aufhalten könne. Ich erwiderte, wegen der großen Veränderungen seien Repressionsmaßnahmen von staatlicher Seite nicht mehr so einfach wie in der Vergangenheit möglich; für Krenz sei die Lage kritisch, denn wenn er weiter so vorgehe wie bisher, werde er sich nicht das Vertrauen der Deutschen in der DDR erwerben. Seit der erneuten Öffnung der Grenze zur ČSSR seien in unserer Botschaft in Prag binnen kürzester Zeit wieder rund 5000 Flüchtlinge eingetroffen. Selbst wenn, wovon ich ausginge, bei der Sitzung des ZK der SED am 6. November weitgehende Personalveränderungen an der Spitze von Partei und Regierung beschlossen würden, werde dies kaum weiterhelfen.

Mitterrand sagte, aus seiner Sicht seien die Kräfte derart in Bewegung geraten, dass niemand vorhersagen könne, was passiere. Ich pflichtete ihm bei und meinte, es müsse unser Interesse sein, eine Eskalation zu vermeiden. Daraufhin kam der französische Staatspräsident darauf zu sprechen, welche Lösung er in dieser Situation favorisiere: Aufgrund der Entwicklung in Mittel- und Osteuropa müsse die Integration in Westeuropa beschleunigt werden, um die notwendige Kraft zu gewinnen, die die anderen mitziehe. Der weitere Aufbau Europas werde uns dem Tag näher bringen, an dem die Trennung des Kontinents überwunden und Deutschland wiedervereint werden könne. Zwar werde die Einsicht in diese Entwicklung für die Sowjetunion schwierig sein, doch letztlich werde die westliche Zivilisation die Oberhand gewinnen und behalten. Ich stimmte seiner Einschätzung ausdrücklich zu und verwies auf die jüngsten Bilder aus Ungarn. Bei der Abschaffung der ungarischen Volksrepublik und beim Ausrufen der Republik in Budapest hätten junge Leute Transparente hochgehalten, auf denen gestanden hätte: »Ungarn ist heute heimgekehrt nach Europa.« Das sei die eigentliche Botschaft dieses Tages gewesen.

Im Verlaufe unseres Gesprächs gab François Mitterrand ausdrücklich grünes Licht zur Wiedervereinigung und kam auf der Pressekonferenz zum Abschluss des deutsch-französischen Gipfels auch meiner Bitte nach, das heikelste Thema dieser Tage von sich aus anzusprechen. Er fand Worte und Sätze, die auf den ersten Blick wie eine Unterstützung für unsere Position klangen:

»Ich fürchte mich nicht vor der Wiedervereinigung [...]. Die Geschichte vollzieht sich. Ich nehme sie, wie sie ist. Ich meine, dass das Streben nach Wiedervereinigung bei den Deutschen legitim ist, wenn sie sie wollen und wenn sie sie verwirklichen können. Frankreich wird seine Politik danach messen, wie es am besten den Interessen Europas und den seinigen entspricht.«

Im letzten Satz schwingt eine Distanzierung mit, auf die wir, auch ich, in der Aufregung jener Tage vielleicht nicht genügend geachtet haben.

Leider musste ich später feststellen, dass Mitterrand im Laufe der folgenden Wochen eine Art Doppelspiel betrieb. Einem engen Mitarbeiter vertraute er an, dass nach seiner Einschätzung die Wiedervereinigung der Deutschen nicht schon morgen komme. Und als ich ihm in einem Schreiben am 7. November mitteilte, dass die Bundesrepublik Deutschland drei Milliarden D-Mark an Polen und zwei Milliarden an Ungarn zu zahlen bereit sei, was ich als substantiellen Beitrag zur Erfüllung der zwischen Bonn und Paris gemeinsam bestimmten Zukunftsaufgaben verstanden wissen wollte, sprach Mitterrand intern von Spitzfindigkeiten. Wenn ich glaubte, alles mit Geld regeln zu können, würde ich mich täuschen. Doch wolle er sich nicht einmischen, Gorbatschow werde die Arbeit schon alleine machen.

Auch das war mir damals nicht so bewusst: Mitterrand wie Margaret Thatcher setzten darauf, dass Gorbatschow niemals bereit sein würde, ein vereinigtes Deutschland in der Nato zu akzeptieren. Sie sollten sich gewaltig täuschen.

Was die britische Premierministerin angeht und was ich damals nur ahnen konnte, ist nach der Öffnung der Archive heute eindeutig belegbar: Margaret Thatcher wollte die deutsche

Einheit mit allen Mitteln verhindern und setzte dabei ganz auf den sowjetischen Generalsekretär. Schon bei ihrem Besuch in Moskau am 23. September 1989 hatte sie zu Gorbatschow gesagt, dass ihr die Entwicklung in der DDR Sorgen bereite. Die gesellschaftlichen Zustände seien nicht zuletzt auch durch die Krankheit und persönliche Schwäche von Erich Honecker verursacht worden, und sie führten dazu, dass Tausende von Menschen fluchtartig die DDR in Richtung Bundesrepublik verließen. Das seien jedoch nur Äußerlichkeiten, die sie zwar auch für wichtig halte, viel wichtiger aber sei etwas anderes. Und dann sagte sie:

>»England und Westeuropa haben kein Interesse an einer deutschen Wiedervereinigung. Es mag sein, dass in offiziellen Nato-Dokumenten etwas anderes geschrieben steht, aber das spielt ja keine Rolle. Wir wollen keine deutsche Wiedervereinigung. Sie würde eine Änderung der Nachkriegsgrenzen bedeuten – und das wollen wir nicht, weil sich dadurch die internationale Situation destabilisiert und unsere Sicherheit bedroht werden kann […].«

Schon bei ihrem Treffen mit Mitterrand am 1. September 1989 hatte sich Margaret Thatcher, wie wir heute wiederum aus den einschlägigen Protokollen wissen, scharf ablehnend zur deutschen Wiedervereinigung geäußert, die sie gleichwohl für möglich hielt. Mich bezichtigte sie der Lüge, weil ich die Einheit wollte, und Gorbatschow hielt sie für zu schwach. Mitterrand unterstützte sie und erklärte, dass er für sichere Grenzen in Osteuropa sei. Er sehe die Wiedervereinigung als unmöglich an:

»Niemals wird Gorbatschow ein vereinigtes Deutschland in der Nato akzeptieren«, meinte der französische Staatspräsident. »Also machen wir uns keine Sorgen. Sagen wir, dass sie geschehen kann, wenn die Deutschen es wollen, im Bewusstsein, dass die zwei Großen uns davor bewahren.«

Abgesehen von seiner Einschätzung über die Position der Amerikaner, die zu diesem Zeitpunkt schon sehr nahe bei uns standen, lag Michail Gorbatschow also ganz richtig, als er in seinem Gespräch mit Egon Krenz – um diesem Mut zu machen – am 1. November in Moskau laut Protokollen zum Stimmungsbild äußerte: Krenz müsse wissen, dass alle ernstzunehmenden Spitzenpolitiker – Margaret Thatcher, François Mitterrand, Giulio Andreotti, der polnische Staatspräsident Wojciech Jaruzelski und auch die Amerikaner, die allerdings zu dieser Zeit noch zu überlegen schienen – nicht wollten, dass Deutschland sich vereinige. Mehr noch: Sie alle glaubten, laut Gorbatschow, eine solche Vereinigung würde eine Reihe von explosiven Folgen nach sich ziehen. Der größte Teil der westlichen Führungspolitiker wolle nicht, dass Nato und Warschauer Pakt aufgelöst würden, und sähen die zwei Blöcke als die wichtigsten Gleichgewichtsfaktoren. Auch wenn Mitterrand gern über seine Sympathie für die deutsche Vereinigung spreche und auch die Amerikaner ab und zu ihre Sympathie den Deutschen gegenüber zum Ausdruck brächten, glaubte Gorbatschow, das sei eher taktisch motiviert, weil sie eine Annäherung der Bundesrepublik an die Sowjetunion befürchteten. Daher hielten es diese Politiker jetzt für das Beste, ihre bewährte Deutschlandpolitik fortzusetzen. Damit drückte Gorbatschow auch aus, was ich immer vermutete: Unsere westeuropäischen Partner wollten nicht, dass sich Deutschland wiedervereinigte, sie wollten es mit der »Hilfe« Moskaus verhindern, wollten, dass die Sowjetunion mit uns im Streit lag, und glaubten, dadurch eine spätere Übereinkunft zwischen der UdSSR und der Bundesrepublik verhindern zu können.

So kann es auch nicht verwundern, dass der sowjetische Generalsekretär Ende 1989 die Auffassung vertrat, die deutsche Wiedervereinigung sei derzeit kein Thema. Bei seinem Treffen mit dem italienischen Ministerpräsidenten Giulio Andreotti in Rom Ende November, die Mauer war schon gefallen, sagte Gorbatschow seinem italienischen Gastgeber: »Die Vereinigung der DDR mit der BRD ist derzeit nicht aktuell.« Und »unser Freund Kohl« solle sich beruhigen. Er sehe ja, dass der Bundeskanzler in die Versuchung geraten sei, vor den Wahlen ein bisschen Revanchismus zu spielen. Andreotti, der gewiefte Taktiker, der bereits zum sechsten Mal Ministerpräsident Italiens war, hatte nichts Besseres zu tun, als Gorbatschow zu unterstützen. Was Deutschland betreffe, so habe er mehrmals betont, dass es zwar eine Nation, aber zwei Staaten gebe, und das sei seine feste Position. Er stimme Gorbatschow selbstverständlich zu, dass keiner von uns wissen könne, was die Zukunft bringe.

Leider musste ich auch später immer wieder feststellen, dass der einflussreiche italienische Christdemokrat der deutschen Wiedervereinigung skeptisch gegenüberstand. Ich hätte mir von ihm vielmehr Unterstützung gewünscht. Dass Gorbatschow weitaus weniger festgelegt war, als es die Regierungschefs der beiden Westmächte England und Frankreich wahrhaben wollten, unterstreicht auch seine offenkundige Äußerung gegenüber Andreotti, dass keiner wissen könne, was die Zukunft bringe.

Dies und vor allem die Haltung der dritten Westmacht unter Präsident Bush trug entscheidend zu der Entwicklung bei, die dann ihren Lauf nahm. Bush und mich verband nicht nur gegenseitige politische Wertschätzung, sondern auch tiefe menschliche Sympathie. George Bush ist ein Mann mit gesundem Menschenverstand und von bodenständiger Lebensart, gläubig und zu echter Freundschaft fähig. Er ist außergewöhnlich kultiviert und weltläufig. Von Außenpolitik, von Deutschland und Europa, verstand er mehr als die meisten seiner Vorgänger. Hinzu kommt, dass er ein hochdekorierter Veteran des Zweiten Weltkriegs ist. Aber auch davon hat er nie viel Aufhebens gemacht. Lediglich ein Modell des Flugzeugs, mit dem er über dem Pazifik abgeschossen worden war, stand immer in seinem privaten Arbeitszimmer.

Gegenüber den Deutschen hatte Bush keine Vorbehalte. Für ihn stand unverrückbar fest: Ein Land darf nicht geteilt sein. Das empfand er als Verbrechen. Die deutsche Vergangenheit, die mit Nazi-Diktatur und Weltkrieg soviel Leid und Schrecken mit sich gebracht hatte, war für ihn unwiderruflich vorüber. Bush sagte mir einmal, dass er die Geister der Vergangenheit nicht fürchte und die Deutschen nicht ewig büßen müssten. Die Deutschen hätten ihre Pflicht getan und seien zu einem verlässlichen Bündnispartner geworden. Und auch umgekehrt war er für mich einer unserer wichtigsten Verbündeten – auf dem Weg zur deutschen Einheit zweifelsohne unser wichtigster Verbündeter. In den ereignisreichen Wochen und Monaten in den Jahren 1989/90 informierte ich George Bush laufend in vielen persönlichen Begegnungen und unzähligen Telefongesprächen über die Entwicklung in der DDR und meine einzelnen Schritte. Er hielt es umgekehrt ebenso. Der enge Schulterschluss in diesen für Deutschland entscheidenden Tagen dokumentiert eindrucksvoll: George Bush war ein Glücksfall für uns Deutsche.

7.
Ein Traum geht in Erfüllung –
Der Fall der Berliner Mauer

Als ich am 9. November 1989 mittags im Park des Bundeskanzleramts in einen Hubschrauber des Bundesgrenzschutzes stieg, der mich zum militärischen Teil des Köln-Bonner Flughafens bringen sollte, von wo aus ich als erster Regierungschef eines EG- beziehungsweise Nato-Mitgliedsstaats nach dem Amtsantritt der neuen polnischen Regierung zu einem Besuch nach Warschau fliegen wollte, ahnte ich nicht, dass dieses Datum in die deutsche Geschichte eingehen würde. Meine Gedanken kreisten ganz um den vor mir liegenden schwierigen Besuch in Polen.

50 Jahre nach dem Beginn des Zweiten Weltkriegs, der mit dem Überfall Hitlers auf Polen seinen Anfang nahm, war im November 1989 der Zeitpunkt gekommen, mit Polen zu Ausgleich und Freundschaft zu gelangen. Die Zeit war reif für Verständigung und Aussöhnung unserer Völker. In Polen sollte ich mit Staatspräsident Wojciech Jaruzelski zusammentreffen, für den ich keinerlei Sympathie empfand, und mit Tadeusz Mazowiecki, den ersten nicht-kommunistischen Ministerpräsidenten, den der Runde Tisch eingesetzt hatte. Mit meinem Besuch wollte ich auch die Reformbewegung in Polen würdigen. Für Mittel- und Osteuropa wie auch die DDR hätte es einen schweren Rückschlag bedeutet, wenn das polnische Experiment gescheitert wäre. Indem wir der Regierung Mazowiecki halfen, unterstützten wir indirekt auch jene Kräfte in der DDR, die einen grundlegenden Wandel herbeiführen wollten.

Nachdem die Maschine der Bundesluftwaffe auf dem Warschauer Flughafen gelandet war, standen Gespräche mit Ministerpräsident Mazowiecki und zwischen den beiden Außenministern auf dem Programm. Dabei ging es vor allem um die Grenzfrage, um die Rechte der deutschen Minderheit und um eine Entschädigung für die ehemaligen polnischen Zwangsarbeiter. Ich versicherte meinem Gesprächspartner, dass Bonn die polnische Westgrenze selbstverständlich nicht in Frage stelle. Noch heute ärgere ich mich, wenn ich daran zurückdenke, wie die deutschen Sozialdemokraten aus innenpolitischen Gründen mit diesem sensiblen Thema für das deutschpolnische Verhältnis umgingen und ständig die Behauptung verbreiteten, ich stellte die polnische Westgrenze in Frage, nur weil ich dazu keinen Beschluss der Bundesregierung herbeiführte. Klar war: Für die Bundesrepublik galt der Warschauer Vertrag von 1970. Darin hieß es unzweideutig, dass wir keine Gebietsansprüche gegenüber Polen hätten und auch nicht erheben würden. Ebenso eindeutig stand aber fest, dass die Bundesregierung und der Bundeskanzler nicht legitimiert waren, eine endgültige völkerrechtlich verbindliche Anerkennung dieser Grenze auszusprechen, solange es keinen handlungsfähigen gesamtdeutschen Souverän gab.

Was den Wunsch nach einer Entschädigung anging, so konnte ich keinen Zweifel daran aufkommen lassen, dass kein den polnischen Vorstellungen entsprechendes Ergebnis zu erwarten war, denn sonst hätte Bonn das Londoner Schuldenabkommen von 1953 gebrochen, und dann hätten Dutzende Staaten Forderungen an die Bundesrepublik gestellt, die in ihrer Summe nicht zu erfüllen waren.

Für den Abend hatte der polnische Ministerpräsident zu einem festlichen Bankett in den Palast des polnischen Ministerrats geladen. Unmittelbar vor der Abfahrt unserer Wagenkolonne vom Gästehaus Parkowka in der Warschauer Innenstadt erreichte mich ein dringender Anruf aus Bonn. Kanzleramtsminister Seiters wollte mich unbedingt noch vor dem Bankett sprechen. Seiters hatte in der Tat eine sensationelle Nachricht für mich: In Ost-Berlin habe der SED-Bezirksvorsitzende Günter Schabowski überraschend eine Übergangsregelung bis zum Inkrafttreten eines neuen Reisegesetzes verkündet. Die Genehmigung für Privatreisen in den Westen solle danach mit sofortiger Wirkung jedem Antragsteller kurzfristig erteilt werden, ebenso Visa für Personen, die die DDR verlassen wollten. Mit anderen Worten: Die Mauer sei damit für jedermann durchlässig geworden.

Erst während des Banketts wurden mir weitere Einzelheiten der dramatischen Ereignisse übermittelt. Nach den Tischreden unterbrach der Chef des Bundespresseamts Hans Klein meine Unterhaltung mit Ministerpräsident Mazowiecki und erläuterte mir mit knappen Worten die neueste Entwicklung. Klein berichtete von der Bundestagssitzung, bei der in einem spontanen Bekenntnis zur Einheit der Nation das Deutschlandlied gesungen worden sei.

Kurz darauf – es war gegen 21 Uhr – rief ich Eduard Ackermann in Bonn an. Er hatte mich schon während des Essens zu erreichen versucht und meinem Büroleiter Walter Neuer gegenüber darauf bestanden, ich solle sofort ans Telefon kommen. Nun war er am Apparat.

»Herr Bundeskanzler, im Augenblick fällt gerade die Mauer!« rief er begeistert ins Telefon.

Ich sagte: »Ackermann, sind Sie sicher?«

»Ja«, antwortete er und berichtete, dass an den Berliner Übergängen die ersten Menschen eingetroffen seien, die die Probe aufs Exempel machten. Wenn er recht informiert sei, hätten einige bereits die Grenze überquert.

Es verschlug mir fast die Sprache. Wir alle hatten ja erwartet, dass bald etwas Entscheidendes in Sachen Reisefreiheit passieren würde, aber dass es so schnell und vor allem mit solchen Auswirkungen geschehen würde, war kaum zu fassen. Eine Stunde später telefonierte ich wieder mit Eduard Ackermann. Er bestätigte: Hunderte Ost-Berliner hätten inzwischen die Grenzposten passiert. Mehrere Grenzübergänge seien geöffnet worden, die Leute würden einfach gegen Vorlage ihres Ausweises durchgelassen. Seine innere Bewegung war unüberhörbar, als er abschließend wiederholte: »Das ist wirklich das Ende der Mauer.«

Die Tragweite dessen, was der Berliner SED-Chef auf der Pressekonferenz am frühen Abend verkündet hatte, wurde von den meisten zunächst nicht so recht verstanden. Erst im Verlaufe des späten Abends fanden sich Tausende, schließlich Zehntausende und mehr an den Übergängen in den Westen ein. Gegen 22 Uhr schließlich wurden die Tore unter dem Druck der Menschenmassen vollständig geöffnet, und die Menschen strömten in den Westteil der Stadt. Dort kam es zu unbeschreiblichen Szenen, die eines nachdrücklich bestätigten: Die Deutschen fühlten sich trotz 40jähriger Teilung nach wie vor als ein Volk.

Im Marriott-Hotel in Warschau traf ich zur selben Stunde die mitgereisten Journalisten, die mich mit Fragen überschütteten: »Wie beurteilen Sie die Ereignisse in Berlin?« – »Wann kommt die deutsche Einheit?« Tatsächlich werde in diesen Stunden Weltgeschichte geschrieben, erwiderte ich und sagte, ich hätte nie daran gezweifelt, dass die Einheit Deutschlands einmal Wirklichkeit werden würde. Über eine lange Zeitspanne habe man davon ausgehen müssen, dass dieses Ziel erst von späteren Generationen erreicht werde, aber jetzt seien wir in einen Zeitabschnitt eingetreten, in dem sich die Dinge ungewöhnlich dynamisch entwickelten. Das Rad der Geschichte drehe sich schneller!

Dann zog ich mich mit meinen Mitarbeitern im Hotel zu einer kurzen Beratung zurück. Hier sah ich die ersten Fernsehbilder aus Berlin. Sofort stand für mich fest, dass ich trotz der Wichtigkeit meines Polen-Besuchs zurück nach Deutschland musste. Der Platz des Bundeskanzlers konnte in dieser historischen Stunde nur in der deutschen Hauptstadt sein, dem Brennpunkt der Ereignisse. Unsere polnischen Gastgeber waren wenig erfreut. Nicht nur, dass eine Unterbrechung des Besuchs das Protokoll in Verlegenheit brachte, vor allem wurde den Polen an diesem Abend bewusst, dass dies der Beginn einer Entwicklung sein könnte, an deren Ende sie sich einem wiedervereinten Deutschland mit 80 Millionen Menschen gegenübersehen würden – gemischte Gefühle, für die ich durchaus Verständnis aufbrachte. Dennoch bestand ich auf einer Unterbrechung des Besuchs.

Der polnische Ministerpräsident wollte um jeden Preis verhindern, dass ich nach Berlin fuhr. Es sei ein Affront gegen den polnischen Staatspräsidenten, wenn ich das für den folgenden Tag vorgesehene Treffen absagen würde, sagte er, und dann telefonierte er in meiner Gegenwart mit dem Präsidenten. Schließlich ging ich selbst an den Apparat und erläuterte Jaruzelski meine Gründe: Ich müsste am Samstag in Bonn eine Kabinettssitzung leiten, in der eine Reihe wichtiger Entscheidungen anstünden. Niemand wisse, wie viele unserer Landsleute aus der DDR sich zum Bleiben im Westen entschlössen. Aber dies sei nur die eine Seite. Viele Menschen in aller Welt schauten in diesem Moment auf Deutschland und darauf, was die Deutschen jetzt täten. Deshalb sei auch die psychologische Situation so wichtig und zu bedenken. Abschließend betonte ich noch einmal, dass mein Besuch in Polen wegen der kurzen

Unterbrechung nicht an Bedeutung verliere. Schließlich sei die Entwicklung in der DDR nur möglich geworden, weil Polen und Ungarn vorangegangen seien. Zu guter Letzt willigte der General ein, den Termin zu verschieben.

Meine Rückkehr nach Deutschland geriet unter besonderen Zeitdruck. Am Morgen des 10. November teilte Ackermann aus Bonn mit, dass für den frühen Abend eine Kundgebung der CDU nahe der Kaiser-Wilhelm-Gedächtniskirche in Berlin geplant sei, auf der ich sprechen solle. Wenig später meldete sich Ackermann noch einmal: Er sei soeben informiert worden, dass der Berliner Regierende Bürgermeister Walter Momper für den Nachmittag zu einer Kundgebung vor dem Schöneberger Rathaus aufgerufen habe und ich auch dort als Redner angekündigt worden sei. Ackermann versicherte, Jürgen Wohlrabe, der Präsident des Berliner Abgeordnetenhauses, stehe dafür ein, dass alles geordnet ablaufe.

Weil die Maschine der Bundesluftwaffe weder das Territorium der DDR überqueren noch in Berlin landen durfte, mussten wir über Schweden nach Hamburg fliegen. Während der anderthalb Stunden an Bord entwarf ich meine Rede. Als wir endlich in Hamburg landeten, war die Zeit schon knapp. Nur dank des amerikanischen Botschafters Vernon Walters, der uns eine amerikanische Militärmaschine zur Verfügung stellte, kamen wir gegen 16 Uhr noch rechtzeitig in Berlin-Tempelhof an. Vom Flughafen rasten wir mit Blaulicht durch die Stadt zum Schöneberger Rathaus. Kaum dort angekommen, hastete ich mit meinen Begleitern die Treppen hinauf, wurde regelrecht auf die enge Balustrade geschoben, auf der sich Hans-Dietrich Genscher, Willy Brandt, Hans-Jochen Vogel, Walter Momper und andere bereits eingefunden hatten. Ein ohrenbetäubendes Pfeifkonzert empfing mich: Unten auf dem John-F.-Kennedy-Platz tobte der linke Pöbel. Von Anhängern der

Der Fall der Berliner Mauer

CDU, die Jürgen Wohlrabe und auch der CDU-Landesvorsitzende Eberhard Diepgen angekündigt hatten, keine Spur.

Während der gesamten Kundgebung trafen laufend Meldungen über neu geöffnete Grenzübergänge ein, die abwechselnd von Momper und Genscher verlesen wurden. Jedes Mal wurde den beiden zugejubelt. Noch ehe ich das Wort ergriff, überbrachte mir Teltschik eine Nachricht von Gorbatschow. Moskaus Botschafter in Bonn, Julij Kwizinskij, hatte sie kurz vor 18 Uhr telefonisch übermittelt. Der Generalsekretär bat mich, beruhigend auf die Menschen in Berlin einzuwirken. Die Führung der DDR habe den Bürgern der DDR die freie Ausreise in die Bundesrepublik und nach West-Berlin ermöglicht, eine Entscheidung, die der DDR nicht leichtgefallen sei.

Gorbatschow warnte davor, in dieser Situation die Emotionen und Leidenschaften anzuheizen: Wer die Existenz zweier souveräner deutscher Staaten leugne, verfolge nur das Ziel, die Lage in der DDR zu destabilisieren. Seinen Informationen zufolge seien sowohl in West- als auch in Ost-Berlin Kundgebungen geplant. Es müsse alles getan werden, um ein Chaos zu verhindern; die Folgen wären sonst unabsehbar. Vor allem aber wollte Gorbatschow von mir wissen, ob Berichte zuträfen, wonach die Dinge in Berlin völlig aus dem Ruder liefen und eine empörte Menschenmenge dabei sei, Einrichtungen der Sowjetarmee zu stürmen.

Erst später erfuhr ich, dass Gorbatschow gezielt falsch informiert worden war: Reformgegner im sowjetischen Geheimdienst KGB und im Ministerium für Staatssicherheit der DDR wollten eine militärische Intervention der in der DDR stationierten sowjetischen Truppen herbeiführen. Ich aber stand eingezwängt auf dem Balkon des Schöneberger Rathauses und hatte keine Möglichkeit, Gorbatschow persönlich anzurufen – zumal es so ausgesehen hätte, als würde ich vor dem

Pöbel zurückweichen, wenn ich die Balustrade verlassen hätte. Ich ließ Gorbatschow ausrichten, er habe mein Wort, dass seine Befürchtungen nicht zuträfen. Die Stimmung sei wie bei einem Familienfest, kein Mensch denke daran, den Aufstand gegen die Sowjetunion zu proben. Später erzählte mir Michail Gorbatschow, dass er daraufhin der DDR-Führung signalisiert habe, anders als am 17. Juni 1953 werde die Sowjetunion nicht mit Panzern eingreifen. Ich bin Gorbatschow noch heute sehr dankbar dafür, dass er nicht den Scharfmachern Gehör schenkte, sondern vernünftigen Argumenten zugänglich war. Es ist ihm gar nicht hoch genug anzurechnen, dass er sich für die friedliche Lösung entschied.

Als ich vor dem Schöneberger Rathaus schließlich als letzter Redner ans Mikrofon trat, wurde ich regelrecht niedergeschrien. Unbeirrt redete ich gegen das Pfeifen und Grölen an: Dieser Tag sei ein großer Tag in der Geschichte Berlins, aber auch ein großer Tag in der Geschichte der Deutschen.

»Wir alle haben für diesen Tag gearbeitet. Wir haben ihn herbeigesehnt. Wir sehen die Bilder vom Brandenburger Tor – Bilder von überall, wo in diesen Stunden Menschen aus der DDR zu uns kommen können und die Bürger dieser Stadt und die Bürger unserer Bundesrepublik Deutschland in den anderen Teil Deutschlands gehen können: ohne Kontrolle, ohne staatliche Gewalt, ihrem freien Willen entsprechend. Wir sollten auch in dieser Stunde auf diesem Platz an die vielen denken, die ihr Leben an der Mauer ließen. Wir sollten dies tun in einem Augenblick, in dem diese Mauer endlich fällt.«

Immer wieder musste ich neu ansetzen:

Der Fall der Berliner Mauer

»Wir alle stehen jetzt vor einer großen Bewährungsprobe. Wir haben in diesen Tagen von unseren Landsleuten drüben in der DDR, in Ost-Berlin, in Leipzig und Dresden und in vielen Städten immer wieder eine Botschaft der Besonnenheit erfahren – eine Botschaft, die sagt, dass es in dieser glücklichen, aber auch schwierigen Stunde in der Geschichte unseres Volkes wichtig ist, besonnen zu bleiben und klug zu handeln. Klug handeln heißt, radikalen Parolen und Stimmen nicht zu folgen. Klug handeln heißt jetzt, die ganze Dimension der weltpolitischen, der europäischen und der deutschen Entwicklung zu sehen.«

Die meisten, die vor dem Schöneberger Rathaus versuchten, mich mit Trillerpfeifen und »Antifa«-Gesängen zu übertönen und zum Schweigen zu bringen, konnten mit diesen Worten nichts anfangen. Aber ich wusste, dass die halbe Welt zusah, und fuhr unbeirrt fort:

»Wer wie wir, die wir gerade aus Warschau hierhergekommen sind, erleben konnte, was der Reformprozess in Ungarn und in Polen möglich gemacht hat, der weiß, dass es jetzt gilt, mit Bedachtsamkeit, Schritt für Schritt, den Weg in die gemeinsame Zukunft zu finden. Denn es geht um unsere gemeinsame Zukunft, es geht um die Freiheit vor allem für unsere Landsleute in der DDR in allen Bereichen ihres Lebens. Die Menschen in der DDR haben ein Recht auf freie Meinungsäußerung, auf eine wirklich freie Presse, auf freie Bildung von Gewerkschaften, auf freie Gründung von Parteien und ganz selbstverständlich, wie es der Charta der Vereinten Nationen und den Menschenrechten entspricht, auf freie, gleiche und geheime Wahlen. Unsere Landsleute sind dabei, sich diese Freiheiten selbst zu erkämpfen, und sie haben dabei unsere volle Unterstützung.«

Wie schon bei der Bundestagsdebatte zum Bericht zur Lage der Nation im geteilten Deutschland zwei Tage zuvor, am 8. November, forderte ich die Verantwortlichen in der DDR auf:

»Verzichten Sie jetzt auf Ihr Machtmonopol! Reihen Sie sich ein in jenen Reformgeist, der heute in Ungarn, in Polen die Zukunft dieser Völker sichert! Geben Sie den Weg frei für die Herrschaft des Volkes durch das Volk und für das Volk!«

Zum Schluss wandte ich mich an die Landsleute in der DDR:

»Und so will ich allen in der DDR zurufen: Ihr steht nicht allein! Wir stehen an Eurer Seite! Wir sind und bleiben eine Nation, und wir gehören zusammen! […] Ich appelliere in dieser Stunde an alle unsere Landsleute, dass wir jetzt im Herzen eins sein wollen, miteinander solidarisch die Zukunft gestalten, jetzt zusammenstehen und gemeinsam die Hilfe denen gewähren, die Hilfe brauchen. […] Es geht um Deutschland, es geht um Einigkeit und Recht und Freiheit. […]«

Ich bin heute noch verärgert, wenn ich an die Szenen vor dem Schöneberger Rathaus denke. Nun war doch mit dem Fall der Mauer ein Traum in Erfüllung gegangen. Und ausgerechnet in diesem Augenblick, an diesem Tag, an dem die Deutschen ihr Schicksal selbst in die Hand zu nehmen begannen, liefen solche Fernsehbilder um die ganze Welt. Das war bestürzend und beschämend. Am allerschlimmsten war für mich, dass das auf der Balustrade gemeinsam angestimmte Deutschlandlied in einem gewaltigen Pfeifkonzert unterging.

Das war jedoch nicht das wirkliche Berlin. Es gab auch andere Stimmen, und an eine Geste erinnere ich mich besonders gerne: Als ich ein paar Tage nach dem 10. November morgens mein Arbeitszimmer im Kanzleramt betrat, stand auf meinem Schreibtisch ein wunderschöner Blumenstrauß mit 50 langstieligen, roten Rosen. Dazu eine Karte: »Liebe Grüße aus Berlin – Sehn Se, det is ooch Berlin. Ihre Frau Gedeke.« Viele andere Bürger, nicht zuletzt aus der DDR, machten ihrem Herzen Luft und schrieben mir zustimmende Briefe.

Vor meinem Rückflug nach Bonn erlebte ich die wirklichen Empfindungen der meisten Berliner. Auf dem Breitscheidplatz vor der Kaiser-Wilhelm-Gedächtniskirche warteten weit über 100 000 Menschen auf uns. Viele von ihnen waren erst wenige Stunden zuvor über die offenen Grenzübergänge aus dem Ostteil der Stadt herübergekommen. Hier wollte keiner randalieren, hier herrschte aufrichtige Freude.

Im Anschluss an diese Kundgebung, von der das Fernsehen bezeichnenderweise keine Notiz nahm, fuhren wir zum Checkpoint Charlie, dem legendären Kontrollpunkt. Es waren unglaubliche Menschenmengen, die uns aus dem Osten entgegenströmten. Wir stiegen aus und liefen ein paar Meter. Viele kamen auf mich zu und schüttelten mir die Hände, als ich die weiße, über den Asphalt gezogene Trennlinie, die nicht mehr trennte, überschritt – dort, wo sich nach dem Bau der Mauer sowjetische und amerikanische Panzer gegenübergestanden hatten.

Wie wenig weite Teile der Sozialdemokratie selbst in dieser Stunde doch mit dem Gedanken an die Einheit, der Deutschland immerhin ein ganzes Stück näher gekommen war, anzufangen wussten! Walter Momper hatte in seiner Rede am Schöneberger Rathaus erklärt, es gehe um ein »Wiedersehen und nicht um eine Wiedervereinigung«; auch sprach er vom »Volk der DDR«. Das war natürlich auch gegen mich gerichtet, denn alle wussten, dass ich das Ziel der deutschen Einheit niemals aufgegeben hatte. Die große Ausnahme unter den Sozialdemokraten war Willy Brandt, der an jenem Abend vor dem Rathaus, in dem er einst regierte, die Worte sprach, jetzt wachse zusammen, was zusammengehöre.

Ich habe Brandt immer als jemanden angesehen, der – das soll kein Vorwurf sein – in dieser wichtigen Frage andere Prognosen hatte. Er war fatalistischer, vielleicht auch pessimistischer hinsichtlich des historischen Ablaufs. Er war nicht gegen die Einheit, etwa im Sinne einer Doktrin, aber er hatte wohl die Hoffnung auf die Einheit verloren. Er gehörte einer ganz anderen Generation an, er hatte einen völlig anderen Lebensweg als ich, und das führte zu anderen persönlichen Einschätzungen. Dass Brandt die deutsche Einheit wollte, daran hatte ich keinen Zweifel. Im Gegensatz zu vielen anderen hatte er die Einheit in seinem Innersten nie endgültig abgeschrieben.

Noch am selben Abend flogen meine Begleiter und ich weiter nach Bonn. Jetzt waren vor allem die Anrufe bei den Staats- und Regierungschefs der drei Westmächte USA, Großbritannien und Frankreich wichtig, die gemeinsam mit der Sowjetunion als Sieger des Zweiten Weltkriegs Rechte und Verantwortlichkeiten für Deutschland als Ganzes und Berlin hatten. Ich erwartete, dass meine Gesprächspartner auf die Maueröffnung unterschiedlich reagieren würden. Am schwierigsten, so vermutete ich, würde das Gespräch mit der britischen Premierministerin werden. Deshalb rief ich sie als erste an. Um 22 Uhr stand die Telefonverbindung. Ich versuchte,

Margaret Thatcher einen Eindruck von der fröhlichen Stimmung in Berlin zu vermitteln. Sie hatte bereits einiges selbst im Fernsehen verfolgt. Während des gesamten Gesprächs spürte ich sehr deutlich, dass sie der Situation mit Unbehagen gegenüberstand. Sie regte ein Sondertreffen der zwölf EG-Staats- und -Regierungschefs an. Ihr war wichtig, dass man jetzt in engem Kontakt blieb.

Gegen 22.30 Uhr folgte mein Gespräch mit dem amerikanischen Präsidenten. Er ließ sich über die Ereignisse in Berlin ständig auf dem laufenden halten. Die herzliche Verbundenheit mit uns Deutschen war ihm deutlich anzumerken. Ich berichtete ihm von der Kundgebung vor der Gedächtniskirche. Dort hatte ich ausdrücklich den USA für ihren Dienst an der Freiheit Berlins gedankt und unter dem Beifall der Zuhörer erklärt, ohne das Engagement der Vereinigten Staaten wäre dieser Tag nicht möglich gewesen. George Bush wünschte uns viel Erfolg und Gottes Segen.

Den französischen Staatspräsidenten erreichte ich an jenem späten Freitagabend nicht mehr. Als ich am nächsten Morgen mit ihm telefonierte, bemerkte er, dass ich sicherlich bewegende Stunden hinter mir habe. Ich antwortete ihm, dass man als Politiker hartgesotten sein müsse, dass es aber in der Tat Ereignisse gebe, die man im Leben nicht vergesse. Auf dem Kurfürstendamm sei eine Stimmung gewesen wie auf den Champs-Élysées am französischen Nationalfeiertag. Bisher sei alles ernst und friedlich verlaufen, doch die Lage könnte schwieriger werden, wenn die Erwartungen der Menschen jetzt enttäuscht würden und ihre Forderungen nach der Zulassung freier Parteien und Gewerkschaften nicht erfüllt würden. Ich kündigte Mitterrand an, einen Beauftragten zu SED-Generalsekretär Krenz zu schicken. Der Präsident antwortete mir, dass seine Wünsche mit dem deutschen Volk seien, das einen

»großen Augenblick in der Geschichte« erlebe. Ja, es sei eine »Stunde des Volkes«. Jetzt gebe es die Chance, dass Bewegung in die Entwicklung Europas komme. Ausdrücklich versicherte er mich zum Abschluss unseres Gesprächs seiner Freundschaft.

Um 9.30 Uhr an diesem Samstagmorgen begann eine Sondersitzung des Bundeskabinetts, an der auch die Partei- und Fraktionsvorsitzenden der Regierungskoalition teilnahmen. Ich informierte über die jüngsten Entwicklungen und über meine Gespräche mit den Regierungschefs der drei Westmächte. Nach einer halben Stunde wurde ich aus der Sitzung gerufen, als endlich eine Verbindung mit Egon Krenz zustande gekommen war. Das Telefonat, um das der SED-Generalsekretär gebeten hatte, hätte eigentlich vor der Kabinettssitzung stattfinden sollen, hatte sich jedoch wegen technischer Schwierigkeiten verzögert.

Krenz sprach zunächst davon, er habe die Mauer im Interesse der Menschen und zur Bekräftigung seiner Politik der Erneuerung durchlässig gemacht. Im selben Atemzug brachte er zum Ausdruck, dass es jetzt sehr gut wäre, wenn überall Sachlichkeit, Berechenbarkeit und guter Wille an den Tag gelegt würden. Nach wie vor bleibe ja die Grenze; sie solle lediglich durchlässiger gemacht werden. Er wäre sehr froh, so Krenz, wenn die Bundesregierung bestimmte Emotionen bei Leuten ausräumte, die nun alles am liebsten über Nacht beseitigen würden. »Da wäre ich Ihnen also sehr dankbar, wenn Sie in dieser Beziehung beruhigend einwirken könnten«, sagte er.

Nachdem ich Krenz zur Maueröffnung beglückwünscht hatte, verwies ich auf meine Berliner Reden, in denen ich immer wieder gemahnt hätte, dass jede Form von Radikalisierung gefährlich sei. In diesem wichtigen Zeitabschnitt gelte es, eine ruhige Gelassenheit zu wahren, um die richtigen Entscheidungen zu treffen. Mir ging es vor allem darum, im Interesse der Menschen in der DDR jetzt möglichst bald konkrete Abmachungen mit Ost-Berlin herbeizuführen. Deshalb wollte ich so rasch wie möglich mit ihm zusammentreffen; außerdem wollte ich gern auch den künftigen Ministerpräsidenten Modrow kennenlernen, was ich gegenüber Krenz auch äußerte. Krenz war mit allem einverstanden, versuchte aber doch noch einmal, mich in der deutschen Frage festzulegen. Er sagte, er gehe davon aus, dass ich absolut mit ihm darin übereinstimme, dass die Wiedervereinigung Deutschlands gegenwärtig nicht auf der Tagesordnung stehe. Hier konnte ich ihm natürlich nicht zustimmen und sagte dies auch. In dieser Frage war ich schon von meinem Grundverständnis und meinem Amtseid her völlig anderer Meinung.

Zurück in der Kabinettssitzung, informierte ich die Kabinettsmitglieder über den Verlauf des Gesprächs und ermahnte sie, gegenwärtig keine Vorschläge in die Öffentlichkeit zu tragen, die nicht zuvor zwischen den Ressorts und insbesondere mit mir abgestimmt waren. In der augenblicklichen dramatischen Entwicklung sollte die Bundesregierung Ruhe und Gelassenheit, aber auch Entschiedenheit vermitteln. Ich bat die anwesenden Vertreter der Koalitionsfraktionen, sich nach Möglichkeit ebenfalls mit öffentlichen Vorschlägen zurückzuhalten. Am Schluss der Kabinettssitzung erläuterte Bundesinnenminister Wolfgang Schäuble die Reiseentwicklung nach Öffnung der Grenze. Insgesamt waren in diesem Jahr bereits rund 243 000 Übersiedler aus der DDR eingetroffen. Die Zahl der Aussiedler betrug im gleichen Zeitraum rund 300 000.

Nach der Kabinettssitzung telefonierte ich mit Michail Gorbatschow. Das war ein wichtiger Moment. Ich versicherte ihm abermals, dass die Bundesregierung kein Interesse an einem

Chaos in der DDR habe. Wir wollten die DDR auch nicht entvölkern, zumal ein solcher Exodus mit schweren ökonomischen Schäden und Problemen verbunden wäre. Die Menschen sollten vielmehr in ihrer angestammten Heimat bleiben, und wenn sich die Verhältnisse in der DDR grundlegend veränderten, würden sie das auch freiwillig tun. Alles komme darauf an, in welchem Umfang Krenz wirklich Reformen umsetzen wolle. Die Führung der DDR täte gut daran, rasch zu handeln.

Gorbatschow antwortete, seiner Meinung nach bringe das Programm der jetzigen DDR-Führung die Dinge voran, denn inzwischen denke man dort ernsthaft darüber nach, wie das Land demokratisiert und wirtschaftlich erneuert werden könne. Das sei jedoch nicht leicht und erfordere viel Zeit. Er habe Krenz empfohlen, die Stimmung im Land in Rechnung zu stellen und einen breiten Dialog mit allen gesellschaftlichen Kräften zu führen, wenn er die Reformen in Angriff nehme. Jede Art von Veränderung bringe ein gewisses Maß an Instabilität mit sich, fuhr Gorbatschow fort. Wenn er von der Bewahrung der Stabilität spreche, meine er damit, dass er und ich alle Schritte gemeinsam durchdenken und miteinander abstimmen sollten. Gegenwärtig vollziehe sich ein historischer Umschwung hin zu einer anderen Welt. Beide Seiten dürften diese Entwicklung allerdings nicht durch unüberlegte Schritte gefährden. Eine Beschleunigung der Ereignisse könne zu einem Chaos führen. Das wäre für die deutsch-sowjetischen Beziehungen sehr schlecht.

Auf Gorbatschows Bitte, ich möge zur Stabilisierung der Lage mein politisches Gewicht in die Waagschale werfen, erwiderte ich, dass gerade eben die Sitzung des Bundeskabinetts zu Ende gegangen sei. »Wenn Sie daran teilgenommen hätten, hätten Sie sich davon überzeugen können, dass in der Bundesrepublik Deutschlandpolitik mit Augenmaß gemacht wird.

Ich bin mir sehr wohl bewusst, dass in den 40 Jahren seit Gründung der Bundesrepublik auf einem Kanzler selten eine solche Verantwortung gelegen hat wie jetzt auf mir«, sagte ich. Dass gerade zu diesem Zeitpunkt die Beziehungen zwischen der Sowjetunion und der Bundesrepublik ein solch hohes Niveau erreicht und sich über das offizielle Maß hinaus persönliche Kontakte zwischen uns herausgebildet hätten, schätzte ich als besonders glückliche Fügung ein. Auch wenn diese persönlichen Beziehungen nichts am Wesen der Probleme änderten, so könnten sie aber zumindest deren Lösung erleichtern, sagte ich, und Gorbatschow stimmte mir zu. Daraufhin kam ich noch einmal auf die Lage in der DDR zurück. In der aktuellen Situation sähe ich die Hauptschwierigkeit im psychologischen Bereich. Honecker, der bis zum Schluss jegliche Reformen verhindert hätte, habe eine äußerst schwierige Ausgangslage für die neue Führung geschaffen, denn die Bevölkerung habe jedes Vertrauen in die SED verloren. Krenz müsse unter Zeitdruck handeln, aber Reformen seien nun einmal nicht über Nacht zu machen. Michail Gorbatschow schien meine Sicht der Dinge zu teilen.

Die Serie der Telefonate an diesem Samstag endete mit einem Gespräch unter Freunden. Überschwenglich gratulierte der spanische Ministerpräsident Felipe González den Deutschen und versicherte mir, ich könne jederzeit mit seiner Hilfe rechnen – vor allem auch dann, wenn es notwendig werden sollte, eine gesamteuropäische Haltung zu erarbeiten. Ich bedankte mich bei ihm sehr für diese Geste der Freundschaft.

Bevor ich am Nachmittag des 11. November wiederum nach Polen aufbrach, trat ich in Bonn noch vor die Bundespressekonferenz, um die Öffentlichkeit über die politischen Ereignisse der vergangenen Stunden zu informieren. Zu Beginn erklärte ich:

»Wir alle stehen unter dem Eindruck der Ereignisse in Berlin und in der DDR. Wir erleben tief bewegt, dass sich die Berliner Mauer endlich für alle unsere Landsleute öffnet, dass sich die Menschen an den Grenzübergängen und überall in der Stadt voller Freude in den Armen liegen. In diesem historischen Augenblick stehen wir – alle Deutschen in Ost und West – vor einer großen Bewährungsprobe. Was in der DDR geschieht, verfolgen wir mit heißem Herzen. Aber wir wissen auch: Wir müssen besonnen bleiben und mit kühlem Verstand handeln. Wichtig ist jetzt vor allem, dass das Recht der Menschen, frei zu reisen, auf Dauer anerkannt wird. Doch Reisefreiheit allein genügt nicht. Ich bestätige, was ich schon mehrmals gesagt habe: Die Menschen in der DDR haben ein Recht auf freie Meinungsäußerung, auf freie Presse, auf freie Bildung von Gewerkschaften, auf freie Gründung von unabhängigen Parteien, auf freie, gleiche und geheime Wahlen. Unsere Landsleute sind dabei, sich diese Freiheiten zu erkämpfen. Sie haben dabei unsere volle und uneingeschränkte Unterstützung. Die Bundesregierung ruft die Staats- und Parteiführung der DDR auf, das Tor für einen grundlegenden Wandel in Staat, Wirtschaft und Gesellschaft endlich ganz zu öffnen.«

Dann berichtete ich von den Telefonaten mit Margaret Thatcher, George Bush und François Mitterrand, die mir ihre Unterstützung zugesagt und mir persönlich gratuliert hätten. Am Ende der Pressekonferenz skizzierte ich noch einmal, was ich nun für das Gebot der Stunde hielt:

»Wir sind noch lange nicht am Ziel. Das Recht aller Deutschen auf Selbstbestimmung ist noch nicht verwirklicht. Der Auftrag unseres Grundgesetzes, die Einheit und Freiheit Deutschlands zu vollenden, ist noch nicht erfüllt. Die Reihenfolge der Ziele unserer Politik ist uns durch das Grundgesetz vorgegeben: Voraussetzung für die Wiedervereinigung in Freiheit ist die freie Ausübung des Selbstbestimmungsrechts. Freiheit war, ist und bleibt der Kern der deutschen Frage. Und das heißt vor allem: Unsere Landsleute in der DDR müssen selbst entscheiden können, welchen Weg in die Zukunft sie gehen wollen. Sie haben dabei keine Belehrungen nötig – von welcher Seite auch immer. Sie wissen selbst am besten, was sie wollen. Jede Entscheidung, die die Menschen in der DDR in freier Selbstbestimmung treffen, werden wir respektieren. Ich bekräftige meinen Appell an alle Deutschen, Besonnenheit und Augenmaß zu beweisen!«

Der zweite Teil meines Polen-Besuchs gestaltete sich nicht minder schwierig als der erste. Die Ereignisse der zurückliegenden Stunden hatten die Sorgen in Polen vor einem übermächtigen Gesamtdeutschland potenziert. Das bekam ich in meinen Gesprächen deutlich zu spüren.

Mein Besuch fand 50 Jahre nach dem Beginn des Zweiten Weltkriegs statt, der unendlich viel Leid über die Menschen gebracht hatte, zuerst und vor allem auch über das polnische Volk. Das dunkelste, das schrecklichste Kapitel der deutschen Geschichte wurde in Auschwitz und Birkenau geschrieben. Ins Besucherbuch trug ich dort ein:

»Die Mahnung dieses Ortes darf nicht vergessen werden. Den Angehörigen vieler Völker, insbesondere den europäischen Juden, wurde hier in deutschem Namen unsagbares Leid zugefügt. Hier geloben wir erneut, alles zu tun, damit das Leben, die Würde, das Recht und die Freiheit jedes Menschen, gleich, zu welchem Gott er sich bekennt, welchem Volk er angehört und welcher Abstammung er ist, auf dieser Erde unverletzt bleiben.«

An diesem Ort wurde mir einmal mehr bewusst: Wir wollen nichts von all dem Schrecklichen verschweigen, verdrängen oder vergessen – es kommt vor allem darauf an, für die Gestaltung einer friedlichen Zukunft die richtigen Lehren aus der Vergangenheit zu ziehen. Ganz in diesem Sinne hatte Kardinal Wojtyla, der spätere Papst, 1977 in Mainz gesagt:

»Wir wollen nicht vergessen, was uns trennt, aber wir wollen vor allem an das erinnern, was uns verbindet.«

Kritisch wurde es noch einmal, als der Flug von Warschau nach Breslau wegen schlechten Wetters gestrichen werden sollte. Vom schlesischen Breslau aus, dem heutigen Wroclaw, sollte es weiter nach Kreisau gehen, wo ein gemeinsamer deutsch-polnischer Gottesdienst geplant war. In der deutschen Delegation gab es Zweifel, ob wirklich allein der Nebel der Grund für die Absage des Fluges war. Damit drohte der dort vorgesehene Gottesdienst auszufallen, und dies, obwohl Tausende Schlesier auf dem Weg dorthin waren. Wir beschlossen, uns auf jeden Fall nach Kreisau zu begeben. Weil ich befürchtete, dass es anders nicht klappen würde, verhandelte ich selbst mit dem polnischen Protokollchef und sorgte dafür, dass für uns ein Bus bereitgestellt wurde. Es war drei Uhr nachts, als wir schließlich aufbrachen.

Für mich war dies einer der ganz wichtigen Punkte auf dem Besuchsprogramm. Kreisau ist ein Symbol für das andere, für das bessere Deutschland auch im dunkelsten Abschnitt unserer Geschichte. Hier fanden sich großartige Männer und Frauen aus unserem Volk zusammen, um darüber nachzudenken, wie Hitler und der Nationalsozialismus überwunden und ein gerechter Frieden in Europa gestaltet werden könnten. Zu dem sogenannten Kreisauer Kreis gehörte der Jesuitenpater Alfred Delp, der nach dem 20. Juli 1944 hingerichtet wurde und dessen Familie ich entfernt kenne. Dazu gehörte auch mein Freund Eugen Gerstenmaier, eine der großen Gestalten der Christlich Demokratischen Union. Es waren wichtige Leute aus dem alten preußischen Adel vertreten, darunter auch hohe Offiziere. Auch Männer wie Hans Lukaschek waren dabei. Er war vormals Oberpräsident von Schlesien gewesen und später der erste Vertriebenenminister im ersten Kabinett von Konrad Adenauer. Die Mitglieder des Kreisauer Kreises wollten ein versöhntes Europa, das sich auf seine abendländischen Grundlagen besinnt. Das Gut des Grafen Moltke, eine Stätte des Ursprungs christlich demokratischer Überzeugungen, sollte – so wünschte ich es mir – eine deutsch-polnische Begegnungsstätte werden, getragen vom Geist der Versöhnung. Ministerpräsident Mazowiecki und ich haben mit dem gemeinsamen Besuch des deutsch-polnischen Gottesdienstes dafür den Anfang gemacht.

Der Gottesdienst wurde vom Oppelner Bischof Alfons Nossol in unseren beiden Sprachen gehalten. Er hob hervor, wie schwierig mein Besuch sei, obwohl beide Völker europäische Nachbarn seien. Es müsse sich jetzt »das Wunder der wahren Versöhnung zwischen den so lange verfeindeten Völkern« vollziehen. Mazowiecki sprach von einem »Gefühl der Brüderlichkeit«. Vor der Kommunion tauschten wir den liturgischen Friedenskuss aus. Mit unserer Umarmung wollten wir zeigen, dass im Verhältnis zwischen Deutschen und Polen eine neue Zeit angebrochen war.

Alles in allem war mein Besuch in Polen, der mit unserem Rückflug am Abend des 14. November zu Ende ging, trotz aller Schwierigkeiten und historischen Belastungen ein Erfolg und ein wichtiger Schritt auf dem Weg zur deutschen Einheit. Mit Staatspräsident Jaruzelski und mit Ministerpräsident Mazowiecki sprach ich jeweils mehrere Stunden. Die sieben Bundesminister in meiner Begleitung führten mit ihren polnischen Partnern eine Fülle von Fachgesprächen. Mazowiecki und ich hatten uns vorgenommen, mit diesem Besuch einen Durchbruch in den deutsch-polnischen Beziehungen zu erzielen, was uns gelungen war. Wir hatten nicht nur elf Abkommen und Übereinkünfte zur Verbesserung der Zusammenarbeit zwischen Polen und der Bundesrepublik unter anderem über Jugendaustausch, Umweltschutz, die Errichtung von Kulturinstituten, die Wiederaufnahme des Rechtshilfeverkehrs in Zivil- und Strafsachen sowie die Förderung und den gegenseitigen Schutz von Kapitalanlagen unterzeichnet sowie konkrete Initiativen zum Schutz der deutschen Minderheit in Polen ergriffen und eine Finanzhilfe in Milliardenhöhe verabredet, sondern vor allem auch Warschaus Sorgen und Befürchtungen hinsichtlich der Oder-Neiße-Grenze abbauen können. Dies alles wurde in der Gemeinsamen deutsch-polnischen Erklärung verankert.

In der DDR schien unterdessen die Perestroika in vollem Gange zu sein. Während Krenz alle Mühe hatte, sich zu behaupten, wurden die alten Männer der Ära Honecker aus den Partei- und Staatsämtern entfernt. Selbstbezichtigungen abgedankter Spitzenpolitiker gehörten zum DDR-Alltag, selbst von strafrechtlicher Verfolgung der inzwischen aus der SED ausgeschlossenen Politiker war bald die Rede. Am 13. November wurde Hans Modrow von der Volkskammer zum Ministerpräsidenten gewählt, und kurz darauf bildete er seine Regierung. Die sollte nicht nur aus SED-Mitgliedern bestehen, aber Vertreter der Opposition waren nicht dabei. Dafür gehörten dem Bündnis führende Funktionäre der vier inzwischen gewendeten Blockparteien an. In seiner Regierungserklärung kam auch Modrow über vage Ankündigungen hinsichtlich der beabsichtigten Verfassungsreform, des Wahlgesetzes und der Einführung des Rechtsstaats nicht hinaus. Freimütiger setzte er sich mit der desolaten DDR-Wirtschaft auseinander, wollte aber auch hier nicht von der alles hemmenden Planwirtschaft abrücken. Der Bundesregierung bot er eine »Vertragsgemeinschaft« zweier souveräner Staaten an, »die weit über den Grundlagenvertrag und die bislang geschlossenen Verträge und Abkommen zwischen beiden Staaten hinausgeht«.

Am 20. November fand das von mir im Telefonat mit Egon Krenz einige Tage zuvor verabredete Treffen der DDR-Führung mit Kanzleramtsminister Rudolf Seiters statt, das vor allem auch den Rahmen für meinen geplanten Besuch in der DDR abstecken sollte. Bei dem Gespräch in Ost-Berlin, an dem neben Krenz auch Modrow teilnahm, bekräftigten die beiden SED-Funktionäre ihre Absicht, den Reformkurs fortzusetzen. Sie legten dar, dass die Verfassungsänderung und die Verabschiedung eines neuen Wahlgesetzes bis zum Frühjahr 1990 beabsichtigt seien. Als möglichen Termin für die neuen Volkskammerwahlen, zu denen alle politischen Parteien und Gruppierungen zugelassen werden sollten, nannten sie den Zeitraum zwischen Herbst 1990 und Frühjahr 1991. Zur Verfassungsänderung versicherte Krenz, diese sei im Grundsatz beschlossen und umfasse auch Artikel 1, in dem der politische Führungsanspruch der SED verankert war. Daneben ging es um Fragen der konkreten Zusammenarbeit und um finanzielle und wirtschaftliche Unterstützung durch die Bundesrepublik. Bei allem an den Tag gelegten Reformeifer und Werben um verstärkte Zusammenarbeit machten Krenz und Modrow vor allem aber auch deutlich, dass Ost-Berlin an der Eigenständigkeit einer sozialistischen DDR festhielt; die Frage der Wiedervereinigung nannten Seiters Gesprächspartner nicht aktuell.

Seiters unterstrich seinerseits nachdrücklich unsere Position und nannte als Vorbedingung für die in Aussicht gestellte umfassende wirtschaftliche Hilfe noch einmal die Unumkehrbarkeit des eingeschlagenen Reformkurses einschließlich freier Wahlen, einer Verfassungsänderung und der Einführung des Rechtsstaats. Dabei war uns besonders an einer Abschaffung der politischen Strafjustiz gelegen. Der Kanzleramtsminister überreichte in Ost-Berlin ein Papier, in dem die Möglichkeit von Direktinvestitionen, ein Investitionsschutz und der Abbau von Hindernissen im Wirtschaftsverkehr angeregt wurden. Zur Frage der Wiedervereinigung erläuterte er, dass unsere Forderung grundsätzlich auf das Selbstbestimmungsrecht gerichtet sei. Die Menschen in der DDR sollten in freien Wahlen dann selbst entscheiden, welchen Weg in die Zukunft sie gehen wollten.

Für meinen Besuch in der DDR wurde ein Termin im Dezember ins Auge gefasst, ohne ihn allerdings bereits zu konkretisieren, da die vorbereitenden Gespräche noch nicht weit genug gediehen waren. Hinzu kam, dass man sich in Ost-Berlin schwertat, auf die Bedingungen der Bundesregierung einzugehen. So wurde mir zum Beispiel im SED-Zentralorgan *Neues Deutschland* vorgehalten, ich würde die Bildung eines deutschen Einheitsstaats anstreben, »also Hilfe für die DDR erst, wenn sie sich als souveräner sozialistischer Staat auf deutschem Boden selbst aufgegeben hat«. Daran war soviel richtig, dass ich in der Tat die Einheit Deutschlands wollte. Mein Problem war indes zunächst rein praktischer Natur. Es wurde nämlich immer unklarer, mit wem ich in der DDR überhaupt zusammenkommen sollte. Von meinem Telefonat mit Michail Gorbatschow wusste ich, dass Krenz nicht »sein Mann« war. Der ungarische Ministerpräsident Németh, der mich im November in Ludwigshafen besuchte, vertrat dieselbe Auffassung. Ein rasches Treffen mit Krenz, wie es aus den Reihen der Opposition gefordert wurde, hätte demnach den falschen Mann gestützt. Der »richtige«, auf den Moskau und damit die Reformer setzten, war offensichtlich Modrow.

Das Gespräch der Ost-Berliner Führung mit Seiters bestätigte einmal mehr unsere Einschätzung, dass Modrows Angebot einer »Vertragsgemeinschaft« zweier souveräner Staaten vor allem eine Bemühung war, die Entwicklung in Richtung deutsche Einheit abzuwenden, die mit dem Mauerfall ein gutes Stück näher gekommen war. Denn natürlich stand die Wiedervereinigung spätestens seitdem wieder auf der Tagesordnung.

8.
Ich gehe in die Offensive –
Der Zehn-Punkte-Plan

Mit dem Fall der Berliner Mauer war die deutsche Frage über Nacht zu dem großen Thema der internationalen Politik geworden. Sie stand auf der Tagesordnung des für den 2./3. Dezember vor Malta im Mittelmeer auf Kriegsschiffen geplanten amerikanisch-sowjetischen Gipfeltreffens ebenso wie auf der Agenda des Nato-Treffens, das am Tag darauf in Brüssel stattfinden sollte. Auch bei Mitterrands Besuch in Kiew, wo er am 6. Dezember mit Gorbatschow zusammentreffen wollte, würde es um Deutschland gehen. Ich hielt daher die Zeit für gekommen, nunmehr die Initiative zu ergreifen und ein Programm für den Weg zur Einheit Deutschlands vorzulegen. Dafür gab es auch gute innenpolitische Gründe. Niemand wusste in diesen Tagen genau zu sagen, wie es mit den innerdeutschen Beziehungen weitergehen sollte. Nach dem politischen Erdbeben, das die kommunistische Herrschaft in Mittel- und Osteuropa erschüttert hatte, waren jetzt politische Führung und Konzepte gefordert, die den Entwicklungen eine klare Richtung gaben. Zunehmend wurde die Bundesregierung damit konfrontiert, dass auch ihre Partner wissen wollten, »wohin die Reise geht«.

Eigentlich hatte ich mich darauf eingestellt, auf dem geplanten EG-Gipfel in Straßburg Anfang Dezember die deutsche Position zu den Ereignissen in der DDR und in Ost- und Mitteleuropa ausführlich darzustellen, doch aus außen- wie innenpolitischen Gründen lud der amtierende EG-Ratspräsident François Mitterrand die Staats- und Regierungschefs bereits für den 18. November zu einem Sondertreffen nach Paris ein. Ex-Präsident Giscard d'Estaing hatte zuvor ultimativ einen Sondergipfel zur »Rettung der EG« gefordert, um den westeuropäischen Integrationsprozess zu beschleunigen und um ein umfassendes Hilfsprogramm für die reformwilligen Staaten Mittel- und Osteuropas zu beschließen. Gleichzeitig sollten sich die EG-Mitgliedsstaaten verpflichten, die gegenwärtigen Grenzen nicht in Frage zu stellen.

Noch wichtiger war für die französische Präsidentschaft offenbar die Besorgnis, dass die Verabschiedung der Sozialcharta und die Europäische Wirtschafts- und Währungsunion nicht länger im Zentrum des Straßburger Gipfels stehen könnten. Immerhin vertrat Mitterrand seit Wochen die These, der Integrationsprozess müsse wegen der Entwicklung im Osten nicht nur fortgeführt, sondern verstärkt und beschleunigt werden. Außerdem gehörte es nach französischer Auffassung zum notwendigen Selbstbewusstsein der Europäer, vor dem Gipfeltreffen von George Bush und Michail Gorbatschow am 2./3. Dezember ihre Position zu europäischen Fragen öffentlich festzuhalten. In diesem Zusammenhang war es für Frankreich auch innenpolitisch von Bedeutung, nach außen herauszustellen, dass die Bundesrepublik klar in die westliche Gemeinschaft und ihre Entscheidungsprozesse eingebunden war.

Am Tag der Maueröffnung hatte sich François Mitterrand auf Staatsbesuch in Dänemark befunden. Wie wir heute aus Tagebuchaufzeichnungen wissen, hatte er sich entgegen dem Vorschlag seiner Berater nicht nach Berlin begeben. Offiziell begrüßte er die Ereignisse zwar als Zeichen des Fortschreitens der Freiheit in Europa und als Ende der Nachkriegsordnung von Jalta, aber privat äußerte er: »Diese Leute spielen mit einem Weltkrieg, ohne es zu bemerken.«

Bei unserem Treffen in Paris eröffnete Mitterrand die Diskussion mit vier Fragen, von denen keine ausdrücklich die Wiedervereinigung thematisierte. Anschließend berichtete ich über die Entwicklung in Ungarn und meine Eindrücke aus Polen und sagte: »Ich spreche zu Ihnen als Deutscher, doch zugleich als Kanzler. Ich versichere feierlich mein Engagement für Europa. Ich sehe zwei Ursachen der Entwicklung im Osten: dass die Allianz durch ihren Doppelbeschluss fest geblieben ist, und die Tatsache, dass sich die Europäische Gemeinschaft dynamisch entwickelt hat.«

Während des Essens wurde über die Wiedervereinigung noch nicht einmal geflüstert, und ich verhielt mich so, dass nicht darüber gesprochen werden musste. Beim Dessert dann ging die britische Premierministerin aber ziemlich heftig auf mich los. Ich zitierte daraufhin eine Erklärung eines Nato-Gipfels von 1970 und sagte, dass die Nato positiv zur Wiedervereinigung stehe. Margaret Thatcher fauchte zurück, diese Erklärung datiere von einem Zeitpunkt, an dem man gedacht habe, dass die Wiedervereinigung nie stattfinden würde. Ich blieb gelassen und entgegnete, immerhin habe die Nato diese Erklärung beschlossen und diese Entscheidung gelte immer noch. Auch Margaret Thatcher könne das deutsche Volk nicht daran hindern, seinem Schicksal zu folgen. Außer sich vor Wut stampfte Thatcher mit den Füßen auf und schrie: »Das sehen Sie so, sehen Sie so!« Mitterrand schien ihre Haltung zu billigen. Ich verzog keine Miene. Wenigstens wusste ich es jetzt ganz genau: Die Eiserne Lady wollte den Status quo beibehalten. Für sie stand die Frage der Grenzen nicht auf der Tagesordnung. Sie sollten bleiben, wie sie waren, und zwar nicht nur die polnische Westgrenze, sondern auch die innerdeutsche Grenze.

Natürlich war ich auf die reservierte Stimmung gefasst. Selbst wenn sich François Mitterrand nur zwei Wochen zuvor

Der Zehn-Punkte-Plan

in Bonn im Namen Frankreichs – er sagte ja nie »ich«, sondern immer nur »Frankreich« – zur Einheit der deutschen Nation bekannt hatte, machte ich mir keine Illusionen über die Ansichten der politischen Klasse in Paris. Auch in Den Haag, in Rom und in London war nicht zu übersehen, dass das alte Misstrauen gegen uns Deutsche wieder da war. »Jetzt reden die Deutschen wieder von der Einheit der Nation, jetzt interessieren sie sich nicht mehr für Europa«, hieß es. Der Geist von Rapallo wurde warnend beschworen und damit suggeriert, Deutschland orientiere sich wieder in Richtung Russland. Es mehrten sich die besorgten Fragen: Wie schnell würde der Weg zur Freiheit im östlichen Teil Deutschlands in den Weg zur Wiederherstellung der Einheit Deutschlands münden? Alte Ängste kamen wieder auf, die Deutschen würden zu stark.

Ich versicherte unermüdlich, dass es keinen nationalen Alleingang geben werde. Gerade jetzt bräuchten wir den engen Schulterschluss mit unseren Verbündeten und das Vertrauen unserer Nachbarn in West und Ost. Zunächst müssten unsere Landsleute in der DDR selbst frei zum Ausdruck bringen können, welchen Weg in die Zukunft sie gehen wollten. Wie auch immer ihre Entscheidung ausfalle, sie werde von uns respektiert. Allerdings bedeute dies auch, dass niemand, weder im Osten noch im Westen, ein Votum aller Deutschen für die Einheit ihres Vaterlands werde ignorieren können.

Den Pariser Sondergipfel der EG-Staats- und Regierungschefs am 18. November verstand ich als Warnung. Selbst auf meinen Freund François Mitterrand schien kein Verlass zu sein. Die britische Haltung überraschte mich kaum. Allerdings war die Schärfe, mit der die britische Premierministerin mir gegenüber auftrat, mehr als befremdlich.

In dieser Situation war es für mich besonders hilfreich zu

wissen, dass mein Freund George Bush das Verlangen der Deutschen nach Einheit und Freiheit vorbehaltlos unterstützte. Bush verstand sehr genau, dass der Westen die Deutschen tief enttäuschen, ja verstören würde, wenn er sich ihre berechtigte Forderung nach Selbstbestimmung nicht zu eigen machte. Schließlich hatten die westlichen Verbündeten der Bundesrepublik genau diese Unterstützung seit Abschluss des Deutschlandvertrags im Jahr 1952 immer wieder für den Tag X zugesichert. In Artikel 7 des Deutschlandvertrags von 1952/54 hatten sich Frankreich, Großbritannien und die Vereinigten Staaten verpflichtet, »mit friedlichen Mitteln ihr gemeinsames Ziel zu verwirklichen: ein wiedervereinigtes Deutschland, das eine freiheitlich-demokratische Verfassung ähnlich wie die Bundesrepublik besitzt und das in die europäische Gemeinschaft integriert ist«. Und nun war der Augenblick gekommen.

Unmittelbar vor dem Sondergipfel in Paris hatte ich dem amerikanischen Präsidenten in einem Telefongespräch am 17. November ausführlich die Situation in der DDR erläutert und ihm versichert, nichts zu tun, was die Lage destabilisieren könnte. Bush empfahl, bei aller Euphorie wegen der Veränderungen im Ostblock davon abzusehen, über die Wiedervereinigung oder einen Zeitpunkt zum Abriss der Mauer zu reden. Ich unterrichtete Bush von meiner Absicht, die deutschlandpolitischen Vorstellungen der Bundesregierung in einer Art Katalog zusammenzufassen. Abermals versicherte mir der amerikanische Präsident, dass die Vereinigten Staaten das Verlangen der Deutschen nach Selbstbestimmung und Einheit unterstützten. Seiner Ansicht nach könnte der Prozess unter Umständen schneller verlaufen als erwartet.

Bush kam bei dieser Gelegenheit auch auf sein bevorstehendes Treffen mit Gorbatschow vor Malta zu sprechen und sagte, er lege größten Wert darauf, zuvor meine persönliche Stellungnahme zu hören, um sicher zu sein, jede Nuance in der deutschen Frage erfasst zu haben. Er glaube, in der Allianz gebe es Unterschiede in der Beurteilung der Lage. Zwar wolle er sich mit allen beraten, wichtiger als eine große Konsultation sei ihm jedoch das Einzelgespräch mit den Deutschen, damit er deren Standpunkt verstehe, ohne sich wegen der Anwesenheit anderer Beschränkungen auferlegen zu müssen.

Er schlage daher vor, am Abend des 3. Dezember – also zwischen seinem Treffen mit Gorbatschow und dem tags darauf stattfindenden Nato-Gipfel – mit mir in Brüssel zusammenzutreffen.

Auch auf der Sondersitzung des Europäischen Parlaments in Straßburg am 22. November betonte ich den Zusammenhang von europäischer Spaltung und deutscher Teilung und forderte – um beide zu überwinden – abermals, den Reformprozess nach Kräften zu unterstützen: »Zu Europa gehören nicht nur London, Rom, Den Haag, Dublin und Paris. Zu Europa gehören auch Warschau und Budapest, Prag und Sofia – und natürlich auch Berlin, Leipzig und Dresden.« Die Einheit Deutschlands könne nur vollendet werden, »wenn die Einigung unseres alten Kontinents voranschreitet«. Deutschlandpolitik und Europapolitik seien zwei Seiten derselben Medaille. Angesichts meiner wiederholten und eindeutigen Bekenntnisse, dass wir die Lösung der deutschen Frage nur im gesamteuropäischen Kontext suchen würden, verabschiedete das Europäische Parlament bei nur zwei Gegenstimmen eine Resolution, in der den Deutschen in der DDR das Recht zugesprochen wurde, »Teil eines vereinigten Deutschlands und eines vereinigten Europas« zu sein.

Für den 23. November hatte ich zu einer Runde in den Kanzlerbungalow gebeten. Mit meinem engsten Beraterstab diskutierte ich zunächst darüber, wie wir unsere Öffentlichkeitsarbeit verbessern könnten. Doch diese Diskussion trat schnell hinter die aktuellen Entwicklungen zurück. Wir durften dem Ost-Berliner Ministerpräsidenten Hans Modrow nicht die Initiative überlassen. Sein Vorschlag einer Vertragsgemeinschaft klang zwar gut, war jedoch vor allem ein Ablenkungsmanöver, mit dem er den Druck in Richtung Einheit abschwächen wollte, der auf der SED-Führung lastete. Die Frage, die uns vor allem beschäftigte, war: Konnten wir dem Modrow-Vorstoß die weitergehende Idee einer Konföderation entgegensetzen? Von sowjetischer Seite hatte es einige Tage zuvor Signale gegeben, dass Moskau sich dem nicht widersetzen würde. Mich störte daran jedoch, dass dadurch die Zweistaatlichkeit festgeschrieben worden wäre, denn eine Konföderation ist ein Zusammenschluss souveräner, unabhängiger Staaten. Mir ging es aber um eine Föderation, also um die staatliche Einheit Deutschlands.

Ich setzte eine Arbeitsgruppe unter Leitung von Horst Teltschik ein. Ihr gehörten die außenpolitischen Mitarbeiter Peter Hartmann, Uwe Kaestner und Joachim Bitterlich an, dazu Claus-Jürgen Duisberg und sein Mitarbeiter Rüdiger Kass vom Arbeitsstab Deutschlandpolitik sowie Norbert Prill und Michael Mertes von der Planungs- und Redenschreibergruppe. Die Arbeitsgruppe sollte die innerdeutsche und internationale Lage sowie die von westlicher Seite geäußerten Vorstellungen analysieren. Horst Teltschik hatte die Idee, die zu erarbeitende Leitlinie in Form von zehn Punkten zusammenzufassen. Inhaltlich ging es darum, den Weg aufzuzeigen von der »Vertragsgemeinschaft« über die »Konföderation« bis zum Ziel »Föderation«. Aus verschiedenen Beiträgen wurde dann ein erster Entwurf des »Zehn-Punkte-Programms zur deutschen Einheit« entwickelt, der von den Redenschreibern

Michael Mertes und Martin Hanz zu Papier gebracht und mir durch einen Fahrer nach Ludwigshafen geschickt wurde.

Am Wochenende des 25. und 26. November überarbeitete ich den Text am heimischen Schreibtisch. Vor allem die Kernpassagen zur Konföderation und Föderation formulierte ich zum großen Teil neu. Hannelore gab mir dabei nicht nur manche wertvolle Anregung, sie schrieb die von mir verfassten Textstellen auch auf ihrer Reiseschreibmaschine ab. Außer meiner Frau waren auch die Brüder Erich und Fritz Ramstetter mit von der Partie, der eine Stadtdekan von Ludwigshafen, der andere pensionierter Studiendirektor. Die beiden Geistlichen hatten mir schon früher bei wichtigen Reden, wie zum Beispiel den Neujahrsansprachen, wertvolle Ratschläge gegeben. Außerdem telefonierte ich ein paarmal mit dem CDU-Bundestagsabgeordneten Rupert Scholz, einem hervorragenden Professor des Staatsrechts, der mir vor allem in der komplizierten Fragestellung betreffend Konföderation und Föderation zur Seite stand. Alle ihre Anregungen flossen in die Formulierungen ein, die Hannelore niederschrieb. Am Montag wurde das »Zehn-Punkte-Programm« dann nach meinen Vorgaben von den Redenschreibern in seine endgültige Form gebracht.

Punkt eins sah Sofortmaßnahmen vor, die sich aus den Ereignissen der zurückliegenden Wochen ergaben, insbesondere durch die Fluchtbewegung und die neue Dimension des Reiseverkehrs. Die Bundesregierung erklärte sich zu sofortiger konkreter Hilfe dort bereit, wo sie nötig wurde. Weiter hieß es, das Begrüßungsgeld, das jedem Besucher aus der DDR einmal jährlich gezahlt werde, könne keine Lösung für die Finanzierung von Reisen sein. Letztlich müsse die DDR selbst ihre Reisenden mit den nötigen Devisen ausstatten. Die Bundesregierung sei aber bereit, für eine Übergangszeit einen Beitrag zu einem Devisenfonds zu leisten, allerdings unter der Voraussetzung, dass der Mindestumtausch bei Reisen in die DDR entfalle, Einreisen in die DDR erheblich erleichtert würden und die DDR einen eigenen substantiellen Beitrag zu diesem Fonds leiste. Unser Ziel war ein möglichst ungehinderter Reiseverkehr in beiden Richtungen.

In Punkt zwei war festgehalten, dass die Bundesregierung wie bisher die Zusammenarbeit mit der DDR in all jenen Bereichen fortsetzen würde, die den Menschen auf beiden Seiten unmittelbar zugutekämen. Das gelte insbesondere für die wirtschaftliche, wissenschaftlich-technologische und kulturelle Zusammenarbeit. Als besonders wichtig werde die Intensivierung im Bereich des Umweltschutzes angesehen. Außerdem wolle Bonn daran mitwirken, dass das Telefonnetz der DDR rasch ausgebaut werden könne. Über den Ausbau der Eisenbahnstrecke Hannover–Berlin solle weiterverhandelt werden.

In Punkt drei bot die Bundesregierung abermals an, ihre Hilfe und Zusammenarbeit umfassend auszuweiten, wenn ein grundlegender Wandel des politischen und wirtschaftlichen Systems in der DDR verbindlich beschlossen und unumkehrbar in Gang gesetzt würde, wobei »unumkehrbar« bedeutete, dass sich die DDR-Staatsführung mit den Oppositionsgruppen auf eine Verfassungsänderung und auf ein neues Wahlgesetz verständigte. Die Bundesregierung unterstütze die Forderung nach freien, gleichen und geheimen Wahlen in der DDR unter Beteiligung unabhängiger, auch nichtsozialistischer Parteien. Das Machtmonopol der SED müsse aufgehoben werden. Die geforderte Einführung rechtsstaatlicher Verhältnisse bedeute vor allem auch die Abschaffung des politischen Strafrechts.

Wirtschaftliche Hilfe könne nur wirksam werden, wenn

grundlegende Reformen des Wirtschaftssystems erfolgten: »Wir wollen nicht unhaltbar gewordene Zustände stabilisieren. Wirtschaftlichen Aufschwung kann es nur geben, wenn sich die DDR für westliche Investitionen öffnet, wenn sie marktwirtschaftliche Bedingungen schafft und privatwirtschaftliche Betätigungen ermöglicht.« Es könne kein Zweifel bestehen, dass die Menschen in der DDR eine Wirtschaftsordnung wollten, die ihnen auch wirtschaftliche Freiheit und damit Wohlstand gebe.

Punkt vier griff Modrows Vorschlag einer Vertragsgemeinschaft auf und schlug ein immer dichteres Netz von Vereinbarungen in allen Bereichen und auf allen Ebenen vor, das zunehmend auch durch gemeinsame Institutionen zu ergänzen wäre. Bereits bestehende gemeinsame Kommissionen könnten neue Aufgaben erhalten, weitere Kommissionen gebildet werden. Insbesondere sei dabei an die Bereiche Wirtschaft, Verkehr, Umweltschutz, Wissenschaft und Technik, Gesundheit und Kultur gedacht. Selbstverständlich werde Berlin in diese Zusammenarbeit voll einbezogen.

Punkt fünf war der zentrale und gleichzeitig sensibelste Punkt des ganzen Programms. Bei manchem unserer Freunde und Partner im Ausland, aber auch bei vielen Deutschen hatte sich im Laufe der Jahre der Eindruck verfestigt, als seien die Ansprachen zum Tag der deutschen Einheit am 17. Juni oder die Erklärungen zum Jahrestag des Mauerbaus am 13. August nur Gerede, das man nicht ernst nehmen müsse. Jetzt war für mich der Augenblick gekommen, in einer Weise über die deutsche Einheit zu sprechen, dass niemand mehr an unserer politischen Entschlossenheit zweifeln konnte. Ich war mir sicher, dass unsere Landsleute in der DDR auf ein solches Wort warteten. Hier drückte ich also die Bereitschaft aus, noch einen entscheidenden Schritt weiter als mit der Vertragsgemeinschaft zu gehen und konföderative Strukturen zwischen beiden Staaten in Deutschland zu entwickeln mit dem Ziel der Föderation, das heißt einer bundesstaatlichen Ordnung in Deutschland.

Konföderative Strukturen zwischen einem demokratischen und einem nichtdemokratischen Staat waren ein Unding. Für mich stand außer Frage, dass dieser Schritt nur mit einer demokratisch legitimierten Regierung in der DDR zu machen war. Erst nach freien Wahlen waren ein gemeinsamer Regierungsausschuss, gemeinsame Fachausschüsse und ein gemeinsames parlamentarisches Gremium vorstellbar. Die bisherige Politik gegenüber der DDR hatte sich auf kleine Schritte beschränken müssen, die die Folgen der Teilung für die Menschen mildern und das Bewusstsein für die Einheit der Nation wachhalten und schärfen sollten. Wenn Bonn künftig eine frei gewählte Regierung in Ost-Berlin als Partner gegenüberstünde, eröffneten sich völlig neue Perspektiven. Stufenweise könnten neue Formen institutioneller Zusammenarbeit entstehen und ausgeweitet werden. Ein solches Zusammenwachsen lag in der Kontinuität der deutschen Geschichte. Staatliche Ordnung in Deutschland hieß immer Konföderation und Föderation. Wie ein wiedervereinigtes Deutschland schließlich aussehen würde, konnte damals niemand wissen. Dass die Einheit aber kommen würde, wenn die Menschen in Deutschland sie wollten – dessen war ich sicher.

Um die Einbettung der innerdeutschen Beziehungen in den gesamteuropäischen Prozess und in das Ost-West-Verhältnis insgesamt ging es in Punkt sechs. Die künftige Architektur Deutschlands musste sich in die künftige Architektur Gesamteuropas einfügen. Mit seinem Konzept der dauerhaften und gerechten Friedensordnung hatte der Westen dafür Schrittmacherdienste geleistet. Nun erwies sich auch die Gemeinsame

Erklärung mit Gorbatschow vom Juni 1989, die in ihrem Wert damals gar nicht richtig eingeschätzt worden war, als wichtige Argumentationshilfe, denn dort wurden als Bauelemente eines gemeinsamen europäischen Hauses die uneingeschränkte Achtung der Integrität und der Sicherheit jedes Staates sowie dessen Recht, das eigene politische und soziale System frei zu wählen, festgeschrieben. Darauf konnten wir uns Gorbatschow gegenüber jetzt berufen.

Punkt sieben ging auf die Bedeutung der Europäischen Gemeinschaft für die Zukunft des Kontinents und damit auch Deutschlands ein. Ich betonte die gesamteuropäische Mission und Verantwortung der EG. Das war nicht selbstverständlich, denn viele Westeuropäer hatten sich daran gewöhnt, die EG und Europa als ein und dasselbe zu betrachten und nur die wirtschaftliche Seite der europäischen Integration zu sehen. Sie hatten vergessen, dass Europa nicht am löchrig gewordenen Eisernen Vorhang endete. Ich plädierte mit großem Nachdruck dafür, dass die EG ihre Offenheit auch nach Osten wahrte. Nur in diesem Sinne konnte die Europäische Gemeinschaft Grundlage einer wirklich umfassenden europäischen Einigung werden. Nur in diesem Sinne wahrte, behauptete und entwickelte sie die Identität aller Europäer. Diese Identität war nicht nur in der kulturellen Vielfalt Europas, sondern auch und vor allem in den Grundwerten von Freiheit, Demokratie, Menschenrechten und Selbstbestimmung begründet.

Der KSZE-Prozess war und blieb Herzstück der gesamteuropäischen Architektur und musste energisch vorangetrieben werden. Das belegte Punkt acht. Da die Konferenz für Sicherheit und Zusammenarbeit in Europa nicht nur alle europäischen Staaten – ob sie der Nato oder dem Warschauer Pakt angehörten, ob sie neutral waren oder nicht –, sondern auch die USA und Kanada umfasste, ihr Geltungsbereich sich also

»von Vancouver bis Wladiwostok« erstreckte, war sie als Forum für die Behandlung der großen Ost-West-Fragen in besonderer Weise geeignet. Dort sollte über neue institutionelle Formen der gesamteuropäischen Zusammenarbeit nachgedacht werden.

Die Frage nach der Bündniszugehörigkeit eines vereinten Deutschlands klammerte ich bewusst aus. Natürlich war mir klar, dass diese Frage früher oder später auf uns zukommen würde, und für mich stand fest, dass ein Austritt aus der Nato niemals der Preis für die Wiedervereinigung sein durfte. Aber dieses Thema in diesem Augenblick hochzuspielen wäre töricht gewesen und hätte den Kreml möglicherweise dazu veranlasst, die Notbremse zu ziehen. Es bot sich aber an, die sicherheitspolitischen Aspekte der deutschen Einheit unter der KSZE-Überschrift sowie unter dem Gesichtspunkt von Abrüstung und Rüstungskontrolle anzusprechen.

Folgerichtig hieß es in Punkt neun: »Abrüstung und Rüstungskontrolle müssen mit der politischen Entwicklung Schritt halten und, wenn notwendig, beschleunigt werden. Dies gilt im besonderen für die Wiener Verhandlungen über den Abbau konventioneller Streitkräfte in Europa und für die Vereinbarung vertrauensbildender Maßnahmen, ebenso für das weltweite Verbot chemischer Waffen. Dies erfordert auch, dass die Nuklearpotentiale der Großmächte auf das strategisch erforderliche Minimum reduziert werden. Das bevorstehende Treffen zwischen Präsident Bush und Generalsekretär Gorbatschow bietet eine gute Gelegenheit, den laufenden Verhandlungen neue Schubkraft zu geben. Wir bemühen uns – auch in zweiseitigen Gesprächen mit den Staaten des Warschauer Pakts einschließlich der DDR –, diesen Prozess zu unterstützen.«

Punkt zehn schließlich umriss mit folgenden Worten die

Der Zehn-Punkte-Plan

Zielsetzung des Programms: »Mit dieser umfassenden Politik wirken wir auf einen Zustand des Friedens in Europa hin, in dem das deutsche Volk in freier Selbstbestimmung seine Einheit wiedererlangen kann. Die Wiedervereinigung, das heißt die Wiedergewinnung der staatlichen Einheit Deutschlands, bleibt das politische Ziel der Bundesregierung […]. Wir sind uns bewusst, dass sich auf dem Weg zur deutschen Einheit besonders viele schwierige Fragen stellen, auf die heute niemand eine abschließende Antwort geben kann.«

Bewusst hatte ich jegliche zeitliche Festlegung vermieden. Wir wollten uns einerseits nicht den eigenen Handlungsspielraum verbauen, andererseits die mancherorts ohnehin aufgeregten Gemüter nicht unnötig reizen. Abgesehen davon waren Festlegungen gar nicht möglich. Ich selbst war damals noch davon überzeugt, dass es zur deutschen Einheit erst in drei oder vier Jahren kommen werde – auf jeden Fall erst nach Vollendung des europäischen Binnenmarkts Ende 1992. Wie sich zeigen sollte, erwies sich der Verzicht auf eine zeitliche Festlegung als von unschätzbarem Wert.

Ich entschied kurzfristig, das Zehn-Punkte-Programm am 28. November im Rahmen der Haushaltsdebatte im Deutschen Bundestag vorzustellen. Bis dahin musste strengstes Stillschweigen gewahrt werden. Hätte ich die Zehn Punkte innerhalb der Koalition oder gar mit unseren Verbündeten abgestimmt, wären sie am Ende völlig zerredet worden. Jetzt war nicht die Stunde der Bedenkenträger, jetzt war die Stunde der Offensive. Es war der Moment, in dem der deutsche Bundeskanzler sich die Initiative in Richtung deutsche Einheit nicht mehr aus der Hand nehmen lassen durfte.

Den befreundeten europäischen Regierungen und den vier Siegermächten des Zweiten Weltkriegs wurde mein Text am Morgen der Bundestagsdebatte gleichzeitig über die Botschaften zugestellt – mit einer Ausnahme: Der amerikanische Präsident, dem ich die Initiative bereits vorab angekündigt hatte, erhielt die Zehn Punkte persönlich. In einem elfseitigen verschlüsselten Schreiben, das wegen der Zeitverschiebung Stunden früher nach Washington gesandt wurde, bat ich den Präsidenten, Gorbatschow bei seinem Treffen vor Malta noch einmal klar zu machen, dass Destabilisierung nicht durch Einmischung des Westens entstehe, wie dies einige östliche Propagandisten immer noch behaupteten. Vielmehr würden die Entscheidungen über Stabilität oder Instabilität in den Staaten Mittel- und Osteuropas selbst getroffen. Ich empfahl dem Präsidenten auch, Gorbatschows bisherige Politik grundsätzlich zu begrüßen: Seine Perestroika habe die Reformen in anderen Warschauer-Pakt-Staaten mit ausgelöst, erleichtert oder beschleunigt. Er habe reformunwillige Führungen zur Öffnung und zum Eingehen auf die Wünsche der Bevölkerung gedrängt und Entwicklungen hingenommen, die zum Teil weit über das in der Sowjetunion erreichte Maß hinausgingen. Gorbatschow habe die Breschnew-Doktrin mit ihrem Anspruch auf ein Interventionsrecht innerhalb des Warschauer Pakts praktisch für tot erklärt und stattdessen das Recht jedes Staates und Volkes auf freie Wahl seines politischen und gesellschaftlichen Systems festgeschrieben. Es werde bei dem Treffen vor Malta darauf ankommen, Gorbatschow auf seine eigenen Zusagen festzulegen und insbesondere zu betonen, dass das Verbot der Einmischung für jeden gelte, für die Sowjetunion vor allem auch dort, wo sie eigene Truppen stationiert habe.

Zur aktuellen Lage in der DDR übermittelte ich Bush unsere Einschätzung, dass die Situation der dortigen Führung noch nicht stabil und die Stimmung in der Bevölkerung weiterhin nicht beruhigt sei. Trotz Öffnung von Mauer und Grenze,

Der Zehn-Punkte-Plan

trotz Führungswechsel und in Aussicht gestellter Reformen dauerten die Massendemonstrationen an. Deutsche aus der DDR suchten in nie dagewesener Zahl Zuflucht in der Bundesrepublik. Vom Reformwillen der Ost-Berliner Regierung werde es abhängen, ob die Bundesregierung ihr Angebot verwirklichen werde, der DDR in neuen finanziellen Dimensionen zu helfen. Ich bat Bush, Gorbatschow zu widersprechen, falls dieser die Haltung Bonns als Einmischung kritisieren sollte. Der sowjetische Generalsekretär müsse wissen, dass es dem Westen nicht zuzumuten sei, eine diskreditierte Führung und unhaltbare Zustände zu stabilisieren. Es gehe vielmehr darum, wirkliche Reformen abzustützen.

Bevor ich dem amerikanischen Präsidenten die Zehn Punkte in Kurzform erläuterte, bedankte ich mich bei ihm auch im Namen des deutschen Volkes für seine klare Haltung in der Frage der Wiedervereinigung. Dann skizzierte ich kurz die Argumente, die Gorbatschow ihm vermutlich vortragen würde, und bat den Präsidenten, bei Malta keinen Festlegungen zuzustimmen, die den Handlungsspielraum unserer Deutschlandpolitik einschränken könnten. Wir würden nicht von dem Ziel abrücken, auf einen Zustand des Friedens in Europa hinzuwirken, in dem das deutsche Volk in freier Selbstbestimmung seine Einheit wiedererlange. Freiheit, Menschenrechte und Selbstbestimmung seien die Grundwerte, auf denen unser Bündnis beruhe. Sie seien auch der Kern der deutschen Frage. Niemand habe das Recht, sie den Deutschen in der DDR zu verwehren. Ich betonte außerdem, dass die Bundesregierung in keiner Weise die jetzt in der DDR entstandene Lage einseitig ausgenutzt habe, um das nationale Ziel der Deutschen im Alleingang zu erreichen. Im Gegenteil, wir hätten unsere Treue zum Bündnis auch in schweren Zeiten unter Beweis gestellt.

Bisher hatte ich die CDU-Spitzengremien, die Koalitionsrunde, die Bundestagsfraktion und das Bundeskabinett jeweils umfassend über den neuesten Stand der Entwicklungen informiert. Niemand konnte mir Geheimniskrämerei vorwerfen. Auch mit Einzelheiten über meine Telefonate hielt ich nicht hinter dem Berg. Rudolf Seiters und Wolfgang Schäuble sorgten gleichermaßen dafür, dass die wichtigsten Informationen aus ihren Ressorts bekanntgemacht wurden. Überhaupt klappte die interministerielle Zusammenarbeit hervorragend. Dazu zähle ich auch ausdrücklich das Außen-, Finanz- und Verteidigungsministerium. Bei meinem Zehn-Punkte-Plan machte ich aus guten Gründen eine Ausnahme. Um Gerüchten vorzubeugen, informierte ich einzig und allein den CDU-Vorstand vorab in groben Zügen über den Zehn-Punkte-Plan. Außerdem lud der Kanzleramtsminister eine kleine handverlesene Gruppe von Journalisten am Vorabend der Bundestagsdebatte ein.

Am 28. November begründete ich dann vor dem Deutschen Bundestag meine Initiative und trug die Zehn Punkte vor. Meine Rede schloss ich mit den Sätzen:

»In wenigen Wochen beginnt das letzte Jahrzehnt dieses Jahrhunderts, ein Jahrhundert, das so viel Elend, Blut und Leid sah. Es gibt heute viele hoffnungsvolle Zeichen dafür, dass die neunziger Jahre die Chancen für mehr Frieden und mehr Freiheit in Europa und in Deutschland in sich tragen. Es kommt dabei entscheidend auch auf unseren, den deutschen Beitrag an. Wir alle sollten uns dieser Herausforderung der Geschichte stellen.«

Daraufhin erhoben sich die Mitglieder der CDU/CSU-Fraktion und spendeten mir Beifall. Auch der von mir nicht eingeweihte Hans-Dietrich Genscher lobte zumindest nach außen

Der Zehn-Punkte-Plan

hin die Zehn Punkte. Selbst vom Großteil der SPD kam Applaus. Karsten Voigt, der außenpolitische Sprecher der SPD-Bundestagsfraktion, bot mir die Zusammenarbeit der Sozialdemokraten bei der Verwirklichung des Konzepts an – etwas übereilt, wie sich bald herausstellte. Einzig die Reaktionen der Grünen waren beschämend. Deren Fraktionssprecherin warf mir eine »Heim-ins-Reich-Politik« vor. Ich hätte keine Skrupel, musste ich mir sagen lassen, das deutsche Staatsgebiet um ein Drittel zu vergrößern und mir 16 Millionen neue Untertanen zu verschaffen.

Am 1. Dezember, dem letzten Tag der Haushaltsdebatte, wurde über das Zehn-Punkte-Programm abgestimmt. Die Koalition votierte mit »Ja«, während sich die SPD der Stimme enthielt. Oskar Lafontaine, der meinen Vorstoß aufs schärfste verurteilte, sprach von einem »großen diplomatischen Fehlschlag«. Eine Überraschung für mich war, dass die FDP, die im Bundestag den Zehn Punkten zustimmte, kurz darauf auf Distanz ging. Nach ihrer Auffassung fehlte darin die endgültige Anerkennung der Oder-Neiße-Linie als polnische Westgrenze – ein Punkt, auf dem insbesondere Genscher beharrte. Der kurze Zeit später stattfindende kleine Parteitag der FDP lehnte es deshalb im Gegensatz zur FDP-Fraktion ab, dem Programm zuzustimmen.

In den Unionsparteien erfuhr ich zunächst einhellige Zustimmung. Doch auch hier äußerte der eine oder andere wenig später Bedenken. Überängstliche warnten, ich sei mit dem Programm über das Ziel hinausgeschossen. Wieder andere zogen es vor zu schweigen. Zu ihnen gehörte Bundespräsident Richard von Weizsäcker. Ich kann mich nicht erinnern, dass Weizsäcker in der ersten Zeit nach dem Fall der Mauer auch nur einmal öffentlich den Begriff »Wiedervereinigung« benutzt hätte. Zu einem Zeitpunkt, als die Bekenntnisse der

Deutschen in der DDR zur Einheit schon längst allgegenwärtig waren, warnte der Bundespräsident noch vor einem »Zusammenwuchern« der beiden Teile Deutschlands. Hilfreich waren solche Äußerungen nicht.

Überschattet wurden diese dramatischen Tage durch ein fürchterliches Ereignis: Am 30. November war ich gerade mit dem Hubschrauber auf den Düsseldorfer Rheinwiesen gelandet und ins Auto gestiegen, um zur Tagung der Arbeitgeberverbände in der Stadthalle zu fahren, wo ich eine Rede halten sollte, als Juliane Weber anrief und mich bat, sofort mit dem Innenminister zu telefonieren. Wolfgang Schäuble überbrachte mir dann die Nachricht, dass Alfred Herrhausen, Vorsitzender des Vorstands der Deutschen Bank und einer der führenden Köpfe der deutschen Wirtschaft, auf der Fahrt von seiner Wohnung in Bad Homburg nach Frankfurt am Main durch einen heimtückischen Anschlag der RAF ermordet worden war. Mein Freund und Ratgeber war tot – menschlich wie politisch war das ein schwerer Schlag für mich.

Auf der Tagung bat ich um Verständnis dafür, dass ich sofort zurück nach Bonn musste. In stillem Gebet gedachte ich gemeinsam mit den Anwesenden meines toten Freundes und ging nach fünf Minuten wieder fort. Abends fuhr ich nach Bad Homburg zu Herrhausens Witwe Traudl und ihrer Tochter. Auf dem Heimweg vergegenwärtigte ich mir die Namen und Gesichter der von der RAF Ermordeten. Die meisten von ihnen hatte ich gekannt, mit einigen war ich eng befreundet. Alfred Herrhausen war mir ein ebenso guter Freund gewesen wie Hanns-Martin Schleyer. Er war ein aufrechter Patriot, auf dessen klugen Rat ich im Wiedervereinigungsprozess gesetzt hatte und auf den ich mich immer hatte verlassen können. Mit einem enormen persönlichen Einsatz hatte er das Beste für unser Land gewollt.

Der Zehn-Punkte-Plan

In den Jahren 1970 bis 1997 gab es über 40 Opfer des Terrorismus – unter ihnen Andreas von Mirbach, Dr. Heinz Hillegaart, Siegfried Buback, Wolfgang Göbel, Georg Wurster, Jürgen Ponto, Heinz Marcisz, Reinhold Brändle, Helmut Ulmer, Roland Pieler, Dr. Hanns-Martin Schleyer, Hans-Wilhelm Hansen, Dr. Ernst Zimmermann, Prof. Dr. Karl Heinz Beckurts, Eckhard Groppler, Dr. Gerold von Braunmühl, Dr. Alfred Herrhausen, Dr. Detlev Karsten Rohwedder und Michael Newrzella.

Was war bloß los mit den Deutschen in der Bundesrepublik? Wir genossen in nie gekanntem Maße Freiheit, Frieden und Wohlstand – und standen dennoch immer wieder an den Särgen von Menschen, die von Feinden der Republik brutal ermordet worden waren. Wie war es möglich geworden, dass zunächst eine ganze Gruppe und dann einzelne der öffentlichen Anfeindung preisgegeben wurden? Was war los in einer Gesellschaft, in der führende Repräsentanten aus Politik und Wirtschaft systematisch zur Zielscheibe gemacht wurden – zunächst im übertragenen, dann im wörtlichen Sinne?

Natürlich diskutierten wir damals auch, ob der Anschlag zu verhindern gewesen wäre. Ich selbst habe immer den Standpunkt vertreten, dass es keine absolute Sicherheit gibt. Wenn ich Tag und Nacht darüber nachdächte, was mir alles passieren könnte, wäre ich völlig gelähmt. Wir alle sind in Gottes Hand, und ich erwarte getrost, was kommen mag, um es mit den wunderbaren Worten von Dietrich Bonhoeffer zu sagen.

9.
Schock in Europa – Resonanz aus Ost-Berlin, Gipfeldiplomatie in Brüssel und Straßburg

Die Resonanz aus Ost-Berlin auf den Zehn-Punkte-Plan war nicht sonderlich überraschend. In der Gewissheit, Gorbatschow hinter sich zu haben, ließ Modrow einmal mehr verlauten, dass eine Wiedervereinigung nicht auf der Tagesordnung stehe. Niemand in Ost oder West wolle ernsthaft eine Veränderung des europäischen Gleichgewichts. Erklärungen wie meine gingen nicht nur an den Realitäten vorbei, sie könnten auch zu Irritationen führen, da sie die sowohl im Grundlagenvertrag als auch in der Schlussakte von Helsinki festgeschriebene Souveränität und Unabhängigkeit beider deutscher Staaten außer acht ließen. Im übrigen wolle die Mehrheit des »Volkes der DDR« die Erneuerung einer souveränen, sozialistischen DDR. Abgesehen davon konstatierte man in Ost-Berlin, dass meine Vorschläge für die Zusammenarbeit mit der DDR interessante Ansatzpunkte für Verhandlungen böten.

Die Reaktionen aus Ost-Berlin und von Modrows Gesinnungsfreunden im Westen waren zu diesem Zeitpunkt noch in etwa auf der Linie Moskaus: Konföderation ja – Einheit, zumindest in absehbarer Zukunft, nein. Das bestätigte auch Außenminister Schewardnadse, der sich mit Gorbatschow zu einem Besuch in Rom aufhielt. Er warnte vor einem »deutschen Revanchismus« und sagte, die Bundesregierung solle nicht die Realitäten vergessen. Dazu zählten die unterschiedlichen Bündnisse, die Unantastbarkeit der Grenzen und das Bestehen zweier deutscher Staaten. Ein vereintes Deutschland würde die gegenwärtige Stabilität Europas umstoßen. Der italienische Außenminister Gianni de Michelis soll Schewardnadse sogleich zugestimmt haben. Doch nicht nur in Italien, auch im übrigen Europa wirkten meine Zehn Punkte wie ein Schock. Durch die Medien, die unmittelbar nach meiner Rede im Bundestag überwältigende Begeisterung für die Zehn Punkte gezeigt hatten, geisterte jetzt das Gespenst von einem heraufziehenden »Vierten Reich«.

In dieser Situation machte sich Bundesaußenminister Genscher auf den Weg nach London und Paris, um das Programm zur deutschen Einheit zu erläutern und Ängste und Vorbehalte aus dem Weg zu räumen. Margaret Thatcher stand unserer Deutschlandpolitik nach wie vor am reserviertesten gegenüber. Sie erinnerte an das EG-Gipfeltreffen in Paris, in dessen Verlauf ihrer Auffassung nach der Status quo festgeschrieben worden wäre. In Paris formulierte François Mitterrand die Befürchtung, Europa könne in die Vorstellungswelt von 1913 zurückfallen. Falls sich die deutsche Vereinigung in einem Europa vollziehen sollte, das letztlich nicht entscheidend weitergekommen sei, würden die europäischen Partner, die sich in Zukunft 80 Millionen Deutschen gegenübersähen, wohl nach einem Gegengewicht suchen.

Ganz anders George Bush. Er teilte unsere im Zehn-Punkte-Plan vorgetragenen deutschlandpolitischen Vorstellungen. Als ich mit ihm kurz nach der Vorstellung des Programms im Bundestag telefoniert hatte, um mit ihm die letzten Abstimmungen vor dem sowjetisch-amerikanischen Gipfel vor Malta vorzunehmen, berichtete ich ihm zunächst über mein Gespräch mit dem sowjetischen Vize-Ministerpräsidenten Iwan Silajew, den ich wenige Tage zuvor in Bonn getroffen hatte. Silajew hätte erklärt, wie sehr die Lage in der Sowjetunion sich verschlechtert habe und dass die Versorgungsprobleme immer mehr zunähmen. Das größte Problem für die frierende Bevölkerung sei nicht der Mangel an Kohle, sondern die Unfähigkeit der Verantwortlichen, das Heizmaterial zum Verbraucher zu bringen. Gorbatschow werde im eigenen Apparat zunehmend kritisiert. Seine Stellung sei zwar ungefährdet, aber man müsse damit rechnen, dass er zur Sicherung seiner Machtposition die Zügel spürbar anziehen werde. Der Westen müsse durch Hilfsmaßnahmen verhindern, dass es soweit komme. Bush erwiderte, er stimme mit mir darin überein, dass man nichts tun dürfe, was den Reformprozess zum Stillstand bringe. Die Sowjetunion sei ein selbstbewusstes und stolzes Land. Hierauf wolle er Rücksicht nehmen. Über die Wirtschaftslage sei auch er alarmierter als je zuvor. Er wolle die Sowjetunion nicht demütigen, sondern mit Feingefühl und großer Vorsicht versuchen, Gorbatschow zu helfen.

Dann sagte George Bush, er habe die Zehn Punkte und meine Ausführungen über die zukünftige Entwicklung in Deutschland sehr aufmerksam gelesen und befinde sich mit mir auf einer Wellenlänge. Am Abend zuvor habe er sehr lange mit seinen Europa-Experten zusammengesessen, die meine Auffassungen ebenfalls geteilt hätten. Ich bedankte mich für seine Zustimmung und sagte, jedes Wort der Sympathie für das deutsche Volk, für unser Recht auf Selbstbestimmung und die Einheit unserer Nation sei sehr wichtig und würde mit großer Aufmerksamkeit gehört. Für mich sei es ein ehernes Gesetz, dass es keine deutschen Alleingänge geben dürfe: »Die Geschichte hat uns gute Karten gegeben; mein Wunsch ist es jetzt, diese geschickt zu spielen.«

Am 3. Dezember traf ich wie verabredet in der Nähe von Brüssel mit dem Präsidenten der Vereinigten Staaten zum Abendessen zusammen. Für mich war es insbesondere wichtig, aus erster Hand über das sowjetisch-amerikanische Gipfeltreffen informiert zu werden, das auf Kriegsschiffen vor Malta stattgefunden hatte. Bush erzählte, dass Gorbatschow bei der Erörterung der deutschen Frage recht angespannt gewirkt habe und der Meinung gewesen sei, die Deutschen gingen zu schnell voran und ich hätte es zu eilig. Er habe dem sowjetischen Präsidenten widersprochen und darauf hingewiesen, dass mein Zehn-Punkte-Programm zwar drei Stufen, aber keinen Zeitplan vorsehe. Er kenne mich und wisse, dass ich vorsichtig sei und die Sache nicht überstürzen würde. Im übrigen solle Gorbatschow die Dinge nur einmal von der deutschen Seite aus betrachten und sehen, welche Gefühle die Vorgänge in Deutschland hervorriefen.

Ich informierte den amerikanischen Präsidenten über die jüngste Entwicklung in der DDR, wo just an diesem Tag Zentralkomitee und Politbüro zurückgetreten waren und die gesamte alte Garde aus der Partei ausgeschlossen worden war. Ich zeigte mich überzeugt, dass die Kommunisten hinweggefegt werden würden, sobald es in der DDR zu freien Wahlen komme. Wenn der SED-Führung die Dinge derartig entglitten seien, sei das ganz bestimmt keine Folge der Bonner Politik, sondern ein hausgemachtes Problem.

George Bush teilte meine Ansicht. Gorbatschow komme einfach nicht mit dem ungeheuren Tempo zurecht, mit dem sich diese Entwicklungen vollzögen, meinte er. Der Generalsekretär stehe vor der Frage, wie er mit all den Schwierigkeiten gleichzeitig klarkommen solle, die er daheim und in Mittel- und Osteuropa habe. Er habe die Gesamtlage einfach nicht mehr im Griff. Ich erwiderte, es sei ganz bestimmt nicht meine Absicht, Gorbatschow das Leben schwer zu machen, aber ich müsste auch auf die Stimmung im eigenen Land Rücksicht nehmen. In die deutsche Frage sei eine nie dagewesene Dynamik gekommen, und deshalb seien die Zehn Punkte so notwendig und wichtig gewesen. Der deutsche Bundeskanzler musste sagen, welche Richtung die Entwicklung jetzt nehmen sollte.

Auf Bushs Frage nach dem politischen Stimmungsbild in der Bundesrepublik antwortete ich, dass es im Bundestag großen Rückhalt für meine Zehn Punkte gebe. Was die Zugehörigkeit eines vereinten Deutschlands zum Westen betreffe, so sei zwar die Haltung der CDU/CSU eindeutig, doch die Grünen träten ebenso eindeutig für den Austritt aus der Nato und die Abschaffung der Bundeswehr ein. Zum Abschluss des Gesprächs sagte ich, dass ich bestimmte Vorbehalte und Befürchtungen bei unseren europäischen Nachbarn vor dem Hintergrund der Geschichte gut verstehen könne. Allerdings müsse ich auch daran erinnern, dass die deutsche Einheit in Freiheit jahrzehntelang als gemeinsames Ziel des Westens verkündet worden sei. Da sei es gut zu wissen, dass die Vereinigten Staaten zu ihrem Wort stünden.

Am nächsten Vormittag begann im Nato-Hauptquartier in Brüssel das Treffen der Staats- und Regierungschefs des Atlantischen Bündnisses. Nach der Eröffnung ergriff ich das Wort. In der deutschlandpolitischen Passage meiner Rede stellte ich ausdrücklich klar, dass es heute und morgen keinen deutschen Sonderweg geben werde:

»Wir wollen im Gegenteil eine organische Entwicklung, die den Interessen aller Beteiligten, natürlich auch der Deutschen, Rechnung trägt und ein friedliches Zusammenleben in Europa garantiert. In diesen bewegenden Tagen, in denen der Eiserne Vorhang auch in unserem Land durchlöchert wird, in denen das schlimmste Symbol des Kalten Krieges, die Berliner Mauer, von den Menschen selbst abgebrochen wird, wissen wir als Deutsche sehr wohl: Ohne die feste Solidarität und ohne die zukunftsträchtige Politik unseres Bündnisses wäre diese historische Stunde nicht möglich gewesen, und nur mit Rückhalt aller Freunde und Verbündeten können wir unser politisches Ziel verwirklichen – eine europäische Friedensordnung, in der alle Europäer und darin eingeschlossen alle Deutschen in gemeinsamer Freiheit zusammenkommen.«

Der Auftritt des amerikanischen Präsidenten auf dem Nato-Gipfel trug entscheidend dazu bei, dass auf westlicher Seite ein weiteres wichtiges Stück auf dem Weg in Richtung deutsche Einheit geebnet wurde. Er machte unseren Partnern in der Nato klar, dass die Vereinigten Staaten meine Politik unterstützten. Bushs Kalkül war, sich zum Fürsprecher der deutschen Sache zu machen und im Gegenzug unsere Zusicherung zu erhalten, dass wir uns für eine Mitgliedschaft auch des vereinten Deutschlands in der Nato stark machten.

Beides war ganz in meinem Sinne, denn ohne Deutschlands Beitrag wäre die Nato, dieser Stützpfeiler der europäischen Sicherheit, zerstört worden. Die Amerikaner hätten sich aus Europa zurückgezogen, und die Briten und Franzosen als die beiden europäischen Kernwaffenmächte hätten sich enger zusammenschließen müssen, ohne in der Lage zu sein, eine Sicherheitsgarantie für das übrige Europa zu geben. Damit hätte sich die sicherheitspolitische Statik des Kontinents entscheidend verschoben, und das wäre das Ende der europäischen Integration gewesen.

Bush nannte auf dem Nato-Gipfel die Prinzipien, auf denen die Einheit Deutschlands gründen sollte: das Selbstbestimmungsrecht aller Deutschen, die Achtung der Verpflichtungen Deutschlands gegenüber Nato und EG unter Einbeziehung der besonderen alliierten Rechte und Verantwortlichkeiten, die

Unantastbarkeit der Grenzen. Der italienische Ministerpräsident Giulio Andreotti verwies auf die Problematik des Selbstbestimmungsrechts für die Menschen in der DDR und fragte, ob man dieses etwa auch den baltischen Staaten einzuräumen gedenke. Er mahnte zur Zurückhaltung, damit die Regierungen nicht die Kontrolle über die Ereignisse verlören. Margaret Thatcher zeigte sogleich Verständnis für das italienische Anliegen, dem Selbstbestimmungsrecht Schranken zu setzen.

Ich widersprach leidenschaftlich und verwies einmal mehr darauf, dass mit dem Zehn-Punkte-Programm kein Zeitplan verbunden sei. Das Tempo der innerdeutschen Entwicklung sei eher im Ausland ein Thema, wo man die Problematik in Deutschland mit all ihren emotionalen Aspekten nicht voll in Rechnung stelle. Dass wir Europäer seien und Atlantiker, hätten wir bei der Stationierung der Mittelstreckenraketen 1983 in der Bundesrepublik mehr als jeder andere unter Beweis gestellt. Ohne uns wäre die Nato seinerzeit in eine schwere Krise geraten. Ich selbst hätte damals meine politische Existenz mit der Bündnistreue verbunden. Als Folge unserer Standfestigkeit habe Gorbatschow einsehen müssen, dass er den Rüstungswettlauf verlieren werde und dass auch seine wirtschaftliche Lage immer schlechter werde. Deshalb habe er die Perestroika begonnen, mit den bekannten Folgen in Ungarn, Polen und in der DDR – Prozesse, die es ohne uns so nicht gegeben hätte. Genauso sei es mit unsere Leistung gewesen, dass die »Eurosklerose« überwunden worden und Europa auf dem Weg der europäischen Integration vorangekommen sei.

Wenige Tage später, beim Straßburger Gipfel der zwölf EG-Staats- und Regierungschefs am 8./9. Dezember, brach sich das wieder aufgeflammte Misstrauen gegen die Deutschen Bahn. Eigentlich hatten wir uns in Straßburg vor allem mit der Sozialcharta, in der Grundrechte für die Arbeitnehmer festgelegt werden sollten, und mit dem Zeitplan für eine Regierungskonferenz im Hinblick auf die Europäische Wirtschafts- und Währungsunion befassen wollen. Doch nun stand auch die deutsche Frage auf der Tagesordnung. Mein Zehn-Punkte-Plan zur Überwindung der deutschen Teilung hatte bei unseren Nachbarn kaum Begeisterung hervorgerufen. Nun spielte er in Straßburg eine herausragende Rolle, wenn auch eher zu meiner Ernüchterung. Schließlich gelangten wir aber doch noch zu Kompromissen, die mich am Ende eines der aufregendsten Gipfeltreffen wieder versöhnlich stimmten.

In den vielen Jahren meiner Mitarbeit in europäischen und internationalen Gremien, insbesondere in der Europäischen Gemeinschaft und der Nato, gab es keine Sitzung, die in einer so angespannten und unfreundlichen Atmosphäre stattfand. Das hatte einen ganz einfachen Grund: Das Thema deutsche Einheit war mit voller Wucht über die Welt und damit auch über die Staats- und Regierungschefs der EG gekommen. Erst vier Wochen zuvor war die Mauer gefallen, und meine Rede im Bundestag mit dem Zehn-Punkte-Plan lag nicht einmal vierzehn Tage zurück. In diesen vier Wochen hatte sich die gesamte europäische Welt verändert.

Niemand in Straßburg wusste zu sagen, wann die deutsche Einheit kommen würde, und gewiss dachte dabei keiner der Regierungschefs an den 3. Oktober 1990, den Tag der deutschen Einheit. Es war eine Situation, in der ein bis dahin eher ruhig vor sich hin gleitender Zug plötzlich Fahrt aufnahm, und es war nicht auszuschließen, dass er möglicherweise in eine völlig andere Richtung fahren würde. Der Wille der Deutschen zur Einheit der Nation war in den Deutschlandverträgen und bei anderen Gelegenheiten ausdrücklich festgehalten worden, allerdings immer unter dem Aspekt, dass das eine Sache kommender Generationen sein werde und nichts, was uns jetzt sehr beschäftigte und bewegte. Man konnte in Straßburg förmlich mit Händen greifen, wie die Befürchtung wuchs, dass die Deutschen, die jahrelang in die europäische Entwicklung und in die der Nato eingebunden waren, nun etwas tun würden, was sie ganz allein betraf. Konnte man dem deutschen Kanzler noch vertrauen und ihn weiterhin als zuverlässigen Partner anerkennen? Über Nacht stellte sich die Frage, wo die Deutschen standen und ob sie noch verlässliche Partner waren.

Der Straßburger Gipfel war eines der schicksalhaftesten Treffen der Europäischen Gemeinschaft. Am Ende stand die politische Umsetzung meiner immer wiederholten These: Deutsche Einheit und europäische Einigung sind zwei Seiten der gleichen Medaille. Natürlich war ich mir stets bewusst, dass die Deutschen bei den meisten Europäern zwar als tüchtig und zuverlässig geschätzt wurden, aber nicht sonderlich beliebt waren. Das hatte mit der Geschichte des 20. Jahrhunderts zu tun, aber es lag sicherlich auch daran, dass niemand gerne ein Land mit 80 Millionen Einwohnern zum Nachbarn haben wollte. Und nicht alle gönnten uns neidlos den wirtschaftlichen Erfolg. Obwohl ich dies alles wusste, war ich doch erstaunt über die fast tribunalartige Befragung, die mich in Straßburg erwartete. Dass wir zu den engagiertesten Befürwortern der europäischen Integration gehörten und die Gemeinschaft nicht zuletzt auch von unseren hohen Beitragszahlungen in die EG profitierte – das alles spielte in diesem Augenblick keine Rolle.

Die Vorbehalte der britischen Premierministerin waren am stärksten. Für Margaret Thatcher war ein wiedervereinigtes Deutschland schlichtweg zu groß und zu mächtig, als dass es nur einer von vielen Mitstreitern auf dem europäischen Spielfeld sein könnte. Sie sah Deutschland von vornehrein als eher destabilisierende und nicht als stabilisierende Kraft im europäischen Gefüge an. Nur das Engagement der USA in Europa und ein enges Verhältnis von Großbritannien und Frankreich würden ein Gegengewicht zur Stärke der Deutschen bilden können. In der EG sah Margaret Thatcher nur ein Instrument für nationale Interessenpolitik im Ringen um Finanz- und Wirtschaftsvorteile. Alles andere betrachtete sie mit Spott. Über mein Zehn-Punkte-Programm war sie zutiefst verärgert, weil ich die europäischen Verbündeten nicht vorab informiert hatte. Ihre Aufregung über meinen Alleingang führte in Straßburg zu hitzigen Wortgefechten. Gleich in der ersten gemeinsamen Arbeitssitzung griff sie mich heftig an und warf wieder einmal die Grenzfrage auf. Ich reagierte gereizt und sagte, ich hätte den Eindruck, es gehe ihr nicht um die Westgrenze Polens, sondern um die Grenze zwischen der Bundesrepublik und der DDR.

Während die Kellner das Abendessen servierten, wurde um den Text der gemeinsamen Stellungnahme zur deutschen Frage gefeilscht. Margaret Thatcher drohte mit dem britischen Veto, sollte nicht ein Passus über die Unverletzlichkeit der Grenzen aufgenommen werden. Ich war in hohem Maße verärgert. Gereizt wies ich wiederum darauf hin, dass die Staats- und Regierungschefs der EG in den Verträgen der vergangenen Jahre längst unterschrieben hätten, was jetzt in Frage gestellt würde. Nie werde ich Margaret Thatchers zornige Feststellung vergessen: »Zweimal haben wir die Deutschen geschlagen! Jetzt sind sie wieder da!« Damit drückte sie genau das aus, was die allermeisten dachten. Am Rande des Gipfels soll sie beim Vier-Augen-Gespräch mit Mitterrand sogar eine Karte aus ihrer berühmten Handtasche gezogen haben, auf der die ehemaligen deutschen Ostgebiete wie Schlesien, Pommern und Ostpreußen abgebildet waren. Ihr Kommentar dazu: Die Deutschen würden all das nehmen und die Tschechoslowakei dazu. Tagebuchaufzeichnungen eines Mitterrand-Vertrauten zufolge befürchtete Margaret Thatcher, Deutschland könne in Europa dominieren und in Osteuropa so mächtig werden wie Japan im pazifischen Raum.

In dieser Runde der europäischen Staats- und Regierungschefs war der Spanier Felipe González ein wirklicher Anwalt für die deutsche Einheit. Auch das werde ich nie vergessen. Nur er und der irische Regierungschef Charles Haughey sprachen sich auf dem Straßburger Gipfel auch ohne Wenn und Aber für die Wiedervereinigung aus. Mit den Repräsentanten Luxemburgs und Belgiens hatte ich keine Probleme. Misstrauisch hingegen musste ich gegenüber dem italienischen Ministerpräsidenten Andreotti sein, der vor einem neuen »Pangermanismus« warnte.

Sehr deutlich wurde auch die große Reserviertheit des niederländischen Ministerpräsidenten Ruud Lubbers gegenüber der deutschen Einheit. Ich hatte zu ihm eine ausgesprochen freundschaftliche Beziehung. Zudem vertrat der Christdemokrat politische Grundpositionen, die ich mit ihm teilte, und als Mann der Sozialen Marktwirtschaft mit ausgesprochen guten Kenntnissen über wirtschaftliche Zusammenhänge war er zudem ein erprobter Europäer. In allen Deutschland betreffenden Fragen jedoch befand sich der Ministerpräsident der Niederlande in einer schwierigen Lage. Die Niederländer hegten wegen der schrecklichen Zeit der Nazibarbarei eine tiefe Abneigung gegenüber den Deutschen, zum Teil auch Hass. Die deutsche Besetzung während des Dritten Reiches war unvergessen. Nun nahm Lubbers auf dem Gipfel in Straßburg gegenüber allen Fragen, die die deutsche Einheit betrafen, eine sehr kalte, um nicht zu sagen nur mühsam verborgene ablehnende Haltung ein. Er war unübersehbar im Schlepptau von Margaret Thatcher. Angesichts unserer bis dato ausgesprochen positiven Beziehung war das für mich eine ganz große persönliche Enttäuschung. Unser freundschaftliches Verhältnis ist darüber letztlich auch zerbrochen.

Auch Mitterrand tat sich nicht leicht mit der deutschen Frage. Er hatte zunächst keine klare Strategie, sondern stand vor allem unter dem Einfluss seines Außenministers Roland Dumas. Das Pariser Außenministerium und die politische Klasse in Paris hielten die deutsche Einheit nicht für wünschenswert. In Mitterrands Brust schlugen zwei Herzen: eines für das revolutionäre Aufbegehren, wie es die Menschen in der DDR demonstrierten; das andere für Frankreich, dessen Rolle und Rang im Falle einer Wiedervereinigung Deutschlands gefährdet schienen. So waren für mich denn manche Äußerungen oder Reaktionen Mitterrands befremdlich und nicht akzeptabel.

Es gab in diesen Wochen und Monaten Äußerungen, bei denen ich mich fragte, ob man 20 Jahre umsonst miteinander gearbeitet hatte. Was mochte im Kopf meines alten Freundes Giulio Andreotti vorgegangen sein, als er in bezug auf die mögliche Wiedervereinigung von einem »Pangermanismus« gesprochen hatte? Solche Beispiele gab es zuhauf. Der Lack und die Tünche, die jahrzehntelang aufgetragen worden waren, sprangen plötzlich auf und blätterten ab.

Doch wieso sollten die EG-Staats- und Regierungschefs, wie Lubbers, Andreotti, Mitterrand und Margaret Thatcher, anders denken als die politische Klasse im eigenen Land? Heute weiß ich, was ich damals nicht glauben wollte: Ein großer Teil der sogenannten bundesdeutschen Elite wollte die deutsche Einheit gar nicht mehr, weil man es sich nicht mehr zutraute, dieses Ziel zu erreichen. Ein sehr großer Teil der gesellschaftspolitischen Führungsschicht in der Bundesrepublik, von den Kirchen über die Gewerkschaften und die Wirtschaft bis zu den Parteien, zeigte in Fragen der deutschen Einheit keine Spur von Enthusiasmus. Viele hatten nach dem schlimmen Missbrauch des Nationalgefühls und des Begriffs »Vaterland« ein Problem, von »Vaterland« zu sprechen. Viele betrachteten die deutsche Einheit auch als eine Art Fußnote der deutschen Geschichte. Viele waren der Überzeugung, man solle keinerlei Risiken eingehen, schon gar keine geschäftlichen Risiken gegenüber dem Warschauer Pakt oder der DDR, weil niemand wisse, wann und ob die Einheit tatsächlich komme. Klar war nur, dass die DDR der engste Partner der Sowjetunion war.

Man hatte sich mit der Zweistaatlichkeit abgefunden. Mancher sah im realexistierenden Sozialismus der DDR, abgesehen von seinen »Verzerrungen«, eine gesellschaftspolitische Alternative zum westlichen Kapitalismus, und so konnte mancher auch einem »dritten Weg« zwischen Sozialismus und Kapitalismus etwas abgewinnen. Ich bin allerdings überzeugt, dass die Haltung der Mehrheit der politischen Klasse in der Bundesrepublik nicht die Meinung der Mehrheit der Menschen in Ost und West war.

Trotz aller Widerstände gelang es uns in Straßburg, dass in die gemeinsame Abschlusserklärung der Wortlaut des »Briefes zur deutschen Einheit« aus dem Moskauer Vertrag von 1970 aufgenommen wurde. So erneuerten unsere westeuropäischen Partner in dieser wichtigen Phase ihr Bekenntnis zum Selbstbestimmungsrecht aller Deutschen und bestätigten damit auch deren Recht zur staatlichen Einheit. Die gleiche Textpassage wurde kurz darauf auch in das Brüsseler Schlusskommuniqué der Ministertagung des Nordatlantik-Pakts aufgenommen. Der Straßburger Gipfel beauftragte die EG-Kommission zudem – auch das war für uns sehr wichtig –, ein Strategiepapier zum Einigungsprozess auszuarbeiten. Das geschah dann unter der Leitung des Präsidenten der EG-Kommission Jacques Delors, der sich in den folgenden Monaten und Jahren immer wieder als treuer Freund der Deutschen, aber mir auch als ein ganz persönlicher Freund erwies. Seinem Einsatz ist es zu verdanken, dass später die volle Einbeziehung der neuen Bundesländer in die Europäische Gemeinschaft so schnell gelang. Ich werde Jacques Delors seine Haltung nie vergessen.

Die bei vielen Gelegenheiten mitgetragene Formel vom Selbstbestimmungsrecht aller Deutschen und deren Recht zur staatlichen Einheit ließ unseren europäischen Partnern allerdings auch kaum eine andere Möglichkeit, als sich mit dem deutschen Anliegen zumindest vordergründig zu arrangieren. Dabei setzten manche zugleich auf die sowjetische Führung. Von Moskau erwartete man sich, dass es den Einheitsbemühungen der Deutschen einen Strich durch die Rechnung machen würde.

Dass die deutsche Frage nicht allein Sache der Deutschen war, zeigte sich am 11. Dezember, als die Botschafter der Siegermächte, also der Sowjetunion, der Vereinigten Staaten, Frankreichs und Großbritanniens in Berlin zusammenkamen. Mit dieser von Moskau initiierten Runde wollten die Vier Mächte zum ersten Mal nach 18 Jahren zur Stabilisierung der Lage in und um Berlin beitragen. Es war aber lediglich eine Demonstration der Macht, bei der es auch blieb. Die wichtigen Entscheidungen fielen nicht in diesem Gremium, sondern in Washington und Moskau und natürlich in Bonn.

Diese sowjetische Initiative der Machtdemonstration passte dazu, was Hans-Dietrich Genscher, der im Anschluss an seine Visiten in London und Paris Anfang Dezember nach Moskau geflogen war, kurz darauf über seine Gespräche mit dem sowjetischen Generalsekretär berichtet hatte und was angesichts des Berichts, den der amerikanische Präsident mir über den Gipfel von Malta gegeben hatte, überrascht hatte: Gorbatschow habe der Bundesregierung vorgeworfen, sie habe in ihrem Zehn-Punkte-Programm ultimative Forderungen gegenüber der DDR vorgebracht und damit nicht nur die Sowjetunion herausgefordert. Mein Vorstoß sei geeignet, all das zu zerstören, was durch eine gemeinsame Politik aufgebaut worden sei. Sollte Bonn das fortführen, was in dem Zehn-Punkte-Programm stehe, werde die sowjetische Position schon morgen eine völlig andere sein.

Gorbatschow stand offenbar noch ganz unter dem Eindruck der Gespräche mit Modrow, die er unmittelbar vor seinem Zusammentreffen mit Genscher geführt hatte. Was Modrow aus der DDR zu berichten hatte, war alles andere als erfreulich: Nach wie vor hielt die Ausreisewelle an, und in den Städten der DDR demonstrierten Hunderttausende – jetzt zunehmend unter dem Motto »Deutschland einig Vaterland«.

Gorbatschows Bedenken veranlassten mich, ihm am 14. Dezember einen Brief zu schreiben, in dem ich das Zehn-Punkte-Programm erläuterte. Ich schrieb ihm, dass ich die Kritik Moskaus für völlig ungerechtfertigt hielte und offensichtlich vorliegende Missverständnisse ausräumen wolle. Seiner Sorge, die Dinge könnten durch unsere Politik außer Kontrolle geraten, begegnete ich mit dem Hinweis darauf, dass es die Menschen in der DDR selbst seien, die angesichts ausbleibender Reformen die deutsche Frage auf die Tagesordnung gesetzt hätten. Ich ging auch darauf ein, dass er nach der Öffnung der Berliner Mauer in seiner Botschaft an mich die Befürchtung geäußert hatte, dass eine »chaotische Situation mit unübersehbaren Konsequenzen« entstehen könnte. Dass diese Lage nicht eingetreten sei, beweise, mit welcher Umsicht und Verantwortung die Menschen in der DDR in ihrem berechtigten Protest vorgingen.

Ich bat Gorbatschow, er möge doch nicht Ursache und Wirkung miteinander verwechseln und der Bundesregierung eine Mitverantwortung für die angespannte Lage in der DDR geben. Gerade der Ablauf der Ereignisse in der DDR beweise, dass es die Hauptquelle jeglicher Destabilisierung sei, wenn überfällige Reformen verweigert würden. Habe er nicht selbst im Oktober in Ost-Berlin gesagt: »Wer zu spät kommt, den bestraft das Leben«? Angesichts der gegenwärtigen Entwicklung könne es nicht Sinn und Aufgabe verantwortungsvoller Politik sein, den Entwicklungen hinterherzulaufen. Sie sei vielmehr gefordert, einen stabilen Rahmen zu schaffen, und ebendies hätte ich mit meinem Zehn-Punkte-Programm im Sinn gehabt. Zum Schluss des Briefes erläuterte ich die einzelnen Schritte meines Programms und schloss: »Ich würde es [...] sehr begrüßen, wenn wir unseren Gedankenaustausch in naher Zukunft persönlich fortsetzen könnten. Wir sollten dabei insbesondere auch den Ausbau der Wirtschaftsbeziehungen zwischen unseren Ländern erörtern. Ich schlage Ihnen deshalb vor, bald im neuen Jahr in informellem Rahmen an einem Ort Ihrer Wahl zusammenzutreffen.«

Wenige Tage später erhielt ich ein Schreiben von Gorbatschow, aber offenbar hatten sich unsere Schreiben überschnitten, denn Gorbatschow ging mit keinem Wort auf meinen Brief ein. Stattdessen wiederholte er in ungewöhnlich harschem Ton die Position Moskaus. Er kritisierte den Zehn-Punkte-Plan als »ultimativ« und die Vorgehensweise als dem Geist der KSZE-Schlussakte und der gemeinsamen Bonner Erklärung zuwiderlaufend. Die Veränderungsprozesse in Europa vollzögen sich in einer angespannten Atmosphäre. Jede künstliche Anfachung der Ereignisse hieße, politischen Sprengstoff in das noch glühende Feuer zu geben. Gorbatschow mahnte Zurückhaltung und Besonnenheit gegenüber der DDR sowie Nichteinmischung in die inneren Angelegenheiten an. Die Politik der Sowjetunion »in den deutschen Angelegenheiten« sei auf der jüngsten ZK-Plenarsitzung dargelegt worden. Die Sowjetunion wolle Genschers Beteuerungen Glauben schenken, dass wir mit unserer Politik auf dem Prinzip der Unverletzlichkeit der Nachkriegsgrenzen aufsetzten und aus der entstandenen Situation keine einseitigen Vorteile ziehen wollten, beziehungsweise an der inneren Stabilität der DDR und in Europa interessiert seien. Er hoffe daher, dass mein bevorstehender Besuch in der DDR im Zeichen des Einvernehmens und der gegenseitigen Verständigung stehe.

Am Vorabend meiner Gespräche mit Modrow in Dresden hatte Gorbatschows Schreiben offenkundig den Zweck, mir die Besorgnisse der sowjetischen Führung hinsichtlich unserer Deutschlandpolitik noch einmal deutlich vor Augen zu führen. Die Sprache war teilweise hart und ging über die Formulierungen hinaus, die Gorbatschow vor dem ZK gebraucht hatte. Gleichzeitig war aber festzuhalten, dass Gorbatschow keine Bedenken gegen eine Weiterentwicklung des deutsch-deutschen Verhältnisses erhob. Was die Sowjetunion im Kern besorgt machte, war das Tempo des deutsch-deutschen Einigungsprozesses und dessen Rückwirkungen auf ihre eigene geopolitische und strategische Situation einschließlich eventueller bündnispolitischer Implikationen. Dies dürfte auch damit zu tun gehabt haben, dass die innersowjetische Kritik an Gorbatschow nicht mehr nur die desolate Wirtschaftslage, sondern zunehmend auch die Außenpolitik einbezog.

Gorbatschows Ärger war unüberhörbar. Er empfand meinen Alleingang mit dem Zehn-Punkte-Plan als völlig unangemessen. Eine Wiedervereinigung Deutschlands auf konföderativer Grundlage entsprach nach seiner Meinung nicht der politischen Besonnenheit und dem verantwortungsbewussten Handeln, die wir einander kurz vorher versprochen hatten. Er glaubte, ich hätte hier als Parteipolitiker gehandelt, der für die CDU für die nächsten Wahlen Punkte machen wollte.

10.
Wir sind ein Volk – Vor der Ruine der Frauenkirche und die Öffnung des Brandenburger Tores

Die Menschen in der DDR lebten unterdessen unbefangen ihre neuen Freiheiten und machten sich keine Gedanken über die Befürchtungen, die so manche ihrer europäischen Nachbarn umtrieben. Millionen Deutsche aus der DDR besuchten die Bundesrepublik, Hunderttausende Westdeutsche entdeckten in der DDR ein neues, für sie unbekanntes Land. Zugleich gingen die Massendemonstrationen weiter, und auch die Fluchtbewegung nahm kein Ende. Am 20. November war eine Viertelmillion Menschen bei der schon traditionellen Montagsdemonstration durch die Straßen von Leipzig gezogen. In Halle, Chemnitz (Karl-Marx-Stadt), Dresden, Cottbus und Ost-Berlin waren es Zehntausende gewesen, die friedlich tiefgreifende Reformen einforderten. Neben dem Ruf »Wir sind das Volk!« war aus ihren Reihen nun erstmals das Bekenntnis zur Einheit der Nation laut geworden: »Wir sind ein Volk!«

Am 1. Dezember hatte die DDR-Volkskammer den Führungsanspruch der SED aus der Verfassung gestrichen. Zwei Tage später waren das Politbüro und das Zentralkomitee der SED mit Egon Krenz an der Spitze zurückgetreten, und Honecker und andere führende Parteimitglieder waren aus der Partei ausgeschlossen worden. Am 6. Dezember war Egon Krenz auch als Staatsratsvorsitzender zurückgetreten.

Für mich war damit auch ein Problem rein praktischer Natur gelöst. Schon im November war für meinen Besuch in der DDR ein Termin im Dezember ins Auge gefasst worden, ohne dass wir diesen allerdings konkretisiert hatten. Es war auch immer unklarer geworden, wer eigentlich mein Ansprechpartner in der DDR war. Von meinem Telefonat mit Michail Gorbatschow wusste ich, dass Krenz nicht »sein Mann« war. Der ungarische Ministerpräsident Németh, der mich im November in Ludwigshafen besucht hatte, hatte dieselbe Auffassung vertreten. Auch er hielt Krenz für eine Übergangslösung. Mit einem frühen Treffen mit Krenz, wie es die Opposition von mir gefordert hatte, hätte ich also den falschen Mann gestützt. Der »richtige« Mann, auf den Gorbatschow und damit die Reformer setzten, war offensichtlich Modrow.

Beschleunigt wurde meine Entscheidung durch die Ankündigung des Élysée-Palastes, dass der französische Staatspräsident Ende Dezember zu einem offiziellen Besuch in die DDR reisen wolle. Wir entschlossen uns, ihm zuvorzukommen, um die befürchtete internationale Aufwertung der neuen SED-Führung zu unterlaufen, und verabredeten mit Ost-Berlin schließlich den 19. Dezember als Besuchstermin. Weil sich für mich aus statusrechtlichen Gründen ein Treffen in Ost-Berlin von vornherein verbot, einigte man sich auf Dresden.

Bevor ich mich nach Dresden begab, reiste ich am 16. Dezember zu einem offiziellen Besuch in die ungarische Hauptstadt. Es sollte ein Zeichen des Dankes sein. Der 10. September 1989, an dem die Ungarn ihre Grenze auch für die Deutschen aus der DDR geöffnet hatten, war ein Markstein in der Geschichte unserer beiden Staaten und Völker. Ungarn hat damals den ersten Stein aus der Mauer geschlagen. In Budapest hatte ich nun die Ehre, am 18. Dezember eine Rede vor der Nationalversammlung zu halten. Ich sprach vor allem auch vom gemeinsamen »Haus Europa«, in dem Ungarn selbstverständlich seinen Platz haben müsse. Schlüsselpassagen lauteten:

> »Unhistorisch und unglaubwürdig wäre aber auch die Behauptung, es gehe nur uns, die Deutschen, an, ob und wie wir über unser Schicksal frei bestimmen; ob wir unseren Weg mit oder gegen die Nachbarn gehen. Angesichts der leidvollen Geschichte wissen wir heute nur zu gut, dass diese Frage und dass unsere Antwort darauf keinen Nachbarn in Ost und West gleichgültig lässt, mehr noch, dass wir Deutsche Mitverantwortung für die Sicherheit unserer Nachbarn tragen, dass wir ihren Gefühlen nicht nur Achtung schulden, sondern dass wir sie berücksichtigen müssen. [...] Wir wollen die Teilung Europas und unseres Vaterlandes organisch überwinden. Wir wollen, dass alle Europäer – darin eingeschlossen die Deutschen – in gemeinsamer Freiheit zusammenkommen. Dies ist unsere klare Absage an deutsche Alleingänge oder Sonderwege und erst recht eine Absage [...] an jeden nach rückwärtsgewandten Nationalismus. Die Zukunft aller Deutschen heißt Europa!«

In Budapest musste ich keine Überzeugungsarbeit in Sachen deutsche Einheit leisten. So viel geballtes Lob und Zustimmung wie hier in Ungarn erntete ich nicht alle Tage. Auch wenn mein Besuch keine neuen spektakulären Hilfen brachte, so machte er doch deutlich, dass Ungarn nicht vergessen war und dass die Bundesrepublik bereit war, Budapest auch künftig bei seinen Reformen zu unterstützen – im Interesse eines wieder zusammenwachsenden Europas und damit auch im deutschen Interesse.

Mein Schlüsselerlebnis im Prozess der deutschen Wiedervereinigung war der Besuch in Dresden am 19. Dezember. Als ich mit meinen Begleitern auf der holprigen Betonpiste des Flughafens Dresden-Klotzsche landete, wurde mir schlagartig bewusst: Dieses Regime ist am Ende. Die Einheit kommt! Tausende von Menschen erwarteten uns auf dem Flughafen, ein Meer von schwarz-rot-goldenen Fahnen wehte in der kalten Dezemberluft – dazwischen eine fast vergessene weiß-grüne Fahne des Landes Sachsen. Als die Maschine ausgerollt war, stieg ich die Rolltreppe hinab und sah Modrow, der mich etwa zehn Meter davon entfernt mit versteinerter Miene erwartete. Da drehte ich mich zu Kanzleramtsminister Rudolf Seiters um und sagte: »Die Sache ist gelaufen.«

Zehntausende säumten die Straßen, als wir in die Stadt fuhren, ganze Belegschaften waren der Arbeit ferngeblieben, ganze Schulklassen standen hier und jubelten uns zu. Auf den Transparenten stand: »Kohl, Kanzler der Deutschen« oder: »Bundesland Sachsen grüßt den Kanzler«. Modrow, der neben mir im Auto saß, wirkte sehr befangen. Vor dem Hotel Bellevue wurden wir von einem Menschenmeer regelrecht eingeschlossen. Immer wieder wurde »Helmut, Helmut« gerufen, »Deutschland, Deutschland« oder »Wir sind ein Volk«, aber auch, ich solle zu den Menschen sprechen.

Eigentlich hatte ich nicht vorgehabt, eine Rede zu halten, doch jetzt stand für mich fest, dass ich zu den Menschen sprechen musste. Der damalige Oberbürgermeister Wolfgang Berghofer schlug vor, ich könne vor der Ruine der Frauenkirche sprechen. Während mein Büroleiter Walter Neuer mit kräftiger Unterstützung einiger Dresdner Funktionäre alles für meinen Auftritt vorbereitete, konferierte ich mit dem Ministerpräsidenten zunächst unter vier Augen im Hotel Bellevue. Modrow vertrat die bekannten Ansichten der DDR-Führung, während ich auf die ebenfalls bekannte Position der

Bundesregierung verwies. Wir stimmten darin überein, dass der Reformprozess unumkehrbar sei. Dann gingen die Verhandlungen in größerer Runde weiter. Verkrampft begann Modrow sich am Manuskript entlangzuhangeln: Er sei besorgt über die Lage. Die Diskussion über die Wiedervereinigung nehme immer exzessivere Dimensionen an, die Grenze zur Gewalt drohe überschritten zu werden. Was das Land jetzt brauche, sei innere Stabilität. Schließlich erläuterte er die wirtschaftliche Lage der DDR und forderte einen »Lastenausgleich« in Höhe von 15 Milliarden D-Mark für 1990/91 – exakt den Betrag, den auch schon der DDR-Unterhändler Alexander Schalck-Golodkowski für den mittlerweile zurückgetretenen Egon Krenz eingefordert hatte.

In meiner Erwiderung hob ich hervor, dass es aus meiner Sicht in vielen Punkten elementare Unterschiede zu Modrows Ausführungen gebe, es gebe aber auch Gemeinsamkeiten. Mit immerhin neun meiner Zehn Punkte könne die DDR einverstanden sein. Das Ziel einer Föderation sei noch kein Thema, obwohl ich davon überzeugt sei, dass die Entwicklung in diese Richtung gehen werde. Was die Finanzhilfe in Milliardenhöhe betraf, so sagte ich Modrow, dass die DDR hierfür erst die Rahmenbedingungen schaffen müsse. Einen »Lastenausgleich« lehnte ich ab, auch deshalb, weil der Begriff ganz und gar unpassend war. Als erste konkrete Hilfsmaßnahmen vereinbarten wir, einen gemeinsamen Reisedevisenfonds in Höhe von zwei Milliarden D-Mark zu schaffen, die ERP-Kredite um zwei Milliarden D-Mark aufzustocken, den Kreditrahmen für Lieferungen in die DDR von 1,5 auf sechs Milliarden D-Mark sowie die Postpauschale um 100 auf 300 Millionen D-Mark zu erhöhen. Von seiten der DDR wurden die Abschaffung der Visumpflicht sowie des Zwangsumtauschs und die Freilassung der politischen Häftlinge noch vor Weihnachten zugesagt.

Darüber hinaus sollte vom 1. Januar 1990 an für Bundesbürger ein neuer Umtauschsatz von drei Mark (Ost) für eine D-Mark gelten.

Über unsere Bemühungen zur Öffnung des Brandenburger Tores hatte Modrow mit dem sowjetischen Botschafter in Ost-Berlin gesprochen. Er wolle einen Fußgängerübergang schaffen und habe die entsprechenden Vorbereitungen veranlasst, sagte Modrow. Wegen der symbolischen Bedeutung dieser Maßnahme sollten beide Seiten daran teilhaben. Wir einigten uns schließlich darauf, das seit fast 30 Jahren verschlossene Tor am 22. Dezember in Gegenwart der beiden Berliner Bürgermeister wieder zu öffnen.

Am späten Nachmittag zog ich mich mit Eduard Ackermann, Horst Teltschik und Juliane Weber in mein Hotelzimmer zurück, um mich auf meine Rede vor der Ruine der Frauenkirche vorzubereiten. Vor dem Hotel standen noch immer Tausende und riefen im Chor: »Helmut Kohl ans Fenster – ohne die Gespenster.« Ich war innerlich sehr angespannt, weil mir bewusst war, dass dies eine der schwierigsten, wenn nicht die schwierigste Rede überhaupt in meinem Leben werden würde. In entsprechend angespannter Verfassung brachte ich die Stichworte für meine Ansprache zu Papier, hoch konzentriert, denn es kam auf jedes Wort an. Jeder falsche Zungenschlag wäre in Paris, in London oder in Moskau als nationalistisch ausgelegt worden. Ich musste auch unter allen Umständen vermeiden, die Emotionen aufzuwühlen und die Stimmung unter den Zehntausenden weiter anzuheizen.

Plötzlich stellte ich mir die Frage: Was wäre, wenn die Menge statt der dritten Strophe des Deutschlandlieds »Einigkeit und Recht und Freiheit«, unsere Nationalhymne, plötzlich die erste Strophe mit der Zeile »Deutschland, Deutschland über alles« anstimmen würde? Die Augen der gesamten Weltöffentlichkeit waren ja in diesen Stunden auf Dresden gerichtet. Zahlreiche, auch ausländische Journalisten waren anwesend, und fast alle Fernsehstationen hatten ihre Berichterstatter entsandt. Alles, was als Ausbruch nationalistischen Überschwangs gedeutet werden konnte, hätte der Sache der Deutschen gewiss schweren, wenn nicht verheerenden Schaden zugefügt. Das durfte auf keinen Fall passieren! Da kam mir der Gedanke, mit dem Generalvikar der Hofkirche Kontakt aufzunehmen, den ich Jahre zuvor nach einer Messe in Dresden getroffen hatte. Er erklärte sich sofort bereit, uns einen Kantor, einen Vorsänger, zu schicken. Der sollte das alte Kirchenlied »Nun danket alle Gott« anstimmen, falls irgendjemand aus der Menge anfinge, die erste Strophe des Deutschlandlieds zu singen.

Nur mit einigen Notizen in der Tasche drängte ich mich durch die Menschenmenge. Meine Sicherheitsbeamten hatten Mühe, mir den Weg zu bahnen. Auf dem Platz vor der Kirchenruine hatten sich 100 000 Menschen eingefunden. Ein wogendes Meer schwarz-rot-goldener Fahnen umgab mich. Es war eine unglaubliche, emotionsgeladene, aber überhaupt nicht fanatische Stimmung. Vor der kleinen, provisorisch zusammengezimmerten Bühne traf ich den herbeigerufenen Kantor Konrad Wagner, der in der kurzen Zeit vergeblich versucht hatte, einen Posaunenchor zu organisieren, und nun ganz verzweifelt war, weil er meinte, es würde ihm sicher nicht gelingen, diese unübersehbar große Menschenmenge dazu zu bewegen, mit ihm ein Kirchenlied anzustimmen.

Als ich die Treppe zur Holztribüne hinaufstieg, spürte ich, welch große Hoffnungen und Erwartungen die Menschen in mich setzten. Ich rief den Landsleuten einen herzlichen Gruß ihrer Mitbürgerinnen und Mitbürger aus der Bundesrepublik Deutschland zu. Schon bei diesen Worten kam großer Jubel auf. Mit einer Geste gab ich zu verstehen, dass ich weitersprechen wollte. Es wurde sehr still. Dann fuhr ich fort:

»Das zweite, was ich sagen möchte, ist ein Wort der Anerkennung und der Bewunderung für diese friedliche Revolution in der DDR. Es ist zum ersten Mal in der deutschen Geschichte, dass in Gewaltfreiheit, mit Ernst und Ernsthaftigkeit und in Solidarität die Menschen für die Zukunft demonstrieren. Dafür danke ich Ihnen allen sehr, sehr herzlich.«

Wieder kam tosender Applaus auf, wieder wurde es ganz still, als ich weitersprach. Es sei eine Demonstration für Demokratie, für Frieden, für Freiheit und für die Selbstbestimmung unseres Volkes, sagte ich, um anschließend fortzufahren:

»Und, liebe Freunde, Selbstbestimmung heißt auch für uns in der Bundesrepublik, dass wir Ihre Meinung respektieren. Wir wollen und wir werden niemanden bevormunden. Wir respektieren, was Sie entscheiden für die Zukunft des Landes […]. Wir lassen unsere Landsleute in der DDR nicht im Stich. Und wir wissen – und lassen Sie mich das auch hier in diese Begeisterung, die mich so erfreut, hinein sagen –, wie schwierig dieser Weg in die Zukunft ist. Aber ich rufe Ihnen auch zu: Gemeinsam werden wir diesen Weg in die deutsche Zukunft schaffen.«

Dann trug ich den 100 000 die Ergebnisse meiner Gespräche mit dem DDR-Ministerpräsidenten vor und sagte, dass wir noch im Frühjahr einen Vertrag über die Vertragsgemeinschaft zwischen der Bundesrepublik und der DDR abschließen wollten. Außerdem sei eine enge Zusammenarbeit auf allen Gebieten geplant:

> »Wir wollen vor allem auf dem Feld der Wirtschaft eine möglichst enge Zusammenarbeit mit dem klaren Ziel, dass die Lebensverhältnisse hier in der DDR so schnell wie möglich verbessert werden. Wir wollen, dass die Menschen sich hier wohl fühlen. Wir wollen, dass sie in ihrer Heimat bleiben und hier ihr Glück finden können. Entscheidend ist, dass in Zukunft die Menschen in Deutschland zueinanderkommen können, dass der freie Reiseverkehr in beide Richtungen dauerhaft garantiert ist. Wir wollen, dass sich die Menschen in Deutschland überall, wo sie dies wollen, treffen können.«

Ich hatte den Eindruck, dass die vor der Ruine der Frauenkirche Versammelten schon auf ein vereintes Deutschland blickten. Diese Möglichkeit begeisterte sie und weniger die Ergebnisse meiner Verhandlungen. So brandete zwar großer Beifall auf, als ich von den freien Wahlen sprach, die alsbald in der DDR abgehalten werden sollten, aber die Begeisterung, als ich den Menschen die sich dadurch eröffnenden Perspektiven aufzeigte, war geradezu unbeschreiblich:

> »Sie werden eine frei gewählte Regierung haben. Dann ist der Zeitpunkt gekommen zu dem, was ich konföderative Strukturen genannt habe – das heißt gemeinsame Regierungsausschüsse, damit wir mit möglichst viel Gemeinsamkeit in Deutschland leben können. Und auch das lassen Sie mich hier auf diesem traditionsreichen Platz sagen: Mein Ziel bleibt, wenn die geschichtliche Stunde es zulässt, die Einheit unserer Nation. Und, liebe

Freunde, ich weiß, dass wir dieses Ziel erreichen können und dass die Stunde kommt, wenn wir gemeinsam dafür arbeiten, wenn wir es mit Vernunft und mit Augenmaß tun und mit Sinn für das Mögliche.«

Um die Begeisterung auf dem Platz nicht überborden zu lassen, sprach ich wie schon am 10. November in Berlin nun überaus nüchtern von dem schwierigen, langwierigen Weg in diese gemeinsame Zukunft:

»Wir, die Deutschen, leben nicht allein in Europa und in der Welt. Ein Blick auf die Landkarte zeigt, dass alles, was sich hier verändert, Auswirkungen auf alle unsere Nachbarn haben muss, auf die Nachbarn im Osten und auf die Nachbarn im Westen. Es hat keinen Sinn, wenn wir nicht zur Kenntnis nehmen, dass viele uns auf diesem Weg mit Sorge und manche auch mit Ängsten betrachten. Aus Ängsten kann nichts Gutes erwachsen.
Und doch müssen wir als Deutsche unseren Nachbarn sagen: Angesichts der Geschichte dieses Jahrhunderts haben wir Verständnis für mancherlei dieser Ängste. Wir werden sie ernst nehmen. Für uns heißt das, wir wollen unsere Interessen als Deutsche vertreten. Wir sagen ›Ja‹ zum Selbstbestimmungsrecht, das allen Völkern dieser Erde gehört – auch den Deutschen.
Aber, liebe Freunde, dieses Selbstbestimmungsrecht macht für die Deutschen nur einen Sinn, wenn wir auch die Sicherheitsbedürfnisse der anderen dabei nicht aus den Augen lassen. Wir wollen in eine Welt hinein, die mehr Frieden und mehr Freiheit hat, die mehr Miteinander und nicht mehr Gegeneinander sieht. Das Haus Deutschland, unser Haus, muss unter einem europäi-

schen Dach gebaut werden. Das muss das Ziel unserer Politik sein.

Liebe Freunde, in wenigen Tagen, am 1. Januar 1990, beginnen die neunziger Jahre. Sie führen hinüber in das letzte Jahrzehnt dieses Jahrhunderts. Es ist ein Jahrhundert, das in Europa und auch bei uns in Deutschland viel Not, viel Elend, viele Tote, viel Leid gesehen hat. Ein Jahrhundert, das auch eine besondere Verantwortung der Deutschen für manch Schlimmes immer wieder gesehen hat. Hier, vor der Ruine der Frauenkirche in Dresden, am Mahnmal für die Toten von Dresden, habe ich gerade ein Blumengebinde niedergelegt, auch in der Erinnerung an das Leid und die Toten dieser wunderschönen alten deutschen Stadt.

Ich war damals – und das sage ich zu den Jungen hier auf dem Platz – 15 Jahre, ein Schüler, ein Kind. Ich hatte dann die Chance, drüben in meiner pfälzischen Heimat groß zu werden, und ich gehöre zu jener jungen Generation, die nach dem Krieg geschworen hat – wie wir hier auch –: Nie wieder Krieg, nie wieder Gewalt! Und ich möchte hier vor Ihnen diesen Schwur erweitern, indem ich Ihnen zurufe: Von deutschem Boden muss in Zukunft immer Frieden ausgehen – das ist das Ziel unserer Politik!

Aber, liebe Freunde, wahrer Friede ist ohne Freiheit nicht möglich. Deshalb kämpfen Sie, demonstrieren Sie für die Freiheit in der DDR, und deswegen unterstützen wir Sie, und deswegen gehört Ihnen unsere Solidarität […]. Jetzt kommt es darauf an, dass wir diesen Weg in der Zeit, die vor uns liegt, friedlich, mit Geduld, mit Augenmaß und gemeinsam mit unseren Nachbarn weitergehen. Für dieses Ziel lassen Sie uns gemeinsam arbeiten, lassen Sie uns

gegenseitig in solidarischer Gesinnung helfen. Ich grüße hier von Dresden aus alle unsere Landsleute in der DDR und in der Bundesrepublik Deutschland.«
Zum Abschluss rief ich der Menge zu: »Gott segne unser deutsches Vaterland!«

Ich war sehr ergriffen und hatte deshalb alle Mühe, meine Rede zu beenden. Was würde jetzt geschehen? Doch die Menschen blieben besonnen. Allerdings machte auch keiner Anstalten, den Platz zu verlassen. Da ereignete sich etwas, das wie das Signal zum Heimgehen wirkte. Eine ältere Frau stieg zu mir aufs Podium, umarmte mich, fing an zu weinen und sagte mit leiser Stimme: »Wir alle danken Ihnen!« Die Mikrofone waren noch eingeschaltet, und jeder konnte es hören. Nun strömten die Menschen auseinander. Erschöpft und glücklich eilten wir durch das Spalier von Menschen zu den Autos, die uns auf das gegenüberliegende Elbufer zum Hotel zurückbrachten.

Es folgte ein gemeinsamer Abend mit prominenten ostdeutschen Künstlern, darunter eher etablierte ebenso wie vom SED-Regime verfolgte. Rasch spalteten sie sich in zwei Gruppen auf, die sich gegenseitig vorwarfen, sich mit dem Regime gemein gemacht zu haben. Weit nach Mitternacht gingen wir zu Fuß zum Hotel Bellevue zurück, wo ich unsere kleine Delegation noch zu einem Umtrunk auf mein Zimmer einlud. Gemeinsam zogen wir ein erstes Resümee der zurückliegenden Stunden, und ich sagte noch einmal: »Ich glaube, wir schaffen die Einheit. Das läuft. Ich glaube, das ist nicht mehr aufzuhalten, die Menschen wollen das. Das Regime ist definitiv am Ende.«

Drei Tage nach meinem Besuch in Dresden erlebte Deutschland die Öffnung des Brandenburger Tores, so wie ich es mit

Die Öffnung des Brandenburger Tores

Ministerpräsident Modrow abgesprochen hatte. Es war bitterkalt, und es goss in Strömen, aber trotzdem waren wieder Abertausende gekommen, als ich zusammen mit Hans Modrow und den beiden Bürgermeistern Walter Momper und Erhard Krack um Punkt 15 Uhr das Brandenburger Tor von West nach Ost durchschritt. Da stand ich nun, der deutsche Bundeskanzler, einst der Inbegriff des »Klassenfeinds«, und ein Offizier der nach dem Begründer der legendären sowjetischen Tscheka benannten Truppe machte mir Meldung: »Oberst Soundso, Wachregiment Feliks Dzierzynski«.

Nachdem Modrow und ich uns für die unzähligen Fotoreporter die Hand gereicht hatten, ließen wir zwei weiße Tauben fliegen, die uns junge Ost-Berliner Künstler zuvor gereicht hatten. Mir gingen in diesem Augenblick viele Erinnerungen durch den Kopf. Wie oft hatte ich in den zurückliegenden Jahren vom Reichstag, wo ich ein Dienstzimmer hatte, hinübergeschaut zu dem Ort, an dem ich jetzt stand! Hier in Berlin hatte sich die Situation Deutschlands, wie durch ein Brennglas gebündelt, in ihrer ganzen Dramatik dargestellt. Hier schwelte der Kalte Krieg, hier prallten Sowjetsystem und Demokratie aufeinander. Hier lernte ich viele Männer und Frauen kennen, die für die Freiheit einstanden. Ich denke zum Beispiel an den Berliner CDU-Vorsitzenden Peter Lorenz oder an den Verleger Axel Springer, der nie daran gezweifelt hatte, dass die Teilung Deutschlands keinen Bestand haben würde. Dem Ziel der Wiedervereinigung hatte er sich zeit seines Lebens verschrieben.

Auf der Westseite des Brandenburger Tores stand ich, wenige Tage, nachdem Ulbricht 1961 die Mauer hatte errichten lassen. Und ich war 26 Jahre später als Bundeskanzler dabei, als der amerikanische Präsident Ronald Reagan die denkwürdigen Worte an den sowjetischen Generalsekretär richtete:

»Herr Gorbatschow, öffnen Sie dieses Tor!« Und jetzt, zwei Jahr danach, war das scheinbar Unmögliche Wirklichkeit geworden. Wie so oft, hatte sich der Visionär als der wahre Realist erwiesen.

Wie schon in Dresden bemühte ich mich, in meiner Ansprache aufkeimenden Überschwang zu dämpfen. Ich versicherte der Welt, die zusah, dass von diesem Platz eine Botschaft ausgehe, und die laute: »Wir wollen Frieden, wir wollen Freiheit, wir wollen unseren Beitrag zum Frieden in Europa und in der Welt leisten.« Dann appellierte ich an die Tausende Zuschauer:

> »Haben wir jetzt die Geduld und das Augenmaß, mit den Schritten, die notwendig sind, in eine gemeinsame Zukunft zu gehen. Dann werden wir diese Zukunft haben. Es kommt auf uns an. Es kommt vor allem auf die vielen jungen Leute an, die hier auf dem Platz stehen, die wieder eine Zukunft haben, die Zutrauen haben dürfen zu ihrer eigenen Zukunft, weil sie auch hier in Berlin ihr Glück für ihr Leben finden können.«

Auch in Berlin kannte die Begeisterung keine Grenzen. Als die ersten Kundgebungsteilnehmer von östlicher Seite die Mauerkrone erklommen hatten, gab es auch im Westen kein Halten mehr. Die Absperrgitter der Polizei wurden niedergerissen. Von Ost und West, einer Walze gleich, schoben sich die Menschenmassen aufeinander zu – dazwischen das Podest, von dem aus ich inmitten zahlreicher Ehrengäste meine kurze Ansprache gehalten hatte. Wir liefen Gefahr, erdrückt zu werden. Mit tatkräftiger Unterstützung der Sicherheitsbeamten retteten wir uns gerade noch in eines der Wachhäuschen am Brandenburger Tor. Der diensthabende Offizier der DDR-

Grenztruppen versorgte uns mit heißem Kaffee – und schenkte mir als Souvenir seine Dienstmarke.

Die Kundgebungen in Dresden und Berlin, aber auch der Auftritt des SPD-Ehrenvorsitzenden Willy Brandt in Magdeburg einige Tage zuvor, zeigten auf beeindruckende Weise, dass sich die Deutschen auch nach 40 Jahren der Teilung ihr Zusammengehörigkeitsgefühl bewahrt hatten.

Am 24. Dezember 1989 konnten Bundesbürger und West-Berliner erstmals ohne Visum und Zwangsumtausch in die DDR reisen. Tausende nutzten diese neue Freiheit. Und Hunderttausende aus Ost und West feierten Silvester am Brandenburger Tor. Auch diese Bilder gingen um die Welt und zeigten zum Jahreswechsel Bilder aus Deutschland, die es so noch nicht gegeben hatte.

11.
Blick auf neue Horizonte –
Der Jahreswechsel 1989/90

Das Weihnachtsfest des Jahres 1989 und der Jahreswechsel 1989/90 wurden für viele Menschen in Deutschland in besonderer Weise Tage der Freude, der Hoffnung und des Miteinanders. Auch in den Beziehungen zwischen den beiden Staaten in Deutschland ging es um ein neues Miteinander, um vertiefte Zusammenarbeit und neue Gemeinsamkeit. An der Schwelle zum letzten Jahrzehnt des 20. Jahrhunderts eröffnete sich für alle Deutschen der Blick auf neue Horizonte.

In diesen Tagen spürten wir alle unsere besondere Verantwortung für Deutschland und für eine friedliche Ordnung in Europa. Beim Thema deutsche Einheit war uns oft vorgehalten worden, wir würden Sonntagsreden halten, doch spätestens jetzt erwies es sich, wie lebendig das Bewusstsein für die Einheit unserer Nation in all den Jahrzehnten der Teilung geblieben war. Das galt auch für den Westen des Landes. Ich hatte allen Grund, unseren Mitbürgerinnen und Mitbürgern in der Bundesrepublik für die Unterstützung dankbar zu sein, die sie unseren Landsleuten aus der DDR erwiesen. Besonders glücklich war ich darüber, dass die politischen Häftlinge in der DDR noch vor dem Weihnachtsfest 1989 endlich in die ersehnte Freiheit entlassen wurden.

Das Jahr 1989 hatte uns die Einheit unseres Vaterlandes ein gutes Stück näher gebracht. Ohne die grundlegenden Veränderungen in der Sowjetunion, in Ungarn und in Polen wäre die friedliche Revolution in der DDR nicht möglich gewesen. So gehören zu den Bildern des Jahres 1989, die unvergessen bleiben werden, auch jene, die zeigen, wie Ungarn auf dem Weg zur Demokratie den Eisernen Vorhang zerschnitten und beseitigt hat. Dadurch wurde Zehntausenden unserer Landsleute der Weg in die Freiheit geöffnet, damit wurde der erste Stein aus der Mauer geschlagen. In Polen war mit Tadeusz Mazowiecki ein engagierter Christ zum Ministerpräsidenten gewählt worden, der sich zur Aussöhnung zwischen dem deutschen und dem polnischen Volk bekannte. All diese Entwicklungen waren auch ein Ergebnis unserer Politik. Unser beharrliches Eintreten für die Selbstbestimmung aller Deutschen und aller Europäer hatte dazu beigetragen, das Bewusstsein der Völker zu verändern.

Einheit und Freiheit Deutschlands in freier Selbstbestimmung, das war unser Ziel, so wie es bereits 1949 unser Grundgesetz verkündet hatte. Schon damals wurde der Weg zur deutschen Einheit verknüpft mit dem Bekenntnis zur europäischen Einigung und mit der Verpflichtung, dem Frieden in der Welt zu dienen. An dieser Zielsetzung hatte sich nicht ein Jota geändert. Sie entsprach den Wünschen und Hoffnungen der überwältigenden Mehrheit aller Deutschen. Entscheidend für die deutsche Einheit war die freie Selbstbestimmung: Wir Deutschen in der Bundesrepublik Deutschland würden jede Entscheidung der Deutschen in der DDR – wie immer sie ausfiele – respektieren. Ich hatte keinen Zweifel, wie sie lauten würde.

Im »Zehn-Punkte-Programm zur deutschen Einheit« hatte ich den Weg aufgezeigt, wie das deutsche Volk in freier Selbstbestimmung seine Einheit wiedererlangen konnte. Die Zulassung unabhängiger Parteien und freie Wahlen in der DDR waren wichtige Schritte auf diesem Weg. Mein deutschlandpolitisches Zehn-Punkte-Programm konnte und sollte nicht als starres Konzept oder gar als Zeitplan missverstanden werden.

Wiederholt plädierte ich für ein möglichst hohes Maß an Flexibilität und Offenheit für die künftigen Entwicklungen. Es konnte und sollte kein künstlicher Zeitdruck erzeugt werden. Wer die Zehn Punkte als Ganzes las – und sie waren nur als Ganzes verständlich –, der wusste, dass es mir vor allem um einen organischen Prozess ging: einen Prozess, der die Stabilität in Europa sicherte und die legitimen Sicherheitsinteressen aller berücksichtigte. Wichtig war, dass der Reformprozess ungestört weiterging und von niemandem behindert wurde.

Allerdings galt auch: Uns allen standen die Bilder von Demonstrationen vieler Zehntausender, ja Hunderttausender unserer Landsleute in der DDR vor Augen. Die Rufe »Wir sind das Volk!« und »Wir sind ein Volk!« waren ihr Programm. Sie verfochten es mit immer größerer Ungeduld. Der Zeitdruck war unglaublich. Die Menschen in der DDR wollten schnelle und grundlegende Veränderungen. Sie wollten spürbare Verbesserungen in allen Lebensbereichen. Mit ihrer friedlichen Revolution hatten sie das Tor zu Freiheit und Demokratie aufgestoßen, und nun warteten sie ungeduldig darauf, dass dieser Prozess weiterging.

Die Ausreisewelle hielt unvermindert an. 1989 waren über 340 000 Menschen aus der DDR zu uns gekommen, und mit Jahresbeginn 1990 kehrten täglich noch immer über 1000 Menschen der DDR den Rücken. Das war ein Aderlass, der die bereits desolate wirtschaftliche Situation in der DDR mit jedem Tag weiter verschärfte. Wer nicht wollte, dass immer mehr Menschen die DDR verließen, der musste jetzt dazu beitragen, ihnen eine überzeugende Perspektive für ihre politische und wirtschaftliche Zukunft zu geben. Es konnte und durfte nicht das Ziel unserer Politik sein, dass möglichst viele Menschen aus der DDR zu uns in die Bundesrepublik kamen. Mir ging es darum, dass die Menschen diese Perspektive in ihrer Heimat bekamen. Einstweilen taten wir alles, was in unseren Kräften stand, um die wirtschaftliche Lage für die Menschen in der DDR rasch und spürbar zu verbessern.

Ein wirtschaftlicher Neuanfang in der DDR konnte nur Erfolg haben, wenn die Modrow-Regierung das Land für westliche Investitionen öffnete, wenn sie marktwirtschaftliche Bedingungen schuf und privatwirtschaftliche Betätigung ermöglichte. Wer aber, wie die SED/PDS im Januar 1990 die Priorität darin sah, einen Staatssicherheitsdienst in neuem Gewande zu bilden, setzte sich über die Interessen und Hoffnungen der Menschen hinweg. Der Prozess der Demokratisierung mit dem Ziel freier Wahlen musste ohne durchsichtige taktische Manöver und ohne Behinderungen fortgeführt werden. Dazu gehörte auch, dass das neue Wahlrecht die Zustimmung der Opposition fand. Es kam entscheidend darauf an, dass alle politischen Parteien gleiche Chancen erhielten, und dazu gehörte unter anderem eine uneingeschränkte Präsenz der Opposition im Fernsehen, im Radio und in den Zeitungen der DDR.

Zum Jahreswechsel 1989/90 hatten wir endlich allen Grund zur Hoffnung auf ein Ende des Ost-West-Konflikts und auf die Einheit Deutschlands. Die Chancen für zügige Fortschritte bei der Abrüstung und Rüstungskontrolle waren günstiger denn je. Konkret erwartete ich die Ächtung der chemischen Waffen und einen ersten Vertrag über die Reduzierung der konventionellen Waffen.

Von zentraler Bedeutung bei all diesen Prozessen war unser Verhältnis zur Sowjetunion, die sich in einer entscheidenden Reformphase befand. Ich setzte mich deshalb persönlich dafür ein, die von Generalsekretär Michail Gorbatschow und mir am 13. Juni 1989 in Bonn unterzeichnete Gemeinsame Erklärung und alle anderen Verabredungen voll in die Tat umzusetzen und insbesondere die wirtschaftlichen Beziehungen weiter auszubauen. Mir lag sehr daran, die guten politischen und persönlichen Beziehungen zu vertiefen, für die Gorbatschow und ich im Oktober 1988 in Moskau und im Juni 1989 in Bonn den Grundstein gelegt hatten.

Und was Europa anging, konnten wir zum Jahreswechsel 1989/90 festhalten: Unser alter Kontinent Europa war wieder da – mit neuer Kraft und neuem Selbstbewusstsein! Wir standen vor der Wiedergeburt unseres in den Trümmern des Zweiten Weltkriegs untergegangenen alten Kontinents. Die düsteren Prognosen aus den siebziger und frühen achtziger Jahren über eine drohende Eurosklerose hatten wir eindrucksvoll widerlegt. Jetzt stand Europa im Zentrum des weltpolitischen Geschehens – Subjekt und nicht Objekt der Weltpolitik.

200 Jahre nach der Französischen Revolution hatte sich in Europa eine geschichtliche Wende ereignet: Die Völker jenseits des löchrig gewordenen Eisernen Vorhangs nahmen ihr Schicksal wieder selbst in die Hand, und wie 1789 in der Erklärung der Menschen- und Bürgerrechte vorgezeichnet, standen dabei die Forderungen nach Achtung von Menschenrechten und Menschenwürde, nach Freiheit und freier Selbstbestimmung im Mittelpunkt. Und in einem bewundernswerten Gegensatz zu 1789 geschah dies in machtvollen, aber gewaltlosen und friedlichen Bürgerrechtsbewegungen und Demonstrationen.

Wie eine unaufhaltsame Flutwelle spülte die Reformbewegung die letzten orthodoxen Regime hinweg: In Prag, wo im November Hunderttausende gegen das Machtmonopol der Kommunisten demonstriert hatten, trat die Führung der Partei zurück. Der »Held des Prager Frühlings« Alexander Dubček wurde zum Parlamentspräsidenten und der jahrzehntelang politisch verfolgte Schriftsteller Václav Havel zum Staatspräsidenten gewählt. In Rumänien wurde der Diktator Nicolae

Ceaușescu gestürzt, mit seiner Frau Elena zum Tode verurteilt und hingerichtet. Kurzum: Die von Stalin den Völkern Europas aufgezwungene Nachkriegsordnung zerfiel. Etwas Neues trat hervor. Die Europäer standen in historischer Verantwortung, die Entwicklung zum Guten zu wenden. Wer an dieser wahrhaft geschichtlichen Wende dem Status quo nachtrauerte oder ihn sogar mit Stabilität gleichsetzte, verkannte die Lehre des Jahres 1989: Nichts destabilisierte mehr als verweigerte Reformen.

In der Bundesrepublik hatten wir auch wirtschaftlich die besten Voraussetzungen, den enormen Herausforderungen gerecht zu werden. Wir konnten auf eine glänzende wirtschaftspolitische Bilanz verweisen. Vor dem Hintergrund der schwierigen Ausgangslage im Herbst 1982 war diese umso höher einzuschätzen. In siebenjähriger Regierungszeit hatten wir Deutschland aus der Krise herausgeführt und langsam, aber beständig wieder auf einen soliden wirtschafts- und finanzpolitischen Kurs gebracht. Wir hatten einen grundlegenden Stimmungswechsel und eine wirtschaftspolitische Trendwende erreicht. Die Menschen in Deutschland hatten wieder Vertrauen in die Wirtschaft und in die Politik gefasst und schauten mit Zuversicht und Optimismus in die Zukunft. Unsere erfolgreiche Trendumkehr und die stabile gesamtwirtschaftliche Lage fanden auch international viel Beachtung und Anerkennung.

Mit unserem Kurs der Erneuerung der Sozialen Marktwirtschaft hatten wir seit Oktober 1982 weitreichende Maßnahmen und Reformen in vielen Feldern der Wirtschaftspolitik eingeleitet und durchgesetzt: für den Mittelstand, in der Finanz- und Steuerpolitik, für die Familien, bei der Privatisierung und Deregulierung, in der Umwelt- und Wohnungsbaupolitik, in der Arbeitsmarkt- und Beschäftigungspolitik sowie im Bereich der sozialen Sicherungssysteme. All diese Maßnahmen hatten dazu beigetragen, dass sich seit unserer Regierungsübernahme ein stetiger und nachhaltiger Aufschwung auf breiter Basis entwickeln konnte. Die Daten sprachen für sich: Das Wirtschaftswachstum war 1989 mit knapp vier Prozent gegenüber dem Vorjahr das höchste seit zehn Jahren.

Die hervorragende wirtschafts- und finanzpolitische Bilanz ging ganz wesentlich auf Gerhard Stoltenbergs unermüdlichen Einsatz für einen klaren Kurs finanzpolitischer Stabilität auf dem Fundament der Sozialen Marktwirtschaft zurück. Meine Entscheidung, Stoltenberg 1982 zum Bundesfinanzminister vorzuschlagen, empfinde ich noch heute als Glücksfall für unsere Politik der Erneuerung. Ihm hatte ich zugetraut, die 1982 anstehenden schwierigen Entscheidungen zur Gesundung der Staatsfinanzen mit der notwendigen Sachkenntnis und Überzeugungskraft voranzutreiben. Ich war nicht enttäuscht worden. Sein Nachfolger Theo Waigel schloss nahtlos an Gerhard Stoltenbergs Stabilitätskurs an. Seine schwerste Bewährungsprobe als Bundesfinanzminister hatte er 1989 mit der finanzpolitischen Gestaltung der deutschen Einheit allerdings erst noch vor sich.

Der Erfolg unserer Politik und die schwierige Aufgabe des Umsteuerns fanden ausdrücklich auch bei den unabhängigen Wirtschaftsexperten Anerkennung. Als der Wirtschaftssachverständigenrat 1989 für die achtziger Jahre Bilanz zog, konstatierte er, dass dieser Zeitraum wegen der langen Dauer der konjunkturellen Aufwärtsbewegung einen außergewöhnlichen Abschnitt in der Wirtschaftsgeschichte der Bundesrepublik darstellte. Die Sachverständigen erinnerten zugleich daran, dass zu Beginn der achtziger Jahre noch tiefer Pessimismus in Deutschland geherrscht hatte, der weniger von der Weltwirtschaft als von hausgemachten Problemen genährt worden war und erst Ende des Jahrzehnts überwunden werden konnte, als sich bei Investoren und Verbrauchern das Vertrauen in die Nachhaltigkeit des Aufschwungs festigte. Mit unserem klaren Kurs in der Wirtschafts- und Finanzpolitik hatte die bürgerliche Regierungskoalition aus Union und FDP dafür die Voraussetzungen geschaffen.

Den bevorstehenden Aufgaben konnten wir daher mit Zuversicht entgegenblicken. Wir hatten die Grundlagen der Sozialen Marktwirtschaft in der Bundesrepublik wieder gestärkt, die neugewonnenen Freiräume wurden für persönliche Leistung und eigenverantwortliches Handeln genutzt. Es ist überhaupt keine Frage: Ohne die konsequente Verbesserung der gesamtwirtschaftlichen Rahmenbedingungen und unseren strikten Konsolidierungskurs wäre ein derart lang anhaltender und stetiger Wachstumsprozess in den achtziger Jahren nicht möglich gewesen. Die Finanzierung der deutschen Einheit wäre sehr viel schwieriger geworden.

Die Botschaft zur Jahreswende 1989/90 konnte deshalb nur lauten: Das vor uns liegende Jahrzehnt konnte für unser Volk das glücklichste dieses Jahrhunderts werden. Dafür standen eindrucksvoll die Bilder der Deutschen aus Ost und West, die am Brandenburger Tor gemeinsam das neue Jahr begrüßten.

12.
Irritationen – Bei Mitterrand am Atlantik, Angstvisionen vor »Großdeutschland«, die polnische Westgrenze

Was die Deutschen erhofften, das befürchteten viele unserer europäischen Nachbarn. Margaret Thatcher war weiterhin bemüht, eine Koalition gegen mich und meine Deutschlandpolitik zustande zu bringen. Nach wie vor setzte sie auf Gorbatschow, der die gleiche harte Linie zu verfolgen schien. Die Rolle von François Mitterrand war zumindest undurchsichtig. Er hatte der DDR im Dezember einen offiziellen Besuch abgestattet, der mich ernsthaft irritierte. Wenn seine Ost-Berliner Gespräche mit den Altkommunisten oder den Vertretern der Blockparteien am Ende auch nichts Substantielles zutage förderten, so verstand ich die Symbolik seines Besuchs doch als destruktiv für den Prozess der radikalen Veränderungen in der DDR.

Natürlich musste ich damit leben, dass mein Zehn-Punkte-Plan in Paris mit Verärgerung und Bestürzung aufgenommen worden war, zumal ich in einem Brief an Mitterrand, den ich am Tag vor meiner Bundestagsrede abgeschickt hatte, kein Wort über mein Vorgehen hatte verlauten lassen. Ich räume ein, dass ich selbst meinem besten Freund in Europa gegenüber sehr vorsichtig taktierte. Nie gebrauchte ich das Wort »Wiedervereinigung«, sondern immer sprach ich von der »Einheit des deutschen Volkes«, die in absehbarer Zeit kommen werde, ohne einen Zeitplan zu nennen. Mitterrand ging es – wie den meisten – einfach zu schnell. Dass Mitterrand den Status Deutschlands nicht verändert wissen wollte, bevor nicht die Einheit Europas sehr viel weiter fortgeschritten sei, sagte er mir allerdings nie geradeheraus ins Gesicht. Auch er war wie Gorbatschow der Auffassung, man dürfe nichts überstürzen. Das wollte auch ich nicht. Aber was das Ausland nicht sah oder nicht zur Kenntnis nehmen wollte, waren Fakten, die mir überaus große Sorgen bereiteten, allen voran, dass immer mehr Menschen die DDR in Richtung Bundesrepublik verließen. Das konnte nicht unser Interesse sein. Unser Ziel war vielmehr, dass die Menschen ihre Zukunft und die ihrer Kinder in der angestammten Heimat sahen. 1989 waren über 340 000 Übersiedler zu uns gekommen. Im gleichen Zeitraum trafen rund 377 000 Aussiedler bei uns ein, vor allem aus der Sowjetunion und Polen. Seit Beginn des neuen Jahres kehrten Tag für Tag mehr als 1000 Übersiedler der DDR den Rücken, um ein neues Leben in der Bundesrepublik zu beginnen. Unsere Freunde in Europa sollte es nicht gleichgültig lassen, wenn sich hier zunehmend Probleme auftürmten, deren innenpolitische Bewältigung eine große Herausforderung darstellte.

Die Irritationen in den deutsch-französischen Beziehungen, genauer im Verhältnis zwischen Mitterrand und mir, ließen mir keine Ruhe. Die Belastungsprobe musste ein Ende finden. Es waren gerade einmal drei Tage im neuen Jahr vergangen, als ich mich auf den Weg nach Frankreich machte. Am 4. Januar reiste ich nach Latché südlich von Bordeaux, wo Mitterrand nahe der Atlantikküste ein Ferienhaus besaß. Bei meiner Ankunft konnte Mitterrand seine Befangenheit nicht verbergen. So hatte ich meinen Freund noch nicht erlebt. In unserer mehrstündigen Begegnung mit einem ausgedehnten Spaziergang am Atlantikstrand betonte ich die Bedeutung des deutsch-französischen Verhältnisses. Wir unterhielten uns über die Entwicklung in Ost- und Mitteleuropa. Noch einmal erläuterte ich meinen Zehn-Punkte-Plan und das, was ich mit der DDR-Führung in Dresden vereinbart hatte. Wir sprachen auch über die Grenzen in Europa, die garantiert werden mussten, und ich verwies auf Premierministerin Margaret Thatcher, die mit Grenzen in diesem Sinne interessanterweise wohl auch die Grenze zwischen der Bundesrepublik und der DDR meinte. Dann kamen wir rasch auf die Westgrenze Polens zu sprechen. Die Diskussion darüber sei ein innenpolitisches Problem, erklärte ich und betonte, dass die Unverletzlichkeit dieser Grenze von uns geachtet werde. Mitterrand warf daraufhin ein, ich möge dies öffentlich sagen.

Dann kamen wir zum Kern. François Mitterrand sagte, er sehe in der gegenwärtigen Entwicklung zwei Probleme: Das eine sei das russische, und er sage ganz bewusst nicht das sowjetische. Das andere sei das deutsche. Zwischen diesen beiden bestehe ein Spannungsfeld, das sich im Augenblick nicht auflösen lasse. Das Experiment Gorbatschow werde noch eine gewisse Zeit weitergehen, meinte er und stellte die rhetorische Frage: »Was kommt danach, wenn er scheitert?« Die pessimistische Antwort lieferte er gleich mit: eine Militärdiktatur. Für Mitterrand stand außer Zweifel, dass die Russen in der deutschen Frage nicht nachgeben würden. Das stellte für ihn das große Problem dar. Die Schritte in Richtung deutsche Einheit dürften Gorbatschow nicht in Schwierigkeiten bringen oder gar dazu führen, dass Moskau wieder mit dem Säbel rassele, sagte er. Besorgt merkte er an, dass wir am Rande einer solchen Entwicklung stünden, weil die Dinge in Deutschland so rasant verliefen. Alles müsse langfristiger angelegt werden.

Mitterrand bat mich, immer daran zu denken, dass das Schicksal Gorbatschows mehr von mir abhänge als von seinen Moskauer Gegenspielern. Die Lösung der deutschen Frage dürfe nicht eine neue russische Tragödie heraufbeschwören. Ich versuchte, ihm seine Sorgen zu nehmen, und sagte, dass ich wahrscheinlich schon im Februar nach Moskau reisen würde, um mit Gorbatschow zu sprechen und ihm zu sagen, dass ich nichts tun wolle, was seine Lage erschwere.

Dann kamen wir auf die Zustände in der DDR zu sprechen. Mitterrand meinte, wenn er Deutscher wäre, wäre er dafür, dass die Wiedervereinigung so schnell wie möglich kommen sollte. In diesem Fall würde er sogar mit Bedauern sehen, dass nicht alle Deutschen die Wiedervereinigung so schnell wollten. Allerdings sei alles eine Frage des Zeitplans. Europa habe noch keine klare Geographie, Europa wisse nicht, wohin es steuere. Ich warf ein, gerade deshalb hielte ich die deutsch-französischen Beziehungen für so wichtig. Es gefiel mir, dass Präsident Mitterrand sich in die Deutschen hineinversetzte. Der kritische Punkt für uns war, es zu erreichen, dass die Menschen in der DDR blieben. Wir würden es nicht durchhalten, so meine Argumentation, wenn zu viele aus der DDR davonliefen.

Mitterrand bemerkte hierzu, es sei richtig, wenn der Bundeskanzler sage, die Deutschen müssten Licht am Ende des Tunnels sehen. Man müsse gemeinsam vorgehen und die deutsche und europäische Einheit gleichzeitig anstreben. Das war für mich das Schlüsselwort. Ich pflichtete ihm bei und zitierte einmal mehr Konrad Adenauer, wonach die deutschen Probleme nur unter einem europäischen Dach gelöst werden könnten. Die deutsche und die europäische Einheit seien zwei Seiten einer Medaille.

Als ich zurückflog, hatte ich das Gefühl, Mitterrand von der Ernsthaftigkeit meines europapolitischen Engagements und von der Verlässlichkeit auch eines wiedervereinten Deutschlands überzeugt zu haben. Das französische Misstrauen schien durch das offene und klärende Gespräch überwunden, unser gegenseitiges Vertrauensverhältnis schien wiederhergestellt zu sein. Unsere Gespräche hatten sich vor allem um das Tempo des

Vereinigungsprozesses gedreht, da wir beide die Entwicklungen in der Sowjetunion mit größter Sorge verfolgten. Übereinstimmung herrschte zwischen uns auch, dass die deutsche Einheit parallel zur Vertiefung der europäischen Integration verwirklicht werden musste.

Bei jeder sich bietenden Gelegenheit betonte ich in diesen Wochen und Monaten: Die deutsche Einigung und die europäische Einigung seien für mich zwei Seiten derselben Medaille. Zugleich warnte ich vor einem Rückfall Europas in die Denk- und Verhaltensmuster von gestern und vorgestern. Eben diesen Rückfall beförderten das DDR-Regime und seine Sympathisanten im Westen, indem sie das Gespenst eines erstarkenden Rechtsradikalismus an die Wand malten, der die Wiedervereinigung Deutschlands betreibe, um anschließend Europa und die Welt wieder einmal das Fürchten zu lehren. Die friedfertigen Bekenntnisse des deutschen Volkes zur Einheit der Nation wurden zum gefährlichen Nationalismus umgedeutet. Mich irritierten weniger die vordergründigen Versuche der SED/PDS-Propaganda, Vaterlandsliebe als Nationalismus zu diffamieren, als vielmehr die Art und Weise, wie im Westen Deutschlands mit solchen Parolen umgegangen wurde. Viele waren vom Zeitgeist so geblendet, dass sie Patriotismus für eine Form von politischem Extremismus hielten. Sie schürten mit ihrer Demagogie bei manchen unserer Nachbarn und Partner die Angst vor einer vermeintlichen deutschen Gefahr.

Der israelische Premierminister Yitzhak Schamir sprach öffentlich sogar die Befürchtung aus, dass ein geeintes und starkes Deutschland die Gelegenheit nutzen könnte, die an dem jüdischen Volk in der Vergangenheit verübten Verbrechen zu wiederholen. Ich schrieb daraufhin an Schamir, dass ich solche Äußerungen für geeignet hielte, unsere sonst so guten und spannungsfreien Beziehungen zu belasten. Wie er sei ich der

Meinung, dass die von den Nationalsozialisten und ihren Helfern begangenen Untaten nicht verdrängt werden dürften. Andererseits sei ich der Überzeugung, dass er mit seinem Urteil den heutigen Deutschen in beiden deutschen Staaten nicht gerecht werde. Die Deutschen in der Bundesrepublik seien über die Europäische Gemeinschaft und die Atlantische Allianz in die Wertegemeinschaft des Westens eingebunden und hätten über 40 Jahre hindurch unter Beweis gestellt, dass sie aus der Geschichte gelernt hätten. Und was in der DDR geschehe, sei ein großer Sieg der freien Welt. Von einem demokratischen und nach rechtsstaatlichen Prinzipien regierten Deutschland werde für niemanden in Europa oder sonstwo eine Bedrohung ausgehen. Deshalb verbiete sich jede Parallele zwischen dem demokratischen Deutschland und der nationalsozialistischen Gewaltherrschaft.

Heute ist fast vergessen, dass die DDR die Todfeinde Israels unterstützte. Der Zusammenbruch des SED-Regimes bedeutete deshalb mehr Sicherheit für Israel und damit für viele Überlebende des Holocaust. Unter dem Deckmantel des »Antizionismus« hatte die SED jahrzehntelang das Existenzrecht Israels in Frage gestellt und sogar PLO-Kämpfer ausgebildet. Wahr ist auch, dass die DDR hinter der Maske des »Antifaschismus« jahrelang versuchte, jegliche Verantwortung im Blick auf die NS-Verbrechen zu leugnen; die aus der historischen Schuld sich ergebenden Konsequenzen – einschließlich der Wiedergutmachung – sollte allein die Bundesrepublik tragen. Gleichzeitig unterstützte die DDR-Staatssicherheit Neonazis und deren Aktivitäten in der Bundesrepublik, um die Bonner Republik zu diskreditieren. Ich bedaure bis heute, dass manche – auch in den Vereinigten Staaten – diese Zusammenhänge nicht sahen oder nicht sehen wollten und sich stattdessen von der heuchlerischen SED-Propaganda beeindrucken ließen.

Leider gehörte auch der Jüdische Weltkongress (JWC) dazu. Schon Ende November 1989 traf DDR-Außenminister Oskar Fischer mit Maram Stern, dem Bevollmächtigten des JWC-Vorsitzenden Edgar Bronfman, in Berlin zusammen. Dem Gesprächsprotokoll zufolge stimmte man darin überein, dass der JWC ein Freund der DDR sei und es auch bleiben werde. Für Stern stehe die Frage der Wiedervereinigung nicht auf der Tagesordnung, der JWC werde alles tun, damit es nicht dazu komme. Die Lehren der Geschichte seien noch aktuell. Allerdings wäre es schwer, diese Position gegenwärtig öffentlich zu vertreten. Präsident Bronfman werde jedoch in den USA und anderswo in diesem Sinne wirken. Auch im US-Außenministerium würde man trotz anderslautender Äußerungen eine Wiedervereinigung nicht gerne sehen. Jedenfalls werde der JWC alles ihm Mögliche tun, um die DDR politisch und wirtschaftlich zu stärken. Stern drückte darüber hinaus »die Sorge des JWC vor einem Ausverkauf der DDR an die BRD aus«. Im Protokoll heißt es dann weiter: »Die DDR solle mit Lothar Späth engere Kontakte halten. Er sei nicht so auf die Wiedervereinigung fixiert wie der Bundeskanzler. Dr. Stern bat um Hinweise, wo und wie der JWC der DDR helfen könne. In diesem Zusammenhang erwähnte Dr. Stern, er habe gehört, dass die DDR den Auftrag, ihr Telefonnetz zu modernisieren, der Firma Siemens übertragen habe. Er stellte die Frage, warum man nicht einen Konzern eines anderen Staates gewählt habe, zum Beispiel ITT. Oskar Fischer sagte, er werde sich für diese interessieren und Dr. Stern eine Mitteilung zukommen lassen.« Was der prominente Vertreter des JWC zu diesem Zeitpunkt nicht wusste: Die DDR war längst pleite und konnte keine Rechnungen mehr begleichen – schon gar nicht für ein neues Telefonnetz aus amerikanischer Produktion.

In Artikel 7 des Deutschlandvertrags von 1952/54 hatten

sich Frankreich, Großbritannien und die Vereinigten Staaten verpflichtet, »mit friedlichen Mitteln ihr gemeinsames Ziel zu verwirklichen: ein wiedervereinigtes Deutschland, das eine freiheitlich-demokratische Verfassung ähnlich wie die Bundesrepublik besitzt und das in die europäische Gemeinschaft integriert ist«. Als es jetzt um die Einlösung des Vertrags ging, tat zumindest die britische Premierministerin so, als ob es ihn nicht gäbe, und machte mit allen Mitteln Stimmung gegen den Prozess der Wiedervereinigung. Am Rande des Dezember-Gipfels der EG soll sie beim Vier-Augen-Gespräch mit Mitterrand eine Karte aus ihrer berühmten Handtasche gezogen haben, auf der die ehemaligen deutschen Ostgebiete wie Schlesien, Pommern und Ostpreußen abgebildet waren. Ihr Kommentar dazu: Die Deutschen würden all das nehmen und die Tschechoslowakei dazu. Tagebuchaufzeichnungen eines Mitterrand-Vertrauten zufolge befürchtete Margaret Thatcher, Deutschland könne in Europa dominieren und in Osteuropa so mächtig werden wie Japan im pazifischen Raum.

In einem Interview mit dem *Wall Street Journal* Ende Januar 1990 meinte Thatcher unter anderem, eine zu schnell verwirklichte deutsche Einheit könne Gorbatschow vor solch enorme politische Probleme stellen, dass er eventuell darüber gestürzt werde. Die deutsche Einheit könne daher nur zu einem Zeitpunkt erfolgen, der die anderen Verpflichtungen berücksichtige und genügend Zeit lasse, um diese anderen Dinge zu erarbeiten – sonst könnte sie alles destabilisieren. Außenminister Genscher und ich sollten diese längerfristige Sicht der Bedürfnisse Europas vor unsere engen nationalistischen Ziele setzen. Man müsse der Bundesregierung diese weitsichtigere Vision eintrichtern. Im übrigen habe Ostdeutschland seit 1930 unter nationalsozialistischer oder kommunistischer Herrschaft gestanden, und man könne nicht über Nacht zu demokratischen Strukturen und einer freieren Marktwirtschaft kommen. Die deutsche Einheit würde außerdem das wirtschaftliche Gleichgewicht der EG zerstören, in der Westdeutschland ohnehin schon dominierend sei.

Damit hatte Margaret Thatcher alle Masken fallen lassen. Was sie mir ständig im kleinen Kreis vorwarf, machte sie nun öffentlich, wobei sie durch die Schärfe ihres Tons, die Abwertung anderer Vorstellungen und harsche Vorwürfe noch deutlich eins draufsetzte. Außerdem machte sie in diesem Interview deutlich, dass sie nicht bereit war, in der Europapolitik einer auf dem deutschen System beruhenden Europäischen Wirtschafts- und Währungsunion zu folgen.

Dass vor dem Hintergrund der Geschichte des 20. Jahrhunderts die Vorstellung von einem wiedervereinigten Deutschland Unbehagen bei einigen unserer Nachbarn auslöste, war verständlich. Kein Verständnis hatte ich jedoch dafür, wenn Politiker oder Kommentatoren wider besseres Wissen Angstvisionen vor einem »Vierten Reich« oder einem »Großdeutschland« heraufbeschworen – und dies ersichtlich nur deshalb, weil ihnen die Wirtschaftskraft der Bundesrepublik Deutschland nicht genehm war.

Besondere Sensibilität erforderte der Umgang mit den polnischen Sorgen und Ängsten. Im In- und Ausland instrumentalisierten die Gegner meiner Deutschlandpolitik jetzt beinahe täglich den Streit um das Thema »polnische Westgrenze«. Auch die Versuche, mich in die revanchistische Ecke zu stellen, zählten dazu. Dabei war es gar keine Frage, dass die endgültige völkerrechtlich verbindliche Anerkennung der Oder-Neiße-Linie als polnische Westgrenze eine wesentliche Voraussetzung für die Zustimmung der Vier Mächte und unserer Nachbarn zur deutschen Einheit sein würde. Die endgültige Regelung dieser Frage war einem Friedensvertrag vorbehalten, wozu es wiederum eines handlungsfähigen gesamtdeutschen Souveräns bedurfte. Und wie die Deutschen, deren demokratischer Wille die Haltung einer künftigen gesamtdeutschen Regierung binden würde, in einer überwiegenden Mehrheit hierüber dachten, daran hatte ich keinen Zweifel.

Die Deutschen hatten nicht die Absicht, eine Grenzdiskussion vom Zaun zu brechen, die die europäische Friedensordnung gefährden müsste. Die Deutschen wollten eine dauerhafte Aussöhnung mit ihren polnischen Nachbarn, und dazu gehörte auch, dass die Polen die Gewissheit haben mussten, in sicheren Grenzen zu leben. Niemand wollte eine zweite Vertreibung nach den Schrecken der Vertreibung, die die Deutschen an ihrem eigenen Leibe erfahren hatten. Niemand wollte die Wiedervereinigung verbinden mit der Verschiebung bestehender Grenzen – Grenzen, die in einem künftigen Europa der Freiheit sowieso an Bedeutung verlieren würden. Wir konnten das Europa von morgen nicht bauen, wenn wir den Teufelskreis von Hass und Gewalt, von Unrecht und Vertreibung nicht durchbrachen.

Aber wir schuldeten es den Millionen deutschen Heimatvertriebenen und Flüchtlingen, die Anerkennung der Oder-Neiße-Grenze nicht auf die leichte Schulter zu nehmen. Ich wollte auch deutlich machen, dass hier ein für viele Menschen schmerzhafter Preis für die deutsche Einheit entrichtet wurde. Mit »Revisionismus« oder gar »Revanchismus« hatte das nichts zu tun. Im übrigen war es auch unsere Pflicht, sicherzustellen, dass im Gegenzug zur Grenzanerkennung die Rechte der deutschen Minderheit, deren Existenz von den kommunistischen Machthabern in Polen jahrzehntelang geleugnet worden war, in völkerrechtlich verbindlicher Form gesichert wurden.

13.
Unsere Partner in der DDR – Die Allianz für Deutschland

Einheit und Freiheit Deutschlands in freier Selbstbestimmung, das war unser Ziel, so wie es bereits 1949 unser Grundgesetz verkündet hatte. In meinem Zehn-Punkte-Programm Ende November 1989 hatte ich den Weg aufgezeigt, wie das deutsche Volk in freier Selbstbestimmung seine Einheit wiedererlangen konnte. In Punkt drei unterstützten wir die Forderung nach freien, geheimen und gleichen Wahlen in der DDR. Entscheidend war die freie Selbstbestimmung: Wir Deutschen in der Bundesrepublik Deutschland würden jede Entscheidung der Deutschen in der DDR – wie immer sie ausfiele – respektieren. Ich hatte keinen Zweifel, wie sie lauten würde. Für meine Partei stellte sich damit über kurz oder lang die Frage, wer in der DDR unsere Partner sein würden. Denn die Gewinner der Wahl würden über die künftige Architektur in Deutschland und Europa wesentlich mitbestimmen.

Die Frage, wer unsere Partner sein würden, war nicht einfach, in der DDR war ja alles noch im Fluss. Ein schlichtes Zusammengehen mit der Blockpartei CDU hielt ich für außerordentlich problematisch. Die Ost-CDU hatte über Jahrzehnte die SED-Diktatur willig mitgetragen und war folglich mitverantwortlich sowohl für die verheerenden wirtschafts-, finanz- und sozialpolitischen Entscheidungen der DDR-Regierung als auch für die massiven Menschenrechtsverletzungen und Einschränkungen der Meinungs- und Reisefreiheit in der DDR. Abgesehen davon hatten Vertreter der Ost-CDU jahrelang jegliche Kontakte zu uns abgelehnt, so wie umgekehrt auch mir jegliches Interesse an politischen Beziehungen zu ihnen fehlte. Sollten wir nun gemeinsame Sache machen, wie es Wolfgang Schäuble und Walter Wallmann forderten? Ihr Hauptargument war, dass die Mitgliederstruktur im Osten jener der West-CDU ähnele und dass die stärkere Verankerung der Ost-CDU in der evangelischen Kirche insgesamt zu einem ausgewogenen Verhältnis der Konfessionen in der CDU führen würde. Ich war da eher skeptisch. Zwar gab es eine Menge sehr vernünftiger Leute in der Ost-CDU, aber auch viele schwer belastete Mitglieder. Ohne deutliche personelle und programmatische Veränderungen war die Partei, wie sie sich jetzt darstellte, ein sicherer Garant für eine schwere Niederlage.

Ich wusste sehr wohl, dass sich die Basis der Ost-CDU gewaltig verändert hatte. Bei den Hauptamtlichen aber, insbesondere auf Bezirksebene, hatte sich vielfach noch nichts geändert. Andererseits führte die Ost-CDU nun einmal den gleichen Namen, den ihr niemand streitig machen konnte, wir hatten ein Stück gemeinsamer Geschichte, und natürlich gab es in der Ost-CDU eine Menge guter Leute, die ihre politische Heimat auch in der westdeutschen CDU finden konnten. Es blieb dennoch ein Problem, weil die SPD im Wahlkampf mit aller Kraft versuchen würde, die Ost-CDU als alte Blockpartei zu attackieren. Ich konnte der Ost-CDU auch nicht den Vorwurf ersparen, aktuelle Chancen seit November 1989 nicht genutzt zu haben. Beispielsweise hielt ich die Beteiligung an der Regierung von Hans Modrow für einen schweren Fehler. Auch die Entscheidung über einen reformierten Staatssicherheitsdienst hatte die Ost-CDU mitgetragen.

Trotz dieser Bedenken stand außer Frage, dass sich die CDU auf einen oder mehrere Partner für die ersten freien Volkskammerwahlen festlegen musste. Wir mussten Farbe bekennen und gleichzeitig die besten Voraussetzungen dafür schaffen, unsere

Ziele bei den Wahlen zu erreichen. Das wichtigste Ziel war, dass die SED abgewählt würde. Das zweite Ziel musste sein, dass die Partner der CDU eine Position erreichten, an der niemand vorbeikam. Das bürgerliche Lager musste zusammengeführt werden. Daran arbeitete ich mit unermüdlichem Einsatz, denn das war die einzige Chance, Mehrheiten zu gewinnen und so den Weg zur Wiedervereinigung zu ebnen.

Von vielen Seiten ermutigt, entschied ich mich schließlich entgegen der Position des CDU-Generalsekretärs Volker Rühe, mit der Ost-CDU zu sprechen. In der zweiten Januarhälfte 1990 kam es zu einem ersten, geheimgehaltenen Treffen mit Lothar de Maizière, bei dem es mir vor allem darum ging, den Mann kennenzulernen, der im November 1989 zum neuen Vorsitzenden der Ost-CDU gewählt und in Modrows Allparteienregierung stellvertretender Ministerpräsident geworden war. Ausführlich unterhielten wir uns zunächst über familiäre Hintergründe und weltanschauliche Prägungen. Zwar kamen wir uns nicht besonders nahe, erörterten aber trotzdem mögliche Formen einer Zusammenarbeit mit Blick auf den Volkskammerwahlkampf. Lothar de Maizière präsentierte die Ost-CDU dabei als eine Partei, die sich vollends vom Sozialismus abgewandt habe. Nach diesem Treffen unterhielt ich mich in einem Vier-Augen-Gespräch auch mit dem Vorsitzenden der im Zuge der friedlichen Revolution neu gegründeten Deutschen Sozialen Union (DSU), dem evangelischen Pfarrer Hans-Wilhelm Ebeling, der auch von unserer bayerischen Schwesterpartei, der CSU, unterstützt wurde. Ich hielt den evangelischen Pfarrer für einen ausgezeichneten Mann. Er betrachtete CDU und CSU gleichermaßen als seine Partner. Die zahlenmäßige Bedeutung der DSU konnte im Moment allerdings noch niemand absehen. In unserem Gespräch ging es unter anderem auch um die Stasi-Vergangenheit von bekannten Politikern der

DDR, doch trotz aller Verdächtigungen hielt ich zunächst an den Spitzenleuten der Ost-CDU und des Demokratischen Aufbruchs (DA) fest.

Zum Demokratischen Aufbruch und der Deutschen Forumspartei (nicht zu verwechseln mit dem Neuen Forum) unterhielt die CDU zu jener Zeit bereits gute Kontakte. Nun unternahm ich den Versuch, diese beiden Gruppierungen sowie Ost-CDU und DSU zu einem Wahlbündnis zusammenzufassen. Der Demokratische Aufbruch war neben der Ost-CDU organisatorisch am weitesten vorangeschritten. Es hatte schon einige Zeit Überlegungen gegeben, diese Gruppen unter dem Namen »Demokratische Union Deutschlands« zu verbinden, ohne dass sie dabei ihre Selbständigkeit aufgaben. Ich hielt es für richtig, beide Säulen, die »Demokratische Union Deutschlands« und die Ost-CDU, zusammenzubringen.

Unter großen Zeitdruck gerieten wir wieder einmal durch die Ereignisse in der DDR. Der wirtschaftliche Niedergang schien hier nicht mehr aufhaltbar zu sein. Am 11. Januar malte Ministerpräsident Hans Modrow in Ost-Berlin ein düsteres Bild vom Rückgang der Produktivität und bezifferte das Haushaltsdefizit auf fünf bis sechs Milliarden Mark. Die DDR stand de facto vor dem Staatsbankrott. Modrow, dem von den Menschen in der DDR immer weniger zugetraut wurde, verlor noch mehr an Unterstützung, nachdem er versuchte, als Ersatz für das Ministerium für Staatssicherheit (MfS) ein neues »Amt für Nationale Sicherheit« aufzubauen. Der Volkszorn über den Überwachungsapparat entlud sich am 15. Januar, als im Zuge einer Großdemonstration Tausende Bürger die verhasste Stasi-Zentrale in der Ost-Berliner Normannenstraße stürmten. Damit war das Ende der Spitzelei eingeleitet, der DDR-Geheimdienst hatte seine Macht verloren. Auf Modrows Vorschlag wählte die pseudodemokratische DDR-Volkskammer acht Politiker von oppositionellen Parteien und Gruppierungen als Minister ohne Geschäftsbereich in eine »Regierung der nationalen Verantwortung«. Außerdem wurde beschlossen, die ersten freien Wahlen vom 6. Mai auf den 18. März vorzuverlegen. Die Vorverlegung begründete Ministerpräsident Hans Modrow am 29. Januar in einer dramatischen Erklärung vor der Volkskammer. Die ökonomischen und sozialen Spannungen hätten zugenommen und berührten bereits das tägliche Leben vieler Menschen, sagte er. Alle Maßnahmen und Appelle hätten nicht vermocht, den Aderlass der DDR abzuwenden. Dieser Aderlass schmälere die wirtschaftliche Leistungsfähigkeit. Modrows Erklärung war ein einziger Offenbarungseid. Sie war auch das Eingeständnis, dass der Versuch, die DDR zu reformieren und einen »dritten Weg« zwischen Sozialismus und Kapitalismus einzuschlagen – auch zur Enttäuschung mancher Unbelehrbarer im Westen – unwiderruflich gescheitert war.

Zusammen mit Volker Rühe bereitete ich ein Bündnis der Ost-CDU mit den kleineren Gruppierungen sorgfältig vor. Ein erstes Treffen mit den führenden Männern von DA, DSU, Deutscher Forumspartei und Ost-CDU kam am 1. Februar im Gästehaus der Bundesregierung, einer alten Gründerzeitvilla in Berlin, zustande. Bewusst wählte ich das Berliner Domizil des Bundeskanzlers als Ort für unsere Gespräche, weil ich hoffte, sie unter Ausschluss der Öffentlichkeit führen zu können, doch als ich mit Kanzleramtschef Rudolf Seiters, Volker Rühe, Eduard Ackermann und Juliane Weber am frühen Abend dort ankam, warteten vor dem Tor schon einige Dutzend Journalisten. Für die Ost-CDU waren Lothar de Maizière und Martin Kirchner gekommen, für die DSU Hans-Wilhelm Ebeling und Peter-Michael Diestel und für den Demokratischen Aufbruch (DA) Wolfgang Schnur und Rainer

Eppelmann. Daneben gab es noch die Deutsche Forumspartei, die aber dem Zusammenschluss nicht beitrat.

Schon nach kurzer Zeit brach ein veritabler Krach aus, weil Martin Kirchner im Falle eines Wahlsieges der CDU den Posten des Ministerpräsidenten für Lothar de Maizière beanspruchte. Peter-Michael Diestel widersetzte sich diesem Ansinnen energisch, er wolle mit den »roten Socken« – ein Ausdruck, den ich bei dieser Gelegenheit zum ersten Mal hörte – nichts zu tun haben. Wolfgang Schnur wiederum meinte, das Amt des Ministerpräsidenten stehe ihm zu. De Maizière und Kirchner hielten dagegen. Keiner traute dem anderen, jeder glaubte, selbst der Größte zu sein, und ich musste immer wieder dazwischengehen und zu schlichten versuchen. Ich hatte alle Mühe, die widerstrebenden Gesprächspartner von der Notwendigkeit eines Bündnisses zu überzeugen. Doch schließlich gelang es: Trotz mancher Unstimmigkeiten einigte ich mich mit Lothar de Maizière, Wolfgang Schnur und Hans-Wilhelm Ebeling am 5. Februar auf die Gründung eines Wahlbündnisses – die »Allianz für Deutschland«. Wir hatten einen sinnvollen Kompromiss gefunden. Gerade weil sich die Ost-CDU trotz der personellen Erneuerung in der Parteispitze mit Vorwürfen konfrontiert sah, Blockpartei gewesen zu sein, war es so ungeheuer wichtig, sie mit verschiedenen politischen Gruppen zusammenzubinden, denen genau dieser Vorwurf nicht gemacht werden konnte. Dass sich die bürgerlichen Kräfte in der DDR mit meiner massiven Unterstützung zu einem Wahlbündnis verständigt hatten, war im Moment der größte Erfolg meiner Arbeit.

Auch die anderen Bonner Parteien suchten ihre Partner im Osten oder hatten sich schon zusammengeschlossen. Schon Anfang Januar hatten die SPD (West) und die SDP (Ost), die sich bald in SPD umbenennen sollte, eine enge Kooperation aufgenommen. Die FDP ging mit der ehemaligen Blockpartei LDPD zusammen. Die Gruppierungen Neues Forum, Demokratie Jetzt und Initiative für Frieden und Menschenrechte schlossen sich zum »Bündnis 90« zusammen, das später mit den Grünen zusammengehen sollte. Die SED ging als »Partei des Demokratischen Sozialismus« (PDS) in den Wahlkampf.

Mit logistischer Unterstützung der Unionsparteien begann unmittelbar nach ihrer Gründung der Wahlkampf der Allianz für Deutschland. Der Weg zur Wiedervereinigung sollte nach Auffassung der Allianz über den Beitritt der noch zu gründenden DDR-Länder zur Bundesrepublik nach Artikel 23 des Grundgesetzes erfolgen. Zur Programmatik der Allianz gehörte auch ein Sofortprogramm, das die Vorsitzenden der Allianzparteien gemeinsam mit mir am 1. März der Öffentlichkeit vorstellten. Schwerpunkte waren die Schaffung der politischen Rahmenbedingungen für den Aufbau der Sozialen Marktwirtschaft in der DDR und der Schutz vor negativen sozialen Folgen des schwierigen Anpassungsprozesses für die Bevölkerung in der DDR. So wurde die sofortige Einführung der D-Mark und eine unabhängige Notenbank verlangt, aber auch die Sicherung der Spareguthaben im Verhältnis 1:1.

Beispiellos war die Bereitschaft unzähliger CDU-Mitglieder aus dem Westen, sich persönlich zu engagieren. Viele von ihnen nahmen Urlaub, um als ehrenamtliche Helfer vor Ort, oft rund um die Uhr, die neuen Partner in der Allianz für Deutschland zu unterstützen. Für die CDU erwies sich dieser Wahlkampf als ein wahrer Jungbrunnen. Während im Westen viele Strukturen, leider auch in der CDU, festgefügt, wenn nicht verkrustet waren, konnte man jetzt all seine Phantasie und Improvisationskunst in die Waagschale werfen. Selten machte Politik so viel Freude. Ich war stolz auf meine Parteifreunde.

14.
Kehrtwende – Modrows Initiative für »Deutschland, einig Vaterland« und die Protokolle des Politbüros

Es kam einer Sensation gleich, was wir am 30. Januar aus Moskau hörten: Am Tag, nachdem DDR-Ministerpräsident Modrow vor der Volkskammer seine Erklärung über die Lage in der DDR abgegeben hatte, die ein einziger Offenbarungseid gewesen war, verkündete er nach Gesprächen mit der sowjetischen Führung in Moskau vor der Presse, die Sowjetunion habe prinzipiell nichts gegen eine Vereinigung der beiden deutschen Staaten einzuwenden. Nach Ansicht Gorbatschows bestehe bei den Deutschen in Ost und West sowie bei den vier Siegermächten des Zweiten Weltkriegs Einvernehmen darüber, dass die Wiedervereinigung der Deutschen niemals und von niemandem in Frage gestellt werde. Der Mann, der seit vielen Wochen für den Fortbestand einer reformierten DDR gekämpft hatte, sprach in Moskau plötzlich von einem »einigen deutschen Vaterland«: Er gehe davon aus, so Modrow, dass es in der Tat jetzt notwendig sein werde, sich der Frage eines einigen deutschen Vaterlands – oder welche Begriffe dafür auch immer in jüngster Zeit geprägt worden seien – mit Entschiedenheit zuzuwenden.

Kurz darauf, am 1. Februar, stellte Modrow in Ost-Berlin seinen Plan »Für Deutschland, einig Vaterland« der Öffentlichkeit vor und meinte, die Vereinigung der beiden deutschen Staaten rücke auf die Tagesordnung. Die Teilung müsse im Rahmen des europäischen Prozesses überwunden werden –

von der Vertragsgemeinschaft über »konföderative Züge« bis hin zu einer bundesstaatlichen Ordnung. Deutschland solle bis dahin militärisch neutral sein. Damit hatte sich Modrow eindeutig zum Ziel der staatlichen Einheit Deutschlands auf der Grundlage freier Selbstbestimmung und zu einem »schrittweisen Vorgehen unter Berücksichtigung der Interessen aller europäischen Staaten« bekannt, was zu begrüßen war. Es entsprach der Zielsetzung meines Zehn-Punkte-Plans vom November bis auf einen – allerdings den entscheidenden – Punkt: Ein neutrales Deutschland war mit mir nicht zu machen. Ein Austritt aus der Nato durfte niemals der Preis für die Wiedervereinigung sein.

Die Äußerungen Modrows waren gleichwohl ermutigend. Sie ließen bei mir die berechtigte Hoffnung aufkommen, dass Gorbatschow dabei war, eine dramatische Kehrtwende in der sowjetischen Deutschlandpolitik zu vollziehen. Weshalb diese Ende Januar 1990 eintrat und welche Strategie der Kreml verfolgte, ist heute in aufschlussreichen Protokollen des Politbüros der KPdSU nachzulesen, die wir damals natürlich nicht kannten.

Heute wissen wir, dass Gorbatschow am 26. Januar – wenige Tage vor Modrows Besuch in Moskau –, in einer internen Gesprächsrunde, an der unter anderem KGB-Chef Wladimir Krjutschkow, Ministerpräsident Nikolai Ryschkow, Außenminister Eduard Schewardnadse und Gorbatschows Berater Alexander Jakowlew teilnahmen, die Situation in der DDR mit der von Aserbaidschan verglich. Er sagte, es gebe in der DDR keine Kräfte mehr, auf die Moskau sich verlassen und stützen könnte. Selbst Ministerpräsident Hans Modrow, der eigentlich ein Freund sei, wolle von der SED weg – es gebe keine vertrauenswürdigen Kräfte mehr in Ost-Berlin. Das hieß für Gorbatschow, dass die Sowjetunion auf die in der

DDR verlaufenden Prozesse nur noch über die Bundesrepublik einwirken könne. Die Sowjetunion stehe vor der Wahl: entweder Kohl oder die SPD. Selbst die Sozialdemokraten, so Gorbatschows Analyse, würden aber trotz aller beruhigenden Erklärungen und Versprechungen von Willy Brandt die DDR in ihrem Wahlkampf instrumentalisieren.

Für Gorbatschow kam es darauf an, die deutsche Frage in den europäischen und weltpolitischen Kontext zu stellen; das fänden auch die in der Nato Verbündeten. Die deutsche Frage dürfe nicht in der verkürzten Perspektive des Wahlkampfs gesehen werden, und das müsse auch Helmut Kohl vermittelt werden: Es gehe darum, in der deutschen Frage europäisch zu denken und dies nicht nur zum Schein, sondern wirklich. Realpolitisch betrachtet, stünden sowjetische Truppen in der DDR, und in der Bundesrepublik stünden diejenigen der Nato. Das sei die Realität, das sei die Folge des Zweiten Weltkriegs. Für Gorbatschow bedeutete das, dass die Vier Mächte das Recht hatten, sich an den deutschen Ereignissen zu beteiligen. Er machte den Vorschlag, dass sich die Bundesrepublik an einem Treffen der vier Siegermächte beteiligen sollte. Am Ende kam die Diskussionsrunde zu dem Ergebnis, auch die DDR einzuladen. Damit waren auf sowjetischer Seite die Zwei-plus-Vier-Gespräche geboren.

Dass das wiedervereinigte Deutschland Nato-Mitglied sein könnte, kam für Gorbatschow nicht in Frage. Allein schon die Präsenz der sowjetischen Truppen in der DDR würde dies zu verhindern wissen. Diese Truppen könnten erst dann abgezogen werden, wenn auch die Amerikaner abziehen würden, und das würden sie noch lange nicht schaffen. Helmut Kohl müsse dies ebenso berücksichtigen wie die Tatsache, dass er ein paar Jahre brauchen würde, um die DDR wirtschaftlich »aufzufressen«. Über so viel Zeit würden sie also nach Gorbatschows Einschätzung noch verfügen. Es gelte nun, diese Zeit vernünftig zu nutzen und ein gesamteuropäisches Gipfeltreffen im Jahr 1990 vorzubereiten.

KGB-Chef Wladimir Krjutschkow stellte fest, die SED sei am Ende. Sie sei weder Hilfe noch Stütze für die Sowjetunion. Ministerpräsident Modrow sei ein Übergangspolitiker, der nur wegen seiner Zugeständnisse im Amt bleibe. Bald werde es in der DDR aber keine Bereiche mehr geben, in denen er noch Zugeständnisse machen könnte. Die Sowjetunion müsse ihre Freunde in der DDR, die ehemaligen Mitarbeiter der Staatssicherheit und des Innenministeriums, aktiv unterstützen. Mit Blick auf die Sowjetunion meinte Krjutschkow, das russische Volk habe Angst, dass Deutschland wieder eine Bedrohung werden könne, denn Deutschland werde die gegenwärtige Grenze nie akzeptieren. Das Volk müsse darum schrittweise damit konfrontiert werden, dass sich Deutschland wiedervereinige.

Gorbatschows Berater Jakowlew meinte, es wäre nicht verkehrt, das russische Volk daran zu erinnern, dass selbst Stalin sich nach dem Krieg für die deutsche Einheit ausgesprochen hatte. Allerdings wäre es gut, wenn Hans Modrow sein eigenes Programm der Wiedervereinigung vorschlagen würde, ohne Vorurteile, ganz realistisch. Der Kreml würde ihn dann unterstützen und die Sympathien des deutschen Volkes ernten. Dabei müsste auch darauf hingewiesen werden, dass die Sowjetunion seit 1946 für die deutsche Einheit war. Die Bedingung dafür seien Neutralität und Demilitarisierung. Natürlich würden England, Frankreich und kleine europäische Staaten gegen solche Bedingungen sein. Die USA würden weitere Schritte überlegen müssen. Unterdessen könnte die sowjetische Regierung gewissermaßen oben auf dem Berg sitzen und den Kampf beobachten.

Nikolai Ryschkow mahnte zu Realismus und meinte, die Entwicklung sei nicht mehr aufzuhalten. Jetzt ginge es nur um das Taktische, denn die Sowjetunion werde die DDR sowieso nicht behalten können. Alle Barrieren seien weg, die Wirtschaft spiele verrückt, die staatlichen Institutionen existierten nicht mehr. Die Konföderation sei vielleicht ein Weg, aber die Sowjetunion müsste Bedingungen stellen. Es wäre falsch, alles Kohl zu überlassen. »Wenn wir das tun, wird Deutschland in 20 bis 30 Jahren den dritten Weltkrieg beginnen«, meinte Ryschkow.

Am Ende dieses Klärungsprozesses im Kreml kam Gorbatschow zu dem Ergebnis, das Wichtigste sei, den Prozess der Wiedervereinigung zu verzögern. Die Bundesrepublik brauche die Sowjetunion, meinte Gorbatschow, und diese brauche die Bundesrepublik. Zu berücksichtigen sei, dass in der Bundesrepublik 58 Millionen und in der DDR 16 Millionen Menschen lebten. Frankreich wolle keine Wiedervereinigung, England habe Angst, in den Hinterhof gedrängt zu werden. Und dann entwickelte der Generalsekretär seine Strategie:

> »Wir dürfen unsere Siegerposition nicht aufgeben. Wir müssen die Idee ›Vier plus Zwei‹ vorschlagen, wir müssen die deutsche Frage in den Wiener Abrüstungsprozess integrieren. Was unsere Truppen in Europa betrifft, so müssen wir uns so verhalten, dass keiner auf die Idee kommt, dass wir zum 50. Jahrestag des Sieges einfach so Europa verlassen. Wir müssen die Präsenz unserer Truppen in Deutschland eng mit dem Wiener Abrüstungsprozess verbinden. Und dem Helmut Kohl müssen wir sagen: Halte dich doch endlich raus! Hier werden uns wohl alle zustimmen. Mit der BRD bleiben wir bei Sonderbeziehungen; mit der DDR auch. Darauf müssen wir

bestehen. Es gibt gegenseitige Interessen, es gibt eine Grundlage für das gegenseitige Verständnis.«

Dieses aufschlussreiche Protokoll ist der Schlüssel dafür, weshalb Ende Januar 1990 eine dramatische Wende in der sowjetischen Deutschlandpolitik eintrat. Wir konnten es zu diesem Zeitpunkt noch nicht wissen, aber die Sowjetunion sah sich gezwungen, sich den Realitäten zu beugen und den Weg zur deutschen Wiedervereinigung nicht mehr zu versperren. Der Preis sollte allerdings immens hoch sein: Moskau strebte ein neutrales, entmilitarisiertes Deutschland an, das weder ich noch die Amerikaner je akzeptiert hätten. Auch Mitterrand hätte dies ziemlich sicher abgelehnt. Bei Margaret Thatcher war ich mir nicht sicher.

Die desolate Lage in der DDR bestätigte Hans Modrow der sowjetischen Führung, als er am 30. Januar – wenige Tage nach dieser internen Gesprächsrunde im Kreml – zu Gesprächen nach Moskau kam. Auch dieses höchst aufschlussreiche Gesprächsprotokoll kannten wir damals nicht. Was darin über die tatsächliche Lage in der DDR festgehalten wurde, war noch viel dramatischer, als wir damals glaubten. Danach berichtete Modrow unter anderem, der gesamte DDR-Staatshaushalt betrage 230 Milliarden Mark, die Innenverschuldung belaufe sich auf 170 Milliarden Mark, die Außenverschuldung auf 20 Milliarden Dollar. Die Verschuldung könne nur durch eine Effizienzsteigerung der Wirtschaft gelöst werden, aber die Wirtschaftslage werde immer schlechter. Es werde bereits gestreikt. Mancherorts höre man auf zu arbeiten oder arbeite langsamer. Das sei eine gefährliche Kettenreaktion. Es gebe auch Schwierigkeiten in der Versorgung mit Konsumgütern. Die Öffnung der Grenze habe eine negative Wirkung gehabt: Weil die Menschen in der DDR befürchteten, dass die DDR-

Während immer instabiler werde, würden viele Konsumgüter gekauft.

Auch die sozialen Spannungen würden wachsen. Der Zerfall der Machtorgane vor Ort sei nicht mehr aufzuhalten. In einigen Volksvertretungen fehlten bereits die Abgeordneten, so dass keine Entscheidungen getroffen werden könnten. Die noch funktionierenden Machtorgane würden vom Volk nicht akzeptiert, die Autorität der örtlichen Machtorgane sei ruiniert. Die Rechtsordnung wackele, Rechte der Bürger könnten nicht voll gesichert werden. Man drohe mit Terroranschlägen auf Fabriken und Behörden, und sogar Krankenhäuser würden bedroht. Linke und rechte Gruppierungen radikalisierten sich.

Die Menschen hätten Angst. Nicht nur alte Parteien, auch die neuen hätten Angst. Einige Stasi-Mitarbeiter brächten sich um. Sie seien in einer schwierigen Situation. Das seien insgesamt 85 000 hauptamtliche Mitarbeiter. Es gebe auch Unruhe in der NVA. Der »Bund der Offiziere« verlange nach Militärreformen und nach Lohnerhöhung. Die Möglichkeiten, die Armee innerhalb des Landes einzusetzen, seien begrenzt. Die Situation in der Volkspolizei sei einigermaßen stabil. Aber die Volkspolizei könne auf Dauer nicht alle Probleme lösen. Auch gegenüber den sowjetischen Truppen werde man immer feindseliger. Da könnten wirklich Probleme entstehen, insbesondere wenn es Manöver gebe. Mancherorts würden die Sowjettruppen von der Bevölkerung sehr aufmerksam beobachtet.

Es gebe immer mehr Ausreisewillige. Im Januar hätten etwa 50 000 Menschen die DDR verlassen. Wenn es so weitergehe, würde die DDR bis Ende des Jahres etwa 500 000 Bürger verlieren. Leider seien unter diesen Menschen besonders viele Intellektuelle und junge qualifizierte Arbeiter. In mehreren Städten fänden Massendemonstrationen statt, zum Beispiel in

Leipzig und Dresden. Von der Bevölkerung werde die Zwei-Staaten-Theorie immer mehr abgelehnt, und er glaube, diese Idee sei nicht mehr zu retten. Die Tendenz zur Wiedervereinigung zeichne sich besonders stark in den Grenzgebieten ab. Weder die alten noch die neuen Parteien könnten diese Tendenzen stoppen.

Die Destabilisierungsprozesse seien deshalb so stark, weil sowohl in der BRD als auch in der DDR Wahlen bevorstünden. Auf die DDR werde seitens der BRD massiver Einfluss ausgeübt. Kohl wolle aktiv am Wahlkampf teilnehmen und werde deswegen sogar Auslandsreisen verschieben. Er pflege aktive Kontakte zur DDR-CDU. Die SPD verhalte sich genauso. Brandt trete bei Massenkundgebungen in der DDR auf und verlange Deutschlands Wiedervereinigung. Er erkläre sogar, dass dieser Prozess von Kohl und Modrow zu langsam durchgeführt werde und beschleunigt werden müsse. Die BRD habe ihren Wahlkampf schlicht auf das Territorium der DDR verlagert. Sowohl für Kohl als auch für die Sozialdemokraten sei die DDR längst ein Schlachtfeld ihres Wahlkampfs geworden.

Die Situation sei auch deshalb kritisch, weil die Angriffe auf die SED immer stärker würden. Dies habe zur Folge, dass die Staatsorgane immer schwächer würden. Es sei sehr schwer zu sagen, wie viele Mitglieder noch in der SED geblieben seien. Leider werde die Partei auch von einflussreichen Menschen verlassen, beispielsweise von Betriebsdirektoren und so weiter.

Immer häufiger werde versucht, die Existenz der DDR als souveräner Staat in Frage zu stellen. Im Grunde sei das ein Versuch, die ganze europäische Nachkriegsordnung abzubauen. Bürger, die bei Demonstrationen die Fahne der DDR trügen, würden zusammengeschlagen. Die Straße gehöre zur Zeit den Gegnern, meinte der DDR-Ministerpräsident. Die Wiedervereinigung sei inzwischen ein zentrales Thema des Wahlkampfs geworden. Daher versuche jede der konkurrierenden Parteien, die Lösung dieser Frage zu beschleunigen, um davon zu profitieren.

»Was können wir tun?«, fragte Modrow, um dann – ganz auf Gorbatschows Linie – zu sagen, man müsse den laufenden Prozess abbremsen und ihn in eine gesamteuropäische Richtung lenken, sonst werde der Einfluss von anderer Seite immer stärker und von der eigenen Seite immer schwächer. Er glaube, dass die UdSSR ihre Rechte als eine der vier Siegermächte in Erinnerung bringen müsse. Es wäre ratsam, möglichst schnell mit den anderen drei Siegermächten eine Partnerschaft in dieser Frage zu vereinbaren, um die Lage zu stabilisieren. Was der DDR jetzt helfen würde, wäre ein Besuch von Michail Sergejewitsch [Gorbatschow] und Nikolai Iwanowitsch [Ryschkow], weil es so viele Besuche aus dem Westen gebe.

Gorbatschow dankte Modrow für seine Ehrlichkeit und meinte, die DDR erlebe eine »schicksalhafte Zeit«. Zu diesem Zeitpunkt war, wie wir aus dem Politbüro-Protokoll vom 26. Januar wissen, die Entscheidung in Moskau über eine Kehrtwende in der sowjetischen Deutschlandpolitik und damit auch über die Zukunft der DDR bereits gefallen.

Als Reaktion auf die von Modrow am 1. Februar in Ost-Berlin vorgestellte Initiative »Für Deutschland, einig Vaterland« erinnerte ich in einer Erklärung am gleichen Tag an mein Zehn-Punkte-Programm, in dem ich den Weg zur Verwirklichung der deutschen Einheit aufgezeigt hatte. Über die einzelnen Schritte zur Einheit konnte man nach den Volkskammerwahlen am 18. März mit einer aus freien Wahlen hervorgegangenen Regierung der DDR verhandeln. Das Konzept einer deutschen Neutralität, das von Teilen der SPD und den Grünen nicht zurückgewiesen wurde, lehnte ich strikt ab. Es widersprach der Logik eines gesamteuropäischen Einigungsprozesses, in dem ein vereintes Deutschland keine Sonderstellung einnehmen durfte.

Anfang Februar erreichte mich ein Schreiben Gorbatschows, in dem er auf sein Gespräch mit Modrow in Moskau einging. Gorbatschow schrieb von einer Reihe interessanter Ideen und Gedanken bezüglich der Annäherung beider deutschen Staaten und zur Gestaltung von neuen Formen der Zusammenarbeit und Partnerschaft. Die Sowjetunion gehe davon aus, dass der realistischste und praktischste Weg zu diesem Ziel die Schaffung einer Vertragsgemeinschaft sei, als eine Etappe auf dem Weg zur Konföderation der zwei deutschen Staaten. Mit keinem Wort erwähnte Gorbatschow die entscheidende Frage der Bündniszugehörigkeit. Er schloss seinen Brief mit den Worten: »Wie auch Sie verspüre ich die Notwendigkeit, unmittelbar, persönlich und unter vier Augen mit Ihnen zu sprechen. Ich lade Sie ein, am 9. Februar 1990 nach Moskau zu fliegen, wenn dies Ihnen genehm ist, für ein Arbeitstreffen, welches inoffiziell und frei von Protokoll sein soll.« Dieser Einladung kam ich gerne nach, und wir verabredeten den 10./11. Februar als Termin für meinen Besuch.

Doch vorher traf ich mich mit Hans Modrow am Rande des World Economic Forums in Davos. Zwar schilderte er mir sehr offen die Lage in der DDR, die sich von Tag zu Tag verschlechtere, aber in Wahrheit hatte er die DDR noch lange nicht abgeschrieben. Modrow versuchte, Zeit zu gewinnen und vielleicht mit unserer Hilfe die wirtschaftliche Lage zu konsolidieren. Ganz offen meinte er, die Bundesrepublik sei nun gefordert, und wiederholte den Wunsch nach 15 Milliarden D-Mark Wirtschaftshilfe, mit denen die DDR von März bis Mai über die Runden kommen könne. Ansonsten könnte alles zusammenbrechen. Ich hörte Modrow zu, ließ aber keinen Zweifel daran, dass ich nicht bereit sei, den Betrag zu befürworten. Ich glaubte einfach nicht, dass selbst eine Milliardenspritze aus Bonn die Funktionsfähigkeit des DDR-Systems in seinem gegenwärtigen Zustand – also ohne grundlegende Reformen – wiederherstellen könnte. Und das sagte ich dem DDR-Ministerpräsidenten auch.

Von der SPD und den Grünen, aber auch vom Koalitionspartner FDP wurde massiver Druck ausgeübt, ich möge endlich der Milliardenhilfe zustimmen. In großen Teilen der deutschen Presse wurde der Eindruck vermittelt, ich würde einem Zerfall der DDR tatenlos und zustimmend zusehen. Dabei wäre es geradezu absurd gewesen, dieses Regime wenige Wochen vor der ersten demokratischen Wahl zu stützen. Unseren Landsleuten gewährten wir natürlich dringend benötigte Soforthilfe, wie zum Beispiel mit dem Reisedevisenfonds und den ERP-Krediten vor allem für kleine und mittlere Unternehmen. Für medizinische Geräte und Ausrüstungen wurden 300 Millionen D-Mark bereitgestellt. Alles in allem ging es um einen Betrag von fünf Milliarden D-Mark.

Natürlich wurden im Kanzleramt bereits entscheidende Weichenstellungen in Richtung staatlicher Einheit vorbereitet. Wir hatten es bis dahin aus guten Gründen vermieden, die Dynamik des Einigungsprozesses zu forcieren. Inzwischen aber war die Situation so dramatisch geworden, dass wir uns nicht länger zurückhalten konnten. Wir mussten den potentiell ausreisebereiten Menschen in der DDR ein überzeugendes Signal geben, dass sich die Verhältnisse in ihrer Heimat in überschaubarer Zeit zum Besseren wenden würden. Das hieß ganz einfach: Wenn wir verhindern wollten, dass die Menschen weiter zur D-Mark kamen, dann musste die D-Mark zu den Menschen kommen. Politisch und ökonomisch bedeutete dies, dass wir bereit waren, auf ungewöhnliche, ja revolutionäre Ereignisse in der DDR unsererseits eine ungewöhnliche, ja revolutionäre Antwort zu geben.

Ein solches Signal musste schnell und noch vor den ersten freien Wahlen zur Volkskammer am 18. März erfolgen. Bereits am 6. Februar entschloss ich mich daher nach gründlicher Überlegung, noch vor meinem bevorstehenden Besuch bei Michail Gorbatschow und vor den danach anstehenden Gesprächen mit der Regierung Modrow in Bonn, der DDR Verhandlungen über eine Währungsunion mit Wirtschaftsreform anzubieten. Unmittelbar bevor ich am Nachmittag desselben Tages mit meinem Vorschlag in die Öffentlichkeit ging, beriet ich mich mit den Parteivorsitzenden der Koalition, Bundesfinanzminister Theo Waigel und Otto Graf Lambsdorff, und erzielte mit beiden Einigkeit. Im Anschluss daran erläuterte ich meine Initiative vor der CDU/CSU-Bundestagsfraktion. Meine Ausführungen fanden auch hier breite Zustimmung. Anschließend verkündete ich vor der Presse mein für viele überraschendes Angebot.

Mit dem anderntags getroffenen Kabinettsbeschluss über meinen Vorschlag begannen wir mit den Vorbereitungen für die Währungs- und Wirtschaftsunion sowie die deutsche Einheit. Wir beschlossen auch die Bildung eines Kabinettsausschusses »Deutsche Einheit« unter meinem Vorsitz mit Kanzleramtsminister Rudolf Seiters als meinem Vertreter und richteten sechs Arbeitsgruppen ein, die sich mit den anfallenden innen- und außenpolitischen Problemen beschäftigten und die von den jeweiligen Fachministern geführt wurden. Im Brennpunkt des Interesses stand zunächst die Arbeitsgruppe, in der die Währungs- und Wirtschaftsunion vorbereitet wurde.

Ich war mir dabei durchaus bewusst, dass eine schnelle Einführung der D-Mark in der DDR mit ökonomischen Risiken verbunden sein würde. Vor allem aber war sie politisch zwingend geboten. Dass es dabei um mehr ging als nur um eine konvertible Währung, nämlich um gesellschaftliche und politische Reformen, um Freiheit und Menschenrechte, begriff jeder, der sich mit der Deutschlandpolitik beschäftigte.

Natürlich war ich mir des Risikos bewusst, dass Gorbatschow ein solches Angebot an die DDR unter Umständen nicht akzeptieren würde, weil es nichts Geringeres bedeutete als eine klare Vorfestlegung auf die staatliche Einheit Deutschlands. Umso wichtiger war es, dass ich das Angebot noch vor meinem Moskau-Besuch unterbreitete und damit alle Karten auf den Tisch legte, anstatt die sowjetische Führung womöglich im nachhinein zu brüskieren. Das hätte den sensiblen Prozess zur Überwindung der Teilung Deutschlands und Europas empfindlich stören können.

15.
Ein guter Tag für Deutschland – Mein Gespräch mit Gorbatschow in Moskau

Am Morgen des 10. Februar startete die Boeing 707 der Flugbereitschaft mit der deutschen Delegation an Bord in Richtung Moskau. Ich hatte mich intensiv auf das Gespräch mit Gorbatschow vorbereitet. Es ging vor allem darum, ihm die tatsächliche Lage in der DDR deutlich vor Augen zu führen. Ich wusste zu diesem Zeitpunkt ja nicht, wie offen und freimütig, ja verzweifelt DDR-Ministerpräsident Hans Modrow Gorbatschow kurz zuvor über die katastrophale Lage der DDR informiert hatte. Vor allem wollte ich Gorbatschow erklären, dass wir kein Interesse an einer Destabilisierung der Situation hatten, sondern dass der Wille zur Einheit in der DDR weit verbreitet sei. Und dass sich von den Warschauer-Pakt-Staaten die tschechoslowakische, die polnische, die ungarische, die rumänische und selbst die bulgarische Regierung für die deutsche Einheit ausgesprochen hatten, wusste Gorbatschow auch.

Dennoch konnte ich meine gemischten Gefühle nicht verleugnen. Welche Pläne hatte Gorbatschow? Was würde er uns vorschlagen? Würde er uns seine Zustimmung zur deutschen Einheit nur um den Preis der Neutralität anbieten und uns damit in größte Schwierigkeiten bringen? Gegen 14 Uhr landeten wir auf dem Moskauer Flughafen. Wir spürten geradezu die angespannte Lage. Außenminister Eduard Schewardnadse begrüßte uns, und nach dem Abschreiten der Ehrenformation begleitete er mich auf der Fahrt ins Gästehaus der sowjetischen Regierung. Ich hatte mich kaum von Schewardnadse verabschiedet, da übergab mir Horst Teltschik einen Brief des amerikanischen Außenministers James Baker, den er auf dem Flughafen von unserem Botschafter in Moskau für mich erhalten hatte. Dass der amerikanische Außenminister unmittelbar vor meinen Gesprächen zu einer Visite in Moskau gewesen war, empfand ich als in höchstem Maße hilfreich und kennzeichnend für unsere enge Zusammenarbeit mit den Vereinigten Staaten.

Bakers Schreiben entnahm ich, dass Gorbatschow und Schewardnadse die Einheit Deutschlands nunmehr als unabwendbar ansähen, jedoch ihre Sorge zum Ausdruck gebracht hätten, die Lage könne durch die rasante Entwicklung außer Kontrolle geraten. Die Sowjetunion würde dem nicht tatenlos zusehen. Alle weiteren Schritte müssten unter Berücksichtigung der europäischen Sicherheitsinteressen getan werden. Weiter las ich, Baker habe gegenüber den Sowjets seine Überzeugung zum Ausdruck gebracht, dass ich sehr sensibel mit den sowjetischen Sicherheitsinteressen umgehen würde, dass aber niemand außer den Deutschen selbst über das Schicksal ihres Landes entscheiden könne. Da der Vereinigungsprozess nach den DDR-Wahlen am 18. März sicherlich noch an Fahrt gewinnen würde, sei es erforderlich, einen Mechanismus zu schaffen, der sich der äußeren Aspekte der deutschen Einheit annehme. Er habe Gorbatschow Zwei-plus-Vier-Gespräche vorgeschlagen, und dieser habe darin eine gangbare Möglichkeit gesehen. Zur Bündniszugehörigkeit eines vereinten Deutschlands schrieb Baker, er habe Gorbatschow vorgetragen, dass die Bundesregierung in Übereinstimmung mit der US-Administration eine deutsche Neutralität strikt ablehne. Ein so großes, wirtschaftlich wichtiges Land wie Deutschland in der Mitte Europas könne nicht neutral sein. Um einen Weg zu finden, habe er dem Generalsekretär vorgeschlagen, dass das vereinte Deutschland ohne das Gebiet der DDR der Nato angehören solle. Am Ende brachte Baker seine vorsichtige Einschätzung zum Ausdruck, wonach Gorbatschow trotz aller geäußerten Bedenken in unserer Sache letztlich einlenken könnte.

Bereits im Vorfeld meines Moskau-Besuchs hatte ich meine Gesprächslinie mit den amerikanischen Freunden eng abgestimmt. Aus Washington wusste ich, wie sehr man dort schon von der künftigen deutschen Einheit ausging. Völliges Einvernehmen herrschte zwischen dem amerikanischen Präsidenten und mir, dass die Wiedervereinigung niemals um den Preis einer Neutralität Deutschlands zu erreichen sei. Wie intensiv der Austausch zwischen Washington und Bonn in diesen Wochen und Monaten war, unterstrich nicht nur Bakers Schreiben. Am 9. Februar, einen Tag vor meiner Reise, hatte ich über die amerikanische Botschaft in Bonn auch noch zwei Schreiben von George Bush erhalten – ein amtliches und ein privates. In seinem privaten Schreiben nahm Bush Bezug auf unser letztes persönliches Treffen am 3. Dezember bei Brüssel, das er sehr genossen habe. Er schrieb, dass unser fortgesetzter Meinungsaustausch, der in diesen schnell ablaufenden Zeiten entscheidend sei, auch eine persönliche Freude sei. Er freue sich, auch in Zukunft eng mit mir zusammenzuarbeiten und die engen Bindungen zwischen der Bundesrepublik und den Vereinigten Staaten auszubauen.

In dem gesonderten amtlichen Schreiben ging der Präsident ausführlich auf meine bevorstehende Reise nach Moskau ein und sagte mir vor allem seine volle Unterstützung auf dem Weg zur deutschen Einheit zu. Gleichzeitig formulierte Bush die Bedingungen für seine Zustimmung zur Einheit. Dieser Brief von George Bush gehört für mich zu den Marksteinen der deutsch-amerikanischen Freundschaft. Er ist auch ein Dokument der persönlichen Freundschaft, wie sie besser nicht sein könnte. Deshalb möchte ich die zentralen Aussagen an dieser Stelle ausführlicher wiedergeben: Wie ich ihm in unserem letzten Telefonat richtig vorausgesagt hätte, habe sich die Situation in der DDR dramatisch verschlechtert; damit werde das Tempo der Vereinigung forciert. Die Vereinigten Staaten würden nichts tun, was die Deutschen in Ost und West glauben machen könnte, Amerika würde ihren Willen zur staatlichen Einheit nicht respektieren. Auf keinen Fall würden es die USA der Sowjetunion erlauben, den Vier-Mächte-Status als ein Instrument zu benutzen, um ein Deutschland zu schaffen, das Moskau wolle, auf einem Weg, den Moskau wolle. Die Rolle des vereinten Deutschlands im westlichen Bündnis sei eine Angelegenheit, so Bush, die das deutsche Volk selbst zu entscheiden habe. Über meine Ablehnung einer Neutralisierung und meine feste Zusicherung, dass Deutschland in der Nato bleiben werde, zeigte er sich zutiefst befriedigt. Er schlug vor, dass bei einer Mitgliedschaft des vereinten Deutschlands in der Nato das Gebiet der DDR einen besonderen militärischen Status erhalten könnte. Er glaube, eine solche Vereinbarung stünde der Sicherheit Deutschlands und seiner Nachbarn nicht im Wege – gerade auch im Hinblick auf einen umfassenden und möglicherweise totalen Abzug der sowjetischen Truppen aus Mittel- und Osteuropa. Die Nato selbst werde ihre Aufgabe verändern und ihre politische Rolle verstärken müssen. Er wisse, dass wir auch darin übereinstimmten, dass die Präsenz amerikanischer Truppen auf deutschem Territorium sowie das Prinzip der nuklearen Abschreckung wichtig seien, um Stabilität in dieser Zeit des Wandels und der Ungewissheit zu bewahren. Bush schloss mit den Worten: Nichts, was Michail Gorbatschow mir in Moskau erklären würde, könne etwas an unserer tiefen und anhaltenden Partnerschaft ändern. Die Botschaft des Schreibens war eindeutig: Ein neutrales oder nach Osten orientiertes wiedervereinigtes Deutschland war für die Vereinigten Staaten nicht akzeptabel. Die Westbindung machte Bush zur Bedingung für die Wiedervereinigung. Dafür waren die Amerikaner bereit, einen besonderen sicherheitspolitischen Status des Territoriums der DDR hinzunehmen. Gleichzeitig forderte Bush eine Reduzierung der sowjetischen Truppen, während die Präsenz amerikanischer Truppen in Europa für ihn unverzichtbar war.

Am Nachmittag des 10. Februar fand meine erste Begegnung im Kreml mit Michail Gorbatschow statt. Ich traf auf einen sehr konzentrierten Generalsekretär, der mich kühl begrüßte. Nachdem sich die Türen hinter uns geschlossen hatten, schilderte ich ihm ausführlich, aber ohne jede Übertreibung die dramatische Lage in der DDR und berichtete über mein Gespräch mit dem DDR-Ministerpräsidenten in Davos. 1989 habe es 380 000 Übersiedler gegeben, von denen 200 000 unter 30 Jahre alt seien. Im Januar dieses Jahres seien rund 55 000 Menschen übergesiedelt, und für den Februar erwarteten wir bis zu 70 000. Schon aus diesem Grund sei es wichtig gewesen, die Wahl in der DDR vom 6. Mai auf den 18. März vorzuziehen. Welche Wirkungen die Wahl auf die Abwanderung aus der DDR haben werde, könne man nicht voraussehen.

Ich sagte Gorbatschow klipp und klar, dass die Entwicklung in Richtung deutsche Einheit unaufhaltsam auf uns zulaufe. Man könne es drehen und wenden, wie man wolle – die Entscheidung stehe kurz bevor. Dann erläuterte ich ihm meine Initiative für eine Währungsunion mit Wirtschaftsgemeinschaft und meinte, wenn wir jetzt nicht handelten, könne ein Chaos entstehen. Ich erinnerte Michail Gorbatschow an seinen Satz vom Oktober: »Wer zu spät kommt, den bestraft das

Leben«, und sagte, ich hätte den Wunsch, mit ihm ganz persönlich das vor uns liegende Jahrzehnt so zu gestalten, dass wir am Ende beweisen könnten, dass wir beide aus der Geschichte gelernt hätten. Ich wolle deshalb ausdrücklich sagen, dass ich unser heutiges Gespräch nur als erstes von mehreren verstehe, das möglichst bald fortgesetzt werden sollte. Gorbatschow stimmte mir zu.

Anschließend erläuterte ich aus meiner Sicht Fragen der internationalen Einbettung der deutschen Einheit. Die staatliche Einigung Deutschlands umfasse die Bundesrepublik, die DDR und Berlin. Wenn der Zeitpunkt der Einigung erreicht würde, müsse sie vertraglich abgesichert werden. Dann könne auch die Grenzfrage mit Polen endgültig geregelt werden. Eine gesamtdeutsche Regierung und ein gesamtdeutsches Parlament könnten die Grenzfrage definitiv entscheiden und würden sie entscheiden. In dieser Frage gebe es keinen Grund für Misstrauen.

Ein schwieriges Problem stelle die unterschiedliche Bündniszugehörigkeit beider deutscher Staaten dar. Mit Nachdruck stellte ich fest, dass ein neutrales wiedervereinigtes Deutschland mit der Bundesregierung nicht durchsetzbar sei. Dies wäre darüber hinaus eine historische Dummheit. Die Geschichte habe gezeigt, dass es ein Fehler gewesen sei, Deutschland nach 1918 unter einen Sonderstatus zu stellen. Der Sinn von Rapallo, jenem Vertrag zwischen dem Deutschen Reich und der Russischen Sozialistischen Föderativen Sowjetrepublik von 1922, sei es gewesen, Deutschland aus diesem Sonderstatus herauszuholen. Natürlich könne die Nato ihr Gebiet nicht auf das heutige Gebiet der DDR ausdehnen. Erforderlich seien jedoch Regelungen, um ein Einvernehmen zu finden. Ich sei mir sicher, die Sicherheitsinteressen der Sowjetunion richtig einschätzen zu können.

Gorbatschow sagte dann, er glaube, dass es zwischen der

Sowjetunion, der Bundesrepublik und der DDR keine Meinungsunterschiede über die Einheit gebe und über das Recht der Menschen, die Einheit anzustreben und über die weitere Entwicklung zu entscheiden. Was den Hauptausgangspunkt betreffe, bestehe zwischen ihm und mir Einvernehmen, dass die Deutschen ihre Wahl selbst treffen müssten. Die Deutschen in der Bundesrepublik und in der DDR müssten selbst wissen, welchen Weg sie gehen wollten. So hatte ich Gorbatschow noch nie sprechen hören, auf diese klaren Worte hatte ich gehofft. Ich bekräftigte, dass die Entscheidung für die Einheit eine deutsche Angelegenheit sei.

Der Generalsekretär meinte weiter, die Deutschen in der Bundesrepublik und in der DDR müssten aber auch wissen, dass die Einheit im Kontext der Realitäten vollzogen werden müsse. Zu diesen Realitäten gehöre es, dass es einen Krieg gegeben habe, unter dem die Menschen in der Sowjetunion mehr hätten leiden müssen als andere. Es gehe jetzt darum, Konfrontation und Spaltung zu überwinden. Er glaube, die Deutschen in Ost und West hätten bereits bewiesen, dass sie aus der Geschichte gelernt hätten.

Im Verlaufe des mehrstündigen Gesprächs kam Gorbatschow noch einmal auf die Hauptfrage zurück: Kern des deutschen Problems, so der Generalsekretär, bleibe die militärische Frage, zu der das Problem des europäischen und globalen Gleichgewichts hinzukomme. Seine Formel zu diesem Thema würde folgendes einschließen: Es dürfe kein Krieg von deutschem Boden ausgehen, die Grenzen seien unverletzlich, und das Territorium des zukünftigen Deutschlands dürfe nicht von äußeren Kräften genutzt werden. Wichtig sei die Frage nach dem Status des neuen Deutschlands. Wie solle er aussehen? Er wisse, dass für mich wie für die meisten anderen die Neutralität nicht nur unannehmbar sei, sondern auch einen

Rahmen schüfe, der das deutsche Volk erniedrige. Er verstehe diese Argumentation und unsere Gefühle. Auch er spüre, dass das so aussehen würde und dass bei den heutigen Generationen der Eindruck entstünde, als würden alle Leistungen für den Frieden, die in der Vergangenheit erbracht worden seien, jetzt gestrichen. So dürfe man politisch nicht handeln.

Trotzdem sehe er ein vereinigtes Deutschland außerhalb des militärischen Gebäudes mit lediglich nationalen Streitkräften, die für die nationale Verteidigung ausreichten. Er wisse nicht, wie der Status aussehen solle – wenn nicht neutral, so vielleicht blockfrei wie beispielsweise Indien oder China oder auch manche Staaten in Europa. Deutschland könnte dann gleichwohl eine aktive Kraft in Europa und in der Welt sein. Dieser Gedanke müsse weitergedacht und durchgespielt werden. Alle Überlegungen, dass ein Teil Deutschlands der Nato, der andere Teil dem Warschauer Pakt angehöre, seien nicht ernst zu nehmen. Er werde immer gefragt, was denn die Nato ohne die Bundesrepublik, ohne Deutschland noch sei. Dies gelte dann aber auch für den Warschauer Pakt: Was sei denn der Warschauer Pakt ohne die DDR mit ihren starken Truppen noch wert? Ich gab zu bedenken, dass das Gewicht von Bundesrepublik beziehungsweise DDR für das jeweilige Pakt-System nicht vergleichbar sei.

Übereinstimmung herrschte zwischen uns beiden über den Vorschlag des amerikanischen Präsidenten, den zuvor schon ein Kreis von engsten Beratern mit Gorbatschow ausführlich erörtert hatte, wie wir heute wissen: Die Vertreter der zwei deutschen Staaten und der vier Siegermächte sollten miteinander sprechen, um die äußeren Aspekte zu verhandeln und eine Lösung über die strittigen Fragen zu erzielen. Mir war völlig klar, dass ich in der Frage der Bündniszugehörigkeit zum gegenwärtigen Zeitpunkt kein Entgegenkommen der sowjetischen Seite erwarten konnte. Dennoch konnte ich am Ende des Treffens hochzufrieden sein: Wir hatten Gorbatschows Zustimmung zum Zwei-plus-Vier-Prozess und vor allem auch sein grünes Licht dafür, die inneren Aspekte der deutschen Einheit selbst zu regeln. Ich erinnerte mich an Gorbatschows Brief vom Dezember 1989, in dem er noch kalt und unnachgiebig auf den Einigungsprozess reagiert hatte. Jetzt sah die Welt ganz anders aus. Der Durchbruch war geschafft! Wir waren auf unserem schwierigen Weg zur Einheit unseres Vaterlandes wieder ein gutes Stück vorangekommen.

Im berühmten Katharinensaal des Kreml, in dem 1970 der Moskauer Vertrag von Bundeskanzler Willy Brandt und Ministerpräsident Alexei Kossygin unterzeichnet wurde, kamen wir anschließend in entspannter Atmosphäre zum Abendessen zusammen. Ich kann mich nicht erinnern, wann ich je bei einem Moskau-Besuch so gelöst war.

Nach dem Bankett bereitete ich mich auf die Pressekonferenz vor, die für 22 Uhr Moskauer Ortszeit im internationalen Pressezentrum vorgesehen war. Ohne lange Vorrede sagte ich den anwesenden Journalisten:

»Ich habe heute abend an alle Deutschen eine einzige Botschaft zu übermitteln. Generalsekretär Gorbatschow und ich stimmen darin überein, dass es das alleinige Recht des deutschen Volkes ist, die Entscheidung zu treffen, ob es in einem Staat zusammenleben will. Generalsekretär Gorbatschow hat mir unmissverständlich zugesagt, dass die Sowjetunion die Entscheidung der Deutschen, in einem Staat zu leben, respektieren wird und dass es Sache der Deutschen ist, den Zeitpunkt und den Weg der Einigung selbst zu bestimmen. Generalsekretär Gorbatschow und ich waren uns ebenfalls einig, dass die deutsche Frage

Eine regelrechte »Gorbimanie« empfängt Michail Gorbatschow und seine Frau Raissa bei ihrem Deutschlandbesuch im Juni 1989, wie hier auf dem Bonner Rathausplatz. Gorbatschow sagt anschließend, er habe sich gefühlt wie auf dem Roten Platz in Moskau.
Der Besuch war für uns beide gleichermaßen eine Schlüsselbegegnung. Ich bin sicher, er veränderte Gorbatschows Sicht auf Deutschland und ebnete uns den, wenn auch bis zuletzt steinigen, Weg zur Wiedervereinigung.

Mein alljährlicher Sommerurlaub in St. Gilgen am Wolfgangsee stand in den beiden entscheidenden Jahren 1989 und 1990 ganz unter dem Eindruck der aktuellen Ereignisse. Momente der Ruhe fand ich – wie hier mit meiner verstorbenen Frau Hannelore – bei ausgiebigen Spaziergängen und Bergtouren mit Familie und Freunden.

Der Bremer Parteitag im September 1989 wird zur Stunde der Entscheidung. Meine innerparteilichen Gegner müssen Farbe bekennen. Es gleicht einem Treppenwitz der Geschichte, wie sie gänzlich unbeeindruckt von den weltpolitischen Veränderungen und der Chance auf eine Lösung der deutschen Frage meinen Sturz und die Abkehr vom deutschlandpolitischen Profil unserer Partei betreiben.

Die Zeit von Heiner Geißler als Generalsekretär der CDU ist vorbei. Mit meiner Wiederwahl zum Parteivorsitzenden entzieht die Basis dem Ansinnen, mich zu stürzen, den Boden und gibt zugleich ein klares Votum für meinen Kurs ab. Es ist auch die Bestätigung meiner Deutschlandpolitik.

Während ein der Wirklichkeit entrücktes SED-Regime scheinbar unbeeindruckt den 40. Jahrestag der DDR Anfang Oktober 1989 in Ost-Berlin feiert, lösen Polizei und Stasi friedliche Demonstrationen in der DDR mit brutaler Gewalt auf.

Die Anspielungen des sowjetischen Staatsoberhaupts auf Honecker werden zum Synonym einer nicht mehr aufzuhaltenden Entwicklung. Hier prägt Gorbatschow den Satz: »Wer zu spät kommt, den bestraft das Leben.« Ich erkläre die »verordneten 40-Jahr-Feiern« zu »Tagen der nationalen Betroffenheit«.

9. November 1989: Die Mauer ist offen! Ein Traum geht in Erfüllung. Tausende strömen von Ost nach West. Entgegen den Reformgegnern von Stasi und KGB entscheidet Gorbatschow: Die sowjetischen Panzer bleiben in den Kasernen.

30. November 1989: Mein langjähriger Freund und Ratgeber Alfred Herrhausen, der so viel für unser Land getan hat, wird bei einem Anschlag der RAF ermordet. Das ist nicht nur für mich persönlich ein schwerer Schlag. Ich frage mich: Was ist los in unserer Republik in einer Zeit, in der wir in nie gekanntem Maße Freiheit, Frieden und Wohlstand genießen können?

Mein Schlüsselerlebnis im Prozess der deutschen Wiedervereinigung ist der Besuch in Dresden am 19. Dezember 1989. Tausende Landsleute aus der DDR erwarten uns am Flughafen, säumen unseren Weg in die Stadt und finden sich zu meiner spontanen Rede vor der Ruine der Frauenkirche ein. Die Stimmung steht dafür, dass das Regime am Ende ist und die Einheit kommt. Zu Rudolf Seiters sage ich noch vor Ort: »Die Sache ist gelaufen.«

Links: Ein stiller Moment in hektischer Zeit: Vor der Öffnung des Brandenburger Tors am 22. Dezember 1989 erinnere ich mich auch daran, wie oft ich von meinem Dienstzimmer im Reichstag nach Osten hinübergeblickt hatte.
Oben: Das Brandenburger Tor ist wieder offen! Mit Rudolf Seiters, Hans Modrow, Hans-Dietrich Genscher und den beiden Berliner Bürgermeistern gehe ich von West nach Ost durch das Brandenburger Tor. Die Begeisterung der Menschen kennt keine Grenzen.

Silvester 1989/90 am Brandenburger Tor: In diesen Tagen erwies sich eindrucksvoll, wie lebendig das Bewusstsein für die Einheit unserer Nation in all den Jahrzehnten der Teilung geblieben war. Es sind Tage der Hoffnung, der Freude und des Miteinanders.

An der Schwelle zum letzten Jahrzehnt des 20. Jahrhunderts mit dem Blick auf neue Horizonte spüren wir zugleich unsere besondere Verantwortung für Deutschland und eine friedliche Ordnung in Europa.

Die durch den Einigungsprozess entstandenen Irritationen im Verhältnis zum französischen Staatspräsidenten Mitterrand lassen mir keine Ruhe: Am 4. Januar des neuen Jahres 1990 reise ich zu meinem Freund François Mitterrand an seinen Urlaubsort am Atlantik. Wir reden viele Stunden über Deutschland und Europa und klären manches Missverständnis. Als ich zurückfliege, bin ich zuversichtlich.

Ein guter Tag für Deutschland – der Durchbruch bei den inneren Aspekten der deutschen Einheit ist erreicht: Bei meinem Gespräch mit Gorbatschow am 10. Februar 1990 in Moskau stimmt er dem Zwei-plus-Vier-Prozess zu sowie dazu, dass es das alleinige Recht der Deutschen ist, zu entscheiden, ob sie in einem Staate zusammenleben wollen. Offen bleibt die schwierige Frage der Bündniszugehörigkeit.

Unter Freunden in schwieriger Zeit: Am 24./25. Februar 1990 treffe ich mit Präsident Bush und Außenminister Baker in Camp David, dem Landsitz des US-Präsidenten, zusammen. Fernab vom politischen Tagesgeschäft tauschen wir uns intensiv aus und verabreden das weitere Vorgehen. Einig sind wir uns vor allem darin, dass ein wiedervereintes Deutschland Mitglied der Nato sein muss.

Barbara Bush und meine Frau Hannelore sind in Camp David ebenfalls dabei. Barbara Bush ist die Seele der Familie, eine prächtige Frau und Mutter. Mit keiner anderen Politikergattin verstand meine verstorbene Frau sich so gut wie mit ihr.

Noch nie zuvor und nie wieder danach habe ich in einem Wahlkampf so viele Menschen – es sollen eine Million gewesen sein – persönlich angesprochen wie in jenen Wochen Anfang 1990 vor den ersten freien Volkskammerwahlen in der DDR am 18. März. Schon der Auftakt, wie hier in Erfurt, war grandios. Der überwältigende Sieg unserer Partner in der DDR, der Allianz für Deutschland, war eine Sensation. Er war zugleich ein Mandat für mich und meine Partei zur Herstellung der deutschen Einheit.

Am 22. Juni 1990 wird das Kontrollgebäude am Checkpoint Charlie in Berlin abgebaut. Mit dabei sind die sechs Außenminister, die anschließend in Ost-Berlin zu ihrer zweiten Runde der Zwei-plus-Vier-Gespräche zusammentreffen.

Während die Außenminister in Ost-Berlin tagen, komme ich mit François Mitterrand zusammen. Auf einer Rheinfahrt geht es vor allem um ganz konkrete Schritte, mit denen das deutsch-französische Tandem den europäischen Integrationsprozess parallel zum deutschen Einigungsprozess vorantreiben will.

Beim amerikanisch-sowjetischen Gipfeltreffen, wie hier in Malta Anfang Dezember 1989, und auch Ende Mai/Anfang Juni 1990 in Washington erweist sich George Bush als kluger Wegbereiter auf dem Weg zur deutschen Einheit und einmal mehr als Freund. Er ist ein Glücksfall für uns Deutsche.

Die drei Gipfeltreffen in Juni/Juli 1990 – der EG-Gipfel in Dublin, der Nato-Gipfel in London und der G7-Gipfel hier in Houston – mit ihren positiven Ergebnissen zum europäischen Integrationsprozess, für die künftige Sicherheitsarchitektur Europas und zur Unterstützung der Reformbewegung in der Sowjetunion und in Mittel- und Osteuropa waren eine gute Voraussetzung für meinen Besuch in Gorbatschows Heimat Mitte Juli 1990. Hier würde es vor allem um die Frage der Bündniszugehörigkeit eines vereinten Deutschlands gehen. Für mich konnte dies nur die Nato sein.

Links: Mitte Juli 1990 in Gorbatschows kaukasischer Heimat: Am Vorabend der entscheidenden Verhandlungen mache ich mit Michail und Raissa Gorbatschow einen Spaziergang am Fluss Selemtschuk. Die Delegationsmitglieder und Journalisten begleiten uns. Wir plaudern über Gott und die Welt.
Oben: Der Durchbruch ist geschafft: Nach Stunden angespannter Verhandlungen haben Michail Gorbatschow und ich auf der Pressekonferenz in Schelesnowodsk einer staunenden Weltöffentlichkeit mitgeteilt, dass ein vereintes Deutschland frei über seine Bündniszugehörigkeit entscheiden kann. Jetzt sind auch wir erleichtert.

Der Mauerfall am 9. November 1989 und die Wiedervereinigung am 3. Oktober 1990 sind nicht zuletzt die beeindruckende späte Bestätigung von Konrad Adenauers konsequentem Kurs der Westbindung mit Wiedervereinigungsvorbehalt, an dem wir, auch ich, über die Jahre festgehalten hatten. Der erste Bundeskanzler der Bundesrepublik Deutschland – hier an seinem 91. Geburtstag – hat die entscheidenden Weichen in der deutschen Frage gestellt.

Auf dem Vereinigungsparteitag der CDU in Hamburg führen wir am 1./2. Oktober 1990 zusammen, was gemeinsam entstanden ist, und beenden über 40 Jahre gewaltsamer Trennung. Mit einem Traumergebnis werde ich zum ersten Vorsitzenden der gesamtdeutschen CDU gewählt.

*3. Oktober 1990, null Uhr:
Deutschland, unser Vaterland, ist
wiedervereint. Der 3. Oktober ist
ein Tag der Freude, des Dankes
und der Hoffnung. Es hätte alles
auch ganz anders kommen
können. Das wollen wir nie
vergessen. Ohne Gottes Hilfe
hätten wir es nicht geschafft.*

Oktober

1 Montag — 40. Woche 274–276

Parteitag

2 Dienstag

17 Uhr Parteitag Hasung

3 Mittwoch

9⁰⁰ Delen. Fottepodiand
11⁰⁰–14⁰⁰ SSachsen
14³⁰–16³⁰ Lass Lof Vorah
17⁰⁰ Bundespräsident Vorel
19⁰⁰–19³⁰ Nurr-Barger

Oktober

Donnerstag 4 — 40. Woche 277–280

8³⁰ Fraktion
10⁰⁰–14⁰⁰ Plenum Reichstag
 Akte 16⁰⁰ Ball 15³⁰
18³⁰ Bayreuth Aufahrt
20³⁰ Regensburg

Freitag 5

8⁰⁰–9⁰⁰ Kabinett 11³⁵
12⁰⁰–13⁰⁰ Eisenach Abfl.
17⁰⁰ Neubrandenburg
20⁰⁰ Brandenburg

Sonnabend/Samstag 6

SA 6.31 SU 17.48 MA 18.43 MU 10.49

Sonntag 7

Der Vereinigungsparteitag der CDU am 1./2. Oktober 1990 und der Tag der Deutschen Einheit am 3. Oktober 1990 in meinem Kalender – Tage, die ich nie vergessen werde.

nur auf der Grundlage der Realitäten zu lösen ist: das heißt, sie muss eingebettet sein in die gesamteuropäische Architektur und in den Gesamtprozess der West-Ost-Beziehungen. Wir müssen die berechtigten Interessen unserer Nachbarn und unserer Freunde und Partner in Europa und in der Welt berücksichtigen. Es liegt jetzt an uns Deutschen in der Bundesrepublik und in der DDR, dass wir diesen gemeinsamen Weg mit Augenmaß und Entschlossenheit gehen. Generalsekretär Gorbatschow und ich haben ausführlich darüber gesprochen, dass auf dem Weg zur deutschen Einheit die Fragen der Sicherheit in Europa herausragende Bedeutung haben. Wir wollen die Frage der unterschiedlichen Bündniszugehörigkeit in enger Abstimmung auch mit unseren Freunden in Washington, Paris und London sorgfältig beraten, und ich bin sicher, dass wir eine gemeinsame Lösung finden. Ich danke Generalsekretär Gorbatschow, dass er dieses historische Ereignis ermöglicht hat. Wir haben vereinbart, im engsten persönlichen Kontakt zu bleiben. Meine Damen und Herren, dies ist ein guter Tag für Deutschland und ein glücklicher Tag für mich persönlich.«

Ich habe mich oft gefragt, was Gorbatschow letztendlich zu diesem Meinungsumschwung in der deutschen Frage bewogen hat. Ursprünglich hat er die deutsche Einheit sicherlich nicht gewollt. Er war jedoch Realist genug, um zu erkennen, dass die DDR als eigenständiger sozialistischer Staat nicht mehr zu retten war. Er hatte mit Glasnost und Perestroika die tiefgreifende Umgestaltung seines Landes und des Ostblocks in die Wege geleitet und damit im Machtbereich der Sowjetunion eine Freiheitsbewegung entfacht, die vom Kreml bald nicht mehr zu steuern war. Sein größtes Verdienst bleibt, dass er seine Politik immer wieder den Notwendigkeiten anpasste – wie auch bei meinem Moskau-Besuch im Februar 1990.

Den Weg zur deutschen Einheit frei zu machen – wenn auch noch nicht zur souveränen Wahl des Bündnisses – fiel ihm sicherlich leichter, weil er mir vertraute. Unser gutes Verhältnis, das wir in Moskau im Herbst 1988 begründet und in Bonn im Sommer 1989 vertieft hatten, erwies sich als krisensicher und wetterfest. Gorbatschow wusste, dass der deutsche Bundeskanzler Helmut Kohl Wort hält und dass man sich auf mich auch in schwierigen Zeiten verlassen kann. Der Generalsekretär hatte dies auch gerade im Februar 1990 aus eigenem Erleben erfahren. Im Sommer 1989, als ich mit Gorbatschow im Garten des Bonner Kanzleramtes unten am Rhein auf der Mauer gesessen hatte, hatte er mich gefragt, ob ich ihm helfen würde, wenn es im kommenden Winter in Moskau und Leningrad zu Versorgungsschwierigkeiten käme. Ohne zu zögern hatte ich mit einem uneingeschränkten Ja geantwortet. Als zum Jahreswechsel 1989/90 in den russischen Metropolen dann tatsächlich die Versorgung zusammenbrach, erfüllte ich mein Versprechen. Ich setzte mich sofort mit Bundeslandwirtschaftsminister Ignaz Kiechle in Verbindung, und kurz vor meiner Abreise in die Sowjetunion wurde ein entsprechendes Abkommen unterzeichnet. Unverzüglich lief ohne viel Aufhebens eine gewaltige Hilfsaktion an: Mit 220 Millionen D-Mark aus dem Bundeshaushalt subventioniert, lieferte die Bundesrepublik von Mitte Februar 1990 an aus der Nato-Reserve 52 000 Tonnen Rindfleischkonserven, 50 000 Tonnen Schweinefleisch, 20 000 Tonnen Butter, 15 000 Tonnen Milchbutter und 5000 Tonnen Käse in die Sowjetunion. Hinzu kamen Unmengen von Schuhen, Damen- und Herrenkonfektion und andere Gebrauchsgüter. Diese schnelle Hilfe machte großen Eindruck auf Michail Gorbatschow.

Auf dem Heimflug nach Deutschland knallten die Sektkorken. Zusammen mit meinen Mitarbeitern, mit Hans-Dietrich Genscher und den mitreisenden Journalisten erhob ich mein Glas auf das Wohl Deutschlands.

Dem Deutschen Bundestag berichtete ich nach meiner Rückkehr: Noch nie, seit unser Land geteilt, noch nie, seit unser Grundgesetz geschrieben worden sei, seien wir unserem Ziel, die Einheit und Freiheit Deutschlands in freier Selbstbestimmung zu vollenden, so nahe gekommen wie heute. In dem Gespräch mit Gorbatschow seien die Weichen gestellt worden. Das Ergebnis dieser entscheidenden Begegnung lautete:

»Generalsekretär Gorbatschow stellte fest – und der Kanzler stimmte ihm zu –, dass es jetzt zwischen der UdSSR, der Bundesrepublik Deutschland und der DDR keine Meinungsverschiedenheiten darüber gibt, dass die Deutschen selbst die Frage der Einheit der deutschen Nation lösen und selbst ihre Wahl treffen müssen, in welchen staatlichen Formen, in welchen Fristen, mit welchem Tempo und unter welchen Bedingungen sie diese Einheit verwirklichen werden.«

Dieses großartige Ergebnis machte deutlich, was wir immer gesagt hatten: Wir sind ein Volk. Nun war es an uns, die zum Greifen nahe Chance umsichtig und entschlossen wahrzunehmen. Wir wussten, dass jetzt nicht Überschwang der Gefühle, sondern Einigkeit und Augenmaß geboten waren.

16.
Unter Freunden –
Bei Mitterrand in Paris, mit Bush
und Baker in Camp David

Für den 24. und 25. Februar war mein informeller Besuch bei unseren amerikanischen Freunden in Camp David, dem Landsitz des amerikanischen Präsidenten, vorgesehen. Schon vorher, kurz nach meiner Rückkehr aus Moskau, telefonierte ich mit George Bush und fasste das für mich nach wie vor faszinierende Ergebnis meines Treffens mit Gorbatschow zusammen. Auch bei diesem Telefonat spielte die Frage nach der Bündniszugehörigkeit eines geeinten Deutschlands eine wichtige Rolle. Mit wenigen Worten informierte ich den amerikanischen Präsidenten auch über den Besuch des DDR-Ministerpräsidenten an diesem Tage und erläuterte die Lage in der DDR. Wir verständigten uns auf eine Fortsetzung der Konsultationen bei meinem Besuch in Camp David.

Von 17 Ministern begleitet, war DDR-Ministerpräsident Hans Modrow am 13. Februar vormittags in Bonn eingetroffen. Es war erst der zweite Besuch eines DDR-Regierungschefs in der Bundeshauptstadt nach dem Aufenthalt Erich Honeckers im September 1987. Der Empfang war recht kühl und ohne militärisches Zeremoniell. Ich sparte nicht mit Vorwürfen. Viel zu lange habe die Verabschiedung des neuen Wahlgesetzes der DDR am Runden Tisch und in dem zuständigen Volkskammerausschuss gedauert. Freie und geheime Wahlen seien von zentraler Bedeutung für die Vertrauensbildung bei der Bevölkerung. Neue politische Gruppierungen müssten gleiche Chancen haben, vor allem hinsichtlich der

Publikationsmöglichkeiten. Der DDR-Geheimdienst müsse aufgelöst und das politische Strafrecht geändert werden, damit die Menschen wieder Vertrauen in die Unabhängigkeit der Justiz gewännen.

Der Strom der Übersiedler in die Bundesrepublik schwäche sich nicht ab, sagte ich, und deshalb sei es erforderlich, jetzt dramatische Schritte zu unternehmen. Es müsste möglichst bald über die Verwirklichung der Einheit gesprochen werden. Bereits in der nächsten Woche könnten die Expertengespräche über die Währungsunion und Wirtschaftsgemeinschaft aufgenommen werden. Das sei mein deutliches Signal für die Menschen in der DDR. Unser mittlerweile gemeinsam mit den USA vertretener Vorschlag, Gespräche der beiden deutschen Staaten mit den vier Siegermächten zu führen, sollte bald realisiert werden. Dies sei auch die Meinung von Gorbatschow.

Ministerpräsident Modrow erklärte sich mit dem Vorschlag für eine Konferenz der vier Mächte mit den beiden deutschen Staaten einverstanden. Dann übergab er mir ein Positionspapier des Runden Tischs für unsere Verhandlungen. Dabei wusste jedermann, wie kritisch ich den Beschlüssen dieses Gremiums gegenüberstand, weil es einer demokratischen Legitimation entbehre. Ich wiederholte noch einmal meine Auffassung, dass eine Beruhigung der Lage ohne eine schnelle Währungsunion nicht zu erreichen sei. Ministerpräsident Modrow stellte noch einmal die Frage nach einem »Solidaritätsbeitrag« der Bundesregierung. Nach seiner Meinung müsse sich vor dem 18. März noch etwas bewegen. Der Runde Tisch habe den Wunsch nach 15 Milliarden D-Mark geäußert, und die DDR-Bürger würden jetzt von der Bundesregierung erwarten, dass sich in dieser Frage etwas tue. Wie schon in Davos wies ich erneut unmissverständlich darauf hin, dass dieses Geld nicht weiterhelfen und nur sinnlos versickern würde. Ich wiederhole jedoch offiziell unser Angebot, eine Währungs- und Wirtschaftsunion zu schaffen.

In großer Runde, an der auf westdeutscher Seite auch mehrere Ministerpräsidenten und Bundesminister teilnahmen, wurden die Gespräche fortgesetzt. Es ging um den Beitritt nach Artikel 23 des Grundgesetzes, den die Gäste ablehnten, um die Sorge vor Fremdbestimmung und ganz allgemein um Zukunftsängste. Noch einmal sprachen wir über die Beteiligung westdeutscher Parteien am Volkskammerwahlkampf, wobei ich vor allem versuchte, Ängste zu zerstreuen.

Danach gingen Modrow und ich vor die Presse. Die Delegation aus Ost-Berlin hatte so gut wie nichts erreicht und fühlte sich spürbar gedemütigt. Doch was hätte ich anderes machen sollen? Für kurzfristige humanitäre Hilfe hatten wir gesorgt. In das bankrotte DDR-System noch einen Pfennig zu investieren verbot sich einfach. Später war in der DDR-Delegation die Rede von einer bedingungslosen Übergabe der DDR an die Bundesrepublik, die sich seit diesem 13. Februar abgezeichnet habe. Doch davon konnte überhaupt keine Rede sein. Vor der Presse umriss ich noch einmal die humanitäre Soforthilfe der Bundesregierung und informierte über das Angebot, so schnell wie möglich über die Währungs- und Wirtschaftsunion zu verhandeln. Dies bedeutete, dass zu einem noch zu bestimmenden Stichtag die D-Mark als einziges gesetzliches Zahlungsmittel in der DDR eingeführt werden sollte. Zum Abschluss der Pressekonferenz machte ich als Botschaft nach »drüben« deutlich, dass wir mit der D-Mark unseren stärksten wirtschaftlichen Aktivposten einbrachten.

Mit der Einführung der D-Mark beteiligten wir die Landsleute in der DDR ganz unmittelbar und direkt an dem, was die Bürger der Bundesrepublik Deutschland in jahrzehntelanger harter Arbeit aufgebaut und erreicht hatten. Damit wurden

Startbedingungen geschaffen, die eine rasche Verbesserung des Lebensstandards der Bürger der DDR ermöglichten. Die D-Mark, eine der härtesten und stabilsten Währungen der Welt, war das Fundament unseres Wohlstands und unserer Leistungsfähigkeit und eine allgemein akzeptierte Währung. Entscheidend war, dieses Fundament im beiderseitigen Interesse auch künftig tragfähig zu erhalten. Die Währungsunion machte deshalb nur dann Sinn, wenn in der DDR unverzüglich umfassende marktwirtschaftliche Reformen durchgeführt wurden. Hier handelte es sich um zwei Seiten ein und derselben Entwicklung, die parallel und eng miteinander verzahnt vorangetrieben werden musste. Das Leitwort der kommenden Wochen und Monate lautete: nationale Solidarität. Solidarität war in dieser Zeit unsere selbstverständliche menschliche und nationale Pflicht.

Am 15. Februar traf ich abends in Paris mit François Mitterrand zusammen, um ihn über den Stand der Entwicklungen zu informieren und ihn nach Möglichkeit auf meine Seite zu ziehen. Ich hatte den Eindruck, dass das Treffen in Latché Anfang Januar uns ein gehöriges Stück vorangebracht hatte. Mitterrand kam mir viel offener und entspannter vor als noch vor einigen Wochen. Ich sprach zuerst über die unklare Situation in der DDR und sagte, ich wolle beruhigend wirken, indem ich eine rasche demokratische Regierungsbildung als Vorbedingung einer stabilisierenden Währungs- und Wirtschaftsunion forderte. Unser Angebot für eine baldige Währungs- und Wirtschaftsunion sei auch als Signal für die Menschen in der DDR gedacht. Mitterrand interessierte sich für den Abzug der russischen Truppen aus Deutschland nach der Wiedervereinigung. Ich bekräftigte, dass das vereinigte Deutschland keine Militärmacht werden solle. Das sei auch Gorbatschows Interesse. Die deutsch-französische Freundschaft sei für mich auch in dieser Frage wichtiger als je zuvor. Daraufhin meinte Mitterrand: »Ich denke, dass sie [die deutsch-französische Freundschaft] für Gorbatschow ein beruhigender Faktor sein müsste.« Durch die deutsch-französische Zusammenarbeit und die EG verschwinde das Schreckensbild eines Vierten Reichs. »Das neue Deutschland hat jetzt den Rhein als seine Achse«, sagte der Präsident.

Wichtig sei, dass die ganze Entwicklung in der DDR und mit der Sowjetunion mit der europäischen Entwicklung verknüpft würde. »Verstehen Sie mich richtig«, sagte Mitterrand. »Die Aussicht auf eine deutsche Wiedervereinigung bereitet mir als solche keine Probleme. Ich habe es seit dem 3. November 1989 mehrmals gesagt, aber man muss es ständig wiederholen, um gehört zu werden, insbesondere bei den deutschen Zeitungen.« Dann sprach er die Grenzfrage und ihre Regelung an, und ich erklärte zum wiederholten Male, dass es mein Wunsch sei, dass dies nach der Wahl geschehe. Nur ein gesamtdeutsches Parlament könne diese Regelung treffen, und deswegen könne sie jetzt nicht von mir gefordert werden. Das vereinigte Deutschland werde dazu aber dieselbe Position einnehmen wie die Bundesrepublik und die Grenzen bestätigen. Trotzdem insistierte Mitterrand und meinte, politisch wäre es nützlich, die Grenzen vor der Wiedervereinigung zu bestätigen.

Das Thema Bündniszugehörigkeit beschäftigte uns anschließend eine ganze Zeitlang. Am Ende sagte der französische Präsident, er wolle nicht, dass man in Deutschland glaube, in Frankreich übe man Zurückhaltung gegenüber der deutschen Einigung, aber er wolle seine Meinung über die außenpolitischen Konsequenzen sagen. Wenn wir nicht zusammen in der Gemeinschaft wären, hätten wir sehr ernsthafte Probleme. Aber er kenne ja mein europäisches Engagement. Lachend meinte er, wir hätten uns aneinander gewöhnt und würden anfangen, ein altes Paar zu werden. Es sei gut, dass ich seinen Standpunkt begriffen hätte, dass die Einigung eine deutsche Entscheidung sei und die nationalen Konsequenzen in mein Ressort fielen. Die internationalen Konsequenzen wie Fragen der Allianzen und der Europäischen Gemeinschaft allerdings müssten zwischen uns debattiert werden. Ich war völlig einverstanden, bis auf einen Punkt: Mitterrand ging davon aus, dass der Abzug der alliierten Truppen aus Deutschland zu einem wesentlich früheren Zeitpunkt stattfinden würde, als ich für realistisch hielt.

Als ich in der Nacht nach Bonn zurückflog, wusste ich, dass Mitterrands Einwilligung zur Wiedervereinigung nur über den Weg einer weiteren engen Zusammenarbeit und Stärkung der EG zu bekommen war. Und hier sah ich zwischen uns auch gar keinen Dissens. Im Gegenteil, dies entsprach ja meiner tiefsten Überzeugung. Der Dissens über die Anerkennung der Westgrenze Polens blieb allerdings bestehen und sollte noch eine Weile für Gesprächsstoff sorgen. Doch auch in dieser Frage konnte sich mein Freund Mitterrand auf mich verlassen.

Eine gute Woche nach meinem Treffen mit François Mitterrand flog ich am 24. Februar nach Amerika. Auf dem Flughafen in Washington wurde die deutsche Delegation von Außenminister Baker willkommen geheißen. Es war eine ausgesprochen freundschaftliche Begrüßung. Wie George Bush ist auch »Jim« Baker uns Deutschen immer mit vorbehaltloser Sympathie gegenübergetreten. Ich schätze an ihm nicht zuletzt seine brillante Verhandlungsführung. Seine schnelle Auffassungsgabe und sein Witz helfen ihm dabei sehr. Der Mann, der aus einer der angesehensten Anwaltsfamilien aus Texas stammt und selbst Anwalt ist, hat das Zeug dazu gehabt, selbst amerikanischer Präsident zu werden.

Gemeinsam flogen wir mit Hubschraubern der Präsidentenstaffel in Richtung Maryland zum Landsitz des amerikanischen Präsidenten. In Camp David gab es ein herzliches Wiedersehen zwischen George und Barbara Bush und meiner Frau Hannelore und mir. Barbara Bush ist die Seele der Familie, eine prächtige Frau und Mutter. Sie verfügt über eine hinreißende Art, eine gute Atmosphäre zu schaffen, und hat einen außerordentlich starken menschlichen Einfluss auf ihre Umgebung. Sie hat einen herrlich trockenen Humor. Hannelore und Barbara Bush waren ein Herz und eine Seele. Mit kaum einer anderen Politikergattin verstand sich meine verstorbene Frau so blendend wie mit Barbara Bush. Sie zeigte ihre großen Sympathien für uns Deutsche, und das war von nicht geringer Bedeutung.

Wir waren für anderthalb Tage am Landsitz des amerikanischen Präsidenten zusammengekommen, um fernab vom politischen Tagesgeschäft alle Fragen im Zusammenhang mit der deutschen Wiedervereinigung zu erörtern, unsere Einschätzungen auszutauschen und unser weiteres Vorgehen abzustimmen. Nach dem gemeinsamen Mittagessen, während Hannelore und Barbara Bush plauderten, traf ich mit dem amerikanischen Präsidenten und seinem Außenminister im Konferenz-Blockhaus zusammen. Der deutsche Außenminister Hans-Dietrich Genscher fehlte in Camp David. Uns war von amerikanischer Seite zuvor mitgeteilt worden, der amerikanische Außenminister werde ebenfalls nicht dabei sein. Zu meiner Überraschung war er dann doch anwesend. Offenbar war die amerikanische Administration über Genscher verstimmt, weil er zu einem sehr frühen Zeitpunkt gegenüber Baker festgestellt hatte, zwar gebe es keine Neutralität des geeinten Deutschlands und die Nato-Mitgliedschaft müsse gesichert sein, aber das Atlantische Bündnis dürfe auch nicht auf das Gebiet der DDR ausgedehnt werden, und diese Garantie müsse der Sowjetunion gegeben werden. Das hatte die Amerikaner irritiert, und alte Vorurteile gegenüber Genscher, was seine Haltung gegenüber der Sowjetunion betraf, neu belebt. Dieses Misstrauen war den Amerikanern nicht zu nehmen, und deswegen, so wurde mir erklärt, habe man ihn in Camp David nicht dabeihaben wollen.

Von amerikanischer Seite nahm noch Bushs Sicherheitsberater Brent Scowcroft teil, der im deutschen Einigungsprozess eine herausragende Rolle spielte, die bis heute viel zu wenig gewürdigt worden ist. Zusammen mit Horst Teltschik, der mich auch auf dieser Reise begleitete, lieferte er in Camp David einmal mehr wichtige Beiträge. Die deutsch-amerikanischen Beziehungen, die enge Freundschaft und vertrauensvolle Partnerschaft mit den Vereinigten Staaten von Amerika waren eine entscheidende Vorbedingung dafür, dass der Tag der Einheit für uns Deutsche jetzt unmittelbar bevorstand, und natürlich standen die Zukunft der transatlantischen Beziehungen, die europäische Einigung und – darin eingebettet – der Weg der Deutschen zur staatlichen Einheit im Mittelpunkt unserer Gespräche.

In unserer ersten Gesprächsrunde schilderte ich zunächst die Situation in der Sowjetunion nach meinem Treffen mit Gorbatschow und die aktuelle Lage in der DDR. Ich unterstrich dabei nachdrücklich unsere Position, dass das vereinigte Deutschland Mitglied der Nato bleiben werde. Für mich seien die deutsche Nato-Mitgliedschaft und die Präsenz amerikanischer Streitkräfte in Europa und Deutschland elementare Voraussetzung für die Sicherheit des Kontinents. George Bush stimmte mir zu und hob seinerseits die Entschlossenheit der Vereinigten Staaten hervor, weiter in Europa und Deutschland präsent zu sein. Im Verlaufe des Gesprächs verständigten wir uns auf die Maximalposition gegenüber der Sowjetunion, nämlich die Mitgliedschaft des geeinten Deutschlands in der

Nato. Mit Baker sah ich mich einig, dass manches, was die Sowjets jetzt sagten, zum Verhandlungspoker gehöre und es letztlich eine Frage des Preises sei. Schwierig zu beantworten war die Frage der künftigen Präsenz amerikanischer Truppen in Deutschland. Dabei betrübte Bush am meisten der Gedanke, die Sowjets könnten im Falle der Rückführung ihrer Streitkräfte aus Deutschland den Abzug der amerikanischen Truppen fordern.

Was die Zustimmung unserer Verbündeten zur deutschen Wiedervereinigung anging, verständigten wir uns insgeheim auf eine gewisse Arbeitsteilung: Washington würde vor allen Dingen auf die Nato-Mitglieder Einfluss nehmen und sich um die Zustimmung der britischen Premierministerin zur deutschen Wiedervereinigung kümmern. Ich beabsichtigte, mich um die Zustimmung Frankreichs und der anderen EG-Partner zu bemühen. Wir verständigten uns auch auf die Zwei-plus-Vier-Gespräche, die erst nach den Volkskammerwahlen in der DDR zu terminieren waren.

Wieder einmal ging ich in Camp David auch auf die Ängste einiger unserer europäischen Nachbarn ein, von deutscher Seite könnte die Frage der Einheit der Nation mit dem Wunsch verbunden werden, bestehende Grenzen zu verschieben. Neuen Zündstoff hatte die Diskussion dadurch erhalten, dass der polnische Ministerpräsident Tadeusz Mazowiecki gegenüber den Vier Mächten sowohl die endgültige Anerkennung der Oder-Neiße-Linie noch vor der Wiedervereinigung als auch eine Teilnahme an den Zwei-plus-Vier-Verhandlungen forderte. Am 23. Februar, am Tag vor meiner Abreise nach Camp David, hatte ich deshalb mit ihm telefoniert und seine Sorgen über die Grenzfrage zu zerstreuen versucht. Fast schon gebetsmühlenartig wiederholte ich auch in Camp David, was ich damals bei jeder Gelegenheit – sei es auf internationalem Parkett oder im Deutschen Bundestag, sei es in Radio und Fernsehen oder in Zeitungsinterviews – beinahe täglich annähernd wortgleich versicherte: Wir wollten die Westgrenze Polens nicht in Frage stellen. Allerdings rückte ich auch keinen Millimeter von meinem Standpunkt ab, dass die Grenzfrage endgültig erst durch eine frei gewählte gesamtdeutsche Regierung und ein frei gewähltes gesamtdeutsches Parlament geregelt werden könne.

Zum Abschluss meines Amerikabesuchs unterstrich ich noch einmal, dass wir den Weg zur deutschen Einheit mit Vernunft und Augenmaß beschreiten wollten. Einerseits führten wir intensive Gespräche mit der DDR, besonders über die Währungs- und Wirtschaftsunion; andererseits achteten wir auf die unauflösliche Verbindung mit der transatlantischen Partnerschaft, der europäischen Einigung und der umfassenden Zusammenarbeit zwischen West und Ost.

Alles in allem war das Treffen in Camp David ein voller Erfolg. Wir konnten in allen entscheidenden Fragen Einvernehmen erzielen und hatten uns in mehreren Gesprächsrunden intensiv ausgetauscht und über das weitere Vorgehen verständigt. Ich hatte auch mein Ziel ausführlich erläutert, so schnell wie möglich eine Währungs- und Wirtschaftsunion mit der DDR zu erreichen, und fand auch dafür die volle Unterstützung der amerikanischen Freunde. Dabei war sicher hilfreich, dass im Gegensatz zu vielen anderen ich wusste, was ich wollte, und dass unsere amerikanischen Partner wussten, wo ich stand, und dass man sich auf mich verlassen konnte. Während man sich in anderen Parteien noch unschlüssig war, konnte jedermann meine Linie klar erkennen.

Ich spürte den festen Rückhalt der amerikanischen Regierung dafür, dass ich meine ganze Kraft für den zügigen Fortgang des Einigungsprozesses einsetzte. Ich hatte dem amerikanischen Präsidenten aufrichtig zu danken, ebenso seinem

Außenminister und seinem Sicherheitsberater, die großen Anteil am Erfolg unserer Begegnung hatten. Das Camp-David-Treffen hatte die Beziehungen zwischen dem amerikanischen Präsidenten und mir wesentlich vertieft. Die Amerikaner hatten im deutschen Einigungsprozess eine führende Rolle, und darauf setzte ich auch in den kommenden Tagen und Wochen. Nicht zuletzt bei den so entscheidenden Zwei-plus-Vier-Verhandlungen kam es auf Amerika an.

Auf der anschließenden Pressekonferenz interessierten sich die Journalisten am meisten für die Frage der Westgrenze Polens. Ich wiederholte, was ich schon mehrfach und immer wieder gesagt hatte, dass niemand die Einheit Deutschlands mit der Verschiebung bestehender Grenzen verbinden wolle. George Bush ergänzte, dass die Bestimmungen der KSZE-Schlussakte und damit die Unverletzlichkeit bestehender Grenzen in Europa von Washington respektiert würden. Das war selbstverständlich auch meine Position, doch das hielt die anwesenden Journalisten nicht davon ab, zwischen Bush und mir einen Gegensatz zu konstruieren.

Nach der Pressekonferenz trafen wir uns zu einem gemeinsamen Mittagessen, und anschließend machten wir einen langen Spaziergang, bei dem wir uns über unser Leben, über unsere Familien, unsere Kinder unterhielten. Nach einem herzlichen Abschied brachte uns der Präsidentenhubschrauber wieder nach Washington, und nach sieben Stunden Flugzeit landeten wir wieder in unserer Heimat.

In der Frage der polnischen Westgrenze verständigten sich am 6. März die Spitzen von CDU/CSU und FDP auf einen Entschließungsantrag, der zwei Tage später im Bundestag heftig diskutiert und angenommen wurde. Darin hieß es, dass möglichst bald nach den Wahlen in der DDR beide frei gewählten Parlamente und Regierungen eine gleichlautende Erklärung auf der Grundlage der Entschließung des Deutschen Bundestags vom 8. November 1989 abgeben würden, mit der sie die Unverletzlichkeit der Grenzen gegenüber Polen garantierten. Bestandteil der Erklärung war darüber hinaus die Forderung nach einem Verzicht Polens auf Reparationsleistungen sowie die Festschreibung der Rechte der deutschen Minderheit in Polen. Dafür wäre der innen- wie außenpolitische Druck nicht notwendig gewesen. In der stürmischen Bundestagsdebatte am 8. März, in der der Entschließungsantrag angenommen wurde, erklärte ich noch einmal unmissverständlich: »Ich habe seit der Regierungsübernahme 1982 nie einen Zweifel daran gelassen, dass wir an Buchstaben und Geist des Warschauer Vertrages in all seinen Teilen festhalten.«

Aber auch diese Erklärung im Bundestag räumte die Zweifel an meiner Haltung nicht überall aus. Zwar zeigten sich George Bush und Michail Gorbatschow zufrieden, und selbst die britische Premierministerin Margaret Thatcher sprach von einem »höchst staatsmännischen Schritt«, doch mein französischer Freund François Mitterrand irritierte mich erneut. Beim Staatsbesuch von General Wojciech Jaruzelski und Ministerpräsident Tadeusz Mazowiecki in Paris wurde beklagt, dass die Bundestagsresolution nicht klarmache, welche Grenze gemeint sei. Außerdem forderte Jaruzelski, Zwei-plus-Vier-Gespräche auch in Warschau stattfinden zu lassen. Die Diskussion spitzte sich ein letztes Mal zu, und ich konnte nur noch den Kopf darüber schütteln.

Am 14. März rief mich Mitterrand an und berichtete, in zwei Punkten stimme er mit Mazowiecki und Jaruzelski überein. Obwohl wir in der Bundestagsentschließung doch Klarheit in der Frage der Oder-Neiße-Grenze geschaffen hatten, sagte Mitterrand nun, es sei notwendig, sie anzuerkennen, und äußerte den Wunsch, dass die Verhandlungen zwischen Deutschen und Polen unverzüglich aufgenommen würden, noch bevor die Einheit vollzogen sei. Außerdem vertrat er die Position, dass Warschau während der Zwei-plus-Vier-Verhandlungen bei allen Fragen dabei sein sollte, die die polnische Westgrenze betrafen.

Verärgert schilderte ich Mitterrand den Inhalt des Entschließungsantrags und machte klar, dass ich es seltsam fände, dass Erklärungen von Parlament und Regierung keine Bedeutung beigemessen und auch an meinem Wort gezweifelt werde. Die Art und Weise, wie mit diesem Thema umgegangen werde, mache mich betroffen, erklärte ich. So werde in der Grenzfrage der psychologische Eindruck erweckt, alles sei unklar. Dabei stimme das gar nicht. Die Sache werde nach meinem Eindruck bewusst so gespielt, dass die Position der CDU geschwächt werde. Von den Polen komme keine positive Geste, aber dennoch wolle ich die Aussöhnung mit diesem Volk, sagte ich und berief mich auf die Aussöhnung zwischen Deutschen und Franzosen. Im Rückblick glaube ich, dass François Mitterrand die Situation wohl falsch einschätzte. Unser Telefonat war wie ein reinigendes Gewitter, durch das sich an unserer Freundschaft nichts änderte. Dazu hatten wir in der Vergangenheit viel zu sehr Anteil genommen am persönlichen Schicksal des anderen. Auch später blieb das so.

Wenn auch die polnische Grenzfrage noch manche Irritationen mit sich brachte und für manche Aufregung sorgte, wurde das Thema schon bald auf den Stellenwert reduziert, der ihm zukam. Im Nachhinein mutet die Debatte von damals gespenstisch an. Völlig unbegründet zweifelte man im Ausland die Glaubwürdigkeit der Bundesregierung an, nur weil eine schwierige außenpolitische Frage für innenpolitische Zwecke instrumentalisiert wurde – nicht zuletzt von jenen in Deutschland, die die Einheit nicht wollten.

17.
Sieg der Selbstbestimmung – Die ersten freien Wahlen in der DDR

Noch nie zuvor und auch nie wieder danach habe ich in einem Wahlkampf so viele Menschen persönlich angesprochen wie in jenen Wochen Anfang 1990 vor den ersten freien Wahlen in der DDR. Meine Auftritte gestalteten sich beinahe wie ein Triumphzug durch das Land. Sechs Wahlkundgebungen bestritt ich und sprach insgesamt vor rund einer Million Menschen. Schon der Auftakt in Erfurt am 20. Februar war ein riesiger Erfolg. Zu Zehntausenden waren die Menschen gekommen und zeigten zugleich anrührende Transparente. Auf einem war zu lesen: »Gott schütze unseren Kanzler.« Im sächsischen Chemnitz war es nicht anders; mehr als 200 000 Menschen bereiteten mir hier einen begeisterten Empfang. In Magdeburg waren es etwa 130 000 Menschen, nicht viel weniger waren es in Rostock und in Cottbus. Als ich in der alten Hansestadt Rostock aus dem Wagen stieg, gelang es mir inmitten der begeisterten Menschenmassen kaum, zum Rednerpodest zu kommen, das auf der Fischerbastion aufgebaut war.

Es sollen 300 000 Menschen gewesen sein, die sich zur Abschlusskundgebung des Wahlkampfs am 14. März auf dem alten Augustusplatz in Leipzig eingefunden hatten, dort, wo Monate zuvor die mutigen Bürger der alten Messe- und Handelsstadt gegen das Honecker-Regime demonstriert hatten. Wie schon bei den Veranstaltungen zuvor schritt ich zu Marschmusik durch ein enges Menschenspalier, schüttelte unzählige Hände, wie schon so oft trat ich ans Podest, legte meine Uhr ab, zog einen mit Filzstift beschriebenen Zettel aus der Tasche und begann zu reden. Doch die Menschen hörten nichts. Saboteure hatten die Hauptleitung zu den Lautsprechern durchgeschnitten. Ich wurde unruhig, aber die Menschen auf dem Augustusplatz ließen sich ihre gute Laune nicht verderben und stimmten »Einigkeit und Recht und Freiheit« an.

Rasch war der Schaden behoben, und ich begann meine Rede von neuem, immer wieder von tosendem Beifall unterbrochen:

> »Wir wollen, dass die Menschen hier glücklich werden, in Sachsen und überall in der DDR, dass niemand seine Heimat verlässt, weil er an der Zukunft zweifelt. Jeder muss wissen: Wir haben gemeinsam eine gute Zukunft. Das ist die Botschaft, die ich Ihnen an diesem Abend für die Zukunft zurufen möchte: Wir sind stolz auf unsere Heimat, Sie auf Ihre Heimatstadt Leipzig, auf das hoffentlich bald wieder erstehende Land Sachsen, auf unser deutsches Vaterland und auf eine gemeinsame europäische Zukunft. Das wird unser Weg sein, den wir gemeinsam gehen wollen. […] Helfen wir uns gegenseitig, und helfen Sie auch mir auf diesem Weg. Gott segne unser Vaterland!«

Meine Wahlkundgebungen zu den ersten freien Volkskammerwahlen in der DDR im Frühjahr 1990 waren bewegende Momente, das waren Erlebnisse in meinem Leben, die nie wiederkommen. Ich werde nicht vergessen, wie die Menschen allein schon bei »Deutschland« gejubelt und geklatscht haben. Oder wie die rund 300 000 Menschen in Leipzig unsere Nationalhymne in die Abenddämmerung hinein gesungen haben – das waren für mich nicht irgendwelche Augenblicke, sondern das war eine ganz besondere Lebenserfahrung. Überall bereiteten mir die Menschen einen begeisterten Empfang. Und überall war die Botschaft die gleiche: Die Menschen wollten die Einheit, sie wollten nicht länger warten.

Der Endspurt des Wahlkampfs wurde leider von einer unappetitlichen Geheimdienstaffäre überschattet, der noch viele folgen sollten. Als ich nach einem Wahlkampfauftritt spätabends die Nachricht erhielt, dass Wolfgang Schnur, der Vorsitzende des Demokratischen Aufbruchs, seit vielen Jahren für die Stasi gearbeitet haben sollte, verständigte ich mich sofort mit Bernd Neumann und Eberhard Diepgen, damit sie Schnur aufsuchten und uns Klarheit verschafften. War er ein Spitzel gewesen oder war er es nicht? Viele seiner Weggefährten versuchten, ihn zu verteidigen. Auch ich war nicht sicher, ob die Vorwürfe zutrafen oder ob es nur um die Diffamierung des politischen Gegners ging, und wartete ungeduldig auf Nachricht von Neumann und Diepgen. Schnur bestätigte ihnen im Prinzip, was wir über seine Stasi-Mitarbeit gehört hatten.

Kurz vor meinem letzten Wahlkampfauftritt konnte ich in Leipzig der Presse mitteilen, dass Wolfgang Schnur auf eigenen Wunsch vom Vorsitz des DA sowie von seinen in der Allianz für Deutschland übernommenen Verpflichtungen entbunden worden sei. Vor allem die SPD, in der bald darauf Ibrahim Böhme, der Vorsitzende der DDR-SPD, ebenfalls mit dem Spionagevorwurf zu kämpfen hatte, schoss sich auf mich ein. Hans-Jochen Vogel, der Vorsitzende der Sozialdemokraten, unterstellte mir »Vertuschungsversuche« und sprach von einem »Schaden für die Demokratie«.

Die Wahlen in der DDR fanden auf der Grundlage eines am 20. Februar von der Volkskammer verabschiedeten Wahlgesetzes statt. 24 Parteien wetteiferten am 18. März um die Gunst der rund 12,2 Millionen wahlberechtigten Bürger, die in freier, allgemeiner, gleicher, direkter und geheimer Wahl die 400 Volkskammerabgeordneten bestimmen würden. Es war eine Schicksalswahl für ganz Deutschland. Die Bürger in der DDR waren aufgerufen, mitzubauen an einer besseren Zukunft in ihrer Heimat, mitzubauen an einem freien und geeinten Deutschland in einem freien und geeinten Europa. Nur Vertreter der älteren Generation konnten voll und ganz ermessen, was die Volkskammerwahl historisch betrachtet bedeutete. Man musste schon um die 80 Jahre alt sein, um sich daran erinnern zu können, wann man bei den letzten freien Wahlen auf dem Gebiet der DDR gewählt hatte: Die letzte wirklich freie Wahl hatte im Herbst 1932 stattgefunden, seit dieser Reichstagswahl hatte das Land zwischen Elbe und Oder keine demokratische Regierung mehr gekannt – zunächst herrschte die braune, dann die rote Diktatur. Ich fragte mich oft, welche Gefühle wohl jene Menschen bewegen mochten, die zum ersten Mal seit 58 Jahren wieder an einer freien Wahl teilnehmen konnten.

Obwohl die Wahlforscher bis zuletzt einen hohen Sieg der SPD prophezeit hatten, gewann die Allianz für Deutschland mit insgesamt 48 Prozent der Stimmen die Wahl. Mit einem Stimmenanteil von 40,59 Prozent ging dabei die CDU als klare Siegerin hervor und wurde mit 163 Mandaten stärkste Fraktion in der neu gewählten Volkskammer. Die DDR-CDU hatte in 171 von 191 Landkreisen und in 21 von 27 Stadtkreisen gewonnen. Ihre Hochburgen hatte sie in Thüringen, Sachsen sowie im südlichen Sachsen-Anhalt, während ihre Ergebnisse im Norden der DDR weitaus schwächer waren. Die katholisch geprägten Kreise Heiligenstadt und Worbis bescherten der CDU mit 74,7 beziehungsweise 72,99 Prozent ihre größten Wahlerfolge. Bedeutend schwächer schnitten die Partner der CDU in der Allianz ab: Der Demokratische Aufbruch erhielt 0,9 Prozent der Stimmen, die Deutsche Soziale Union 6,3 Prozent.

Mit dem überwältigenden Sieg der Allianz war die Sensation perfekt, zumal ihr nur neun oder zehn, bestenfalls elf Prozent der Stimmen vorausgesagt worden waren. Das Wahlbündnis hatte die SPD, die lediglich auf 21,76 Prozent und 88 Mandate kam, vernichtend geschlagen. Die SED-Nachfolgepartei PDS erzielte als drittstärkste Kraft 16,32 Prozent und 66 Mandate. Die Wahlbeteiligung war mit 93,39 Prozent außerordentlich hoch. Dass die Allianz die absolute Mehrheit um acht Mandate verpasst hatte, war für mich ein Gottesgeschenk, denn die materiellen und immateriellen Probleme der DDR waren so riesig, dass sie keine politische Kraft allein hätte bewältigen können. Entschieden plädierte ich deshalb für eine Koalition unter Einbeziehung der SPD.

Den Wahlabend verfolgte ich zusammen mit meinen Mitarbeitern am Fernsehgerät in meinem Arbeitszimmer im Kanzleramt. Voller Zufriedenheit blickte ich auf die zurückliegenden Wochen, die wie im Flug vergangen und auch oft bis an die Grenzen der Belastbarkeit gegangen waren: Innerhalb kürzester Zeit hatte ich ein Wahlbündnis aus untereinander zerstrittenen Parteien geschmiedet, und nach einem anstrengenden Spurt hatten die Allianzparteien die Wahlen überzeugend gewonnen. Auch wenn ich gespürt hatte, wie sich in den letzten 14 Tagen die Stimmung zugunsten der Allianz wendete – diesen Wahlsieg hatte ich nicht vorhergesehen.

Dass trotz allem, was geschehen war, die PDS noch rund 16 Prozent auf sich vereinigen konnte, war bemerkenswert. Es hatte sich für diese Leute offenbar ausgezahlt, dass sie sich in der Öffentlichkeit sogleich als politische Saubermänner dargestellt hatten – obwohl sie doch die Hauptverantwortung für den Unrechtsstaat und den wirtschaftlichen Niedergang der DDR trugen.

Uns gab das Wahlergebnis allen Grund, mit Zuversicht den gesamtdeutschen Wahlen entgegenzusehen. Offenkundig war die in der Union verbreitete Befürchtung, die bürgerlichen Parteien seien in der DDR strukturell nicht mehrheitsfähig, unbegründet gewesen. Das war zumal für unsere Wähler aus den bürgerlichen Schichten im Westen wichtig, da man dort Befürchtungen hegte, dass ein vereintes Deutschland automatisch auf unabsehbare Zeit »rot« sein würde. Ich hatte etliche Briefe wohlmeinender Zeitgenossen erhalten, die mich fragten, ob man nicht besser auf die Einheit verzichten solle, damit die Bundesrepublik nicht in sozialistisches Fahrwasser gerate.

Sowohl der Wahlkampf als auch das Wahlergebnis waren für die Unionsparteien ungeheuer motivierend. Während der zurückliegenden Wochen hatte ich viele Persönlichkeiten aus Bundesregierung und Landesregierungen, aus Bundestag und Landtagen, Bürgermeister und Landräte erlebt, die unsere neuen Partner in der DDR in unglaublicher Weise unterstützt hatten und im Gespräch mit den Wählern regelrecht aufgeblüht waren. Wenn die CDU in diesen Wochen etwas beweisen konnte, dann, dass sie über ein Maß an Vitalität und Jugendfrische verfügte, wie man es ihr schon gar nicht mehr zugetraut hatte.

Umso größer war die Enttäuschung der Sozialdemokraten. Wie es um die SPD stand, das war an diesem Wahlabend nicht nur dem Partei- und Fraktionsvorsitzenden Hans-Jochen Vogel deutlich ins Gesicht geschrieben. Aber es war auch zu sehen, wie wenige Journalisten der Union den Sieg gönnten. Ich habe selten in so viele sauertöpfische Gesichter geblickt wie an diesem Abend. Den Bock des Abends aber schossen die Grünen, die sich nicht schämten, von einer »Dampfwalzenpolitik« zu sprechen und den Deutschen in der DDR vorzuwerfen, sie hätten sich für die D-Mark verkauft. Der spätere Bundesinnenminister Otto Schily, früher ein Vertreter der Grünen, zückte vor laufender Fernsehkamera gar eine Banane als Erklärung für den Wahlausgang – ein böser Hohn für all jene, die 40 Jahre Sozialismus erlitten hatten.

Dabei hatten unsere Landsleute bei der ersten freien Wahl seit knapp 60 Jahren nichts anderes getan, als ihre Hoffnung auf ein Leben in Freiheit, sozialer Sicherheit und Wohlstand zum Ausdruck zu bringen. Ihre Wahlentscheidung war zugleich ein Mandat für mich und meine Partei für die Herstellung der Einheit Deutschlands. Sie bekannten sich dazu, zusammen mit den Menschen in der Bundesrepublik in einem einigen Vaterland leben zu wollen, in dem eine Verfassungsordnung gilt, die Freiheit und Menschenwürde schützt, die Menschenrechte garantiert und den sozialen Rechtsstaat verwirklicht. Unüberhörbar machten sie deutlich, was sie außerdem wollten: die Soziale Marktwirtschaft – und zwar bald.

Nun kam es darauf an, die Erwartungen der Wähler nicht zu enttäuschen. Sobald die Regierungsbildung in der DDR abgeschlossen sein würde, mussten sich unsere beiden Regierungen vor allem auch umgehend über die noch offenen Fragen der Währungsunion einigen, damit bald ein Termin und die Umtauschmodalitäten für die Einführung der D-Mark festgelegt werden konnten. Parallel dazu musste in der Volkskammer die Rahmengesetzgebung für eine Währungs-, Wirtschafts- und Sozialunion erarbeitet werden. In dieser historischen Stunde appellierte ich an die Menschen in der DDR:

»Bleiben Sie zu Hause, helfen Sie mit, gemeinsam mit uns dieses schöne Land aufzubauen! Niemals waren die

Chancen für jeden einzelnen größer als heute. Nutzen Sie sie! Jetzt ist die Zeit für Zuversicht, Initiative und Tatkraft.«

Die Ergebnisse der Volkskammerwahl entfalteten schon in den nächsten Tagen unmittelbare praktische und politische Wirkung. Beispielsweise befasste sich die CDU-Präsidiumssitzung am 19. März wieder einmal mit dem Übersiedlungsstrom, und weil es dabei auch um das Aufnahmeverfahren in der Bundesrepublik ging, nahm auch Bundesinnenminister Wolfgang Schäuble an der Sitzung teil. Seine Position, das teure Aufnahmeverfahren erst dann abzuschaffen, wenn die Ursachen für die Übersiedlungsströme behoben wären, stieß bei den anwesenden Ministerpräsidenten auf strikte Ablehnung. Nach ihrer Meinung gab es nach der ersten freien Wahl in der DDR keinen Grund mehr, an der bisherigen Praxis festzuhalten.

Schließlich einigten wir uns in der Koalitionsrunde am Tag danach über den weiteren Umgang mit den Übersiedlern und verständigten uns mit der FDP auf einen Fahrplan zur deutschen Einheit. Da wir hofften, dass die Übersiedlerzahlen nunmehr zurückgehen würden, was dann auch schnell geschah, sollte das Aufnahmeverfahren ab dem 1. Juli 1990 abgeschafft werden. Am selben Tag wollten wir die Währungs- und Wirtschaftsunion Wirklichkeit werden lassen. Für diesen Termin hatte ich ein entscheidendes Motiv: Am 1. Juli begannen in der DDR die Sommerferien, und ich wollte, dass DDR-Bürger D-Mark in der Hand hatten, wenn sie erstmals Urlaub im Schwarzwald, in Bayern oder Italien machten. Die Verhandlungen darüber mussten daher sofort vorangebracht werden, und parallel dazu mussten wir uns gemeinsam um die ebenfalls angestrebte Sozialunion kümmern.

Drei Tage nach der erfolgreichen März-Wahl reiste Lothar de Maizière, begleitet von den Pfarrern Ebeling und Eppelmann, nach Bonn. Beim ersten Treffen der Allianzpartner im Kanzleramt musste zunächst einmal die Frage geklärt werden, wer Ministerpräsident der DDR werden sollte. De Maizière, der seit dem Wahlsonntag nichts von sich hatte hören lassen, hatte sich noch nicht offiziell zu dieser Frage geäußert und zeigte wenig Begeisterung für die neue Aufgabe. Damals konnte ich mir auf ein solches Verhalten keinen Reim machen, heute wäre zu vermuten, dass ihn die aufkommende Diskussion um seine Verbindung zum DDR-Geheimdienst innerlich weit mehr beschäftigt haben mag, als wir alle annehmen konnten.

Rainer Eppelmann vom Demokratischen Aufbruch meinte spontan, er könne sich auch einen anderen Ministerpräsidenten vorstellen, wenn de Maizière nicht wolle. Alle schauten ihn erwartungsvoll an. Als Eppelmann Manfred Stolpe vorschlug, machte ich aus meiner Ablehnung keinen Hehl. Damit war der Vorschlag vom Tisch. Ansonsten hatte ich wenig Einfluss auf die Regierungsbildung in Ost-Berlin. Beispielsweise hätte ich gerne den DSU-Vorsitzenden Hans-Wilhelm Ebeling als Innenminister gesehen, aber de Maizière zeigte so gut wie kein Interesse an meinen Vorschlägen und Empfehlungen. Der designierte Ministerpräsident hätte eher auf die DSU verzichten wollen als auf die SPD, die massiv darauf drängte, sich von Ebeling und seinem Generalsekretär Peter-Michael Diestel zu trennen, und dies zur Vorbedingung für eine Regierungsbeteiligung machte. Zumindest dies wusste ich aus Gründen der Fairness gegenüber den Mitstreitern im Wahlkampf zu verhindern.

Auch außenpolitisch bedeutete das Ergebnis der Volkskammerwahl eine Stärkung unserer Position. Mein Weg in Richtung deutsche Einheit hatte nunmehr vor aller Welt seine Bestätigung durch die Menschen in der DDR selbst erfahren. Außerdem war unser gemeinsam mit den westlichen Verbündeten artikulierter Wille bekräftigt worden, dass ein vereintes Deutschland in der Nato bleiben musste. Ich sagte das George Bush, als er mich am frühen Nachmittag des 20. März anrief, um mir zum Wahlausgang zu gratulieren, und bedankte mich bei dieser Gelegenheit für seine tatkräftige Unterstützung.

Dann kam der Präsident auf den bevorstehenden Besuch des polnischen Ministerpräsidenten Mazowiecki in Washington zu sprechen. Er sagte, er wolle sich mit mir genau absprechen, um sicher zu sein, dass er auf der gleichen Wellenlänge mit mir bleibe, wenn die Polen auf eine größere Rolle bei den Zwei-plus-Vier-Verhandlungen drängten. Die amerikanische Seite werde die deutsche Position nicht unterminieren. Er werde in einem solchen Fall darauf hinweisen, dass er die Gespräche als Forum ansehe, um über die Rechte und Verantwortlichkeiten der Vier Mächte zu reden, und klarstellen, dass die USA nicht dafür seien, Warschau als Gesprächspartner vorzusehen. Er werde den Polen umfassende Gespräche anbieten, aber keine Erweiterung des Zwei-plus-Vier-Rahmens. So war der Geist unserer Zusammenarbeit.

Ich kündigte George Bush an, dass bald die gleichlautenden Erklärungen von Bundestag und Volkskammer zur polnischen Westgrenze abgegeben werden könnten. Beide Regierungen würden dann Briefe an Tadeusz Mazowiecki richten, mit denen der Beschluss der Parlamente übermittelt würde. Bis Anfang Juni könne Mazowiecki im Besitz dieser Schreiben sein. Im übrigen sei ich bereit, den Text dieser Schreiben vertraulich mit Mazowiecki abzustimmen.

Der amerikanische Präsident meinte daraufhin, je schneller dies geschehe, desto besser sei es. Es sehe so aus, als ob die

Sowjetunion versuchen würde, Unruhe zu stiften. Bush bezog sich damit auf jene an Einfluss gewinnenden Männer um Gorbatschow, die nichts unversucht ließen, Hindernisse auf dem Weg zur deutschen Einheit zu errichten. Beinahe beschwörend unterstrich ich noch einmal, dass Mazowiecki wissen müsse, dass ich fest entschlossen sei, die Oder-Neiße-Grenze zu akzeptieren. Hier gebe es bei mir keine Hintergedanken. Es sei dies eine bittere Last der Geschichte, aber es sei an der Zeit, diese Frage jetzt zu regeln. Eine gesamtdeutsche Regierung und ein gesamtdeutsches Parlament müssten auf alle Fälle völkerrechtlich den letzten Akt setzen. Zum Schluss des rund 30 Minuten dauernden Telefonats betonte Präsident Bush nochmals, die Nato-Mitgliedschaft eines vereinten Deutschlands sei unerlässlich für die europäische Stabilität und Sicherheit, selbst in Osteuropa setze sich dieser Standpunkt allmählich durch. Auch in dieser Frage wusste er sich mit mir einig.

Wie genau die Mächtigen in Moskau den Erfolg bei der März-Wahl registrierten, das spürte ich deutlich bei meinem Treffen mit dem sowjetischen Botschafter Julij Kwizinskij im Kanzleramt am 22. März. Ich bat den Botschafter, dieses Gespräch direkt an Präsident Gorbatschow zu übermitteln und nicht den Dienstweg über die »Betonköpfe« zu wählen. Es war mir wichtig, dem Generalsekretär meine Beurteilung der Lage unmittelbar zukommen zu lassen, denn mein Ziel war es, dass am Ende des Prozesses der deutschen Einigung die deutsch-sowjetischen Beziehungen nicht schlechter, sondern besser sein sollten. Weder wollte ich die Probleme für Präsident Gorbatschow vergrößern noch die Beziehungen belasten – eine Position, die auch der amerikanische Präsident teilte.

Ich machte Kwizinskij deutlich, dass ich nicht die Absicht hätte, Hektik auszulösen. Im Augenblick sehe es so aus, als ob es im Gefolge des Wahltags zu einer Erleichterung der angespannten Situation kommen werde, und die Zahl der Übersiedler sinke auch bereits. Trotzdem entwickelten sich die Dinge schneller als gedacht. In meinem ursprünglichen Zeitplan vom November 1989, als ich die Zehn Punkte vorgetragen hätte, sei ich noch davon ausgegangen, dass in diesem Jahr die Vertragsgemeinschaft vereinbart werde, 1991 die konföderativen Strukturen entwickelt würden und 1992/93 eine Föderation errichtet werden könne. Die tatsächliche Entwicklung habe diese Vorstellung jedoch sachlich überholt, denn die DDR-Wirtschaft befinde sich in einem katastrophalen Zustand, das Auslandsdefizit betrage rund 40 Milliarden D-Mark. Eine Lösung dieser Probleme müsse auch im Interesse der Sowjetunion liegen, zumal die deutsche Einigung genausowenig aufzuhalten sei wie das Wasser im Rhein, das in jedem Fall ins Meer gelange. Wer seinen Lauf stoppen wolle, müsse mit einer Überflutung rechnen. Der Fluss könne zwar umgeleitet werden, so dass es zu Verzögerungen komme, doch letztlich erreiche er sein Ziel.

Ausführlich erläuterte ich meine Position in der Grenzfrage mit Polen. Schließlich kam ich auf den künftigen Status Deutschlands zu sprechen und wiederholte, dass das Problem bestehender Wirtschaftsabkommen der DDR mit der Sowjetunion sicher gelöst werden könne. Auch eine zeitlich begrenzte Präsenz sowjetischer Truppen auf dem DDR-Territorium sei für mich vorstellbar, und die komplexen finanziellen Probleme, die für die Sowjetunion damit verbunden waren, seien ebenfalls lösbar.

Botschafter Kwizinskij machte deutlich, dass die Sowjetunion es innenpolitisch nicht verkrafte, wenn Deutschland Mitglied der Nato bleibe. Dies liege jedoch durchaus im Interesse der Sowjetunion, wandte ich ein, denn ein neutrales

Deutschland wäre für alle eine größere Belastung. Ob nicht ein Deutschland vorstellbar sei, das in gleicher Weise im Westen wie im Osten verankert wäre, fragte der Botschafter. Der Warschauer Pakt sei militärisch unbedeutend geworden, er sei nur noch politisch in Kraft. Dagegen sei die Nato auch militärisch noch intakt. Ich wies darauf hin, dass Deutschland einen Vertrag mit der Sowjetunion schließen und eine sowjetische Präsenz für etwa fünf Jahre akzeptieren könne. Danach werde sich dieses Problem nicht mehr stellen.

Kwizinskij bekräftigte, dass diese Frage für die Sowjetunion im Moment sehr problematisch sei, Gorbatschow habe dies wiederholt gesagt. Er wolle eine persönliche Frage an mich richten: Müsse sich eine Entmilitarisierung allein auf das DDR-Territorium beziehen oder könnte nicht auch ein Teil der Bundesrepublik einbezogen werden, etwa in der Form, dass ein Streifen von 150 Kilometern Breite erfasst werde? Es könnten auch 100 Kilometer sein. Ich verwies auf die Tatsache, dass die engste Stelle der Bundesrepublik gerade einmal 150 Kilometer breit sei, und im übrigen müsse man ja in Rechnung stellen, dass Truppenreduzierungen bevorstünden. Das gelte sowohl für die amerikanischen als auch für die alliierten und deutschen Truppen.

Botschafter Kwizinskij erwiderte, dass es eine ganz einfache Lösung geben könnte: Die Sowjetunion ziehe ihre Truppen ab, wenn auch die drei Westmächte Deutschland verlassen würden. Ich wies daraufhin auf die unterschiedliche Ausgangsposition hin: Die Sowjetunion würde sich nur rund 600 Kilometer zurückziehen, die USA dagegen 6000 Kilometer. Man müsse eine gemeinsame Antwort erreichen.

Gegen Ende unseres harten und offenen Meinungsaustauschs kamen wir noch einmal auf die wirtschaftlichen Aspekte der deutschen Einheit zu sprechen. Kwizinskij schlug vor, in das Dokument der Zwei-plus-Vier-Gespräche die Erklärung aufzunehmen, dass Deutschland die vertraglichen Verpflichtungen der DDR mit der Sowjetunion übernehme. Dies sollte generell gelten und nicht erst im Rahmen von Gesprächen zwischen den beiden deutschen Staaten und der Sowjetunion geregelt werden. Die Sowjetunion habe mit der DDR 3600 Verträge und Abkommen abgeschlossen. Ich erwiderte, dass ich keine Katze im Sack kaufen könne. Die Bundesregierung müsse die Verträge kennen, und gegebenenfalls solle die Sowjetunion mit der Bundesregierung in vertrauliche Gespräche darüber eintreten. Deutschland sei kein Dukatenesel, aber die Sowjetunion könne von dem guten Willen der Bundesregierung ausgehen, diese Frage konstruktiv zu lösen.

Es bestand kein Zweifel: Für die Sowjetunion waren die sicherheitspolitischen Aspekte die Schlüsselfrage des deutschen Einigungsprozesses. Von einer für Moskau zufriedenstellenden Lösung, die ich unmittelbar mit den wirtschaftlichen Interessen verknüpft sah, dürfte das Gesamtverhalten der Sowjetunion bei den Zwei-plus-Vier-Gesprächen über die außenpolitische Absicherung der deutschen Einheit abhängen. Bislang hatte die Führung der Sowjetunion ihre Ablehnung einer Mitgliedschaft Gesamtdeutschlands in der Nato sehr deutlich artikuliert. Noch Anfang März hatte Präsident Gorbatschow in einem Fernsehinterview gesagt: »Nein, da werden wir nicht zustimmen. Das ist absolut ausgeschlossen.« Außenminister Eduard Schewardnadse sagte in einem Zeitungsinterview: »Die Prognose über eine Mitgliedschaft des vereinten Deutschlands in der Nato entspricht nicht unseren Vorstellungen von den eigenen nationalen Interessen ...« Und schließlich äußerte Regierungssprecher Gennadi Gerassimow einen Tag nach der März-Wahl: »Ein vereintes Deutschland soll nicht Mitglied der Nato sein.«

Doch so massiv solche Vorbehalte auch vertreten wurden, es gab keine Alternative zu dem bereits eingeschlagenen Weg: Ich musste die Sowjetunion davon überzeugen, dass die Nato-Mitgliedschaft eines vereinten Deutschlands letztlich auch mit ihren Interessen vereinbar war. Meiner Einschätzung nach bestanden durchaus realistische Aussichten, dass das gelingen könnte. Ich hatte den Eindruck, dass die Sowjets in der Bündnisfrage verhandlungsbereit waren und pokerten. Hier sah ich mich vor allem auch mit US-Außenminister Baker einig. Ein Teil der Lösung musste irgendwo im materiell-finanziellen Entgegenkommen der Bundesregierung zu finden sein.

18.
Wechselbad der Gefühle – Margaret Thatcher, EG-Sondergipfel in Dublin, mein 60. Geburtstag

Am 29. März reiste ich ins britische Cambridge, wo im altehrwürdigen St. Catherine's College die Königswinter-Konferenz tagte, ein Forum hochrangiger Repräsentanten aus beiden Ländern, das in diesem Jahr sein 40. Jubiläum beging. An der Veranstaltung nahm auch die britische Premierministerin Margaret Thatcher teil. Ich hatte mich gerade einmal wieder über Presseäußerungen der Eisernen Lady geärgert und vermied es schon am Flughafen, mit ihr im Wagen zum College zu fahren. Nachdem sich die Gäste im Speisesaal des St. Catherine's College eingefunden hatten, kündigte der »Toastmaster«, eine Art Zeremonienmeister, mit einem Gongschlag meinen Toast an. Ich erhob mein Glas und trank auf das Wohl von Königin Elisabeth II. Anschließend erhob sich Margaret Thatcher und brachte ihrerseits einen Toast auf das deutsche Staatsoberhaupt, den Bundespräsidenten, aus. Als die Premierministerin beim Essen scherzte, sie finde es verwunderlich, dass ich meine weiße Serviette immer quer über die Taille ausbreite, antwortete ich, das sei doch eine weiße Fahne – ein Symbol meiner Kapitulation vor der Eisernen Lady.

Margaret Thatcher begrüßte mich in ihrer Ansprache mit einer Liebenswürdigkeit, mit der ich damals weiß Gott nicht gerechnet hatte. Der Umgang mit ihr glich einem Wechselbad der Gefühle: Sie konnte hinreißend freundlich sein, wenn man etwa auf ihren Landsitz eingeladen war. Von einer Sekunde zur anderen war sie dann plötzlich wieder ganz Premierministerin und ging auf Distanz. Mehr als einmal haben wir furchtbar miteinander gestritten. Das spielte sich in aller Regel so ab: Sie redete mit einer unglaublichen Geschwindigkeit und ließ mich kaum zu Wort kommen. Nahm ich mir dennoch das Wort, fuhr sie regelmäßig dazwischen: »Unterbrechen Sie mich nicht! Sie reden dauernd!« Allerdings kämpfte diese hochbegabte, respektable Frau, die so entschieden auftrat und stets konsequent ihre Meinung vertrat, immer mit offenem Visier, und sie war nach einem Streit nie persönlich nachtragend, was ich ihr bis heute hoch anrechne.

Das Verhältnis zwischen Margaret Thatcher und mir war immer angespannt. Wir verstanden uns nicht. Wir hatten einfach nicht dieselbe Wellenlänge. Beide taten wir uns schwer damit, uns in die Rolle des anderen hineinzuversetzen. Unsere Biographien und unsere Temperamente waren zu verschieden: Als Tochter eines Methodisten und Kaufmanns aus Mittelengland kam die studierte Chemikerin Margaret Thatcher immer schnell zur Sache und war dabei fast verbissen detailversessen. Dies war mir eher lästig. Ich, der katholische Pfälzer, bevorzugte politische Gesten und die Reflexion über die großen Zusammenhänge der Politik. Sicherlich habe ich Margaret Thatcher lange Zeit auch falsch eingeschätzt. Ich empfand sie als zu dominierend und herrisch, und darüber ärgerte ich mich oft. Häufig habe ich von ihr nur als »diese Frau« gesprochen.

Margaret Thatchers Haltung mir gegenüber war nicht zuletzt geprägt von ihrer emotionalen Feindseligkeit gegenüber Deutschland. Sicherlich haben jene recht, die Thatchers Anti-Germanismus als eine Mischung aus Instinkt und Interessenkalkül beschreiben. Ihre persönlichen Erfahrungen und Prägungen, die auf der britischen Kriegspropaganda, aber auch darauf gründen, dass sie selbst erlebte, wie die Deutschen Großbritannien bombardierten, verbanden sich mit einer stark von britischer Tradition bestimmten Interessenpolitik. Erstens sollte Deutschland nicht wieder zur stärksten Kontinentalmacht werden. Es galt, den deutschen Riesen zu bändigen. Zweitens trieb Margaret Thatcher die Sorge um, dass die Wiedervereinigung die Stabilität der Europäischen Gemeinschaft und des Atlantischen Verteidigungsbündnisses beeinträchtigen würde. Und drittens fürchtete sie, die Wiedervereinigung würde den Reformkräften in der Sowjetunion – namentlich Michail Gorbatschow – in den Rücken fallen und in Moskau wieder die Hardliner an die Macht bringen.

Genau betrachtet, zeigen sich in der Umbruchzeit drei Phasen in Margaret Thatchers Deutschlandpolitik: Nach dem Mauerfall betrieb sie eine Politik zur Verhinderung der Einheit, dann konzentrierte sie sich darauf, den Einheitsprozess zu verzögern, und schließlich nahm sie eine notgedrungen konstruktive Haltung ein, die aber lediglich Ausdruck ihres Scheiterns und ihrer völligen Einflusslosigkeit auf die Ereignisse war.

Ihr Problem lag darin, dass sie die Grundhaltung von Gorbatschow und Mitterrand, aber auch von Bush zur deutschen Frage völlig falsch einschätzte. Aus ihren Gesprächen hörte sie immer das heraus, was sie hören wollte und was für sie günstig war. Umso enttäuschter war sie, dass sich Mitterrand der Bildung einer »Entente« gegen die deutsche Einheit verweigerte. Sein Ansatz, die deutsche Wiedervereinigung mit dem Aufbau Europas zu verbinden, nahm ihr alle Illusionen. Es traf sie auch tief, dass Michail Gorbatschow während meines Besuchs in Moskau im Februar 1990 die Einheit generell akzeptierte. In ihren Memoiren wirft die britische Premierministerin Gorbatschow vor, die Wiedervereinigung zum Preis einer bescheidenen Finanzspritze für die marode russische Wirtschaft verkauft zu haben. Und die begeisterte Aufnahme des Gastes in der Bundesrepublik im Sommer 1989 qualifiziert Thatcher später abschätzig als »Gorbi-Manie«.

Beim amerikanischen Präsidenten fand Thatcher mit ihrer Deutschlandpolitik ebenfalls kein Gehör, da George Bush Amerika und Deutschland als »partners in leadership« verstand, wie er bei seinem Besuch Ende Mai 1989 in Mainz vor dem Hintergrund der weltpolitischen Veränderungen in ebendieser konkreten Situation ganz bewusst proklamiert hatte. Widerwillig registrierte sie, wie sich die neudefinierte deutsch-amerikanische Partnerschaft im Umbruch 1989/90 bewährte. Voller Misstrauen hatte Margaret Thatcher auch mein Treffen mit Bush am 3. Dezember 1989 in der Residenz des US-Botschafters in Laeken bei Brüssel verfolgt, das – wie es später in amerikanischen Sicherheitskreisen hieß – einen »Wendepunkt« in der Haltung der USA in der Frage der Wiedervereinigung markierte. Am Tag nach Laeken formulierte US-Außenminister Baker beim Nato-Gipfeltreffen Prämissen, die zur Richtschnur der amerikanischen Politik wurden. Wesentliche Elemente dabei waren die Unterstützung der Wiedervereinigung und die Einbettung der deutschen Einheit in den Prozess der europäischen Integration. Das lag alles völlig quer zur Politik von Margaret Thatcher.

Ersatzweise suchte die britische Premierministerin im Rahmen der KSZE und der EG kleinere Partner für ihre Politik gegen die deutsche Wiedervereinigung. Ihr Vorstoß, den 35 Staaten der KSZE beziehungsweise den Mitgliedern der EG ein Mitspracherecht über die deutsche Einheit zu übertragen, war ein verzweifelter Versuch, die Dynamik des Prozesses zu bremsen. Aber standfeste Verbündete fand sie hier nicht, obwohl die Niederlande, an ihrer Spitze Ruud Lubbers, und Italien mit Giulio Andreotti – erfolglos – eine Beteiligung ihrer Länder reklamierten. In bezug auf die Europäische Gemeinschaft sah Margaret Thatcher die deutsche Einheit vor allem als Kostenfrage: Großbritannien als einer der größten Nettozahler der EG sollte auf keinen Fall auf dem Umweg über das europäische Budget für die Einheit aufkommen. Sie machte sich hier zur Wortführerin ähnlicher Bedenken der kleineren europäischen Staaten, um ihrer Forderung nach einer Übergangsperiode für den Eintritt der DDR in die Gemeinschaft Nachdruck zu verleihen.

Die Haltung der britischen Premierministerin in der deutschen Frage war keineswegs repräsentativ für die britische Regierung. Im britischen Außenministerium wie auch im Kabinett gab es damals eine klare Unterstützung für die Einheit Deutschlands. Ich nenne nur Schatzkanzler John Major, Außenminister Douglas Hurd, Umweltstaatssekretär Chris Patten und Verteidigungsminister Michael Heseltine.

Und nun, auf der Königswinter-Konferenz in Cambridge, nutzte ich die Gelegenheit vor den hochrangigen Repräsentanten Großbritanniens, um eine schnelle Verwirklichung der Europäischen Union als bestes Mittel gegen die Angst vor der Wiedervereinigung zu propagieren. Im donnernden Beifall blickte die britische Premierministerin, die meine Logik nie akzeptierte, wie versteinert vor sich hin. In ihrer eigenen Rede bedachte Margaret Thatcher, die in der Europafrage im völligen Gegensatz zu meiner Politik stand, die EG mit kaum einem Wort.

Überraschend positiv gingen die Gespräche zwischen Margaret Thatcher bzw. François Mitterrand und George Bush aus. Am 13. April traf der amerikanische Präsident auf den Bermudas mit der britischen Premierministerin zusammen, und einige Tage darauf sprach er in Key Largo (Florida) mit Mitterrand, um sich mit beiden über die weitere Vorgehensweise in der deutschen Sache zu verständigen. Bush erläuterte ihnen die dramatische Entwicklung in der DDR und begründete in meinem Sinne und entsprechend der Verabredung, die wir Ende Februar in Camp David getroffen hatten, die Notwendigkeit einer deutschen Währungsunion. Hinsichtlich der polnischen Grenze erläuterte Bush seinen Gesprächspartnern, dass die Festlegung erst in einem von einem gesamtdeutschen Parlament ratifizierten Vertrag erfolgen sollte. Befriedigt vermerkte ich, dass nach diesen Gesprächen nunmehr mit einer Stimme bekräftigt wurde, dass ein wiedervereintes Deutschland die uneingeschränkte Souveränität haben und Vollmitglied der Nato bleiben müsse.

Am 25./26. April fanden in Paris die 55. deutsch-französischen Konsultationen statt, in deren Mittelpunkt neben den Ost-West-Beziehungen und der Entwicklung in der Sowjetunion vor allem Fragen um die Vereinigung Deutschlands und die europäische Integration standen. Ich traf auf einen völlig hinter unserer deutschen Sache stehenden François Mitterrand, der sehr herzliche Worte für mich fand. In noch nie da gewesener Weise stimmten wir bei unserer Tour d'horizon durch die politische Landschaft überein. Kein Zweifel, nachdem der Bundestag am 8. März einen Antrag zur Unverletzlichkeit der deutsch-polnischen Grenze verabschiedet hatte, drohte aus Paris keine Gefahr mehr – zumal ich wiederholt überzeugend dargelegt hatte, dass der Prozess der deutschen Einigung in die europäische Entwicklung eingebunden sein musste und auch George Bush in Key Largo sich gegenüber Mitterrand für die deutsche Sache stark gemacht hatte. Die außergewöhnliche Intensität und Freundschaft in den Beziehungen zwischen Mitterrand und mir waren wieder zurückgekehrt. Deutliches Zeichen für den wiedergefundenen Gleichklang war die gemeinsame Initiative vom 18. April, mit der wir die EG-Partner dazu aufriefen, die vorbereitenden Arbeiten für die bereits beschlossene Regierungskonferenz zur Vorbereitung der Europäischen Wirtschafts- und Währungsunion zu intensivieren und auch eine zweite Regierungskonferenz über die Politische Union einzuberufen. Wir hatten Charles Haughey, den irischen Regierungschef und amtierenden Ratspräsidenten, gebeten, bei dem bevorstehenden Sondergipfel unsere Initiative zu beraten. In der Frage der Politischen Union verhielt sich Mitterrand jedoch reservierter als ich, weil er weit weniger bereit war, auf nationale Souveränitätsrechte zu verzichten.

Trotz solcher Vorbehalte nicht nur auf französischer Seite ging der Sondergipfel der Staats- und Regierungschefs der Europäischen Gemeinschaft am 28. April in Dublin mit einem ersten konkreten Schritt auf dem Weg zur Politischen Union zu Ende. Wir beauftragten die Außenminister, für den nächsten Gipfel im Juni einen ersten Bericht mit konkreten Vorschlägen zur Politischen Union zu erstellen. Der Europäische Rat stellte sich darüber hinaus vorbehaltlos hinter die deutsche Einheit. Im Schlussdokument hieß es dazu: »Die Gemeinschaft begrüßt die Vereinigung Deutschlands wärmstens. Sie freut sich auf den positiven und fruchtbaren Beitrag, den das ganze deutsche Volk im Anschluss an die bevorstehende Eingliederung des Staatsgebiets der DDR in die Gemeinschaft leisten kann.« Die Gipfelteilnehmer erwarteten außerdem, »dass die Vereinigung […] ein positiver Faktor in der Entwicklung Europas im allgemeinen und der Gemeinschaft im besonderen sein wird«. Die EG ging dabei von einem Beitritt der DDR zur Bundesrepublik nach Artikel 23 des Grundgesetzes aus, denn dies würde auch eine reibungslose Eingliederung der DDR in die EG ermöglichen, ohne zuvor die Verträge ändern zu müssen. Außerdem öffnete die EG der DDR den Zugang zu EG-Krediten und Finanzhilfen. Die Bundesregierung verzichtete jedoch ausdrücklich auf die vom Präsidenten der Europäischen Kommission,

Jacques Delors, vorgeschlagene Soforthilfe, die außerhalb der üblichen Regeln hätte gewährt werden müssen. Delors hatte dem Rat auch das beim Straßburger Gipfel in Auftrag gegebene Papier »Die Gemeinschaft und die deutsche Vereinigung« vorgelegt, einen Drei-Phasen-Plan zur endgültigen Integration des Gebiets der DDR in die EG. Dieser Plan sollte mit Inkrafttreten der deutsch-deutschen Währungsunion zum 1. Juli 1990 beginnen. Schritt für Schritt sollten die wirtschaftlichen Bedingungen in der DDR mit denen der Gemeinschaft kompatibel gemacht werden.

In meinem Diskussionsbeitrag wies ich auf den dringenden Wunsch der Deutschen hin, jedermann in Europa möge begreifen, dass wir sehr glücklich seien über die Parallelität von deutscher Einheit und europäischer Integration. Als Bundeskanzler, erklärte ich, legte ich besonderen Wert darauf, dass bei den Verhandlungen zwischen der Bundesregierung und der Regierung der DDR eine umfassende Information der Regierungen der EG-Länder erfolge und die Europäische Kommission uns mit ihrem Rat zur Seite stehe.

Auf diesem EG-Gipfel wurde in unserer Sache eindeutig Position ohne jedes Wenn und Aber bezogen. Sicherlich gab es Unterschiede im Ton, aber jetzt zahlte sich aus, dass die Europäische Kommission unter Führung meines Freundes Jacques Delors ganz eindeutig die deutsche Position unterstützte und dass einige unserer Partner bereits seit Monaten in diese Richtung gingen und andere sich in diese Richtung bewegt hatten. Wir fanden in Dublin beachtliche Unterstützung, was nicht zuletzt Charles Haughey als Gastgeber sowie Spaniens Regierungschef Felipe González zu verdanken war.

Politische Beobachter haben vermerkt, dass der Erfolg von Dublin ganz entscheidend mit meinen persönlichen Beziehungen zu den Staats- und Regierungschefs in der EG zusammenhing. Dazu ist zu sagen: Es ist natürlich ein Irrtum zu glauben, dass Freundschaften politische Probleme beseitigen könnten. Schließlich geht es in der internationalen Politik um die Interessen des eigenen Landes. Wahr ist aber auch: Wenn man sich gut versteht, wenn man schon einen gemeinsamen Weg gegangen ist und sich freundschaftliche Beziehungen entwickelt haben, ist auch das politische Geschäft einfacher. Was im Privaten gilt, gilt auch in der Politik: Wesentlich für stabile Beziehungen ist das Vertrauen in die Verlässlichkeit des Partners.

Die Geschlossenheit der EG-Staats- und Regierungschefs in Dublin stand zugleich dafür, dass es uns Deutschen in den Jahrzehnten nach dem Zweiten Weltkrieg gelungen war, Misstrauen abzubauen und als verlässliche Partner zu gelten. Dies erwies sich für uns nun als wertvolles Kapital. Dies galt umso mehr für die zurückliegenden dramatischen Wochen und Monate nach dem Mauerfall, als das alte Misstrauen gegen die Deutschen nur für kurze Zeit zwar, aber dafür umso heftiger plötzlich wieder aufgeflammt war. Vergleicht man den Gipfel von Straßburg im Dezember 1989 mit dem Sondergipfel von Dublin im April 1990, der Kontrast könnte größer nicht sein. Die Europäische Gemeinschaft und das Nordatlantische Bündnis standen jetzt solidarisch hinter uns. Dankbar für diese Entwicklung war ich vor allem meinem Freund George Bush: Niemand hatte in den vergangenen Wochen unsere Positionen, Wünsche und Anliegen so überzeugend und nachdrücklich unterstützt wie er. Dass die drei Westmächte die volle Souveränität des wiedervereinten Deutschlands so nachdrücklich herausstellten, war vor allem sein Verdienst. Es war schon eine glückliche Fügung, in dieser schwierigen Zeit einen solchen Partner an meiner Seite zu haben. Dass er dabei in erster Linie die Interessen seines Landes im Blick hatte, ist dazu kein Widerspruch, sondern liegt in der Natur der Sache.

Es galt umgekehrt ja auch für mich. Entscheidend war, dass sich unsere Interessen in den Fragen der deutschen Einheit trafen und dass wir aufgrund unserer freundschaftlichen und vertrauensvollen Basis den Weg im engen Schulterschluss gingen.

In diesem Monat April feierte ich auch meinen 60. Geburtstag. Partei und Fraktion hatten für den 3. April zu einem Empfang in die Bonner Beethovenhalle eingeladen. Obwohl ich keine große Feier wollte, waren mehr als 2000 Gäste gekommen. Unter den Rednern war Außenminister Hans-Dietrich Genscher, der die fruchtbare Zusammenarbeit in der gemeinsamen Bundesregierung hervorhob und meinte, seit der Wende im Jahr 1982 sei aus der anfänglichen »Bekanntschaft« schließlich »Freundschaft« geworden: »Lieber Helmut, in der gemeinsamen Arbeit haben wir schwere und glückliche Stunden erlebt [...] Es hat zwischen uns gelegentlich kräftig gekracht im Gebälk, was der Freundschaft keinen Abbruch tat.«

Ich dachte an diesem Tag mit Dankbarkeit an das Erreichte, aber auch an die Herausforderungen, die vor uns lagen, und spürte Freude bei der Aussicht auf die Wiedervereinigung unseres Landes. Als Bundeskanzler hatte ich auch ganz persönlich jetzt noch ein wichtiges Stück Weg vor mir. In der dramatischen Situation, in der sich Deutschland und Europa befanden, fühlte ich mich in die Pflicht genommen. Das war mitunter anstrengend, auch wegen mancher Rückschläge und Probleme. Aber Pflichterfüllung kann auch Freude bedeuten und Glück. Vor allem hat Pflichterfüllung sehr viel mit der Sinngebung des Lebens zu tun. Und schließlich durfte ich als Christ doch in einer solchen Situation nicht abseits stehen, als ich die Chance hatte, gestaltend einzugreifen, zumal mir so viele Menschen – gerade unsere Landsleute in der DDR – so viel Vertrauen entgegenbrachten.

19.
Die D-Mark kommt –
Die Währungs-, Wirtschafts- und Sozialunion

Nach der März-Wahl hatte es einige Zeit gedauert, bis in Ost-Berlin die Weichen neu gestellt werden konnten. Gerüchte über Stasi-Verstrickungen von Abgeordneten machten die Runde, und manche Verdächtigungen erhärteten sich bald zur Gewissheit. Dass besonders die Sozialdemokraten in der DDR darunter zu leiden hatten, verzögerte die Regierungsbildung. Anfang April trat der SPD-Vorsitzende Ibrahim Böhme von seinen Ämtern zurück, nachdem Dokumente des Mielke-Ministeriums Böhmes jahrelangen Verrat als Inoffizieller Mitarbeiter (IM) zu belegen schienen. Böhme selbst bestritt zwar jede Tätigkeit als IM, musste aber unter dem Druck der öffentlichen Meinung auch sein Amt als SPD-Fraktionsvorsitzender niederlegen.

Böhmes Nachfolger als Fraktionsvorsitzender wurde der Theologe Richard Schröder. Seine Wahl erwies sich für die künftige Koalitionsregierung als außerordentlich hilfreich, wie er überhaupt bis zum heutigen Tag zu den wichtigsten Zeitzeugen und Analytikern des deutsch-deutschen Vereinigungsprozesses zählt. Für mich steht dieser großartige Mann unbedingt mit in der Reihe jener großen deutschen Patrioten, die ich erlebt habe.

Die neugewählte Volkskammer der DDR trat am 5. April zu ihrer konstituierenden Sitzung in Ost-Berlin zusammen. Zur Parlamentspräsidentin wurde die CDU-Politikerin Sabine Bergmann-Pohl gewählt. Auf der ersten Sitzung beschlos-

Die Währungs-, Wirtschafts- und Sozialunion

sen die Abgeordneten die Abschaffung des Staatsrats, und damit war Bergmann-Pohl zugleich neues Staatsoberhaupt der DDR. Lothar de Maizière, der erst wenige Tage nach der März-Wahl seinen Anspruch auf das Amt des Ministerpräsidenten angemeldet hatte, erhielt den Auftrag zur Regierungsbildung. Die Koalitionsverhandlungen zwischen der Allianz für Deutschland, der SPD und den Liberalen zur Bildung einer neuen Regierung verliefen recht zügig und konnten am 11. April abgeschlossen werden. In der Präambel des Koalitionsvertrags wurde der Beitritt der DDR zur Bundesrepublik gemäß Artikel 23 des Grundgesetzes festgeschrieben.

Einen Tag später löste Lothar de Maizière Hans Modrow im Amt des Ministerpräsidenten ab. Er konnte eine breite Mehrheit von 265 Abgeordnetenstimmen auf sich vereinigen. Sein Wahlsieg galt auch als Signal für die schnelle Wiedervereinigung der beiden deutschen Staaten. Am 19. April gab de Maizière seine Regierungserklärung ab, in der er sich unter anderem für eine sozial und ökologisch geprägte Marktwirtschaft und für einen Umstellungskurs von 1:1 bei Einführung der D-Mark aussprach. Die Grundlagen der Währungs-, Wirtschafts- und Sozialunion sollten in den folgenden acht Wochen geschaffen werden, damit dieser Schritt noch rechtzeitig vor der Sommerpause gemacht werden könne. Die deutsche Einheit »muss so schnell wie möglich kommen, aber ihre Rahmenbedingungen müssen so gut, so vernünftig und so zukunftsfähig sein wie nötig«, sagte er und plädierte für die Anwendung des Artikels 23 des Grundgesetzes beim Einigungsprozess. Er kündigte an, die 1952 abgeschafften Länder wieder einführen zu wollen. Außerdem versprach er die Beseitigung der Mauer: »Noch in den nächsten Monaten wird dieses menschenunwürdige Schandmal abgerissen.«

Im außenpolitischen Teil seiner Regierungserklärung richtete de Maizière besonderen Dank an Gorbatschow für dessen Rolle »in dem historischen Prozess unserer Befreiung« und bat die Sowjetunion, Deutschlands Streben nach Einigung nicht als Bedrohung anzusehen. Er sicherte Moskau freundschaftliche Zusammenarbeit, Loyalität gegenüber dem Warschauer Pakt, Achtung der sowjetischen Sicherheitsinteressen und eine strikte Einhaltung aller Außenhandelsverpflichtungen zu. Wovon er nicht sprach, war die Nato-Zugehörigkeit des vereinten Deutschlands, obwohl das in der Koalitionsvereinbarung als Übergangslösung bis zur Schaffung eines gesamteuropäischen Sicherheitssystems ins Auge gefasst war. So konnte uns zwar nicht alles gefallen, was der neue Mann in Ost-Berlin in seiner Regierungserklärung sagte, aber für mich war vor allem eines wichtig, das sich wie ein roter Faden durch seine Rede zog: Die Einheit Deutschlands sollte nach Artikel 23 des Grundgesetzes herbeigeführt werden – und zwar nicht irgendwann, sondern so bald wie möglich.

Am 24. April traf ich zum ersten Mal mit dem frischgewählten Ministerpräsidenten einer DDR-Regierung zusammen, deren Ziel es war, sich selbst und den Staat, dem sie diente, abzuschaffen. Wir waren zusammengekommen, um über die Einführung der Währungs-, Wirtschafts- und Sozialunion zum Stichtag 1. Juli zu sprechen. Am Tag zuvor hatten wir uns nach wochenlanger harter Arbeit in den Kommissionen auch innerhalb der Bonner Koalition über den Umtauschkurs geeinigt: Löhne und Gehälter sollten 1:1 umgetauscht werden, und derselbe Kurs sollte auch für Spartguthaben bis zu einer Höhe von 4000 DDR-Mark gelten. Alle weiteren Geld- und Kreditbestände wie auch die Schulden der Betriebe beabsichtigten wir, im Verhältnis 2:1 umzutauschen. Außerdem hatten wir vereinbart, das DDR-Rentensystem Schritt für Schritt dem der Bundesrepublik anzupassen. All dies hatte die Deutsche Bundesbank voll und ganz akzeptiert. De Maizière setzte sich für eine komplette Streichung der Inlandsschulden der privaten und genossenschaftlichen Betriebe ein. Außerdem wollte er Sparguthaben und sonstiges Geld in unbegrenzter Höhe im Verhältnis 1:1 umgetauscht wissen. Das musste ich zurückweisen, denn es hätte unsere wirtschaftlichen Möglichkeiten bei weitem überstiegen.

Der Verständigung innerhalb der Bonner Koalition vorausgegangen waren Wochen lebhafter, schwieriger Diskussionen. Eine ganz entscheidende Frage – neben dem Termin der Einführung der D-Mark in der DDR – waren die Umstellungsmodalitäten von der Mark der DDR zur D-Mark. Ich drängte darauf, schnellstmöglich ein Angebot vorzulegen. Bereits Anfang Mai 1990 wollte ich unsere Vorstellungen bekanntgeben. Nur so konnten wir der bei Bevölkerung und Unternehmen gleichermaßen verbreiteten Verunsicherung und Misstrauen entgegenwirken. Für den Termin 1. Juli als Einführungsdatum hatte ich ein entscheidendes Motiv: An diesem Tag begannen in der DDR die Sommerferien, und ich wollte, dass DDR-Bürger D-Mark in der Hand hatten, wenn sie erstmals Urlaub im Schwarzwald, in Bayern oder Italien machten.

Zu der Unruhe unter West- wie Ostdeutschen hatte die breite, teils kleinmütig geführte öffentliche Diskussion über Kosten und schädliche Folgen einer zügigen Währungsunion, über den nicht wettbewerbsfähigen Zustand der DDR-Wirtschaft und den »richtigen« Umtauschkurs beigetragen. Die Mark der DDR war nicht konvertibel, sie war eine reine Binnenwährung. Daher gab es statt eines einheitlichen Wechselkurses eine Vielfalt von Wechselkursen: Im Handel mit der Bundesrepublik musste die DDR 4,40 Mark aufwenden, um eine D-Mark zu erwirtschaften. Im innerdeutschen Reiseverkehr tauschten Bundesbürger bis November 1989 offiziell 1:1, dann 1:3. DDR-Bürger konnten von Januar 1990 an über den neu geschaffenen Devisenfonds in begrenztem Umfang D-Mark für die nicht konvertible Mark der DDR eintauschen, und zwar bis zu 100 D-Mark zum Kurs von 1:1 und bis zu weiteren 100 D-Mark zum Kurs von 1:5. Der Devisenfonds war auf unsere Initiative zustande gekommen, um die Reisebedingungen für West- und Ostdeutsche zu erleichtern. Auf dem freien Markt bildete sich ein Kurs von 1:8 bis 1:9 heraus; zeitweise, insbesondere an Wochenenden, wenn viele DDR-Bürger für einen Kurzbesuch in der Bundesrepublik D-Mark nachfragten, fiel der Kurs sogar bis auf 1:20.

Die Nervosität der Menschen zeigte sich auch an den Geldbewegungen, die bei den Geldinstituten in der DDR in jenen Tagen um ein Vielfaches anstiegen. Aus Furcht vor einer Entwertung ihrer Sparguthaben im Zuge der Währungsunion versuchten viele Menschen, ihr Erspartes zu retten, indem sie ihre Konsumausgaben erhöhten oder ihre Guthaben auf Familienangehörige verteilten, weil sie damit rechneten, dass Sparguthaben nur bis zu einer gewissen Summe 1:1 umgetauscht würden. Schließlich gab es in den ersten Monaten des Jahres 1990 quasi vorbeugend teilweise kräftige Anhebungen bei Löhnen und Gehältern, mit denen ein ungünstigerer Umtauschkurs als 1:1 kompensiert werden sollte.

Zu einer wahren Protestwelle der Menschen in der DDR war es Ende März gekommen. Durch eine Indiskretion war eine vertrauliche Stellungnahme in die Medien gelangt, die der Zentralbankrat der Deutschen Bundesbank für die Bundesregierung verfasst hatte. Darin sprach sich der Zentralbankrat für eine generelle Umstellung von 1:2 aus. Nur bei Sparguthaben von natürlichen Personen hielt er bis zu einer Höhe von 2000 Mark der DDR eine Umstellung von 1:1 für vertretbar. Aufgebracht demonstrierten die Menschen in der DDR für einen generellen Umtauschkurs von 1:1. Das war verständlich, denn schließlich hatten westdeutsche Politiker im Wahlkampf zu den Volkskammerwahlen mit leichtfertigen Versprechungen solche Erwartungen genährt. Ich hatte das nicht getan, sondern meine Worte auch im Wahlkampf stets mit Bedacht gewählt. Ich hatte nichts versprochen, was nicht zu halten gewesen wäre.

Zwar wurde die Opposition – wie Oskar Lafontaine, der mir »dreisten Wählerbetrug« vorwarf – nicht müde, lautstark das Gegenteil zu behaupten, aber diese Angriffe machten mir weniger Sorgen als die Tatsache, dass auch jetzt wieder insbesondere einige westdeutsche SPD-Politiker keine Skrupel kannten und die Ängste und Unsicherheiten der Menschen noch weiter schürten. Und diese Ängste waren weit verbreitet unter den Deutschen in der DDR. Denn sie befürchteten, nachdem sie schon Jahrzehnte der Unterdrückung und Misswirtschaft erduldet hatten, auch um die Früchte ihrer Lebensleistung gebracht zu werden. Sie hatten ja in all den Jahren nicht weniger gearbeitet als ihre Mitbürger im Westen, sondern in einem System gelebt, in dem ihre Arbeit unproduktiv eingesetzt wurde. Die Menschen in der DDR mussten also fair behandelt werden.

Gleichzeitig mussten wir bei der Wahl der Umstellungsmodalitäten die Risiken im Auge behalten. Wenn für uns im Frühjahr 1990 auch noch nicht zu erkennen war, wie groß der wirtschaftliche Rückstand der DDR tatsächlich war, so wurde uns nach der Öffnung der Mauer doch immer stärker bewusst, dass die uns vorliegenden Zahlen über die wirtschaftliche Leistungsfähigkeit der DDR stark übertrieben sein mussten. Die zentrale Planung der Wirtschaft hatte zu einem völlig überalterten Kapitalstock geführt, die Qualität der Produktionsanlagen und der Infrastruktur lag weit unter dem Niveau eines modernen, international wettbewerbsfähigen Industriestaats. Ein genereller Umtauschkurs von 1:1 würde somit die ohnehin gefährdete Wettbewerbsfähigkeit der DDR und die Arbeitsplätze noch stärker unter Druck setzen. Zugleich mussten wir die Rückwirkungen auf die Bundesrepublik beachten und vor allem die Stabilität der D-Mark im Blick behalten – als eine der stabilsten Währungen der Welt war sie das Fundament unseres Wohlstands.

Meine Überlegungen waren bereits frühzeitig dahin gegangen, einen Umtausch von 1:1 begrenzt zu ermöglichen. Für den normalen Arbeitnehmer, den kleinen Sparer und den Rentner wollte ich die Umstellung von 1:1. Dabei setzte ich auf die enorme politisch-psychologische Bedeutung dieser Formel, mit der wir den Menschen in der DDR klar signalisieren würden, dass es um Solidarität unter Gleichberechtigten ging, nicht um die herablassende Geste des reichen Vetters gegenüber seinem armen Verwandten. Auch mit Blick auf die soziale Stabilität in der DDR empfand ich ein solches Angebot als richtig und gerechtfertigt.

In diesem Geiste führten wir die Verhandlungen mit der DDR, und in diesem Geiste fiel auch das Verhandlungsergebnis aus. Bereits am 2. Mai konnten wir meinen Vorstellungen entsprechend nach einer zügigen Verständigung mit der neuen, demokratisch legitimierten DDR-Regierung öffentlich verkünden, dass die Währungs-, Wirtschafts- und Sozialunion am 1. Juli 1990 in Kraft treten werde. Löhne und Gehälter, Renten und Mieten würden 1:1 umgestellt. Auch für die Ersparnisse der DDR-Bürger würde bis zu einem bestimmten, nach dem Lebensalter differenzierten Betrag ein Kurs von 1:1, für darüber hinausgehende Beträge ein Kurs von 1:2 gelten. So konnten Kinder bis zum vollendeten 14. Lebensjahr bis zu 2000 Mark, Personen vom 15. bis zum vollendeten 59. Lebensjahr bis zu 4000 Mark und Personen ab dem 60. Lebensjahr bis zu 6000 Mark 1:1 in D-Mark umtauschen.

Da der Großteil der Bevölkerung nur über einen geringen Anteil am Geldvermögen der DDR verfügte, erlitten die meisten Menschen beim Umtausch ihres Ersparten auch keinen Verlust. Für sonstige Forderungen und Verbindlichkeiten, wie betriebliche Schulden, wurde ein Umtauschkurs von 1:2 festgelegt. Ein günstigerer Umtauschkurs für oder gar eine weitgehende Streichung der betrieblichen Schulden, wie sie unter anderem von DDR-Seite, aber auch von Teilen der SPD lange gefordert wurde, war nicht möglich. Wir hatten dies auch innerhalb der Bundesregierung diskutiert. Dies hätte aber hohe Ausgleichszahlungen zur Folge gehabt, die früher oder später zu Lasten des Bundes und damit der Steuerzahler gegangen wären.

Nach der Bekanntgabe der Umtauschkurse machten SED/PDS, SPD und Gewerkschaften in der DDR mit Warnstreiks und Protestversammlungen, an denen Tausende um ihre soziale Sicherheit besorgter Menschen teilnahmen, Stimmung gegen den »wirtschaftlichen Ausverkauf der DDR an die BRD« und die »Kolonialisierung der DDR durch den Westen«. Am 10. Mai sprach Ministerpräsident de Maizière in der Volkskammer von der schwersten wirtschaftlichen Krise der DDR, in der das Land je gewesen sei. Er stand unter dem Druck des Koalitionspartners SPD. Die Ost-SPD drohte, das Regierungsbündnis mit der Allianz für Deutschland aufzukündigen.

Die Propaganda von SPD und SED/PDS zahlte sich für beide Parteien nicht aus, wie nicht zuletzt der Ausgang der ersten freien Kommunalwahlen in der DDR am 6. Mai zeigte. Das Wahlergebnis bestätigte weitgehend die politischen Kräfteverhältnisse der Volkskammerwahlen vom 18. März. Im

Vergleich zur Volkskammerwahl blieb die CDU bei einer auf 75 Prozent gesunkenen Wahlbeteiligung mit 34,4 Prozent die mit Abstand stärkste Partei, musste allerdings Verluste hinnehmen. Mit 21,3 Prozent hielt die SPD in etwa ihr Ergebnis; die SED/PDS hatte mit 14,6 Prozent der Stimmen leichte Einbußen. Der Bund Freier Demokraten konnte sich leicht verbessern auf 6,7 Prozent, und das Bündnis 90 lag mit 2,4 Prozent wieder unter drei Prozent. Mit diesem Wahlausgang konnten wir recht zufrieden sein.

In dieser Situation traf Lothar de Maizière am 14. Mai mit mir zusammen. Es war ein überaus schwieriges Gespräch, bei dem es um einige noch ungelöste, aber keinesfalls unlösbare Fragen ging. So trat die DDR-Regierung zwar für den freien Handel mit Grund und Boden ein; sie wollte aber – um Spekulationen zu verhindern – für eine Übergangszeit von zehn Jahren Personen, die an einem bestimmten Stichtag ihren Wohnsitz nicht in der DDR hatten, nur ein Erbpachtrecht mit Vorkaufsrecht zu den dann marktüblichen Preisen einräumen. Das hätte jegliche Investitionsbereitschaft im Keime erstickt, deshalb musste ich dem DDR-Ministerpräsidenten diese Idee ausreden. Schließlich gelang es mir, meinen schwierigen Gesprächspartner umzustimmen.

Grundlegende Meinungsverschiedenheiten gab es in der Frage, ob enteignete Immobilien zurückzugeben seien oder als Ausgleich eine Entschädigung zu zahlen sei. Was die von der sowjetischen Besatzungsmacht zwischen 1945 und 1949 verfügten Enteignungen anging, gab es ohnehin ein klares »Njet« des Kreml: Moskau hatte am 28. April in einem Memorandum davor gewarnt, die »Gesetzlichkeiten der Maßnahmen und Verordnungen in Frage zu stellen, die die Vier Mächte in Fragen der Entnazifizierung, der Demilitarisierung und der Demokratisierung gemeinsam oder jede in ihrer ehe-

Die Währungs-, Wirtschafts- und Sozialunion

maligen Besatzungszone ergriffen haben. Die Rechtmäßigkeit dieser Beschlüsse, vor allem in Besitz- und Bodenfragen, unterliegt keiner neuerlichen Prüfung oder Revision durch deutsche Gerichte oder andere deutsche Staatsorgane.« Das war eine sowjetische Vorbedingung für die Einheit, und das Bundesverfassungsgericht hat diese Vorgabe später bestätigt. Bezüglich der Enteignungen nach 1949 konnten wir vorerst keine Einigung erzielen, so dass dieses Thema aus dem Vertrag über die Währungs-, Wirtschafts- und Sozialunion ausgeklammert wurde.

Was die Finanzierung der deutschen Einheit anging, verständigte ich mich am 16. Mai mit den Ministerpräsidenten auf die Einrichtung eines Fonds »Deutsche Einheit« in Höhe von 115 Milliarden D-Mark. 95 Milliarden D-Mark sollten durch eine langfristige Anleihe am Kapitalmarkt, 20 Milliarden D-Mark durch Einsparungen im Bundeshaushalt aufgebracht werden. In diese 20 Milliarden sollten die Gelder für die Zonenrandförderung und die nun schrittweise abzubauenden Berlinhilfen einfließen.

Für den Vormittag des 18. Mai war die Unterzeichnung des Staatsvertrags über die Schaffung einer Währungs-, Wirtschafts- und Sozialunion zwischen der Bundesrepublik Deutschland und der DDR im Bonner Palais Schaumburg angesetzt. Hier, im alten Kabinettssaal, wo einst meine Vorgänger Adenauer, Erhard, Kiesinger, Brandt und Schmidt regierten, hatten sich die beiden Delegationen versammelt, und die in Leder gebundenen Exemplare des Vertrags lagen zur Unterzeichnung vor. Es war ein ergreifender Augenblick, als die Finanzminister Theo Waigel und Walter Rombach von der Ost-SPD ihre Unterschriften unter den Vertrag setzten – ein Vertragswerk, das eine der wichtigsten Grundlagen auf dem steinigen Weg zur Vereinigung der beiden deutschen Staaten darstellte.

Der Vertrag über die deutsch-deutsche Währungs-, Wirtschafts- und Sozialunion gehört zu den größten Leistungen der modernen deutschen Wirtschaftsgeschichte. Man muss sich heute nur noch einmal die Dimension vergegenwärtigen: Mit diesem Vertrag verpflichtete sich die DDR, mit der Einführung der D-Mark gleichsam über Nacht den Schritt aus der sozialistischen Kommandowirtschaft in die Soziale Marktwirtschaft zu gehen. Und wir brachten mit der D-Mark unseren stärksten wirtschaftlichen Aktivposten ein. Wir beteiligten damit unsere Landsleute in der DDR ganz unmittelbar und direkt an dem, was wir in der Bundesrepublik in über vier Jahrzehnten beharrlicher Arbeit mit Mut und Innovationsfreude, Fleiß und Leistungsbereitschaft auf dem Boden der Sozialen Marktwirtschaft aufgebaut und uns – im eigentlichen Wortsinn – erarbeitet hatten. Unsere Landsleute im Osten waren nicht weniger fleißig gewesen. Sie hatten ihre Arbeitskraft aber in einem ineffizienten Wirtschaftssystem nicht produktiv einsetzen können. Sie bekamen jetzt die Chance, mit der wir im Westen unseres Landes einst das sogenannte »Wirtschaftswunder« begründet hatten. Bei allen Herausforderungen, vor denen wir standen, war ich in dieser historischen und zugleich glücklichen Stunde für unser Land auch voller Zuversicht. Die zentralen Botschaften meiner Erklärung lauteten:

»Die Unterzeichnung des Staatsvertrags ist ein denkwürdiges Ereignis für alle Deutschen und Europäer. Was wir hier erleben, ist die Geburtsstunde des freien und einigen Deutschland: vor den Augen der Welt bekunden die Vertreter der frei gewählten Regierungen beider Teile Deutschlands ihren Willen, als ein Volk, als eine Nation gemeinsam ihre Zukunft in einem freiheitlichen und demokratischen Staat zu gestalten.

[...] Wir stellen uns damit gleichzeitig einer großen Gestaltungsaufgabe. Ihr Gelingen ist weit über die Grenzen Deutschlands hinaus von größter Bedeutung für die Zukunft ganz Europas. [...] Der Staatsvertrag über die Währungs-, Wirtschafts- und Sozialunion bedeutet einen ersten entscheidenden Schritt auf dem Weg zur Einheit. Für die Menschen in Deutschland wird damit – in wichtigen Bereichen ihres täglichen Lebens – die Einheit erlebbare Wirklichkeit. [...] Es ist ein starkes Zeichen der Solidarität unter den Deutschen: Die Geschicke der Deutschen in der Bundesrepublik und in der DDR werden dadurch unauflöslich miteinander verwoben. [...] Ich bin mir bewusst, dass der Weg schwierig wird – aber das Ziel lohnt die Anstrengungen. Die Einheit und Freiheit Deutschlands zu vollenden – das ist ein großartiges Werk, an dem alle mitarbeiten müssen.«

Die Unterzeichnung des Vertrags war auch ein Augenblick der Rückschau auf einen schwierigen Verhandlungsmarathon. Es ist das Verdienst vieler einzelner, dass das komplexe Vertragswerk ein Erfolg wurde. Auf ostdeutscher Seite hatte sich insbesondere der Leiter der DDR-Expertendelegation, Günther Krause, als Glücksfall erwiesen. Anders als mancher seiner DDR-Kollegen sah er die politische Wiedervereinigung Deutschlands als herausragendes politisches Ziel. In diesem Geiste erwies er sich als geschickter Verhandlungspartner mit dem notwendigen Fingerspitzengefühl für ostdeutsche Befindlichkeiten wie das seitens der Bundesrepublik Machbare.

Auf westdeutscher Seite hatten wir mit Hans Tietmeyer einen in Währungsfragen und ministeriell erfahrenen Verhandlungsleiter. Tietmeyer war erst Anfang 1990 vom Posten des

Staatssekretärs im Bundesfinanzministerium in das Direktorium der Bundesbank gewechselt und war für diese Aufgabe von der Bundesbank freigestellt worden. Daneben konnten wir auf einen Stab hervorragend qualifizierter und hochmotivierter Mitarbeiter im Bundeskanzleramt und in den Ministerien zurückgreifen. Sie arbeiteten teilweise Tag und Nacht und auch an Wochenenden mit einem ungewöhnlichen Maß an Einsatzbereitschaft. Stellvertretend für alle, die dieses Werk möglich machten, muss ich vor allem Finanzminister Theo Waigel und seinen Staatssekretär Horst Köhler sowie meinen wirtschaftspolitischen Berater im Bundeskanzleramt, Johannes Ludewig, nennen. Als wichtiger und loyaler Partner erwies sich auch die Deutsche Bundesbank, obwohl man auch hier zunächst skeptisch war. Nach dem Angebot vom Februar erfolgten letztlich aber alle weiteren Schritte in engem Kontakt und vollem Einvernehmen zwischen Bundesregierung und Bundesbank.

Es ist nicht zu viel gesagt, dass meine Entscheidung für die Währungsunion mit Wirtschaftsreform, wie mein Angebot an die DDR Anfang Februar 1990 zunächst lautete, eine der risikoreichsten und schwierigsten Entscheidungen war, die ich damals zu treffen hatte. Was im Rückblick so einfach und folgerichtig erscheint, löste in Deutschland und Europa eine höchst komplexe und schwierige Diskussion aus. Zwar hatte die öffentliche Debatte um einen Währungsverbund oder eine Währungsunion schon frühzeitig nach dem Fall der Mauer in beiden Teilen Deutschlands begonnen. Aber über den Zeitpunkt, das Ausmaß und die Umstellungsmodalitäten einer Währungsunion gingen die Meinungen doch erheblich auseinander.

Angesichts der sich überschlagenden Ereignisse in der DDR und auch bei Abwägung der ökonomischen Risiken für die

DDR wie für die Bundesrepublik gab es aber keine überzeugende und verantwortbare Alternative zu meinem Angebot. Die Dramatik der Entwicklung war unübersehbar. Die Menschen hatten längst das Vertrauen in die SED-Führung verloren und brauchten schnell verlässliche Signale über die Einführung der D-Mark, zumal der Verdrängungsprozess der DDR-Mark durch die D-Mark de facto längst begonnen hatte. Betriebe lieferten Ware vorzugsweise gegen D-Mark, Handwerker erbrachten Leistungen umso schneller, wenn diese in D-Mark entgolten wurden. Hinzu kam, dass den Betrieben in der DDR durch die massive Abwanderung gerade junger und qualifizierter Fachleute zunehmend die Arbeitskräfte fehlten. Die bereits zuvor mangelhafte Versorgung mit Produktions- und Nahrungsmitteln wurde dadurch noch schwieriger und lückenhafter. Und die Menschen in der DDR ließen keinen Zweifel daran, was sie wollten. Auf Plakaten bei den friedlichen Demonstrationen und Kundgebungen stand ihre Botschaft deutlich zu lesen: »Kommt die D-Mark, bleiben wir, kommt sie nicht, gehn wir zu ihr!«

Doch nicht nur in der DDR, auch in der Bundesrepublik mussten Signale gesetzt werden. Die gewaltigen Übersiedlerzahlen drohten sie bald an die Grenze ihrer Aufnahmefähigkeit zu führen. Die Aufnahmelager waren überfüllt. Wir hatten bereits damit begonnen, Schulen zu schließen, um Übersiedler in Unterrichtsräumen und Turnhallen unterzubringen. Unter den Westdeutschen wuchs die Sorge vor den Folgen des Übersiedlerstroms, vor einer Überschwemmung des Arbeitsmarkts, auch des Wohnungsmarkts. Zunehmend spielten in der Diskussion zudem die Belastungen der sozialen Sicherungssysteme und der öffentlichen Haushalte eine Rolle, denn neben dem Begrüßungsgeld von 100 D-Mark, das Anfang 1990 durch den Devisenfonds abgelöst wurde, hatten die Übersiedler auch Anspruch auf volle Sozialleistungen der Bundesrepublik. Diese Solidaritätsleistungen waren schon kurz nach Öffnung der Grenzen zum Aufhänger für eine infame Angst- und Neidkampagne geworden, mit der die Bundesbürger gegen ihre Landsleute in der DDR aufgehetzt werden sollten.

Was sich hier auftat, war eine unheilige Allianz der Parteilinken in der SPD und der deutschen Linksintellektuellen gegen die Wiedervereinigung. Der Schriftsteller Günter Grass sprach sich für eine »Konföderation und gegen das Einheitsgeschrei« aus. Oskar Lafontaine, saarländischer Ministerpräsident und ab Mitte März 1990 Kanzlerkandidat der SPD, forderte unter anderem, den Übersiedlern aus der DDR den Zugriff auf die sozialen Sicherungssysteme der Bundesrepublik zu verwehren. Er stellte sogar die deutsche Staatsbürgerschaft unserer Landsleute in Frage. Die Angst- und Neidkampagnen zeitigten ihre Erfolge. Die Landtagswahlen, die am 13. Mai in Nordrhein-Westfalen und in Niedersachsen stattfanden, wurden für meine Partei zum Desaster. Besonders die Niedersachsenwahl war eine bittere Enttäuschung, weil die CDU nach beinahe 15jähriger herausragender Arbeit der Landesregierung unter Ministerpräsident Ernst Albrecht die Regierungsverantwortung verlor.

Die Stimmungsmache, die sich für Lafontaine bereits bei der saarländischen Landtagswahl Ende Januar 1990 als wählerwirksam erwiesen hatte, empfand ich mit Blick auf die Annäherung von Ost und West in Deutschland und Europa als ausgesprochen schäbig und schädlich. Entgegen ihren Beteuerungen ging es den Linken keineswegs um die Menschen oder um wirtschaftliche Fragen. Sie wollten in Wahrheit nur die deutsche Einheit verhindern.

Umso dringlicher erschien mir eine zügig in Kraft tretende Währungs- und Wirtschaftsunion mit der DDR, wenn wir die

Lage stabilisieren und die Chance auf die Wiedervereinigung nicht vertun wollten. Anders als große Teile der Opposition glaubten, war es dabei mit rein finanziellen Hilfen an die DDR nicht getan. Beispielhaft sei hier nur eine Aussage der SPD-Bundestagsabgeordneten Ingrid Matthäus-Maier vom 7. Februar 1990 angeführt: »Täglich kommen über 2000 Übersiedler. [...] Verantwortlich ist aber auch unsere Bundesregierung, die sich bis heute weigert, den Menschen in der DDR mit wirksamen Sofortmaßnahmen konkret, rasch und unbürokratisch unter die Arme zu greifen. [...] Geld für wirksame Sofortmaßnahmen wäre da, wenn die Bundesregierung endlich bei den Militärausgaben streichen würde.« Diese durchaus nicht vereinzelte Aussage aus den Reihen der SPD zeigt, wie die Sozialdemokraten ihre politischen Prioritäten setzten: Soforthilfen ohne weitere Verpflichtung auf Gegenleistung und militärische Abrüstung im Westen, um das Ganze zu finanzieren. Ein solcher Leichtsinn ließ sich kaum überbieten.

Für meine Unnachgiebigkeit in diesem Punkt hatte ich gute Gründe. Ich glaubte nicht daran, dass die von der DDR geforderte Milliardenspritze die instabile Situation in der DDR kurzfristig wesentlich entspannen und den Übersiedlerstrom eindämmen könnte oder dass sich damit der Weg für grundlegende Reformen von der sozialistischen Kommandowirtschaft in Richtung Marktwirtschaft, Demokratie und Rechtsstaat bereiten ließe. Im Gegenteil, ich hatte immer den Eindruck, dass es mit der Milliardenhilfe darum ging, Zeit zu gewinnen, um die Lage doch noch zu konsolidieren und die DDR zu erhalten. Eine Milliardenhilfe hätte nur das System stabilisiert, ohne für die Menschen in der DDR dauerhaft Besserung zu bringen. Das war mit mir nicht zu machen. Meine Position hatte ich, ebenso wie die meisten Mitglieder und Vertreter der Bundesregierung, immer wieder sehr deutlich gemacht.

Aus denselben Erwägungen heraus ergab sich, dass das Angebot für eine innerdeutsche Währungsunion zwingend mit einer Wirtschaftsgemeinschaft verbunden werden musste. Nur so konnte sichergestellt werden, dass in der DDR die notwendigen Reformen in Richtung Soziale Marktwirtschaft auch umgesetzt würden. Ohne dieses Junktim hätten wir in unverantwortlicher Weise auch die Stabilität der D-Mark gefährdet.

Natürlich war allen bewusst, dass eine solch umfassende Währungs- und Wirtschaftsunion zwangsläufig auf die Wiedervereinigung hinauslief, was fast ebenso zwangsläufig die linken Einheitsgegner provozieren musste. Diese befürworteten stattdessen zunächst wirtschaftliche Reformen und einen im Gleichklang mit wirtschaftlichen Verbesserungen allmählich erfolgenden, wie auch immer zu gestaltenden Währungsverbund. Das wäre jedoch einem Spiel auf Zeit gleichgekommen. Den Übersiedlerstrom hätte man damit sicher nicht gestoppt. Im Gegenteil, dieser Weg wäre nur möglich gewesen, wenn man die innerdeutsche Grenze durch administrative Bestimmungen wieder geschlossen und so de facto eine neue Mauer errichtet hätte, ähnlich jener, die Millionen von Menschen gerade erst im friedlichen Widerstand gegen das System der DDR niedergerissen hatten.

Auch damit hätten wir also nur das System der DDR stabilisiert und die Trennung der Welt in Ost und West aufs Neue zementiert. Aus Sicht der Linken war es konsequent, diese Position zu vertreten, weil sie darin ihre Chance sahen, die DDR mit allenfalls kosmetischen Reformen doch noch zu erhalten. Was für ein absurder Gedanke! Das wäre ein klarer Verstoß gegen die Verfassung, die Menschlichkeit und die nationale Solidarität gewesen. Dieser Vorschlag war geradezu anachronistisch, ein solches Vorgehen war keine realistische Alternative.

Unmittelbar bevor ich am 6. Februar nachmittags mit unserem Angebot einer mit wirtschaftlichen Reformen verknüpften Währungsunion vor die Presse trat, hatte ich mich mit den Parteivorsitzenden der Koalition, Bundesfinanzminister Theo Waigel für die CSU und Otto Graf Lambsdorff für die FDP, beraten und Einigkeit erzielt. Waigel, in dessen Ressort bereits seit Ende 1989 das politische und ökonomische Für und Wider einer Währungsunion oder eines Währungsverbunds gründlich analysiert worden war, plädierte für eine baldige Währungsunion und bestärkte mich damit nur noch in meiner Auffassung. Graf Lambsdorff zeigte sich zunächst zögerlich und verwies auf die mit einem solchen Schritt verbundenen ökonomischen Risiken. Schließlich lenkte er jedoch ein, da auch er keine Alternative sah.

In der CDU/CSU-Bundestagsfraktion, wo ich gemeinsam mit dem Bundesfinanzminister unseren Plan anschließend erläuterte, fanden meine Ausführungen breite Zustimmung. Während die Sitzung noch andauerte, trat ich vor die Presse und erklärte, dass ich dem Bundeskabinett am nächsten Tag den Vorschlag machen würde, es möge beschließen, dass die Bundesregierung sich bereit erkläre, mit der DDR unverzüglich in Verhandlungen über eine Währungsunion mit Wirtschaftsreform einzutreten. Das Kabinett folgte diesem Vorschlag anderntags ebenfalls in großer Einmütigkeit. Auch Bundesbankpräsident Karl Otto Pöhl, der an der Kabinettssitzung teilnahm, erkannte an, dass es politisch keinen anderen Weg gab. So richteten wir unter meinem Vorsitz einen Kabinettsausschuss Deutsche Einheit ein und begannen mit den Vorbereitungen für die Währungs- und Wirtschaftsunion und für die deutsche Einheit.

Mit meinem Angebot einer Währungs- und Wirtschaftsunion hatte ich Fakten geschaffen. Der Überraschungseffekt war groß, die öffentliche Reaktion heftig, Aufgeregtheit und Unsicherheiten kennzeichneten die Stimmung, und auf allen Seiten gab es vor allem große Bedenken – teils weil wirtschaftliche und politische Aspekte anders gewichtet wurden, teils aus ideologischen Gründen.

Ich hatte Erfahrung genug gesammelt mit dem gegnerischen Lager – man denke nur an die heftige Auseinandersetzung um den Nato-Doppelbeschluss Anfang der achtziger Jahre oder an das unsägliche SPD/SED-Papier von 1987 –, um zu wissen, dass die Linken in Deutschland den Wunsch nach einer linken Republik und einem Austritt der Bundesrepublik aus dem westlichen Bündnis noch längst nicht aufgegeben hatten. Was mich aber überraschte, war die Heftigkeit, mit der zumal führende Köpfe der deutschen Sozialdemokratie diese vielleicht einmalige Chance auf die deutsche Wiedervereinigung, die zugleich das Ende der Teilung Europas und der Welt bedeutete, zunichte machen wollten – selbst um den Preis, dass unsere Landsleute im Osten weiter unter einem diktatorischen Regime leben müssten.

Die deutsche Sozialdemokratie bot in dieser für unser Land so bedeutsamen Stunde ein enttäuschendes Bild. Innerparteilich war die SPD so zerstritten, dass sie keine klare deutschlandpolitische Position vertreten konnte. Wichtige Persönlichkeiten an ihrer Spitze, allen voran Oskar Lafontaine und Gerhard Schröder, der im Mai 1990 niedersächsischer Ministerpräsident wurde und 1998 Bundeskanzler werden sollte, machten gezielt Stimmung gegen die deutsche Einheit und unser Angebot einer schnellen Währungsunion. Ihre zum Teil ideologisch, zum Teil wahltaktisch motivierte Obstruktionspolitik gegen den Staatsvertrag als Vorstufe zur deutschen Einheit behielten sie während der gesamten Verhandlungen bis zur Einführung der D-Mark in der DDR zum 1. Juli 1990 bei.

Noch in den parlamentarischen Beratungen, die der Unterzeichnung des Staatsvertrags folgten, bezeichnete Lafontaine die zum 1. Juli vorgesehene Einführung der D-Mark in der DDR als »einen schweren Fehler« und »eine eminente Fehlentscheidung«. Er bedrängte die SPD, Nachbesserungen zu verlangen, und setzte sie mehrfach mit der Drohung unter Druck, von seiner Kanzlerkandidatur zurückzutreten. Gerhard Schröder sprang ihm mit der Prognose bei, die Bundesregierung werde mit ihrer zu frühen Einführung der D-Mark in der DDR Massenarbeitslosigkeit und soziale Probleme heraufbeschwören.

Nach langem, vom Ergebnis her ersichtlich unnötigem Gezerre wurde der Staatsvertrag schließlich am 21. Juni 1990 von der DDR-Volkskammer und dem Deutschen Bundestag mit großer Mehrheit angenommen. Auch die SPD-Bundestagsfraktion stimmte mehrheitlich zu. Unter den 25 SPD-Bundestagsabgeordneten, die gegen den Vertrag stimmten, waren Peter Glotz, Heidemarie Wieczorek-Zeul, Edelgard Bulmahn und Günter Verheugen. Im Bundesrat, in dem die SPD-Länder die Mehrheit hatten, bekamen wir am nächsten Tag ebenfalls die notwendige Zustimmung. Als einzige Länder stimmten das Saarland unter Ministerpräsident Lafontaine und Niedersachsen unter Ministerpräsident Schröder gegen den Staatsvertrag. Wie sollte man die Ablehnung des Staatsvertrags verstehen, wenn nicht als wohlkalkuliertes Votum auch gegen die Wiedervereinigung unseres Landes?

Es gab nicht nur ideologisch motivierten oder parteitaktischen Widerstand. Auch von seiten des ökonomischen Sachverstands ernteten wir zunächst vor allem Kritik. Die ganz überwiegende Mehrheit der volkswirtschaftlichen Experten warnte eindringlich vor einer übereilten Währungsunion und zeichnete düstere Szenarien von schädlichen Folgen und Kosten. Nicht wenige prophezeiten zweistellige Inflationsraten. Für sie, die nach der reinen Lehre argumentierten, war die Währungsunion – und damit auch die Wiedervereinigung – noch auf längere Sicht nicht möglich, weil die wirtschaftliche Lage in der DDR einem Währungsverbund oder einer Währungsunion entgegenstehe. Vorbedingung sei eine erhebliche Verbesserung der wirtschaftlichen Wettbewerbsfähigkeit der DDR, und deshalb müssten wirtschaftliche Reformen Vorrang vor einer Währungsreform haben. Ein Beispiel für die damals vorherrschende Meinung unter den wirtschaftswissenschaftlichen Beratern ist der Brief, den mir der Sachverständigenrat zur Begutachtung der gesamtwirtschaftlichen Entwicklung am 9. Februar, also unmittelbar nach unserem Angebot an die DDR, schrieb. Die mahnenden Worte der Sachverständigen zu den wirtschaftlichen Risiken waren deutlich, und die Schlagzeile in einer großen überregionalen Tageszeitung am 15. Februar lautete denn auch bezeichnenderweise: »Sachverständige gegen baldige Währungsunion«.

Auch Wirtschaft und Gewerkschaften argumentierten zunächst in die gleiche Richtung wie die Wissenschaft und beurteilten unser primär politisch begründetes Angebot äußerst skeptisch. Die kritische Haltung im westdeutschen Unternehmerlager spiegelte beispielhaft eine Umfrage eines Wirtschaftsmagazins unter 500 Führungskräften bundesdeutscher Unternehmen wider: Eine zügige Währungsunion wurde demzufolge einhellig als günstig für die DDR, aber nicht als günstig für die Bundesrepublik eingeschätzt. Die Mehrheit der befragten Führungskräfte erwartete höhere Inflationsraten, eine Schwächung der D-Mark, Steuererhöhungen und steigende Zinsen.

Was mir in dieser ganzen Diskussion um das Für und Wider einer zügigen Währungsunion Sorge bereitete, war nicht die in erster Linie wirtschaftlich oder wirtschaftswissenschaftlich begründete Kritik. Nein, mit wachsender Sorge beobachtete ich, wie sehr es an Gespür für die historische Dimension unserer Entscheidung fehlte und wie sehr die Freude über die Wiedervereinigung in der öffentlichen Wahrnehmung völlig in den Hintergrund trat und stattdessen eine einseitige Fixierung auf Kosten und auf mögliche schädliche Folgen für die Bundesrepublik an Gewicht gewann. Offenbar war die deutsche Einheit für die Mehrheit der politischen Klasse in der Bundesrepublik schon längst keine Herzensangelegenheit mehr.

Die Presse gab beredtes Zeugnis davon. Hier war vor allem von den Kosten zu lesen: »Kosten der deutsch-deutschen Währungsunion«, »Vereinigung kostet die Bundesbürger den Zehnten«, »Kosten oder Ertrag?« oder »Kosten der deutschen Einheit kaum zu fassen« lauteten die Schlagzeilen. Denjenigen, die die Einheit verhindern wollten, konnte das nur recht sein. Ebenso jenen Gewerkschaften, die vor allem um die Besitzstände ihrer Arbeitsplatzbesitzer im Westen fürchteten, oder jenen Unternehmern, die neue, zusätzliche Konkurrenz aus dem Osten scheuten.

All jene aber, für die – wie für mich – die Einheit untrennbar zum nationalen Selbstverständnis gehörte, mussten angesichts dieser Diskussion erschrecken, denn wie schnell konnte die Tür zur Einheit, die sich einen Spalt breit geöffnet hatte, wieder zufallen! Es war schon eigenartig, dass nun, da die Einheit und die Überwindung der Teilung von Deutschland und Europa greifbar nahe waren, so viele Deutsche offenbar vor allem eines hatten: Angst. Im CDU-Bundesvorstand fand ich dafür deutliche Worte: Wenn wir zuließen, dass unser Land in dieser Schicksalsstunde aus finanziellen Gründen vor der Einheit zurückweiche, dann habe die Bundesrepublik vor der Geschichte abgedankt. Die um sich greifenden Unsicherheiten und Ängste waren umso gefährlicher, als die Bremser der Einheit keine Hemmungen hatten, sie politisch auszunutzen. Die Erfolge von Lafontaine und Schröder bei den Landtagswahlen im Saarland und in Niedersachsen im ersten Halbjahr 1990 waren auch darauf zurückzuführen.

Glücklicherweise ebbte der Sturm der Entrüstung bald ab, als die meisten Kritiker in den folgenden Wochen die politische Unvermeidbarkeit unseres Schrittes erkannten und akzeptierten. So erhielten wir aus der Wirtschaftswissenschaft, von Wirtschaft und Gewerkschaften zwar nicht die echte und breite Unterstützung, die ich mir angesichts der historischen Bedeutung dieser Schritte erhofft und gewünscht hätte. Doch ich war schon froh, dass uns von dieser Seite zumindest weitere öffentliche Störfeuer erspart blieben und wir uns auf die konkreten Verhandlungsfragen mit der DDR konzentrieren konnten.

Politisch hatte sich die Situation für uns verbessert, seit wir nach den Volkskammerwahlen einen demokratisch legitimierten Verhandlungspartner auf DDR-Seite hatten. Die Verhandlungen wurden noch erheblich erleichtert durch das eindeutige Votum der DDR-Bürger gegen das alte Regime und für einen grundlegenden Wandel und die Einheit. Inhaltlich erweiterten die Volkskammerwahlen die Verhandlungssituation insofern, als sich die Ost-CDU und die mit ihr verbündeten Parteien schon im Wahlkampf und dann auch in der Koalitionsvereinbarung zusätzlich auf eine mit der Währungs- und Wirtschaftsunion zu verbindende Sozialunion festgelegt hatten. Von westdeutscher Seite neigten wir dagegen dazu, den westdeutschen Sozialstaat, vor allem im Bereich des komplexen Arbeits- und Tarifvertragsrechts, erst allmählich auf die DDR zu übertragen. Ich bin auch heute noch davon überzeugt, dass dies der bessere Weg gewesen wäre. Mit mehr Flexibilität, wie sie der Umbruchsituation in der DDR angemessen gewesen wäre, hätten die wirtschaftlichen Schockwirkungen mit Einführung der D-Mark besser abgefedert werden können. Durch die Festlegung des Regierungsbündnisses in der DDR waren uns aber die Hände gebunden. Übergangsregelungen in diesem Bereich oder ein Nein von uns zur Sozialunion hätte die ostdeutsche Seite nicht akzeptiert.

Mit Inkrafttreten der Währungs-, Wirtschafts- und Sozialunion zum 1. Juli 1990 erlebte die Wirtschaft in der DDR einen tiefgreifenden Einbruch. Abrupt offenbarte sich der Rückstand der bis dahin abgeschotteten Betriebe gegenüber solchen aus Westdeutschland und anderen Industriestaaten mit voller Wucht und in nicht vorhersehbarem Ausmaß. Schon mit der Öffnung der Mauer im November 1989 hatte sich abgezeichnet, dass die Lage der DDR-Wirtschaft schwierig war. Gerade in der DDR hoch besteuerte und zum Teil erst nach langen Wartezeiten verfügbare Konsumgüter wie Pkw, Fernseher oder Kühlschränke erlebten bereits im Herbst 1989 einen wahren Nachfrageeinbruch, so dass beispielsweise die Wartezeit für einen Pkw der Marke »Trabant« von fünfzehn auf null Jahre zurückging. Dass das westdeutsche Angebot ostdeutsche Produkte in diesem Ausmaß vom Markt verdrängte, lag zum Teil, aber keineswegs durchgängig, an einer minderen Qualität der ostdeutschen Produkte. Aus einem Nachholbedarf der Ostdeutschen in bezug auf Westwaren heraus spielten anfangs psychologisch motivierte Kaufentscheidungen eine große Rolle: Westwaren galten generell als höherwertig und wurden vorrangig konsumiert. Das änderte sich erst viel später, als eine Welle der »Ostalgie« einsetzte.

Wie falsch selbst unsere pessimistischen Schätzungen über das reale Produktionskapital und den Wert des volkseigenen Vermögens der DDR lagen, merkten wir erst im Laufe der kommenden Jahre. Im Nachhinein ist man immer klüger. Damals jedoch überschätzten wir mehrheitlich das Potential der DDR-Wirtschaft und den Wert des DDR-Vermögens. Dass die DDR es über Jahrzehnte geschafft hat, den wahren Zustand ihrer wirtschaftlichen Leistungsfähigkeit zu verdecken, kann man nur als eines der größten Täuschungsmanöver des 20. Jahrhunderts bezeichnen – ein Täuschungsmanöver, das auch deshalb möglich war, weil man in der Bundesrepublik vielerorts an die Errungenschaften des real existierenden Sozialismus hatte glauben wollen.

Bis zum Fall der Mauer war die westdeutsche Einschätzung zur Lage der DDR-Wirtschaft weitgehend von den Ausarbeitungen des Deutschen Instituts für Wirtschaftsforschung in Berlin geprägt gewesen. Auch die Bundesregierung stützte sich beispielsweise in ihrem jährlichen »Bericht zur Lage der Nation im geteilten Deutschland« auf die Analysen der Berliner Wirtschaftsforscher. Noch 1987 gingen diese von einem Produktivitätsrückstand der DDR gegenüber Westdeutschland von nur rund 50 Prozent aus. Das Institut wies zwar schon damals auf erhebliche quantitative Mängel des Konsumgüterangebots und auf größere Ausstattungsdefizite im Bereich langlebiger Konsumgüter wie Telefone, Gefriergeräte oder Geschirrspülmaschinen hin. Zugleich aber wurde die Rückständigkeit der DDR auch wieder relativiert, indem die Wirtschaftsforscher auf die wirtschaftliche Spitzenposition der Bundesrepublik hinwiesen und darauf, dass der Abstand der DDR-Wirtschaft zu anderen westlichen Industriestaaten wie Italien oder Großbritannien geringer sei. Erst nach der Maueröffnung setzte sich allmählich die Einschätzung durch, dass die Produktivität gegenüber Westdeutschland nur ein Drittel betrage. Das wahre Ausmaß der mangelhaften Wettbewerbsfähigkeit aber erkannten wir auch in dem Moment noch nicht.

Der Wert des volkseigenen Vermögens der DDR wurde in der gesamten Debatte entsprechend überschätzt – und zwar auf allen Seiten. So erklärte die SPD im März 1990, dass sie bei einem Sieg bei den Volkskammerwahlen an jeden Bürger der DDR Anteilsscheine an Investmentgesellschaften im Wert von 40 000 DDR-Mark ausgeben wolle. Sie reagierte damit auf Schlagworte wie jene vom »Ausverkauf der DDR« oder vom »Raub am Volkseigentum«, die mit der Gründung der Treuhandanstalt und dem damit verbundenen Beschluss, die Kombinate und Betriebe in Kapitalgesellschaften umzuwandeln, die Diskussion beherrschten. Nur die Präambel des Treuhandgesetzes ließ noch etwas von der ursprünglichen Idee des Runden Tisches erkennen, Teile des DDR-Volksvermögens durch die Vergabe von Anteilsscheinen an die Bevölkerung zu privatisieren.

Auch bei den Verhandlungen über den Staatsvertrag zur Währungs- und Wirtschaftsunion ging man noch davon aus, dass der Bevölkerung zu einem späteren Zeitpunkt möglicherweise ein verbrieftes Anteilsrecht am volkseigenen Vermögen eingeräumt werden könnte, um sie damit gegebenenfalls für Verluste bei Ersparnissen im Zuge der Währungsumstellung zu entschädigen. Voraussetzung dafür war allerdings ein Überblick, wie viel das DDR-eigene Vermögen nach Abzug notwendiger Maßnahmen zur Strukturanpassung volkseigener Unternehmen sowie zur Sanierung des Staatshaushalts ausmachte.

In der Schlussdebatte zum Staatsvertrag am 21. Juni erklärte der SPD-Fraktionsvorsitzende Hans-Jochen Vogel im Bundestag, für die Schulden überlebensfähiger Betriebe wäre eine umfassende Regelung besser gewesen, etwa durch Übertragung weiterer Teile der Schulden auf das Treuhandvermögen. Ähnliche Forderungen nach vollständiger Entschuldung der

Betriebe erhob seine Kollegin Ingrid Matthäus-Maier. Auch Detlev Karsten Rohwedder, der erste und von mir hochgeschätzte Präsident der Treuhandanstalt, ging zu Beginn seiner Amtszeit Mitte 1990 noch von einem Netto-Industrievermögen der DDR in Höhe von 600 Milliarden D-Mark aus. Tatsächlich jedoch beendete die Treuhandanstalt 1994 ihre Arbeit mit einem Defizit von 250 Milliarden D-Mark. Erschwerend kam hinzu – und das wird allzu leicht übersehen –, dass mit dem Zusammenbruch der Sowjetunion 1991 abrupt ein traditionell wichtiger Absatzmarkt für die ostdeutschen Betriebe wegbrach. 70 Prozent des Außenhandels wickelte die DDR mit den sozialistischen Ländern ab.

Aber selbst wenn ich die wahre Lage im Frühjahr 1990 gekannt hätte, hätte ich in allen wesentlichen Punkten nicht anders gehandelt. Aus politischen Gründen gab es keine Alternative. Der Preis einer Verzögerung der deutschen Einheit hätte politisch wie auch wirtschaftlich mit Sicherheit viel schwerer gewogen als die finanziellen Bürden, die wir mit der zügigen Währungsunion, den getroffenen Umstellungsmodalitäten und der schnellen Wiedervereinigung auf uns genommen haben.

Der Aufbau Ost hätte auch erfolgreicher verlaufen können. Wenn die politischen Parteien in der Bundesrepublik sich in den Umbruchjahren 1989/90 einmütig und parteiübergreifend zur deutschen Einheit bekannt und sie als nationale Aufgabe verstanden hätten, hätte dies auch dazu beigetragen, den Aufbau Ost zu einer einmaligen nationalen Solidaritätsbekundung zu machen. Stattdessen hat eine unheilige Allianz von Linksintellektuellen und den linken Flügeln bei SPD und Grünen den Besitzstandswahrern, Bedenkenträgern und Einheitsgegnern in unserem Land eine Stimme gegeben. Ich bin sicher, dass wir den wünschenswerten, engen Schulterschluss in

Deutschland bekommen hätten, hätte die Politik ihre Stimme einmütig für die Wiedervereinigung erhoben. Ihrer nationalen Verantwortung sind weite Teile von SPD und Grünen in dieser historischen Stunde unseres Vaterlandes nicht gerecht geworden.

Dies ist bis heute eine schwere Hypothek. Das gerade auch am Anfang mangelhafte Engagement für den Aufbau Ost von westdeutschen Arbeitgebern und Wirtschaftsverbänden, Arbeitnehmern und Gewerkschaften wäre ganz anders ausgefallen – mit entsprechend positiven Auswirkungen vor allem auf die Investitionsbereitschaft und die Lohnentwicklung in der DDR. Ich will nur ein Beispiel anführen, wie westdeutsche Interessen die Entwicklungschancen in der DDR negativ beeinflusst haben: Die ostdeutschen Verhandlungspartner lehnten damals Überlegungen ab, im Rahmen der Sozialunion zumindest übergangsweise Ausnahmen im Arbeits- und Sozialbereich zuzulassen. Es wäre für die Schaffung und den Erhalt von Arbeitsplätzen aber sinnvoll gewesen, vorübergehend neben den Tarifverträgen beispielsweise auch betriebliche Vereinbarungen zur Lohnfestsetzung zu ermöglichen. Wir konnten uns nicht durchsetzen. Das strikte Nein auf DDR-Seite beruhte ganz wesentlich auf westdeutscher Einflussnahme. Vordergründig argumentierten die SPD-Opposition im Bund und die westdeutsche Gewerkschaftsführung mit dem Schutz ostdeutscher Arbeitnehmerinteressen, doch dahinter verbarg sich nichts anderes als die Absicht, der DDR keinen Standortvorteil und Unternehmern keinen Anreiz für ein Engagement im Osten einzuräumen. Sozialer für unsere Landsleute in der DDR wäre es sicher gewesen, wenn sie über einen Lohnvorteil die Chance auf Investitionen in großem Stil und damit einen Arbeitsplatz gehabt hätten.

Manche mögen sich fragen, was aus der DDR geworden

wäre, wenn es in der Sowjetunion keine Perestroika und kein Glasnost gegeben hätte und Generalsekretär Erich Honecker von Moskau weiter gestützt worden wäre. Die Antwort ist nicht spekulativ, im Gegenteil. Heute zugängliche Dokumente aus der DDR zeigen deutlich das Versagen des Planungssystems, die Illusionen der Parteiführung und die Ausweglosigkeit der wirtschaftlichen Lage. Damit belegen diese Quellen eindeutig, was uns von den Spitzenpolitikern der DDR selbst noch 1990 nach den ersten freien Wahlen im Osten vorenthalten wurde: Spätestens seit 1988 zeichnete sich der wirtschaftliche Zusammenbruch der DDR ab. Besonders aufschlussreich ist, was Gerhard Schürer, von 1965 bis 1989 Vorsitzender der Staatlichen Plankommission, seinerzeit in Analysen dazu feststellte und später bekräftigte.

Angesichts der hohen politischen Priorität, die der »Verbesserung des Lebensstandards« in der DDR eingeräumt wurde, warnte er bereits 1978 und danach immer wieder vor der gefährlich steigenden Verschuldung bei westlichen Banken und scheute sich nicht, die Ursachen der Misere zu benennen: Vernachlässigen der Investitionen, steigende Subventionen, zu hoher Kaufkraftüberhang, Konsum auf Pump, Versorgung auf Kosten der Substanz. Folgerichtig, aber vergeblich forderte Schürer etwa 1988, die Kosten und Gewinne jedes Projekts (beispielsweise in der Pkw-Produktion oder bei der Chipfertigung) an den harten ökonomischen Bedingungen des Weltmarkts zu messen.

Um Mittel für dringend notwendige Investitionen freizusetzen, schlug er Maßnahmen zur Kürzung des Konsums und zum Abbau des Kaufkraftüberhangs vor – etwa durch Kürzungen im Wohnungsbau, Mieterhöhungen, Zuwachsverringerung bei Sozialausgaben und Löhnen, Preiserhöhungen bei Konsumgütern wie Videogeräten und so weiter. Am 16. Mai

1989 erklärte Schürer, die Verschuldung nehme monatlich um eine halbe Milliarde DDR-Mark zu, und wenn dieser Kurs fortgesetzt werde, wäre die DDR 1991 zahlungsunfähig. Doch Honecker lehnte Kürzungen beim privaten Konsum strikt ab. Das Dilemma der Führungsspitze beschrieb Finanzminister Ernst Höfner treffend: »Wir leben eben über unsere Verhältnisse! Sonst müssten wir unsere Politik ändern, und das können wir nicht.« Mit dem ständigen Versuch jedoch, den materiellen Rückstand gegenüber dem Westen ohne grundlegende Reformen zu verringern, ruinierte die SED-Führung letztlich die Grundlagen der Produktion und der Lebensqualität, den Kapitalstock und die Umwelt.

Wie wenig die DDR noch zu stabilisieren war, zeigt eine Analyse, die Schürer und Höfner gemeinsam mit Außenhandelsminister Gerhard Beil und dessen Staatssekretär Alexander Schalck-Golodkowski sowie mit dem Leiter der Zentralverwaltung für Statistik Arno Donda verfassten und am 30. Oktober 1989 Egon Krenz als dem neuen Generalsekretär und dem Politbüro übergaben. Darin heißt es: »Allein das Stoppen der Verschuldung würde im Jahre 1990 eine Senkung des Lebensstandards um 25 bis 30 Prozent erfordern und die DDR unregierbar machen. Selbst wenn das der Bevölkerung zugemutet würde, ist das erforderliche exportfähige Endprodukt nicht aufzubringen.« In ihrer Not empfahlen sie, durch ein »konstruktives Konzept« Hilfe im Westen zu suchen; neben einer Prüfung »aller Formen der Zusammenarbeit mit westlichen Unternehmen« und »Verhandlungen mit der Regierung der BRD über Finanzkredite in Höhe von zwei bis drei Milliarden D-Mark über bisherige Kreditlinien hinaus« sollte dazu vor allem die Fortsetzung der alten Strategie des Technologieimports gehören.

An eine Korrektur des zentral geleiteten Wirtschaftssystems wagten sich die Funktionäre in ihrer in Ost-Berlin als »streng vertraulich« klassifizierten Analyse jedoch nicht heran. Sie befürworteten lediglich Reformen im Rahmen des sozialistischen Systems, dessen Grundlagen – Staatseigentum, staatliche Rahmenplanung und möglichst geringe Einkommensdifferenzierung – unangetastet bleiben sollten.

Die Menschen in der DDR jedoch verglichen sich in ihren materiellen Ansprüchen weniger mit den deutlich schlechteren Verhältnissen im sozialistischen Bruderland Sowjetunion als mit dem wesentlich höheren Lebensstandard in der Bundesrepublik. Der stand der Bevölkerung in der DDR durch den »Genex-Geschenkdienst«, durch die »Intershops«, »Exquisit«- und »Delikat«-Läden ständig vor Augen, in denen Devisenbesitzer und Bezieher höherer Einkommen auch hochwertige Westprodukte kaufen konnten.

Ohne Zweifel spielten bei der Unzufriedenheit der Bevölkerung auch die fehlenden politischen Freiheiten eine große Rolle, und das umso mehr, je mehr die Zahl der »Westkontakte« stieg. Welches Motiv letztlich überwog – wirtschaftliche Probleme oder fehlende politische Freiheiten –, ist kaum zu klären. Richtig ist in jedem Fall: Ohne die offenkundigen Funktionsmängel des sozialistischen Wirtschaftssystems hätte es weder die mutigen Bürgerrechtsbewegungen in Polen und Ungarn noch Perestroika und Glasnost in der Sowjetunion, noch den dramatischen Zusammenbruch in der DDR im Jahr 1989 gegeben.

20.
Krise und Kreml-Poker – Litauen, Zwei-plus-Vier, Finanzhilfe für Gorbatschow

Während ich die innere Entwicklung in Richtung deutsche Einheit insgesamt auf gutem Wege sah und mich außenpolitisch vor allem die Frage umtrieb, wie wir mit Moskau die Hauptfrage – die Bündniszugehörigkeit – lösen könnten, wurde der Litauen-Konflikt zu einer echten Gefahr für den Einigungsprozess. In Moskau sahen sich die alten Kräfte in Partei und Apparat in ihrer Kritik an Gorbatschows Reformkurs gestärkt und warfen dem durch die schwierige wirtschaftliche Situation ohnehin geschwächten Michail Gorbatschow vor, er setze nicht nur den Fortbestand des Warschauer Paktes, sondern auch der Sowjetunion aufs Spiel. Zu hartem Handeln gezwungen, hatte Gorbatschow Mitte April ein Wirtschaftsembargo gegen das kleine baltische Land verhängt, das sich aus dem sowjetischen Staatsverband lossagen wollte und an seiner Unabhängigkeitserklärung von Mitte März 1990 festhielt.

Am 21. April appellierten die Außenminister der Europäischen Gemeinschaft an Moskau, die Blockade aufzuheben. In Washington trat am folgenden Tag der Nationale Sicherheitsrat zusammen. Obwohl dieser dem amerikanischen Präsidenten Zurückhaltung empfahl, beschloss Bush, im Falle einer andauernden Krise den bereits ratifizierten Vertrag über die amerikanisch-sowjetischen Handelsbeziehungen nicht in Kraft zu setzen.

Ich befürchtete, dass sich die Zuspitzung der Krise um Litauen auf unsere deutsche Sache negativ auswirken würde. Am 19. April hatte die sowjetische Regierung dem Kanzleramt eine Note überreicht, in der vor deutschen Eigenmächtigkeiten nachdrücklich gewarnt und auf einen bereits vorliegenden Staatsvertrag zwischen der Bundesrepublik und der DDR Bezug genommen wurde, mit dem die deutsche Wiedervereinigung angeblich geregelt worden sei. Daraufhin beschloss ich, nunmehr wirklich alles zu tun, um den Einigungsprozess zu beschleunigen.

Nach meinem Eindruck war für die sowjetische Seite gar nicht so sehr die Frage der Nato-Zugehörigkeit des vereinten Deutschlands entscheidend, sondern eine befriedigende Regelung der Wirtschaftsbeziehungen auf Grundlage der zwischen ihr und der DDR abgeschlossenen Verträge. Nun sah ich meine Chance darin, diesem sowjetischen Anliegen besonderes Augenmerk zu widmen. Mit Lothar de Maizière war ich mir einig, dass erst einmal das gesamte Material über die bilateralen Verträge zwischen Moskau und Ost-Berlin zusammengestellt werden müsste, was sich als ziemlich schwierig erwies. Darüber hinaus machte ich mir Gedanken über eine weit in die Zukunft reichende wirtschaftliche Zusammenarbeit des vereinten Deutschlands mit der Sowjetunion. Nach meiner Vorstellung sollte dieses Deutschland, fest im Westen verankert, eine Art »Brücke nach Osten« werden.

Am Nachmittag des 23. April ließ ich Moskaus Botschafter Julij Kwizinskij ins Kanzleramt rufen, um über ihn meine Vorstellungen an Michail Gorbatschow weiterzuleiten. Ich zerstreute zunächst sowjetische Befürchtungen wegen eines deutschen Alleingangs und sagte ihm, dass ich jetzt den Zeitpunkt für gekommen hielte, gemeinsam die wirtschaftlichen Verpflichtungen der DDR gegenüber der Sowjetunion aufzuarbeiten. Außerdem wolle ich mit ihm erörtern, ob nicht schon jetzt die Vorbereitungen für einen gesamtdeutsch-sowjetischen Vertrag getroffen werden könnten, mit dem das Verhältnis zwischen beiden Ländern auf eine völlig neue Ebene gehoben werden sollte. Schon im Juni 1989 hatte ich im Garten des Kanzleramts mit Gorbatschow über ein solches Vorhaben – über einen »Großen Vertrag«, wie wir es genannt hatten – gesprochen.

Dann kam ich auf die Zwei-plus-Vier-Problematik zu sprechen. Kwizinskij schlug vor, innere und äußere Aspekte der Wiedervereinigung zu entkoppeln, also zunächst die staatliche Einheit zu vollziehen und dann erst Aspekte wie etwa die Bündnisfrage zu regeln. Für mich war das völlig inakzeptabel, denn damit wäre dem wiedervereinten Deutschland die volle Souveränität auf unbestimmte Zeit vorenthalten worden. Ebenso inakzeptabel war Kwizinskijs Annahme, dass die sowjetischen Streitkräfte so lange auf dem Gebiet der DDR stationiert bleiben müssten wie die der Westalliierten auf dem Gebiet der Bundesrepublik. Er sprach dann noch von einer Reduzierung der Bundeswehr, die wir aber nicht weiter diskutierten. Abschließend erklärte der Botschafter, in Moskau sei nicht verborgen geblieben, dass die Regierungschefs der europäischen Staaten »in ausgewogener Weise« an das Litauen-Problem herangingen. Die Sowjetunion wisse diese Haltung zu schätzen.

Um die gleichen Fragen kreisten die Gespräche, die ich am 4. Mai, am Tag vor dem ersten von insgesamt vier Zwei-plus-Vier-Gesprächen, die auf Ebene der Außenminister stattfanden, zuerst mit dem amerikanischen und anschließend mit dem sowjetischen Außenminister im Bundeskanzleramt führte. Baker, der von Botschafter Vernon A. Walters begleitet wurde, kam aus Brüssel, wo am Vortag die Außenminister der Nato-Staaten zu einer Sondersitzung zusammengekommen waren und für Deutschland wichtige Entscheidungen getroffen hatten: Sie waren übereingekommen, Strategie und Streitkräfte der neuen Situation in Europa anzupassen; außerdem waren der Verzicht des amerikanischen Präsidenten auf die Produktion einer neuen Generation von Kurzstreckenraketen und der Verzicht auf eine atomare Bewaffnung Deutschlands formell gebilligt worden.

Bei unserem rund 80 Minuten dauernden Gespräch im Kanzleramt ging es darum, das weitere gemeinsame Vorgehen abzustimmen. Auch über den weiter eskalierenden Konflikt zwischen Litauen und der Moskauer Zentralmacht sprachen wir. Baker schilderte mir, dass sich die Situation rasch zu einem Punkt hin entwickeln könnte, an dem die Vereinigten Staaten mit konkreten Maßnahmen Partei für die Unabhängigkeitsbestrebungen der Litauer ergreifen müssten. Nachdem sich schon der amerikanische Senat für ein Einfrieren der Handelsvergünstigungen für Moskau ausgesprochen habe, bis das sowjetische Embargo gegen Litauen aufgehoben sei und Verhandlungen zwischen Wilna und Moskau begonnen hätten, wachse nun auch der Druck im Kongress. Die US-Regierung habe das gegenüber Gorbatschow und seinem Außenminister Eduard Schewardnadse offen angesprochen.

Ich brauchte Baker nicht zu erläutern, wo meine Sympathien lagen: Wir Deutschen wünschten auch den baltischen Staaten die Rückgewinnung ihrer Unabhängigkeit. Allerdings durfte der Litauen-Konflikt nicht zum Stolperstein für Michail Gorbatschow und seine Reformpolitik werden. Wenn der Generalsekretär morgen den Litauern nachgäbe, stellte sich übermorgen auch für andere Sowjetrepubliken die Frage der Unabhängigkeit, gab ich zu bedenken. Spätestens dann käme die Stunde derer, die sagten, Gorbatschow verspiele das Imperium. Niemand könne jedoch ein Interesse daran haben, dass dann in der Sowjetunion ein Militärregime an die Macht gelange, denn dies würde nicht zuletzt das abrupte Ende der Reformpolitik in Mittel- und Osteuropa bedeuten.

Um Gorbatschows Reformkurs nicht zu gefährden, plädierte ich für viele kleine Schritte. Man müsse den Litauern sagen, dass sie mit ihrer Politik des Alles oder Nichts ihre Chance, unabhängig zu werden, aufs Spiel setzten. Ich sei überzeugt, dass sie innerhalb der nächsten fünf Jahre mit Klugheit, Geduld und psychologischem Geschick ihr Ziel erreichen könnten. Baker teilte diese Auffassung. Auch bei den übrigen Nato-Partnern sei man sich des Problems voll und ganz bewusst gewesen und sei dem übergeordneten Gesichtspunkt gefolgt, dass die Sowjetunion sich auf dem Reformweg vorwärts bewegen müsse.

Ausgiebig sprachen Baker und ich darüber, wie der Westen Gorbatschow wirtschaftlich unterstützen könnte. Nach meiner Ansicht lag das Hauptproblem darin, dass der Generalsekretär sich nicht entschließen konnte, den entscheidenden Schritt zur Marktwirtschaft zu tun. Halbherzige Reformmaßnahmen führten indes nicht weiter. Baker erklärte, dass Gorbatschows Lage paradox sei: Einerseits habe er mit dem Präsidentenamt mehr Vollmachten denn je. Andererseits könne er wegen zunehmender innerer Schwierigkeiten keine energischen Schritte in die richtige Richtung tun. Wie eingeschränkt seine Handlungsfähigkeit faktisch sei, zeige sich daran, dass er vor Werktätigen in Swerdlowsk erklärt habe, dass es in der Sowjetunion Reformen wie etwa in Polen nicht geben werde.

Mit Blick auf die am folgenden Tag beginnenden Zwei-plus-Vier-Verhandlungen fragte Baker, wie ich die Haltung der Regierung de Maizière und dabei vor allem die von Außenminister Markus Meckel in der Frage der Nato-Mitgliedschaft eines vereinten Deutschlands einschätzte. Ich berichtete ihm daraufhin von den vielfältigen Problemen in der Ost-Berliner Koalition; ich dächte, die Regierung de Maizière werde sich vor diesem Hintergrund zwar nicht in die erste Reihe der Befürworter stellen, am Ende aber die Bonner Haltung unterstützen. Diese sei eindeutig: Gesamtdeutschland werde Teil der Nato sein. Wir seien nicht erpressbar. Mit mir könne man auch kein Spiel treiben nach dem Motto »wenn ihr Deutschen aus der Nato austretet, dann könnt ihr die Einheit haben«.

Was die Position der Sowjetunion anging, so stimmten wir – wie bereits in Camp David – überein, dass der Kreml pokere, um möglichst viele Vorteile herauszuschlagen. Dabei gehe es ihm wohl in erster Linie um die Wirtschaftsbeziehungen mit dem vereinten Deutschland; aber auch die künftige Entwicklung der Nato und ihre Strategie seien für die Sowjets entscheidende Fragen.

Baker und Walters hatten das Kanzleramt gerade verlassen, als schon der nächste Besucher eintraf: der sowjetische Außenminister Eduard Schewardnadse, begleitet von Botschafter Kwizinskij. Ich wusste, dass Schewardnadse ein besonders gutes Vertrauensverhältnis zu Gorbatschow hatte, so dass ich mit ihm die Dinge freimütig besprechen konnte. Thema war auch hier zunächst das Problem Litauen. Ich erklärte, wir wollten alles tun, um eine Eskalation zu verhindern. Dass wir keine Scharfmacher seien, zeige schon, dass François Mitterrand und ich in einem gemeinsamen Brief den litauischen Präsidenten Vytautas Landsbergis aufgefordert hätten, die Unabhängigkeitserklärung Litauens vorerst auszusetzen und Verhandlungen mit Moskau aufzunehmen. Wenn Schewardnadse den Eindruck habe, dass ich in aller Diskretion etwas Hilfreiches tun könne, möge er mir das sagen.

Schewardnadse erwiderte darauf, er zweifle nicht daran, dass wir sowohl dem litauischen als auch dem sowjetischen

Volk helfen wollten, und begründete dann die harte Haltung Moskaus: Jeder müsse sich an die Verfassung halten. Die Sowjetunion sei ein multinationaler Staat mit 15 Republiken. Deshalb könne Moskau die Litauen-Frage nicht auf die leichte Schulter nehmen – schon gar nicht angesichts der momentanen Lage. Man könne nicht zulassen, dass die Union der Sowjetrepubliken, an der jahrzehntelang gebaut worden sei, zerfalle. Gewalt werde die sowjetische Führung gleichwohl nicht anwenden, zum Dialog sei sie jederzeit bereit.

Dann sprach Schewardnadse die enormen Probleme bei der Perestroika an. Viele begrüßten die Reformen, viele meinten aber auch, sie zerstörten den Sozialismus und verrieten die Interessen der Arbeiterklasse. Dies mache die Lage für Gorbatschow extrem schwierig. Man könne ohne Übertreibung sagen: Wenn die Perestroika keinen Erfolg habe, werde es entweder zu totaler Anarchie oder zu einer neuen Diktatur kommen. Mir war bewusst, dass Schewardnadse nicht übertrieb, wenn er solche Worte gebrauchte. Es war ihm bitter ernst damit. Ein dramatischer Kurswechsel oder gar ein Umsturz in Moskau würde nicht zuletzt das Ende unserer Hoffnung auf die deutsche Einheit bedeuten, zumindest jedoch eine friedliche Wiedervereinigung in weite Ferne rücken. Wir wanderten auf einem schmalen Grat, und mehr noch als für uns in der Bundesrepublik galt das für die sowjetische Führung.

Zur Frage der Wirtschaftsbeziehungen der DDR legte ich dar, was ich wenige Tage zuvor schon mit Botschafter Kwizinskij besprochen hatte: Ich hielte es für wichtig, auf dem Wege zur deutschen Einheit jetzt auch die Fragen der Wirtschaftsbeziehungen zwischen der DDR und der Sowjetunion sowie zwischen der DDR und den anderen RGW-Staaten zu regeln. Ich bot nochmals bilaterale Gespräche an und wies ausdrücklich darauf hin, dass ich mich – zusätzlich zu den Anstrengungen der Fachleute – darum auch persönlich kümmern würde. Ich wiederholte auch das Angebot über eine großangelegte Zusammenarbeit eines wiedervereinten Deutschlands mit der Sowjetunion, das ich schon Botschafter Kwizinskij gemacht hatte. Schewardnadse bestätigte, man sei auf sowjetischer Seite sehr daran interessiert, die Beziehungen zu einem vereinten Deutschland auf eine neue Grundlage zu stellen. Das Gegeneinander sei beide Völker in der Vergangenheit sehr teuer zu stehen gekommen. Man könne nicht ernsthaft über die Lösung der europäischen und globalen Probleme reden, wenn man nicht auch zu einer dauerhaften Verständigung zwischen Russland und Deutschland komme. Die Führung in Moskau bejahe die Entwicklung hin zur deutschen Einheit gerade auch unter diesem Gesichtspunkt; aber in Moskau bewegten sich die Dinge langsamer, weil es noch viele gebe, die Gorbatschow den Vorwurf machten, eine »Aufgabe der DDR« laufe den strategischen Interessen der Sowjetunion zuwider.

Unmissverständlich machte Schewardnadse unter Hinweis auf die am nächsten Tag beginnenden Zwei-plus-Vier-Verhandlungen dann deutlich, dass der Kreml die Mitgliedschaft eines vereinten Deutschlands in der Nato nicht hinnehmen werde. Interessant war für mich dann aber eine Anmerkung, die das sowjetische »Njet« zu relativieren schien: Er schließe nicht aus, sagte Schewardnadse, dass man einen Kompromiss suchen und finden werde. Das bestärkte mich in der Überzeugung, dass wir eine gute Chance hatten, uns in dieser entscheidenden Frage doch noch durchzusetzen. Ich war zuversichtlich, dass sich unsere Festigkeit am Ende bezahlt machen würde und die Pessimisten einmal mehr widerlegt würden. Abschließend verabredeten wir, »in den kommenden Wochen und Monaten« ein Treffen zwischen Gorbatschow und mir in

Aussicht zu nehmen, das, so Schewardnadse, aller Voraussicht nach außerhalb Moskaus stattfinden würde.

Am späten Vormittag des folgenden Tages begann im Weltsaal des Bonner Auswärtigen Amts die erste Zwei-plus-Vier-Runde der Außenminister. Unser Ziel musste es sein, diese Verhandlungen über die äußeren Aspekte der deutschen Einheit so rasch wie möglich abzuschließen, damit niemand in Versuchung geriet, das Thema im Rahmen der Konferenz für Sicherheit und Zusammenarbeit in Europa (KSZE) zu behandeln. Angesichts der zahlreichen KSZE-Mitgliedsstaaten wäre eine deutschlandpolitische Debatte in diesem Rahmen ins Uferlose ausgeartet. Dazu durfte es nicht kommen. Stattdessen stellte ich mir vor, dass die KSZE lediglich das Ergebnis der Zwei-plus-Vier-Verhandlungen zur Kenntnis nehmen und billigen sollte.

Als Hans-Dietrich Genscher die Zwei-plus-Vier-Delegationen begrüßte, erinnerte er daran, dass der Zweite Weltkrieg in Europa vor fast genau 45 Jahren zu Ende gegangen war. Genscher verneinte jegliche deutsche Gebietsansprüche. Er betonte, dass die Vereinigung der beiden deutschen Staaten dem Willen der Deutschen entspreche und als Beitrag für ein neues Europa verstanden werden müsse: »Wir wollen die Einheit Deutschlands nicht zum Schaden oder Nachteil anderer Staaten schaffen. Wir sind überzeugt, dass ein vereintes Deutschland die Möglichkeiten intensiver, gegenseitig vorteilhafter Zusammenarbeit nicht schwächen, sondern wesentlich verbessern würde.«

Während die Außenminister der Vereinigten Staaten, Großbritanniens und Frankreichs ohne Wenn und Aber die Position der Bundesregierung unterstützten, endete die Zustimmung der sowjetischen Seite bei der Frage der Bündniszugehörigkeit. Schewardnadse wiederholte die Position Moskaus:

Die Bevölkerung seines Landes und der Oberste Sowjet stünden der Nato-Mitgliedschaft eines vereinten Deutschlands eindeutig ablehnend gegenüber. Er warnte vor dem Trugschluss, die Sowjetunion würde hier spielen oder bluffen. Für sein Land bleibe die Nato, was sie immer gewesen sei: ein gegnerisches Militärbündnis, dessen Strategie den Ersteinsatz von Nuklearwaffen umfasse.

Eine Mitgliedschaft des vereinigten Deutschlands in der Nato würde das Kräfteverhältnis in Europa stören und für die Sowjetunion eine »gefährliche militär-strategische Situation« herbeiführen, sagte Schewardnadse. Wer Deutschland in die Nato einbeziehe, wolle die Existenz dieses Militärblocks verewigen. Wenn aber das Vertrauen in den neuen deutschen Staat aus diesem Grund nicht vollständig sein könne, markiere man von Anfang an einen »gefährlichen Riss« in Deutschland und betrete den Weg zu einer neuen Spaltung Europas, zu neuer Konfrontation. Es sei unvorstellbar, dass »wir über die militärpolitischen Aspekte der deutschen Regelung entscheiden können, ohne eine Vereinbarung über die Reduzierung von Truppen und Rüstung in Europa erzielt zu haben«.

Schewardnadse sprach von einem Junktim zwischen der deutschen Einheit und der Schaffung gesamteuropäischer Sicherheitsstrukturen und verlangte die Institutionalisierung des KSZE-Prozesses. So sollten sich die 35 KSZE-Außenminister regelmäßig mindestens einmal im Jahr treffen, und es sollten ein europäisches Krisenzentrum mit Sitz in Deutschland und ein Koordinationsbüro der Minister eingerichtet werden.

Als mich Hans-Dietrich Genscher in einer Konferenzpause anrief, sprach er einen brisanten Punkt an: Schewardnadse hatte im Verlauf der Verhandlungen erneut vorgeschlagen, die inneren und äußeren Aspekte der deutschen Einheit zeitlich zu entkoppeln. Das hätte praktisch bedeutet, dass zwar die staatliche Einheit Deutschlands schon bald möglich geworden wäre, nämlich durch einen Beitritt der DDR zur Bundesrepublik. Diese auf den ersten Blick elegant erscheinende Übergangslösung hätte aber den entscheidenden Nachteil, dass uns – und das war ja auch erkennbar der Hintergedanke der sowjetischen Seite – auf unbestimmte Zeit das Recht vorenthalten bliebe, über unsere Bündniszugehörigkeit frei zu entscheiden. Gerade bei der deutschen Linken gab es eine starke national-neutralistische Tradition, und so lag die Vermutung nahe, dass Moskau Zeit gewinnen wollte, um mit Hilfe dieser Strömung schließlich doch noch eine Neutralisierung der Bundesrepublik Deutschland zu erreichen. Da gab es nichts zu überlegen: Schewardnadses Vorschlag war für die Bundesregierung inakzeptabel. Entsprechend lautete meine Anweisung, in diesem Punkt keinen Millimeter nachzugeben; denn innere und äußere Aspekte der deutschen Einheit gehörten zusammen.

Ob es eine Wendemanöver war oder ob der Druck der Gorbatschow-Gegner immer stärker wurde: Nichts war entschieden, alles war offen, und die Zeit drängte enorm, als die erste Zwei-plus-Vier-Runde am Abend des 5. Mai ohne greifbare Ergebnisse zu Ende ging. Abgesehen von der Bekräftigung, dass den Deutschen das Recht zuerkannt wurde, gemeinsam in einem Staat zu leben, kam wenig heraus. Man verabredete jedoch, sich im Juni in Berlin zu treffen, um politische und militärische Themen zu behandeln. Im Juli sollte es dann in Paris unter Einbeziehung des polnischen Außenministers um die Oder-Neiße-Grenze gehen. Ein weiteres Treffen wurde für September in Moskau ins Auge gefasst.

Vor der Bonner Presse blieb für mich nur festzuhalten, dass der Verwirklichung des Selbstbestimmungsrechts aller Deutschen keine Hindernisse mehr im Wege stünden. Ziel meiner

Politik bleibe es, die Sicherheit eines künftigen vereinten Deutschlands mit der Sicherheit der Partner in einem sich wandelnden westlichen Bündnis zu verklammern. Zugleich gelte es – und hier knüpfte ich an Punkt neun meines Zehn-Punkte-Programms vom November 1989 an –, zügig an die Schaffung bündnisübergreifender Sicherheitsstrukturen in Europa heranzugehen. Wir bräuchten eine verlässliche Grundlage für die sicherheitspolitische Zusammenarbeit in ganz Europa, die das Vertrauen der europäischen Völker in ihre gemeinsame Zukunft stärke und das Blockdenken nach und nach zu überwinden helfe.

Was mich drei Tage später irritierte, war eine Schlagzeile in der *Frankfurter Allgemeinen Zeitung:* »Genscher begrüßt Moskaus Bereitschaft zur Trennung der inneren und äußeren Aspekte der Vereinigung«. Der Bericht sorgte für Verwirrung. Hans-Dietrich Genscher dementierte, und ich bekräftigte, dass ich diese Überlegung strikt ablehnte. Ansonsten reagierte die Presse enttäuscht auf die erste Zwei-plus-Vier-Runde. Die Frage wurde aufgeworfen, ob die Verhandlungen platzen könnten, weil keine greifbaren Ergebnisse dabei herausgekommen seien.

Nachdem der Auftritt des sowjetischen Außenministers in Bonn bekanntgeworden war, ging es einmal mehr darum, Sorgen und Vorbehalte meiner Parteifreunde in der Fraktion zu zerstreuen. Offenbar hatten nicht wenige ernsthaft geglaubt, der sowjetische Außenminister sei nach Bonn gekommen, um gleich zu Beginn der Verhandlungen zu erklären, dass sein Land keinen innigeren Wunsch habe, als der deutschen Einheit ohne jede Bedingung zuzustimmen. Das war natürlich illusorisch. Entscheidend war, dass die Verhandlungen überhaupt erst einmal in Gang gekommen waren und jede Seite ihre Ausgangsposition präsentieren konnte. Jetzt musste ein

Kompromiss gefunden werden; und trotz allen Zeitdrucks und obwohl wir so oft Getriebene der innerdeutschen wie der außenpolitischen Entwicklungen waren, hatten wir wirklich keinen Grund, nervös zu werden.

Mein Optimismus beruhte darauf, dass wir in der Frage der Nato-Mitgliedschaft in einer guten Position waren. Außerhalb der Sowjetunion gab es damals praktisch niemanden mehr, der nicht die Mitgliedschaft Gesamtdeutschlands in der Nato bejaht hätte. Auf der Außenministerkonferenz des Warschauer Pakts hatten sich unter anderen die ČSFR, wie sich die Tschechoslowakei seit dem 20. April nannte, Polen und Ungarn in diesem Sinne erklärt. Der eine oder andere Nachbar mochte dabei natürlich gedacht haben, es gehe hierbei nicht nur um Sicherheit *für* Deutschland, sondern auch um Sicherheit *vor* Deutschland. Aber die Motive waren mir letztlich gleichgültig, wenn wir im Ergebnis in der Nato bleiben konnten.

Am 16. Mai flog ich abends zusammen mit Außenminister Hans-Dietrich Genscher und Verteidigungsminister Gerhard Stoltenberg in die Vereinigten Staaten. Unsere Begegnung im Vorfeld des amerikanisch-sowjetischen Gipfels in Washington war seit Wochen geplant. Mein Besuch war nun dringend notwendig geworden, weil die amerikanische Regierung wegen der Krise um Litauen wirtschaftliche Sanktionen gegen Moskau erwog. Das war das Gegenteil dessen, was ich – wenn auch aus anderen Erwägungen heraus – jetzt für notwendig und wünschenswert hielt. Mir ging es vor allem um eine großzügige wirtschaftliche Unterstützung Gorbatschows, um ihm seine Zustimmung zu einem Verbleib Deutschlands in der Nato abzuringen.

In unseren Gesprächen am folgenden Tag im Weißen Haus schilderte ich meinem Freund George Bush, wie bereits einige

Tage zuvor Außenminister Baker in Bonn, dass Gorbatschow enorme Probleme habe und der gesamte Reformkurs in Gefahr gerate, wenn der Generalsekretär nicht bald Erfolge vorweisen könne. Die Fortsetzung des Reformkurses liege im gemeinsamen Interesse der gesamten westlichen Welt. George Bush gab mir recht, wandte aber ein, dass es ihm angesichts der Ereignisse um Litauen, das seine Loslösung von Moskau anstrebe, schwerfalle, Moskau wirtschaftlich zu unterstützen.

Auch in Deutschland habe man viel Sympathien für Litauen, erwiderte ich. Wir müssten uns aber davor hüten, dass allein dieses Thema die Politik des Westens gegenüber Moskau bestimme. Der Präsident bekräftigte daraufhin, dass die Perestroika nicht scheitern dürfe. Das habe er auch der litauischen Premierministerin Kazimiera Prunskiene erläutert. Allerdings müsse er auch in Rechnung stellen, dass diese Zusammenhänge nicht überall in Senat und Kongress so gesehen würden. Trotz der Gefahr eines Rückschlags bei der sowjetischen Reformpolitik verlangten dort einige sogar von ihm, wegen der sowjetischen Boykottmaßnahmen den für Ende Mai / Anfang Juni vorgesehenen Washingtoner Gipfel mit Gorbatschow zu verschieben und Sanktionen gegen Moskau zu verhängen.

Im weiteren Verlauf des Gesprächs machte ich deutlich, dass der amerikanisch-sowjetische Gipfel unbedingt auch für Gorbatschow ein Erfolg werden müsse. Im Gegensatz zu den Zeiten Stalins, Chruschtschows und Breschnews habe es die Führung der Sowjetunion heute auch daheim mit einer öffentlichen Meinung zu tun. Gerade angesichts der Probleme, mit denen er zu kämpfen habe, dürfe Gorbatschow weder in den Augen der eigenen noch der Weltöffentlichkeit als Verlierer dastehen, sondern müsse sich als selbstbewusster Vertreter einer Weltmacht präsentieren können. Ich bedrängte Bush geradezu mit derlei Argumenten, weil ich davon überzeugt war, dass es im Umgang mit Gorbatschow sehr stark auf die Psychologie ankam. Der amerikanische Präsident versprach, Gorbatschow mit dem erforderlichen Respekt zu behandeln – mit allem Respekt, den er nicht nur als Person verdiene, sondern der ihm als Staatsoberhaupt der Sowjetunion zustehe.

Bezüglich der Lage in Deutschland informierte ich den Präsidenten über den Stand der Dinge: Dass der Staatsvertrag über die Währungs-, Wirtschafts- und Sozialunion jetzt unmittelbar vor der Unterzeichnung stehe, hätten wir noch vor vier Wochen selbst nicht für möglich gehalten; zum 1. Juli werde die D-Mark in der DDR eingeführt. Die Hauptschwierigkeiten bei der deutschen Vereinigung lägen jedoch nicht in Wirtschafts- und Finanzfragen, sondern bei der Verwundung der Seelen durch 40 Jahre Stalinismus. Dazu gab ich einen kurzen Exkurs über die Hinterlassenschaft des DDR-Geheimdienstes. Abschließend verglich ich meine Situation mit der eines Bauern, der vorsorglich, weil möglicherweise ein Gewitter droht, die Heuernte einbringen möchte.

Präsident Bush stellte fest, in all diesen Fragen mit mir auf derselben Wellenlänge zu liegen. Dann kam er auf die US-Truppen in Europa zu sprechen. Wie schon in Camp David sorgte er sich darum, dass der Abzug der sowjetischen Truppen mit der Forderung nach dem Abzug der amerikanischen verknüpft werden könnte. Auch deshalb sei es entscheidend, dass man bei der gemeinsamen Ansicht über die Unerlässlichkeit der Nato bleibe und nicht etwa den Sowjets erlaube, über den Zwei-plus-Vier-Prozess in einen KSZE-Prozess überzugehen und damit das Bündnis zu überspielen. Das schließe eine Modernisierung der KSZE nicht aus, aber wichtig sei eine erweiterte Rolle der Nato, denn für die US-Präsenz in Europa sei mit ihr eine Institution gegeben, in der die USA eine angemessene Rolle spielten. Ich pflichtete ihm bei und bekräftigte, wir Deutschen wollten den vorgesehenen Weg in enger Abstimmung mit den Vereinigten Staaten gehen. Ich sagte dem Präsidenten auch, er möge sich von den Stimmen in Deutschland, die Amerikaner und Sowjets gleichsetzten, nicht beeindrucken lassen. Dies sei nicht neu. Dagegen hätte ich schon 1983 gekämpft, als es darum gegangen sei, in Deutschland gegen massivste Widerstände den Nato-Doppelbeschluss durchzusetzen. Ich versicherte George Bush, er könne davon ausgehen, dass ich für diese Frage wieder meine politische Existenz aufs Spiel setzen würde. Die Aufgabe der Nato-Mitgliedschaft Deutschlands sei kein Preis, den ich für die deutsche Einheit zu zahlen bereit sei. Dies würde ich auch öffentlich – und auch in der DDR – sagen.

Um in der Frage der Bündniszugehörigkeit voranzukommen, schrieb ich am 22. Mai einen sehr persönlich gehaltenen Brief an Michail Gorbatschow, in dem ich um die Fortsetzung des offenen und vertrauensvollen Dialogs bat, der uns zur guten Gewohnheit geworden war. Erst am 14. Mai hatte mein Beauftragter Horst Teltschik in Moskau mit Ministerpräsident Nikolai Ryschkow, Außenminister Schewardnadse und Michail Gorbatschow über die wirtschaftlichen und finanziellen Probleme der Sowjetunion und konkrete Unterstützungsmöglichkeiten seitens der Bundesrepublik gesprochen. Ich hatte Teltschiks ausführlichen Bericht über dieses Treffen genauestens studiert und spürte, wie sehr jetzt konkrete Maßnahmen gefragt waren. Auf dem Weg zur deutschen Einheit durfte es zwischen Moskau und Bonn keine Irritationen geben. Unter Hinweis auf die schwierige Übergangsphase von der Kommandowirtschaft zur Marktwirtschaft hatte die sowjetische Seite sehr offen ihre Probleme dargelegt und ihre Bitte um finanzielle Unterstützung konkretisiert. Es ging um kurz- und langfristig benötigte Finanzkredite.

In meinem Schreiben versicherte ich Gorbatschow, dass die von mir geführte Bundesregierung bereit sei, der Sowjetunion bei der Bewältigung der bevorstehenden schwierigen Phase der wirtschaftlichen Anpassung und der Neuordnung der internationalen Finanzbeziehungen zur Seite zu stehen. Allerdings seien dabei die Verpflichtungen zu berücksichtigen, die die Bundesrepublik zur Unterstützung von Polen und Ungarn sowie natürlich für die DDR eingegangen sei. Dennoch sei die Bundesregierung grundsätzlich bereit, für einen im privaten Bankensystem aufgenommenen Kredit bis zur Höhe von fünf Milliarden D-Mark zu bürgen. Das bedeute für uns eine erhebliche politische Anstrengung, mit der ich die Erwartung verbinden würde, dass die Moskauer Regierung im Rahmen des Zwei-plus-Vier-Prozesses ebenfalls alles unternehme, um eine konstruktive Lösung der anstehenden Fragen zu ermöglichen. Die dafür nötigen Entscheidungen noch in diesem Jahr herbeizuführen, müsse doch in unserem beiderseitigen Interesse liegen, fügte ich hinzu, nicht zuletzt, damit der Weg frei werde für den von mir bereits vorgeschlagenen umfassenden Kooperationsvertrag zwischen der Sowjetunion und dem künftigen vereinigten Deutschland.

Dass sich das Sowjetreich einer außerordentlich prekären wirtschaftlichen Situation gegenübersah, dessen war ich mir zu diesem Zeitpunkt sehr bewusst. Horst Teltschiks Mission hatte keinem anderen Zweck gedient, als herauszufinden, ob und wie es gelingen könnte, den Prozess der außenpolitischen Absicherung der deutschen Einheit mit Finanzhilfen an die Sowjetunion flankierend zu unterstützen. Deshalb machte ich ein so klares Angebot, auf das sich Gorbatschow verlassen konnte. Er nahm es dann ja auch im Laufe des Jahres voll an und zeigte dafür seinerseits das erhoffte Entgegenkommen.

Mag sein, dass Gorbatschow noch zu pokern versuchte,

dass er möglichst viel für sein Land herausschlagen wollte. Mag sein, dass er seinen Kritikern demonstrieren wollte oder musste, dass die deutsche Einheit nicht zum Nulltarif beziehungsweise aus der vielzitierten »Portokasse« zu finanzieren war, denn immerhin stand die Sowjetunion am Rand des Staatsbankrotts, was wir damals in dieser Klarheit allerdings nicht wussten. Doch hätte ich auf die Bürgschaft verzichten sollen? Hätte ich Gorbatschow um den Preis einer Verhärtung in den deutsch-sowjetischen Beziehungen im Stich lassen sollen? In dieser historisch wichtigen Frage ging es mir um unser Land, um unsere Chancen, wieder ein Volk zu werden. Was zählten angesichts dessen fünf Milliarden D-Mark – ein Betrag, den eine reiche Nation wie die Bundesrepublik im Laufe der vergangenen Jahre vielfach für Projekte ausgegeben hatte, die nicht annähernd solches Gewicht hatten.

21.
Wegbereiter Bush –
Der amerikanisch-sowjetische
Gipfel in Washington

Es waren keine guten Nachrichten, die François Mitterrand von seinem Besuch in Moskau mitbrachte, wo er am 25. Mai mit Michail Gorbatschow zusammengetroffen war. Ein entsprechender Bericht des Élysée-Palastes und ein Brief Mitterrands bereiteten mir große Sorgen. Wie zu erwarten, war der Schwerpunkt des Gesprächs der künftige militärische Status von Deutschland gewesen. Gorbatschow hatte gegenüber dem Gast aus Paris mehrfach den Verbleib Gesamtdeutschlands in der Nato abgelehnt, weil das spätestens mit dem vollständigen Abzug der sowjetischen Truppen aus dem Gebiet der DDR das Ende des bisherigen Gleichgewichts zwischen West und Ost bedeute: Während auf der einen Seite der Warschauer Pakt praktisch schon nicht mehr bestehe, werde die Nato gestärkt. Alternativ konnte Gorbatschow sich eine Mitgliedschaft des zukünftigen Deutschlands in beiden Blöcken gleichzeitig prinzipiell vorstellen, doch Mitterrand, der diesen Vorschlag eigentlich für klug hielt, gab ihm wenig Chancen. Eine Woche vor dem Gipfeltreffen von Gorbatschow und Bush schien Moskaus Position unverändert zu sein. Niemand wusste, wie es weiterging.

Die Informationen erreichten mich am 30. Mai, gerade rechtzeitig vor dem Treffen von Gorbatschow und Bush, das am nächsten Tag in Washington begann. Da die Sache keinen Aufschub duldete, griff ich zum Telefon, um mit George Bush zu sprechen. Ich bedankte mich zunächst noch einmal für seinen Einsatz für unsere Sache und wies darauf hin, dass es jetzt darauf ankomme, Michail Gorbatschow begreiflich zu machen, dass die Vereinigten Staaten und die Bundesrepublik eng zusammenstünden, gleichgültig, wie sich die Dinge entwickelten. Das fände seinen Ausdruck nun einmal in der Mitgliedschaft auch des wiedervereinigten Deutschlands in der Nato, und zwar ohne jede Einschränkung. George Bush solle dies dem Generalsekretär ruhig klar und deutlich sagen. Dann kam ich auf die Bedeutung der deutschen Wirtschaftshilfe für die Sowjetunion zu sprechen und wies den Präsidenten noch einmal ausdrücklich darauf hin, dass Gorbatschow unbedingt unsere Unterstützung brauchte. Seine Lage sei kritisch, aber Gorbatschow sollte wissen, dass wir seine Schwäche nicht ausnutzen wollten. Bush erwiderte, bei dem bevorstehenden Gipfel erwarte er in der Bündnisfrage noch keinen Durchbruch, aber er werde natürlich seine Auffassung zu den Zwei-plus-Vier-Gesprächen darlegen und gegenüber Gorbatschow auch deutlich machen, dass die Vereinigten Staaten beim Vollzug der deutschen Einheit auf einer Ablösung der alliierten Rechte bestünden und dass es keine Einschränkung der deutschen Souveränität geben dürfe. Er beendete das Telefonat mit der Bemerkung, das Treffen sei gut vorbereitet, und im übrigen freue er sich auf die Begegnung mit mir in einer Woche.

Tags darauf begann in der amerikanischen Hauptstadt das Gipfeltreffen. George Bush, der sich einmal mehr zum Anwalt der deutschen Interessen machte, gab seinem sowjetischen Gesprächspartner eine Reihe von Zusicherungen, insbesondere, dass man die Nato-Strategie überprüfen, Verhandlungen über atomare Kurzstreckenraketen aufnehmen, die Bundeswehr reduzieren und keine Nato-Streitkräfte auf dem Territorium der DDR stationieren werde. Ebenso wichtig waren der endgültige Verzicht auf die früheren deutschen Ostgebiete und der befristete Verbleib sowjetischer Truppen in Ostdeutschland. Bush gab auch das Angebot der Bundesregierung an Gorbatschow weiter, dass die Deutschen bereit seien, die sowjetische Wirtschaft intensiv zu stützen. Im Gegenzug forderte er die Mitgliedschaft eines vereinten Deutschlands in der Nato. Das lehnte Gorbatschow jedoch nach wie vor ab.

Die sowjetischen Gesprächsaufzeichnungen vom 31. Mai beschreiben sehr drastisch die verhärteten Fronten:

Gorbatschow zu Bush: »Statt sich auf die Mitgliedschaft des wiedervereinigten Deutschlands in der Nato zu fixieren, denken wir doch lieber darüber nach, wie wir die militärisch-politischen Blöcke näher zueinanderbringen. Zum Beispiel: Warum soll die Idee der gleichzeitigen Mitgliedschaft Deutschlands in beiden Blöcken sofort abgelehnt werden? Diese doppelte Mitgliedschaft könnte ja ein Bindeelement werden, eine Art Ursprung für die neuen europäischen Strukturen. Auch die Nato würde dadurch stärker werden. Was die praktische Durchsetzung dieser Idee betrifft, so könnte ein wiedervereinigtes Deutschland erklären, dass es zum Beispiel alle Verpflichtungen, die es von der BRD und von der DDR ›geerbt‹ hat, übernimmt. Die Bundeswehr bleibt nach wie vor in die Nato integriert, wobei die NVA allein unter dem Befehl der Regierung des neuen Deutschlands steht. Gleichzeitig würden auf dem Boden der DDR für eine Übergangsperiode die Sowjettruppen bleiben. Dies alles könnte durch ein Abkommen zwischen dem Warschauer Vertrag und der Nato ergänzt werden. Dadurch würden wir einige besorgte Staaten beruhigen und die Schaffung der künftigen europäischen Sicherheitsstrukturen anregen. Man braucht nicht alles sofort zu haben. Man kann

langsam vorangehen. Wir würden zum Beispiel die baldige Änderung der Nato-Doktrin begrüßen. Und übrigens, wenn die Nato nicht gegen uns Krieg führen möchte, gegen wen denn? Doch nicht gegen Deutschland?«
Bush: »Ich sagte doch, gegen die Instabilität.«
Gorbatschow: »Sie glauben doch nicht im Ernst, dass die Stabilität wächst, indem man sich immer mehr bewaffnet. Vorige Jahrzehnte sollten Sie doch überzeugt haben, welche schweren Lasten durch Rüstungswettlauf auf die Schultern der Völker gelegt wurden.«
Bush: »Die Nato ist der Anker der Stabilität.«
Gorbatschow: »Aber zwei Anker sind doch besser als einer. Sie als Seemann müssten es doch wissen.«
Bush: »Und wo finden wir den zweiten?«
Gorbatschow: »Im Osten.«
Bush: »Ich habe doch Schwierigkeiten, Sie zu verstehen. Vielleicht weil ich im Unterschied zu Ihnen keine Angst vor der BRD habe und nicht glaube, dass dieses demokratische Land je einmal aggressiv werden kann. Wenn Sie Ihre psychologischen Stereotype nicht brechen, wird es für uns sehr schwer sein, zu einer Übereinstimmung zu kommen.«
Gorbatschow: »Folgendes muss klargemacht werden: Wir haben vor keinem Angst, weder vor der BRD noch vor den USA. Uns geht es primär darum, den Zustand der Konfrontation zu beenden und Modelle für eine konstruktive Zusammenarbeit zu schaffen. Das ist unsere freie Wahl. Ich hoffe, keiner der hier Anwesenden glaubt, dass eine der Seiten den Kalten Krieg gewonnen hat. Das ist Blödsinn. Solchen Gedanken mangelt es an Tiefe. Richtig wäre es, anders zu denken, nämlich, dass die 50 Jahre der Konfrontation deren Absurdität bewie-

sen haben. Und nun zur Frage des Vertrauens: Sie behaupten, wir vertrauten den Deutschen nicht. Aber warum haben wir der Wiedervereinigung zugestimmt? Wir konnten doch den Prozess stoppen, wir verfügten über alle erforderlichen Mechanismen. Aber wir haben den Deutschen die Möglichkeit gegeben, ihre freie Wahl zu treffen. Sie sagen, Sie vertrauen der BRD. Dabei ziehen Sie sie aber in die Nato hinein, erlauben ihr nicht, ihre Entscheidung auf demokratischem Weg zu treffen. Lassen Sie doch die Deutschen entscheiden, in welchem Bündnis sie sein wollen.«
Außenminister Baker: »Was Sie wollen, nämlich die gleichzeitige Mitgliedschaft eines und desselben Landes in der Nato und im Warschauer Vertrag, erscheint mir als schizophren.«
Gorbatschow: »Schizophren für einen Menschen mit der Mentalität eines Bankers. Für einen Politiker dagegen ist es eher das Surfen im Bereich des Ungewöhnlichen.«
Baker: »Aber es geht doch um die konkurrierenden Blöcke!«
Gorbatschow: »Sie sagen es! Sie reden über Konkurrenz; aus der Konkurrenz entsteht die Konfrontation. Also, für Sie ändert sich nichts. Indem Sie das wiedervereinigte Deutschland nur in einen Block hineinziehen, brechen Sie das Gleichgewicht der Kräfte in Europa.«

Wenige Tage später wusste der amerikanische Präsident mir gleichwohl Erfreuliches über den Verlauf des Gipfels zu berichten. Er sagte, Gorbatschow habe voll mit seiner Auffassung übereingestimmt, dass die Entscheidung, welchem Bündnis ein Land angehören wolle, gemäß der KSZE-Schlussakte einzig und allein Sache des jeweiligen Landes sei. Noch habe der Generalsekretär zwar eine gesamtdeutsche Nato-Mitgliedschaft kategorisch abgelehnt, doch sein KSZE-Zugeständnis mache Hoffnung. Man müsse Gorbatschow beim Wort nehmen.

Die Bedeutung des Treffens lag vor allem darin, dass sich bei allen Gegensätzen fast eine Art Vertrauensverhältnis zwischen den beiden Präsidenten entwickelt hatte. Für die Bundesrepublik war dabei besonders wichtig, dass George Bush in einer Weise die deutschen Interessen vertrat, wie es vor ihm noch kein amerikanischer Präsident getan hatte. Er vertraute uns und setzte ganz auf Deutschland als seinen auch in Zukunft wichtigsten Partner in Europa.

Bei mir verfestigte sich in diesen Tagen die Überzeugung, dass es vor allem zwei Ansatzpunkte gab, um Gorbatschows harte Haltung in der Bündnisfrage aufzuweichen: Wenn es gelänge, durch eine gemeinsame, großangelegte wirtschaftliche Stützungsmaßnahme des Westens die Perestroika zu stabilisieren, und wenn gleichzeitig von der Nato konkrete, den Moskauer Sicherheitsbedürfnissen Rechnung tragende Initiativen ausgingen, dann würde, davon war ich überzeugt, Gorbatschow einlenken.

Nach diesem Washingtoner Gipfel wollte ich so schnell wie möglich mit dem amerikanischen Präsidenten zusammenkommen. Manchmal gibt es einfach keine Alternative zur persönlichen Begegnung. Auf dem Weg in die amerikanische Hauptstadt machte ich am 5. Juni zunächst in New York Station, um vor dem American Council on Germany zu sprechen – und das mitten in der entscheidenden Phase der Geschichte Deutschlands und Europas. Im 1952 gegründeten American Council, einer privaten Vereinigung namhafter US-Bürger, die das Ziel hat, die wirtschaftlichen, politischen und kulturellen Beziehungen zwischen beiden Ländern zu fördern, begleiten seit vielen Jahrzehnten engagierte Freunde der Deutschen die Bundesrepublik mit freundschaftlichem Rat auf ihrem Weg – vom Wiederaufbau aus den Ruinen des Zweiten Weltkriegs über die Tage der schweren Prüfungen in und um Berlin auf dem Höhepunkt des Kalten Krieges bis heute, wo es darum ging, die staatliche Einheit unseres Vaterlandes wiederherzustellen und gleichzeitig mit dem Bau der »Vereinigten Staaten von Europa« zu beginnen.

Im Ballsaal des New Yorker Plaza-Hotels sprach ich vor den Mitgliedern des American Council. Mit Ängsten, Zweifeln und offenen Fragen, die zu meinem Leidwesen in der innerdeutschen Debatte dieser Tage die Schritte zur Wiedervereinigung begleiteten, konnte man keine ausländischen Investoren für die DDR gewinnen, und so legte ich den Akzent bewusst auf eine optimistische Schilderung der Lage, umriss die künftige Rolle des vereinten Deutschlands an der Seite der USA, als Mitglied der Nato und als Teil der Europäischen Gemeinschaft und betonte, dass die Freundschaft und Partnerschaft mit den Vereinigten Staaten für die Deutschen auch nach der Wiedervereinigung von existentieller Bedeutung blieben: »Das künftige Deutschland kann und wird deshalb nicht Wanderer zwischen zwei Welten sein. […] Wir wollen keine Neutralität oder Entmilitarisierung. Wir lehnen Bündnis- oder Blockfreiheit ab.« Und für einen Adressaten, der nicht anwesend war, nämlich für Michail Gorbatschow, fügte ich hinzu: »Damit wir uns nicht missverstehen: Die KSZE kann nicht Ersatz für die Nato sein.« Stehend applaudierten die über 500 Gäste meiner Botschaft.

Nach einem einstündigen Hintergrundgespräch mit den Leitartiklern und führenden Journalisten des *Wall Street Journal*, das ich sehr genoss, weil man sich hier ehrlich interessiert zeigte an Informationen aus erster Hand, um sie ohne Vorurteile, ohne parteipolitische Brille oder ideologische Scheuklappen einem breiten Leserpublikum zu erklären, reiste ich am nächsten Tag nach Boston weiter. In Harvard hielt ich die Festrede für die Absolventen der Eliteuniversität in ihren schwarzen Talaren, die an diesem Tag ihr Diplom erhielten. Es war ein eindrucksvolles, würdiges Zeremoniell. In einer langen Prozession zogen die Professoren in ihren bunten Talaren auf den Festplatz, gefolgt von den Absolventen und – nach Examensjahrgängen geordnet – deren Vorgängern, darunter der mit 101 Jahren vermutlich älteste Harvardianer, Diplomjahrgang 1910. Die wohl eindringlichste Rede an diesem Tag hielt eine Absolventin aus Nordirland. Den Tränen nahe, erinnerte sie daran, dass in Berlin zwar die Mauer gefallen sei, es in ihrer Heimatstadt Belfast aber immer noch eine unsichtbare Mauer gebe, die zwischen Protestanten und Katholiken verliefe und an der nach wie vor Blut fließe.

Zusammen mit der Jazzsängerin Ella Fitzgerald, dem Physiker Stephen Hawking sowie drei weiteren Persönlichkeiten wurde ich anschließend mit der Ehrendoktorwürde ausgezeichnet, die vor mir bereits Konrad Adenauer, Ludwig Erhard, Willy Brandt, Helmut Schmidt und Richard von Weizsäcker verliehen worden war. Es war nicht meine erste Begegnung mit dieser traditionsreichen Einrichtung. Ohne viel Aufsehen hatte ich schon im vorangegangenen Jahr als Privatmann der Abschlussfeier beigewohnt, als mein Sohn Walter sein Harvard-Diplom erhielt. Ich empfand es als Ehre, hier sprechen zu dürfen, nicht zuletzt, weil dieser Ort für einen Deutschen besondere symbolische Bedeutung hat: 43 Jahre zuvor hatte George Marshall hier jene berühmte Rede gehalten, mit der er das Wiederaufbauprogramm für Europa einleitete. Es war die amerikanische Antwort auf eine epochale Herausforderung: großherzig und weitsichtig. 35 Jahre zuvor hatte hier Konrad Adenauer gesprochen, der erste Kanzler der Bundesrepublik Deutschland, wenige Wochen nachdem die drei Westmächte das Besatzungsstatut aufgehoben hatten und die Bundesrepublik Deutschland souverän und ein gleichberechtigter Partner in der Gemeinschaft freier Nationen geworden war. Vor diesem Hintergrund war die Feier für mich auch eine besonders gute Gelegenheit, dem amerikanischen Volk Dank zu sagen für alles, was es zum Wohle Deutschlands und Europas in den vergangenen Jahren und Jahrzehnten getan hatte.

Der Laudator erinnerte zum Schluss seiner Rede an das berühmte Wort Kennedys, der 50 Jahre zuvor in Harvard sein Examen gemacht hatte: »John F. Kennedy hat den unvergesslichen Satz gesagt: ›Ich bin ein Berliner!‹ Ich rufe Ihnen, Herr Bundeskanzler, nun in aller Namen zu: ›Wir sind alle Deutsche!‹« Mit dieser Geste brachten die amerikanischen Freunde zum Ausdruck, wie sehr auch ihnen die deutsche Einheit und die Erlangung des Selbstbestimmungsrechts aller Deutschen am Herzen lag. Überhaupt schlug uns Deutschen in den Vereinigten Staaten eine große Herzlichkeit entgegen. Für viele war es einfach »in«, sich auf ihre deutschen Vorfahren zu besinnen und sich zu ihnen zu bekennen. Die Arroganz mancher Europäer, die voller Dünkel auf die Amerikaner herabsehen, habe ich nie verstanden. Ich fühle mich wohl unter den Amerikanern; sie begegnen einem mit Offenheit und Herzlichkeit und haben einen wundervollen Sinn für Symbole und Gesten. Diese symbolträchtige Zusammenkunft zu diesem Zeitpunkt und an diesem Ort war ein Höhepunkt in der Geschichte der deutsch-amerikanischen Beziehungen.

Am späten Nachmittag des 8. Juni ging es im Oval Office des Weißen Hauses wieder einmal darum, wie die Sowjets in der Bündnisfrage zum Einlenken veranlasst werden könnten. Am selben Tag hatten die Nato-Außenminister im schottischen Turnberry eine Botschaft an den Warschauer Pakt verabschiedet, worin die Mitgliedsstaaten des westlichen Bündnisses ihre Entschlossenheit bekundeten, eine »neue europäische Friedensordnung« zu schaffen und »der Sowjetunion und allen anderen osteuropäischen Ländern die Hand zu Freundschaft und Zusammenarbeit« zu reichen.

Ich schlug dem amerikanischen Präsidenten vor, für den Nato-Gipfel, der Anfang Juli in London stattfinden sollte, eine noch weitergehende Botschaft zu erarbeiten, die den Sowjets verdeutlichte, dass sich die Nato fortentwickele. Bush begrüßte die Idee, begegnete aber meiner konkreten Anregung, einen Nichtangriffspakt zwischen Nato und Warschauer Pakt zu erwägen, mit Bedenken. Außenminister Baker, der später zum Gespräch hinzukam, führte an, man sei sich in Turnberry einig gewesen, nichts zu tun, was den bereits zerfallenden Warschauer Pakt stütze. Immerhin hatte der ungarische Ministerpräsident am Tag zuvor auf der Tagung des Politischen Beratenden Ausschusses des Warschauer Pakts in Moskau die »unverzügliche Auflösung der militärischen Organisation der osteuropäischen Länder« vorgeschlagen, und ein Austritt Ungarns aus dem östlichen Militärbündnis schien durchaus im Bereich des Möglichen zu liegen. Ich regte daraufhin an, mit einzelnen Mitgliedsstaaten des Warschauer Pakts Nichtangriffspakte abzuschließen und dieses Angebot der Sowjetunion und ihren Verbündeten auf dem Londoner Nato-Gipfel zu unterbreiten. Bush versicherte mir, er wolle darüber nachdenken. Wir sprachen auch über die Truppenstärke der Streitkräfte des vereinten Deutschlands. Zu diesem Zeitpunkt hatte die Bundeswehr 480 000 Mann, die Nationale Volksarmee zählte 170 000 Soldaten. Die Sowjets dachten an eine Truppenstärke des vereinten Deutschlands von 200 000 bis 250 000 Mann. Das war für die westliche Seite nicht akzeptabel.

Wir beschlossen, dass sich die Nato dieses Themas annehmen müsse. In diesem Zusammenhang fragte Bush, wie lange die sowjetischen Truppen wohl noch in einem vereinten Deutschland stationiert blieben. Ich rechnete mit zwei bis drei Jahren und wies darauf hin, dass es im Interesse Moskaus liege, die Truppen nicht allzu lange in Deutschland zu belassen, weil die Soldaten sich angesichts des verbesserten Warenangebots in der DDR sonst sicherlich fragen würden, weshalb es in der angeblich fortschrittlichsten aller Gesellschaftsordnungen, dem Sozialismus, permanente Versorgungsmängel gebe. Das wäre nicht gut für die Moral und Disziplin der sowjetischen Armee. Bush erkundigte sich dann noch nach dem Problem der Unterbringung der in Deutschland stationierten Streitkräfte bei einer Rückführung in die Sowjetunion. Er sprach damit ein Problem an, das uns noch lange Sorgen bereiten sollte. Bei meinem Gespräch im Weißen Haus ging es mir natürlich auch darum, George Bush für eine Beteiligung an den Stützungsmaßnahmen für die Perestroika zu erwärmen. Ich erläuterte, dass die Sowjets an eine westliche Aktion mit einem Volumen von 20 bis 25 Milliarden D-Mark dächten. Es handelte sich dabei um Kredite, für die die jeweiligen westlichen Regierungen die Bürgschaft übernehmen sollten. Der Präsident meinte, ihm gegenüber habe Gorbatschow derartige Zahlen nicht genannt. Erst am letzten Tag des Gipfels habe er erklärt, dass er Wirtschaftshilfe brauche und hoffe, die Vereinigten Staaten würden sich an einer entsprechenden Hilfsaktion beteiligen. Im Kongress jedoch, meinte Bush, würde er damit vor allem wegen Litauen auf Granit beißen, wenn er dort entsprechende Vorschläge einbrächte.

Meine Überlegungen, wie wir Wirtschafts- und Kredithilfen für Gorbatschow mit Zugeständnissen seinerseits in der Nato-Frage verknüpfen könnten, bekamen in Amerika einen spürbaren Dämpfer. Dennoch hielt ich unbeirrt an dieser Strategie fest. Kaum wieder zurück am Rhein, erreichte mich ein Brief des amerikanischen Präsidenten, in dem dieser schrieb, er habe sich meine Ratschläge sehr zu Herzen genommen. In dieser Zeit der schnellen Veränderungen gebe ihm die Gewissheit, dass wir uns in der Einschätzung der kommenden historischen Ereignisse einig seien, immense Sicherheit.

Nur wenige Tage später meldete Bush sich abermals. Er sei inzwischen zu der Überzeugung gelangt, dass der bevorstehende Nato-Gipfel der wichtigste in der Geschichte des Nordatlantischen Bündnisses sein werde. Da sich die Staatsführungen Osteuropas noch immer nicht im klaren darüber seien, welche Rolle die Nato für die Sicherheit in Europa spielen könne, müsse von diesem Gipfel die eindeutige Botschaft ausgehen, vor allem auch an Gorbatschow, dass die Nato dabei sei, sich zu wandeln. Wichtig sei deshalb eine Gipfelerklärung, die diesen Punkt kurz, unbürokratisch und klar formuliere. Bush ging auch auf meine Vorstellungen zu einem Nichtangriffsvertrag ein und legte ein Papier vor, in dem angeregt wurde, die Nato und die einzelnen Staaten des Warschauer Pakts sollten entsprechende Erklärungen abgeben. Außerdem schlug er vor, Missionen der Warschauer-Pakt-Staaten bei der Nato einzurichten und Michail Gorbatschow zu einer Rede vor den Nordatlantikrat einzuladen.

Diese beiden Schreiben des amerikanischen Präsidenten unterstrichen es wieder einmal: George Bush war ein Glücksfall für Europa und die Deutschen. Im 20. Jahrhundert regierten im Weißen Haus viele Präsidenten, die weit weniger von Europa und Deutschland wussten als dieser Mann. Das war in jenen dramatischen Tagen des Umbruchs mit all seinen Risiken und Chancen wichtiger denn je.

22.
Bündnisfrage – Die Haltung der DDR-Regierung und Gorbatschows Einladung zum vertieften Dialog

Kurz nach meiner Rückkehr aus Washington übergab der neue sowjetische Botschafter in Bonn, Wladislaw Terechow, bei seinem Antrittsbesuch im Kanzleramt einen Brief des Generalsekretärs. Gorbatschow bedankte sich darin für die Bereitschaft der Bundesregierung, die Bürgschaft für einen ungebundenen Finanzkredit in Höhe von fünf Milliarden D-Mark zu übernehmen. Weiter schrieb er, dass in der Frage der langfristigen Kredite sicherlich die Schaffung eines breiteren Konsortiums erforderlich sei. Er sei mir daher dankbar für meinen Vorschlag, dies mit unseren westlichen Partnern zu besprechen. Gorbatschow betonte, ein stabiles Vorankommen der Sowjetunion auf dem Weg der Perestroika und der Reformen sei eine Frage, »die nicht nur für uns, sondern auch für ganz Europa, für die gesamte Lage in der Welt von Bedeutung ist«. Wichtiger für die deutsche Sache war jedoch Gorbatschows Feststellung, er sei sicher, dass die äußeren Aspekte der deutschen Einheit, also die Frage der Bündniszugehörigkeit, vor der KSZE-Konferenz im Herbst geregelt sein würden. Abschließend lud er mich »für einen vertieften Dialog über die Zukunft unserer Beziehungen« für die zweite Julihälfte in die Sowjetunion ein.

Ich antwortete keine 24 Stunden später. In meinem Schreiben an Gorbatschow begrüßte ich, dass die Sowjetunion sich in allen angesprochenen Fragen rasch verständigen wolle und dafür eintrete, die äußeren Aspekte der Einheit noch vor dem

KSZE-Gipfel im Herbst zu regeln. Nach meinem Verständnis umfasse dies auch die Frage der Bündniszugehörigkeit des geeinten Deutschlands. Ich kündigte an, dass der verabredete Milliardenkredit innerhalb kürzester Zeit realisiert werden könne. Außerdem versicherte ich Gorbatschow, bei den nächsten Gipfeltreffen der Europäischen Gemeinschaft und der sieben westlichen Industrieländer um politische und finanzielle Unterstützung für den Reformweg der Sowjetunion zu werben und die Frage weiterer langfristiger Kredite anzusprechen. Über Einzelheiten würden wir uns dann bei unserer bevorstehenden Zusammenkunft unterhalten.

Bereits am 15. Juni, nur wenige Tage später, wurde der sowjetische Botschafter wieder im Kanzleramt vorstellig, um Gorbatschows Antwortschreiben zu übergeben. Dessen Tonfall war geradezu herzlich. Gorbatschow schlug vor, dass die Gespräche über die konkreten Kreditvereinbarungen »binnen zweitägiger Frist« beginnen sollten. Die Einzelheiten sollten durch die sowjetische Botschaft in Bonn abgesprochen werden. Was die Frage der Bündniszugehörigkeit anging, so schrieb Gorbatschow, dass sie bei unserem Treffen in der Sowjetunion offen und konstruktiv behandelt werden würde; dabei käme auch den Ergebnissen des Nato-Gipfels in London große Bedeutung zu. Der wichtigste Punkt der geplanten Begegnung seien jedoch die anvisierten neuen Beziehungen; zweifellos hatte Gorbatschow dabei bereits die Zusammenarbeit des wiedervereinten Deutschlands mit seinem Land im Auge.

Angesichts dieser aufgeschlossenen Haltung waren wir umso verwunderter über den Auftritt Schewardnadses bei der zweiten Runde der Zwei-plus-Vier-Gespräche, die am 22. Juni in Ost-Berlin stattfand. Zuvor hatten die sechs Außenminister dem Abbau des Kontrollgebäudes am Checkpoint Charlie beigewohnt. Schewardnadse legte einen Entwurf vor, der auch den längst vom Tisch geglaubten Vorschlag einer Doppelmitgliedschaft des vereinten Deutschlands in Warschauer Pakt und Nato wieder aufwärmte. Diesem Konzept zufolge sollten die deutschen Streitkräfte auf eine Stärke zwischen 200 000 und 250 000 Mann reduziert werden und die alliierten Rechte in Deutschland für eine Übergangszeit von fünf Jahren fortbestehen. Bis dahin sollte Berlin Vier-Sektoren-Stadt bleiben.

Die Intervention Schewardnadses stieß auf den erbitterten Widerstand Bakers, der vom britischen Amtskollegen Hurd, dem französischen Außenminister Roland Dumas und vor allem von Genscher unterstützt wurde. Schewardnadse gestand dann doch zu, dass sich auch die Sowjetunion definitiv bereit erkläre, die Zwei-plus-Vier-Verhandlungen noch vor der KSZE-Konferenz am 7. November abzuschließen. Dieser Vorschlag, die deutsche Souveränität für fünf Jahre auszusetzen, war damit vom Tisch. Auf der anschließenden Pressekonferenz räumte der sowjetische Außenminister ein, dass der Vorstoß nicht die »letzte Wahrheit« gewesen sei und die Suche nach Kompromisslösungen fortgesetzt werden müsse.

Rückhalt hatte Schewardnadse nur bei DDR-Außenminister Markus Meckel gehabt. Der ehemalige evangelische Pfarrer aus dem Mecklenburgischen billigte den Vorschlag des sowjetischen Außenministers. Seine Begründung: Die Sowjetunion fürchte, den Zweiten Weltkrieg nachträglich zu verlieren. Der DDR-Außenminister forderte damals außerdem, Deutschland zu einer »Pufferzone« zwischen beiden Bündnissen zu machen. Selbst der amerikanische Präsident zeigte sich von dieser Haltung beunruhigt und sprach Lothar de Maizière auf Meckels Vorschläge an, als dieser sich am 11. Juni zu einem Meinungsaustausch im Weißen Haus aufhielt. Der DDR-Ministerpräsident reagierte ausweichend und sprach von einer Brückenfunktion, die das vereinte Deutschland übernehmen solle. Gerade vom Warschauer-Pakt-Gipfel zurückgekehrt, sei er sich der Sorgen »der Brüder und Schwestern im Osten« angesichts des Nato-Truppenumfangs sehr bewusst geworden. Das waren bemerkenswerte Äußerungen, die eher die Befürchtungen alter kommunistischer Politfunktionäre wiedergaben als die der Bevölkerung. Die allermeisten Menschen in den Ländern Ost- und Mitteleuropas sahen in den Soldaten der westlichen Allianz nämlich keine Bedrohung, sondern verstanden sie als Boten von Demokratie und Freiheit.

Damit nicht genug, wollte DDR-Außenminister Meckel doch tatsächlich im Verlaufe der Zwei-plus-Vier-Gespräche – im Einklang mit der Sowjetunion, aber im Gegensatz zu den drei Westmächten und uns – den Einigungsprozess für den Aufbau einer europäischen Sicherheitsorganisation nutzen. Die DDR, so Meckel, wolle nicht eher vom Zwei-plus-Vier-Tisch aufstehen, bis »solides Einvernehmen über Grundsätze und Fahrplan« zu einer europäischen Sicherheitsorganisation erreicht sei. Konkret schlug er einen »selbstbestimmten« Verzicht Deutschlands auf Herstellung, Besitz, Weitergabe und Stationierung von ABC-Waffen vor, was aus meiner Sicht eine Denuklearisierung und Singularisierung Deutschlands sowie eine Schwächung des Bündnisses bedeutet hätte. Weiter forderte Meckel:

- eine freiwillige und einseitige deutsche Erklärung bei den Zwei-plus-Vier-Gesprächen, die Personalstärke von NVA und Bundeswehr zu halbieren und dies anschließend in die Wiener Verhandlungen einzubringen;
- sicherheitspolitische Sonderregelungen für das Gebiet der DDR;
- eine Erklärung der Mitgliedstaaten beider Bündnissysteme, mit der diese Forderungen bestätigt werden sollten.

Und das alles kam von einem Mann, der bis zu seinem Ausscheiden aus der DDR-Regierung neben Hans-Dietrich Genscher in dem entscheidenden Gremium saß, das uns die volle Souveränität bringen sollte. Und zwar zügig. Mit der von Meckel vorgetragenen bedingungslosen – auch zeitlichen – Unterordnung des Einigungsprozesses unter den Aufbau einer europäischen Sicherheitsorganisation hätte die DDR eine Verzögerung der deutschen Einheit riskiert. Damit ging Meckel viel weiter als Ministerpräsident de Maizière und sogar weiter als der sowjetische Außenminister, der immerhin nur von einer »optimalen Synchronisierung« beider Prozesse sprach. Markus Meckel schien mir nicht nur völlig überfordert; er verfolgte auch eine ganz andere Politik und wollte die Eigenständigkeit der DDR erhalten, solange es eben ging.

Welche Haltung der DDR-Regierungschef de Maizière damals in der existentiellen Frage der Bündniszugehörigkeit hatte, weiß ich erst, seit darüber in einschlägigen Dokumentensammlungen nachzulesen ist. Bei seinem Treffen mit Michail Gorbatschow in Moskau am 29. April 1990 hatte er danach Sympathien für dessen Vorstellungen in Sachen Bündniszugehörigkeit bekundet:

> »Ich stimme dem zu, dass wirklich eine Reihe sehr ernster Probleme auftreten. Wenn das vereinte Deutschland als Ganzes in die Nato integriert wird, so würde das eine Leugnung der DDR als Faktor der Stabilität und Sicherheit im Zentrum Europas bedeuten. Andererseits – eine einfache Fixierung der jetzigen Situation ohne Berücksichtigung der Veränderungen, die mit der Wiedervereinigung Deutschlands verbunden sind, könnte zu einer Destabilisierung bei uns führen. Und das wird auch nicht zur Lösung des Problems führen. Unsere Position besteht

darin, dass wir es nicht für nötig halten, die Mitgliedschaft des vereinten Deutschlands in der Nato zu stärken. Wir sind für eine Politik des Fortschreitens hin zur Auflösung der Blöcke und somit natürlich auch der Nato.«

Wie man sich die »Auflösung der Blöcke« vorzustellen hatte und was das für Deutschland bedeutet hätte, erläuterte de Maizière so:

»Der Charakter der Nato an sich muss sich verändern zugunsten der Priorität der politischen Zusammenarbeit über dem Militärischen. [...] Außerdem ist ein besonderes militärisches Regime vorgesehen für das Territorium, auf dem sich jetzt die DDR befindet. Auf diesem Territorium soll es keine Nato-Streitkräfte geben, sondern Streitkräfte, die sich aus der jetzigen Volksarmee der DDR bilden, und sie sollten in technischer Hinsicht mit dem Warschauer Pakt verbunden sein, und auf gar keinen Fall werden sie mit den militärischen Strukturen der Nato verbunden sein.«

Mit diesen Vorschlägen trat de Maizière in Moskau auf, ohne sich mit mir oder einem der Bonner Regierungsmitglieder abgesprochen zu haben. Damit stand er Gorbatschow weit näher als den westlichen Verbündeten. Seine Position stand in klarem Widerspruch zu den Auffassungen des amerikanischen Präsidenten und des deutschen Bundeskanzlers.

Am 22. Juni, zur selben Stunde, als in Ost-Berlin die Außenminister tagten, fuhr ich zusammen mit François Mitterrand auf dem Rhein nach Assmannshausen. Wir sprachen dabei auch über den europäischen Integrationsprozess, den wir beim bevorstehenden EG-Gipfel in Dublin voranbringen wollten, indem wir die Entscheidung über eine Regierungskonferenz zur Politischen Union herbeiführen und für beide Regierungskonferenzen – Europäische Wirtschafts- und Währungsunion sowie Politische Union – den Termin festlegen wollten. Wir sprachen vor allem auch über die Hilfe für die Sowjetunion und die Reformstaaten Mittel- und Osteuropas. Ich warb bei dem französischen Staatspräsidenten dafür, in besonderer Weise der Sowjetunion behilflich zu sein.

In meiner großen Sorge um die politische wie wirtschaftliche Stabilität der Sowjetunion – und aus eigenem Interesse für unser Land in dieser entscheidenden Phase des Vereinigungsprozesses – hatte ich mich am 13. Juni mit einer Botschaft an die Staats- und Regierungschefs der Mitgliedstaaten der Europäischen Gemeinschaft und der G7-Staaten gewandt. Dabei ging es mir um die Unterstützung der westlichen Partnerländer bei der Verwirklichung der sowjetischen Reformen, auch in Form von langfristigen Krediten, so wie ich es Gorbatschow versprochen hatte. Einzelheiten – so meine Bitte – sollten auf den bevorstehenden Gipfeltreffen in Dublin und Houston besprochen werden. Mitterrand, der unabhängig von mir die gleichen Überlegungen angestellt hatte, stimmte mit mir überein, dass es erforderlich sei, bis zum Herbst ein Hilfsprogramm für die Sowjetunion auf die Beine zu stellen, weil es sonst zu spät wäre. Uns beiden war klar, dass es sehr schwer würde, die Vereinigten Staaten und Japan für ein Hilfsprogramm zu gewinnen, doch wir wollten nichts unversucht lassen.

Ich informierte Mitterrand kurz auch über die Bundestagsdebatte des Vortags und zeigte mich erleichtert über die große Mehrheit, die die Entschließungen zur polnischen Westgrenze im Bonner Parlament wie in der Ost-Berliner Volkskammer gefunden hatten. Am 21. Juni hatten die beiden Parlamente nicht nur dem Staatsvertrag zwischen der Bundesrepublik

Deutschland und der DDR über die Währungs-, Wirtschafts- und Sozialunion zugestimmt, sondern auch eine Garantieerklärung über die Unverletzlichkeit der polnischen Westgrenze zu Deutschland abgegeben.

Schließlich sprachen wir über das Dauerthema »Bündniszugehörigkeit«. Uns war klar, dass die Nato-Mitgliedschaft eines vereinten Deutschlands für Gorbatschow innenpolitisch höchst schwierig war, dennoch müsse die Sowjetunion dies akzeptieren. Eine Obergrenze der deutschen Streitkräfte dürfe auch nicht isoliert außerhalb der Abrüstungsverhandlungen festgelegt werden. Truppenreduzierungen müssten sich auf Zentraleuropa insgesamt beziehen; Deutschland dürfe nicht »singularisiert« werden. Schließlich erläuterte ich meine Idee, beim KSZE-Gipfel ein »Gewaltverzichtsabkommen« zwischen Nato und Warschauer Pakt vorzuschlagen, konkretisiert durch eine entsprechende Erklärung der Länder der Nato und des Warschauer Pakts, der sich die Neutralen anschließen könnten. Der Präsident stimmte diesem Vorhaben zu.

Nach dem Abendessen in Assmannshausen gingen wir wieder an Bord und fuhren weiter in Richtung St. Goarshausen. Ich hatte mir für Mitterrand eine Überraschung ausgedacht: Als wir Kaub passierten, übergab ich ihm einen alten Merian-Stich von dieser Stelle des Rheins, die eine wichtige Erfahrung der deutsch-französischen Geschichte symbolisierte. Mitterrand war sichtlich erfreut über das Geschenk, schaute mich dann aber etwas prüfend an. Kriegsgeschichte war nicht sein Thema, doch er wusste natürlich, dass der preußische Generalfeldmarschall Blücher hier – es war in der Neujahrsnacht 1813/14 – mit seiner Armee den Strom überquert hatte, um auch die linksrheinischen Gebiete von der Herrschaft des geschlagen vom russischen Feldzug heimgekehrten Napoleon zu befreien.

23.
Bewegte Zeiten –
Dublin, London, Houston

Es waren im wahrsten Sinne des Wortes bewegte Zeiten: Am 25. Juni flog ich zum EG-Gipfel nach Dublin, am 5. und 6. Juli weilte ich auf dem so wichtigen Nato-Gipfel in London, und am 8. Juli begab ich mich zum Weltwirtschaftsgipfel ins texanische Houston. Dass derart hochrangige Begegnungen der Staats- und Regierungschefs der westlichen Welt in so dichter Abfolge stattfanden, war ein direktes Resultat des tiefgreifenden historischen Wandels, der sich in Europa und weltweit vollzog, und zeigt, welche politisch-ökonomischen Wechselwirkungen sich aus den internationalen Veränderungen ergaben. Ohne die glänzende Unterstützung meines außenpolitischen Beraterteams unter der Leitung meines engen Vertrauten Horst Teltschik wäre dieses Programm nicht zu bewältigen gewesen, zumal sich auch noch nach nur zweitägiger Atempause die Gespräche mit Michail Gorbatschow in Moskau anschlossen, wohin ich am 14. Juli flog.

Bei der zweitägigen Gipfelkonferenz der zwölf Staats- und Regierungschefs der EG in Dublin kam es leider zu keiner spontanen Wirtschaftshilfe für die Sowjetunion, aber immerhin wurde der EG-Kommission der Auftrag erteilt, bis Ende Oktober zu prüfen, inwieweit die sowjetischen Reformvorhaben von der EG konkret unterstützt werden könnten. Der französische Staatspräsident und ich bedauerten den Aufschub der Hilfsaktion. Letztlich war unser Vorhaben an Margaret Thatcher gescheitert, die eine akute Notsituation in der Sowjetunion bezweifelte. London sei nicht grundsätzlich dagegen, die Sowjetunion finanziell zu unterstützen, sagte die Premierministerin, es müsse aber sichergestellt sein, dass die Sowjetunion zuvor ihre Wirtschaft reformiere. Nur so könne garantiert werden, dass die Hilfen auch effektiv seien. Jenseits aller politischen Realitäten zeigte sich die Premierministerin ziemlich gleichgültig, was aus der Perestroika werden und wie lange sich Gorbatschow halten würde. Für uns Deutsche sah das ganz anders aus, denn wenn Gorbatschow bei seinen Reformbemühungen scheiterte, war auch die deutsche Einheit in hohem Maße gefährdet. Doch das interessierte Margaret Thatcher nicht.

Trotz der Uneinigkeit über eine Soforthilfe für die Sowjetunion konnte der 43. EG-Gipfel mit wichtigen Übereinstimmungen abschließen: Wir verständigten uns darüber, dass Mitte Dezember in Rom die beiden Regierungskonferenzen für die Weiterentwicklung der Europäischen Wirtschafts- und Währungsunion und für die Formierung einer Politischen Union beginnen sollten.

Genaugenommen wurde damals das Startsignal für eine Entwicklung gegeben, die zum Vertrag von Maastricht und damit zur Schaffung der Europäischen Union führte, wie wir sie heute kennen. Nun hatte die Europäische Gemeinschaft eine klare politische Vorgabe für die Arbeit der kommenden beiden Jahre. Niemand von unseren europäischen Nachbarn konnte jetzt noch ernsthaft daran zweifeln, wie wichtig uns Deutschen auch nach der Wiedervereinigung die europäische Einheit sein würde.

Das Gipfelergebnis stand nicht zuletzt dafür, dass das deutsch-französische Tandem wieder funktionierte: François Mitterrand und ich hatten mit unserer Initiative vom April die EG-Partner in zwei für die europäische Entwicklung wegweisenden Punkten überzeugen können. Das war im zögerlichen

Europa keineswegs selbstverständlich. In diesen Tagen musste ich auch oft daran denken, was die Zeitenwende, die wir erlebten, nicht alles möglich machte. Es war schon bemerkenswert, wie der deutsche Einigungsprozess plötzlich auch die europäische Einigung beschleunigte und Zögerliche zu Promotoren machte. Es ist nicht übertrieben zu sagen, dass die deutsche Einheit Katalysator der europäischen Einigung war. Ich war darüber sehr froh, denn diese Entwicklung entsprach meiner tiefsten Überzeugung.

Am 1. Juli trat die Währungs-, Wirtschafts- und Sozialunion in Kraft. Unvergessen sind mir bis heute die Fernsehbilder jener Tage: In riesigen Mengen wurden D-Mark-Banknoten in den Keller des Zentralkomitee-Gebäudes, des ehemaligen Sitzes der Reichsbahn in Ost-Berlin, geschafft, von wo aus sie zu den Geldinstituten in der gesamten DDR transportiert wurden. Dass die Logistik bei der Einführung der D-Mark in der DDR so reibungslos klappte, ist der Bundesbank, und hier vor allem dem persönlichen Einsatz des zuständigen Direktors Johann Wilhelm Gaddum zu verdanken. In Berlin war es schon am Samstag, dem 30. Juni, um null Uhr soweit: In der Filiale der Deutschen Bank am Alexanderplatz wurden noch in der Nacht zum 1. Juli die ersten D-Mark-Scheine ausgegeben. Vor der Bank drängten sich Tausende, Feuerwerksraketen stiegen in den Himmel, Sektkorken knallten, Hupkonzerte ertönten in den Straßen. Überall in der DDR wurden D-Mark-Partys gefeiert. Gleichzeitig wurden an der gesamten innerdeutschen Grenze die Schlagbäume geöffnet, und die DDR-Grenzer stellten ihre Kontrollen ein.

In einer Fernsehansprache rief ich den Menschen zu: »Wir werden es schaffen!« Ich erinnerte an die Zeit vor über 40 Jahren, als nach dem Zweiten Weltkrieg in einer ungleich schwierigeren Situation aus den Trümmern der Städte und Dörfer die

Bundesrepublik Deutschland aufgebaut und eine stabile Demokratie errichtet worden war. Am Schluss sagte ich:

> »Am heutigen Tag bitte ich Sie alle: Gehen wir ohne Zögern gemeinsam ans Werk. Es geht um unsere gemeinsame Zukunft – in einem vereinten Deutschland und einem vereinten Europa.«

Am Vormittag des 5. Juli traf ich zum Nato-Gipfel in der britischen Hauptstadt ein. Im State Drawing Room des Lancaster House versammelten sich die Staats- und Regierungschefs des westlichen Bündnisses mit ihren Außenministern zu einer ersten informellen Begegnung. Gemeinsam gingen wir hinüber in die Long Gallery, den eigentlichen Konferenzraum, wo die britische Premierministerin die Delegationen begrüßte. Nato-Generalsekretär Manfred Wörner eröffnete den Sondergipfel, von dem Präsident Bush gesagt hatte, er werde der wichtigste in der Geschichte des Nordatlantischen Bündnisses werden.

Nach den Gipfeln im Mai und im Dezember 1989 war es bereits das dritte Gipfeltreffen des Bündnisses in der Amtszeit des amerikanischen Präsidenten. Dem lag die bei den Frühjahrsbegegnungen konzipierte Idee zugrunde, den Nato-Gipfel als Forum zu nutzen, um alle Fragen zu erörtern, die die Veränderungen in Europa und insbesondere die deutsche Vereinigung für das Bündnis aufwarfen. So stand die künftige politische Aufgabenstellung des Bündnisses im Vordergrund des Treffens. Aktuelle Themen waren die zunehmenden Zerfallserscheinungen des Warschauer Pakts und die anhaltenden Gegensätze beim Zwei-plus-Vier-Prozess bezüglich der Bündniszugehörigkeit eines geeinten Deutschlands und der Stärke seiner Streitkräfte.

Der Londoner Gipfel wurde zu einem Meilenstein auf dem Weg zur deutschen Einheit und für die künftige Sicherheitsarchitektur Europas. Es ging um die Kernfrage, ob das Bündnis angesichts des historischen Wandels in Europa selbst wandlungsfähig war und die Chancen dieses Wandels durch aktive, entschlusskräftige und zukunftsgewandte Politik zu nutzen und mitzugestalten wusste.

Als erster ergriff der französische Präsident das Wort und hob die Bedeutung des Anpassungsprozesses angesichts der Veränderungen in Europa hervor: Der defensive Charakter der Allianz müsse betont werden, ohne deshalb als Militärbündnis, das über eine atomare Abschreckungskapazität verfüge, an Glaubwürdigkeit einzubüßen. Für den US-Präsidenten war es wichtig, dass die Nato Sicherheit garantiere und die Zusammenarbeit mit den Staaten Ost- und Mitteleuropas fördere. In bezug auf Deutschland meinte Bush, Moskau müsse deutlich gemacht werden, dass die Zugehörigkeit eines vereinten Deutschlands zur Nato auch im sowjetischen Interesse liege.

Dann umriss ich die Prinzipien meiner Politik: Das wiedervereinigte Deutschland werde im Atlantischen Bündnis der zuverlässige Stabilitätsfaktor sein, den Europa in seiner Mitte brauche, und es freue mich, dass unsere unmittelbaren Nachbarn im Osten diese Auffassung teilten. Andere müssten noch überzeugt werden, dass die von uns allen gewünschte Mitgliedschaft des vereinten Deutschlands auch für sie einen Zugewinn an Stabilität und eine neue Chance der Partnerschaft bedeute. Dazu gehöre, dass wir verdeutlichten, wie das Nordatlantische Verteidigungsbündnis der neunziger Jahre seine Rolle und seinen Kurs in Zukunft bestimme. Das Gütesiegel der politischen Rolle unseres Bündnisses sei es, den Gegnern von gestern, die der Konfrontation entsagten und dies konkret bewiesen, die Hand zu Freundschaft und Zusammenarbeit auszustrecken.

Nachdem ich noch einmal den Willen der Europäer bekräftigt hatte, die Reformbewegung wirtschaftlich zu unterstützen, kündigte ich an, im Rahmen der Wiener Abrüstungsverhandlungen über die Stärke der Streitkräfte des vereinten Deutschlands sprechen zu wollen. Über dieses Thema hatten wir in den Tagen vor dem Londoner Gipfel leidenschaftlich gestritten. Die Frage lautete: Was kann den Sowjets zugemutet werden? Hans-Dietrich Genscher glaubte, alles, was über eine Truppenstärke von 350 000 Mann hinausgehe, sei unrealistisch. Ich war der Meinung, wenn wir mit 350 000 in die Verhandlung gingen, stünden wir am Ende bei 280 000, weshalb ich vorschlug, mit 400 000 Mann anzufangen. Wir ließen dann aber die Angelegenheit auf sich beruhen, denn in London stand diese Frage nicht an.

Die zum Abschluss des Gipfels verabschiedete Londoner Erklärung war ein Markstein in der Geschichte des Bündnisses. Die 16 Nato-Staaten beschlossen, die geltende Verteidigungsstrategie der Allianz von Grund auf zu ändern. Sie versicherten, dass sie niemals und unter keinen Umständen als erste Gewalt anwenden würden. Die Staaten der Allianz bekräftigten weiter, dass sie zu einer weitgehenden Kooperation mit der Sowjetunion und den Ländern des Warschauer Pakts bereit seien. Grundlegende Veränderungen der Streitkräftestruktur und der Strategie seien jedoch auch an den Abzug sowjetischer Truppen aus Mittel- und Osteuropa und an die Umsetzung des Wiener Vertrags über die Begrenzung konventioneller Streitkräfte gebunden. Außerdem unterstrich das Bündnis seine Aufgabe, Sicherheit und Stabilität in Europa zu wahren. Die Nato beabsichtige, die politische Komponente der Allianz zu stärken. Als Mitglied des Atlantikpakts und der

EG werde das geeinte Deutschland »ein unentbehrlicher Stabilitätsfaktor sein, den Europa in seiner Mitte braucht«. In der Erklärung luden die Nato-Regierungschefs Gorbatschow und die Staats- und Regierungschefs der anderen osteuropäischen Länder ein, vor dem Atlantikrat in Brüssel zu sprechen. Den Ländern des Warschauer Pakts wurde zudem die Möglichkeit eröffnet, Verbindungsbüros bei der Nato in Brüssel einzurichten.

Die Zeit der Konfrontation in Europa war beendet, wir standen am Anfang einer Zeit der Kooperation. Was 41 Jahre lang die Sicherheit Europas garantiert hatte, war überholt, wir konnten guten Gewissens den Gegnern von gestern die Hand der Freundschaft entgegenstrecken. Die schwierigste Aufgabe bestand nun darin, der Sowjetunion klarzumachen, warum die westliche Allianz trotz des Zusammenbruchs des Warschauer Pakts unter allen Umständen und mit einer Reihe von Veränderungen erhalten bleiben musste und warum dies auch in ihrem Interesse lag.

Ich war hochzufrieden. Vieles von dem, was in die Londoner Erklärung eingeflossen war, ging auf unsere Initiative zurück, und ich wusste, dass diese Erklärung den sowjetischen Partei- und Regierungschef auf dem parallel zum Londoner Gipfel stattfindenden 28. Parteitag der KPdSU stützen – und mir damit eine gute Ausgangsposition bei den für Mitte Juli vorgesehenen Gesprächen in der Sowjetunion verschaffen würde.

Auch der 16. Weltwirtschaftsgipfel in Houston stand im Zeichen der aktuellen außen- und sicherheitspolitischen Ereignisse. Daneben wurden natürlich auch andere Themen behandelt, wie die internationale Wirtschaftslage, die Stärkung des offenen Welthandels und die internationale Verschuldungsproblematik sowie Maßnahmen zur Bewältigung der gravierenden globalen Umweltprobleme. Wie schon auf den beiden vorangegangenen Gipfelbegegnungen begrüßten die Teilnehmer nachdrücklich den Prozess der Einigung Deutschlands, sprachen sich für ein geeintes und freies Europa aus und unterstützten die tiefgreifenden historischen Veränderungen in Osteuropa und in der Sowjetunion. Auf meinen Wunsch hin gab es einen ausführlichen Meinungsaustausch über Notwendigkeit und Möglichkeiten einer wirtschaftlich-finanziellen Zusammenarbeit mit der Sowjetunion. Gorbatschow selbst hatte in seinem Schreiben an Präsident Bush als Gastgeber dieses Treffens der G 7 alle Teilnehmer gebeten, seine wirtschaftliche Reformpolitik durch »finanzielle und wirtschaftliche Unterstützung von außen zu ergänzen«. Diesem Anliegen wurde zwar insofern die Dramatik genommen, als Michail Gorbatschow auf dem 28. Parteitag der KPdSU zeitgleich mit dem Gipfel in Houston mit großer Mehrheit in seinem Amt als Generalsekretär bestätigt wurde. Das änderte aber natürlich nichts daran, dass er die Unterstützung des Westens brauchte.

George Bush und die amerikanische Delegation jedoch wollten davon nicht viel wissen. Sie begrüßten zwar den Reformkurs Gorbatschows, fanden aber, jede finanzielle Unterstützung sei hinausgeworfenes Geld, solange die Entwicklung der Sowjetunion keine klaren Konturen habe. Stattdessen verlangten sie, dass der Kreml seine Verteidigungsausgaben senke und die Unterstützung demokratiefeindlicher Staaten – wie zum Beispiel des Castro-Regimes – streiche. François Mitterrand wies Bushs Vorstellungen energisch zurück und berief sich auf die einheitliche Haltung der EG-Staaten in dieser Frage. Es gehe jetzt darum, den Reformmotor in der Sowjetunion anzuwerfen, und weniger darum, Forderungen zu stellen. Er halte daher den Entwurf, den die Amerikaner für die abschließende Erklärung des Gipfels aufgesetzt hatten, in der Sache für schädlich.

Ich pflichtete ihm bei und sagte, es gebe jetzt die Chance, dass sich in der Sowjetunion die Dinge zum Besseren änderten. Scheitere Gorbatschow, werde alles noch viel teurer kommen. Es wäre daher ein elementarer Fehler, den sowjetischen Generalsekretär, der sich hilfesuchend an die sieben führenden Industrienationen der Welt gewandt hatte, zu enttäuschen.

Schließlich ließ sich Bush von Mitterrand und mir überzeugen und lenkte ein. In einer abschließenden Erklärung verpflichteten sich die G 7, die Reformbewegung in der Sowjetunion und in Mittel- und Osteuropa zu unterstützen. Einige Staaten seien bereits jetzt in der Lage und willens, Kredite zu gewähren. Außerdem sollten der Internationale Währungsfonds, die Weltbank und die Europäische Bank für Wiederaufbau und Entwicklung in enger Abstimmung mit der EG-Kommission bis zum Ende des Jahres eine Bestandsaufnahme der ökonomischen Situation in der Sowjetunion ausarbeiten, damit sinnvoll geholfen werden könne.

Alles in allem war der Weltwirtschaftsgipfel von einer menschlichen Harmonie geprägt, wie ich sie bis dahin noch nicht erlebt hatte. Es war eine sehr persönliche Beziehung zwischen den Teilnehmern entstanden, so dass die Weltwirtschaftsgipfel seit Houston eine Art familiäre Atmosphäre bekamen. Zur Entkrampfung hatte viel beigetragen, dass man sich schon sehr bald mit Vornamen anredete. Ich selbst führte die Sitte ein, dass die Teilnehmer an internationalen Gipfeln immer häufiger gemeinsam im Bus fuhren. Irgendwann war ich es einfach leid gewesen, ständig allein in einer gepanzerten Limousine sitzen zu müssen. Das war unbequem, und außerdem schottet es einen von der Außenwelt völlig ab. Im Bus hingegen kann man es sich bequem machen, und man sieht mehr von Stadt und Land. Für unsere Protokollbeamten war es zunächst ein schwer erträglicher Anblick, wenn der deutsche Bundeskanzler einen Bus bestieg, während auf die übrigen Staats- und Regierungschefs eine Kolonne schwarzer Limousinen wartete. Aber bald erkannten auch die meisten meiner Kollegen, dass das Busfahren viel mehr Charme hatte.

Auf dem Rückflug nach Deutschland reflektierte ich die Ergebnisse aller drei Gipfel. Die Erklärung von Houston war nach der von Dublin und London das dritte positive Signal in Richtung Sowjetunion, so dass ich mir – zumal vor dem Hintergrund unserer Soforthilfe an die Sowjetunion und meines Angebots eines umfassenden bilateralen Vertrags – eine echte Chance ausrechnete, dem gestärkt aus dem 28. Parteitag der KPdSU hervorgegangenen Gorbatschow die volle Nato-Mitgliedschaft des vereinten Deutschlands abringen zu können. Als ich auf dem Rückflug noch die Nachricht erhielt, dass Michail Gorbatschow mich im Rahmen unseres Treffens Mitte Juli in der Sowjetunion in seine kaukasische Heimat einlud, wurde ich noch zuversichtlicher.

Einmal mehr wurde mir auch bewusst: Die deutsche Außenpolitik war längst meine Domäne geworden, und die Fäden liefen – in enger Absprache mit Hans-Dietrich Genscher – im Kanzleramt zusammen. Um außenpolitisch die deutsche Einheit durchzusetzen, baute ich auf meine engen Kontakte zu Washington, Paris und Moskau. Ich hatte immer Wert darauf gelegt, mich in der EG und im Nordatlantischen Bündnis als verlässlicher Partner zu erweisen. Dies machte sich jetzt bezahlt.

24.
Der Durchbruch –
In der kaukasischen Heimat
Michail Gorbatschows

Die Einladung in Michail Gorbatschows Geburtsstadt war ein deutliches Zeichen für das gute persönliche Verhältnis, das sich in den vergangenen Monaten zwischen uns entwickelt hatte. Es war zweifellos auch ein Signal, dass wir auf dem richtigen Wege waren. Mit einem entscheidenden Durchbruch rechnete zu diesem Zeitpunkt aber so gut wie niemand. Wir im Westen gingen davon aus, dass Gorbatschow nicht bereit sein würde, die deutsche Vereinigung endgültig zu besiegeln. Ein Abschluss der Verhandlungen könnte sich nach westlicher Einschätzung noch weit ins Jahr 1991 hinziehen. Vor allem die Bündnisfrage schien mir der Quadratur des Kreises gleichzukommen. Nur die größten Optimisten glaubten an ein Wunder, an eine historische Wende. Auch ich, der ich ja von Haus aus ein geborener Optimist bin, schwankte zwischen Hoffen und Bangen, wobei die Hoffnung überwog. Entsprechend lag Spannung in der Luft, als wir am späten Nachmittag des 14. Juli vom Flughafen Köln/Bonn in Begleitung zahlreicher Journalisten in Richtung Moskau aufbrachen.

Mit meinem Besuch in der Sowjetunion vom 14. bis 16. Juli war ich der erste Regierungschef, der die Möglichkeit hatte, Gorbatschow die Ergebnisse der zurückliegenden drei Gipfel ausführlich zu erläutern. Der Besuch von Nato-Generalsekretär Manfred Wörner unmittelbar vor meiner Visite sowie die Reise von EG-Kommissionspräsident Jacques Delors unmittelbar danach verdeutlichten die internationale Einbettung der deutsch-sowjetischen Gespräche. Diese internationale Einbindung der deutschen Politik, die auch bei den Gipfeln zum Ausdruck gekommen war, verschaffte der Bundesrepublik gegenüber der Sowjetunion und in der Ostpolitik insgesamt den erforderlichen Spielraum. Inhaltlich war meine Reise bis ins Detail mit den Partnern abgestimmt. Es waren vor allem drei Ziele, die ich mit diesem Besuch verband: Erstens wollte ich Zwischenbilanz ziehen. Jetzt war der geeignete Zeitpunkt, gemeinsam mit Gorbatschow die Situation im Zusammenhang des Zwei-plus-Vier-Prozesses zu bewerten. Jetzt mussten wir prüfen, welche Schritte noch erforderlich waren, um die Zwei-plus-Vier-Verhandlungen zu einem erfolgreichen Abschluss zu bringen. Zweitens wollte ich mit Gorbatschow über die zukünftige Gestaltung der Beziehungen zwischen einem geeinten Deutschland und der Sowjetunion sprechen. Und drittens sollte ausführlich über die wirtschaftlich-finanzielle Zusammenarbeit der Bundesrepublik und des Westens mit der Sowjetunion diskutiert werden.

Unsere bilateralen Hilfen in diesem Jahr konnten sich durchaus sehen lassen: Mit 220 Millionen D-Mark hatte die Bundesregierung die Lieferung von Nahrungsmitteln subventioniert; wir hatten erst in der vergangenen Woche einen Fünf-Milliarden-Kredit verbürgt, der bereits in voller Höhe in Anspruch genommen worden war, was die angespannte Zahlungsbilanzlage der UdSSR bewies; und wir hatten Vertrauensschutz zugesagt für alle Fälle von DDR-Verpflichtungen gegenüber der Sowjetunion. Darüber hinaus war die Bundesregierung bereit, Verpflichtungen der DDR im Zusammenhang mit der Stationierung der Sowjetarmee auf ihrem Territorium in der Größenordnung von 1,25 Milliarden D-Mark für 1990 zu übernehmen und die Guthaben, die sowjetische Soldaten bei der Staatsbank der DDR hatten, umzutauschen.

Zudem brachte ich ein stattliches Bündel deutscher und westlicher Leistungen nach Moskau mit: Zu bündnisübergreifenden und gesamteuropäischen Sicherheitsstrukturen hatte der Nato-Gipfel auch im Zusammenhang mit dem KSZE-Prozess konkrete Vorschläge und Anregungen beschlossen. Hinzu kamen die einseitigen Ankündigungen der Bundesregierung bezüglich des Verzichts auf ABC-Waffen und der weiteren Mitgliedschaft beim Nichtverbreitungsvertrag sowie unsere Bereitschaft, für eine Übergangszeit sowjetische Truppen auf dem Gebiet der DDR zu akzeptieren und Höchststärken der zukünftigen deutschen Streitkräfte festzulegen. Das waren die wichtigsten Entscheidungen, die die Bundesregierung und der Westen im vorangegangenen halben Jahr getroffen hatten, um den Sicherheitsbedürfnissen und den wirtschaftlichen Interessen der UdSSR Rechnung zu tragen – ein eindrucksvolles Gesamtpaket, das die Bundesregierung wesentlich mit vorbereitet und durchgesetzt hatte. Ich erwartete mir davon, dass wir die Zwei-plus-Vier-Gespräche rechtzeitig zum Abschluss bringen und den Einigungsprozess zum Erfolg führen würden.

Bis zum Zeitpunkt meiner Moskau-Reise gab es in den zentralen Fragen des Zwei-plus-Vier-Prozesses kaum Fortschritte. Mindestens drei sowjetische Forderungen waren unvereinbar mit den Vorstellungen meiner Regierung:

- Michail Gorbatschow wollte die Viermächterechte – wenn überhaupt – erst nach einer mindestens fünfjährigen Übergangsperiode aufgeben. Ich dagegen forderte die volle deutsche Souveränität zum Zeitpunkt der Wiedervereinigung.
- Gorbatschow wollte dem Abzug der sowjetischen Truppen aus der DDR nur zustimmen, wenn gleichzeitig auch die westlichen Streitkräfte aus der Bundesrepublik abzögen.

Ich aber wollte den einseitigen Abzug der sowjetischen Truppen nach einer Übergangszeit.
- Gorbatschow beharrte auf einer wie auch immer gearteten Doppelmitgliedschaft Deutschlands in beiden Bündnissen. Für mich dagegen kam nichts anderes in Frage als die volle Nato-Mitgliedschaft des vereinten Deutschlands.

Nach außen präsentierte ich mich auf dem Flug trotz aller Anspannung in bester Stimmung, während ich den Journalisten Rede und Antwort stand und mit Hans-Dietrich Genscher, Theo Waigel, Regierungssprecher Hans Klein und Horst Teltschik noch einmal die Verhandlungslinie in Moskau besprach. Dabei kam es zu einer heftigen Auseinandersetzung zwischen mir und dem Bundesaußenminister, bei der es wieder einmal um die künftige Obergrenze für die Streitkräfte eines geeinten Deutschlands ging. Dazu hatte es bereits im Dezember 1989 Kabinettsbeschlüsse gegeben, und wir hatten damals die Wehrpflicht auf 15 Monate begrenzt. Die SPD plädierte gar für eine Halbierung der Bundeswehr.

Während ich von 400 000 Mann sprach, drängte Genscher nachdrücklich darauf, die Obergrenze auf 350 000 Mann festzulegen inklusive 25 000 Mann bei der Marine. Ich warf Genscher und der FDP vor, sie würden damit eine Berufsarmee anstreben, was Genscher entschieden zurückwies. Dabei ging es mir neben einer inhaltlichen Klarstellung vor allem darum, mit einer günstigeren Verhandlungsposition in die Gespräche zu gehen. Schließlich musste auch klar sein, »wo der Bartel den Most holt«, wie man in meiner pfälzischen Heimat sagt.

Als wir auf dem Regierungsflughafen Wnukowo II landeten, war es längst Nacht in Moskau. Wir wurden von Außenminister Schewardnadse außerordentlich herzlich begrüßt. In seiner Begleitung fuhr ich zur Residenz an der Uliza Kossygina 38 auf dem Leninhügel. Kurz vor Mitternacht hatte ich mit Schewardnadse noch ein kurzes Gespräch, in dem er mir erzählte, wie anstrengend der Parteitag gewesen sei, und dies vor allem auch für Michail Gorbatschow, der in dieser Zeit äußerst wenig geschlafen habe. Ich griff das Stichwort auf und verabschiedete Schewardnadse. Anschließend setzten Eduard Ackermann, Juliane Weber, mein Büroleiter Walter Neuer, Horst Teltschik und ich uns im Speisezimmer noch zu einem kleinen Abendessen zusammen. In der Hoffnung, dass die Gespräche mit Gorbatschow positiv verlaufen und die erhofften Fortschritte bringen würden, verabschiedete ich mich schließlich von meinen Mitarbeitern.

Es war Sonntag, der 15. Juli 1990, als ich morgens zum Gästehaus des sowjetischen Außenministeriums fuhr. Am Eingang erwartete uns schon der sowjetische Außenminister, um uns über die große Freitreppe in den ersten Stock zu begleiten, wo Michail Gorbatschow wartete. Er wirkte freundlich und ernst zugleich. Abgesehen von den Dolmetschern nahmen nur Gorbatschows außenpolitischer Berater Anatoli Tschernajew und Horst Teltschik an dem Gespräch teil. Gorbatschow begrüßte mich mit den Worten, die Erde sei rund, und ich flöge ständig um sie herum. Mein Bedarf an Reisen sei gedeckt, erwiderte ich, aber es handle sich jetzt um historisch bedeutsame Jahre, und solche Jahre kämen und gingen, deshalb müsse man die Chancen nutzen. Wenn man nicht handle, seien sie vorbei, meinte ich und führte Bismarck an mit dem Satz: »Man kann nicht selber etwas schaffen. Man kann nur abwarten, bis man den Schritt Gottes durch die Ereignisse hallen hört; dann vorspringen und den Zipfel seines Mantels fassen – das ist alles« – die Medien machten daraus dann den vielzitierten »Mantel der Geschichte«. Ich erinnerte Gorbatschow daran, dass wir beide der gleichen Generation angehörten, die im Zweiten

Weltkrieg noch zu jung war, um persönlich in Schuld geraten zu können, andererseits aber alt genug, um diese Jahre bewusst mitzuerleben. Ich hätte deshalb einmal von der Gnade der späten Geburt gesprochen und damit auch eine besondere Verantwortung unserer Generation verbunden. Unsere Aufgabe sei es jetzt, die sich bietenden Chancen zu nutzen.

Gorbatschow erwiderte, in Erinnerung an die Ereignisse in seinem eigenen Land könne er Vergleichbares feststellen. Auch er gehöre einer Generation an, die den Krieg erlebt habe und sich noch daran erinnern könne. Er sei zehn Jahre alt gewesen, als der Krieg begann, und 15, als er zu Ende war. Er habe sich alles gut eingeprägt und könne sich sehr gut an die Ereignisse erinnern. Er teile meine Feststellung, dass unsere Generation über eine einzigartige Erfahrung verfüge. Jetzt hätte sich eine große Chance eröffnet und es sei die Aufgabe unserer Generation, diese zu nutzen und zu gestalten. Besonders imponiere ihm die Tatsache, dass heute das Verständnis von der einen Welt vorherrsche und weniger darüber geredet werde, wer gewonnen oder verloren habe.

Ich erinnerte Gorbatschow an unser Gespräch im Juni 1989 im Park des Bundeskanzleramts. Damals hatte ich gesagt, dass ich die Chancen, die sich jetzt eröffneten, gemeinsam mit dem Präsidenten nutzen wolle.

Gorbatschow erläuterte nun die politische und wirtschaftliche Lage in der Sowjetunion und stellte einen prinzipiellen Gedanken voraus: Wie schon in der Vergangenheit entwickle sich jetzt in den neunziger Jahren eine Situation, die Russland und Deutschland wieder zusammenführen müsse. Einer der kritischen Punkte unserer Zeit werde sein, ob es uns gelinge, diese Aufgabe zu meistern. Für ihn sei dieses Ziel gleichrangig mit der Normalisierung der Beziehungen zu den USA. Wenn es gelinge, eine qualitativ neue Ebene der Beziehungen zu erreichen, werde das beiden Völkern und ganz Europa zugute kommen.

Ich stimmte Gorbatschow zu und erklärte mich bereit, innerhalb eines Jahres einen umfassenden Vertrag mit der Sowjetunion zu schließen – vorausgesetzt, dass die aktuellen Probleme gemeinsam gelöst würden. Ich schlug vor, schon jetzt mit der Arbeit an einem solchen Vertrag zu beginnen, der alle Gebiete der Zusammenarbeit umfassen sollte und in den auch der Gedanke des Gewaltverzichts und des Nichtangriffs analog der Erklärung des Nato-Gipfels in London aufgenommen werden könnte. Dann erläuterte ich die Ergebnisse der Gipfelkonferenzen des Europäischen Rats, der Nato und der G-7. Gleich, ob in Dublin, London oder Houston, überall sei die gemeinsame Überzeugung spürbar gewesen, dass der Reformprozess in der Sowjetunion unterstützt werden solle. Ich sagte auch, dass all diese Bemühungen um eine Zusammenarbeit für mich natürlich Bestandteil des Gesamtpakets seien.

Als nächstes schilderte ich Gorbatschow die Lage in der DDR, die sich von Tag zu Tag verschlechtere. Anfangs hätte ich andere Zeitvorstellungen gehabt, erklärte ich, und es wäre mir auch lieber, wenn ich mehr Zeit hätte, aber der wirtschaftliche Niedergang der DDR sei dramatisch. Deshalb seien gesamtdeutsche Wahlen am 2. Dezember so wichtig.

Gorbatschow warf ein, große Ziele seien mit großen Schwierigkeiten verbunden, das zeige auch die Perestroika, bei der es nicht nur angenehme Dinge gebe, und deshalb müsse man sich gegenseitig helfen. Alles, was ich tun würde, habe nicht nur große Bedeutung für Deutschland, sondern auch für die Sowjetunion. Man müsse behutsam vorgehen und neues Vertrauen, gegenseitiges Verständnis und eine neue Art des Zusammenwirkens erreichen.

Ich benannte daraufhin drei Bereiche, in denen Vereinbarungen erreicht werden müssten, wenn der zeitliche Rahmen für die Zwei-plus-Vier-Gespräche und die KSZE-Gipfelkonferenz eingehalten werden sollte: erstens über die Abwicklung des sowjetischen Truppenabzugs aus der DDR, zweitens über die Mitgliedschaft des geeinten Deutschlands in der Nato und drittens über die zukünftige Obergrenze der Streitkräfte eines geeinten Deutschlands. Diese drei Hürden müssten überwunden werden. Am Ende der Zwei-plus-Vier-Gespräche müsse die volle Souveränität für den Zeitpunkt der Einigung Deutschlands erreicht sein.

Gorbatschow griff das Wort des griechischen Philosophen Heraklit auf, dass alles im Fluss sei und sich verändere. Heute stelle sich alles anders dar als zu dem Zeitpunkt, als wir diese Probleme zu erörtern begonnen hätten. Jetzt sei der Zeitpunkt gekommen, die Fragen zu klären und die Entscheidungen zu treffen, auf denen die weitere Arbeit beruhe.

Nach einem Exkurs über die veränderte Rolle der Nato räumte Gorbatschow ein, dass die Zusammenarbeit zwischen unseren beiden Ländern vertieft werden müsse. Sie hätten über die zukünftigen Beziehungen einige Überlegungen angestellt und zu Papier gebracht. Mit diesen Worten überreichte Gorbatschow mir ein Konzept, das mit »Überlegungen zum Inhalt eines Vertrages über Partnerschaft und Zusammenarbeit zwischen der Union der Sozialistischen Sowjetrepubliken und Deutschland« überschrieben war und nur für mich bestimmt sei. Daraufhin übergab ich Gorbatschow meine Vorschläge. Wir beteuerten wechselseitig, dass es sich um sehr persönliche Gedanken handle.

Gorbatschow wandte sich dann den Zwei-plus-Vier-Themen zu. Er gehe davon aus, dass das geeinte Deutschland in den Grenzen der Bundesrepublik, der DDR und Berlins gebildet werde. Als zweiten Punkt sprach er den Verzicht Deutschlands auf ABC-Waffen an. Er wisse, dass das auch meine Position sei. Die militärischen Strukturen der Nato, so fuhr er fort, dürften allerdings nicht auf das DDR-Territorium ausgedehnt werden, und es müsse eine Übergangsregelung für die Präsenz der sowjetischen Truppen vereinbart werden. Als letztes sprach er sich dafür aus, die Rechte der vier Alliierten abzulösen.

Sofort fragte ich nach, ob er damit einverstanden sei, dass Deutschland mit der Einigung seine volle Souveränität erhalte. Das sei selbstverständlich, erwiderte Gorbatschow. Er räumte damit zum ersten Mal ein, dass Deutschland ohne eine Übergangszeit seine volle Souveränität erlangen sollte, was einen eminenten Fortschritt für unsere Sache bedeutete. Ich stellte nun noch einmal klar, dass das souveräne Deutschland als Ganzes der Nato angehören müsse. In der Hoffnung, eine eindeutige Antwort zu erhalten, fügte ich hinzu: »Darüber sind wir uns doch einig.«

Doch ich erhielt die erhoffte Antwort nicht. Stattdessen erwiderte Gorbatschow, dass das vereinte Deutschland zwar de jure Mitglied der Nato sein dürfe, de facto jedoch das Gebiet der ehemaligen DDR nicht in deren Wirkungsbereich eingegliedert werden könne, da sich dort sowjetische Truppen aufhielten. Die Souveränität des vereinten Deutschlands werde davon jedoch in keiner Weise berührt. Nach Ablauf einer Übergangsperiode könne man dann mit Verhandlungen über den Abzug der sowjetischen Truppen beginnen. Nun sah ich klarer: Entgegen Gorbatschows Beteuerung wären wir also doch nicht souverän gewesen. Mit den späteren Truppenabzugsverhandlungen hätte Moskau einen Hebel in der Hand behalten, um doch noch Druck in der Bündnisfrage auszuüben. Dem konnte ich natürlich nicht zustimmen, und so schienen unsere beiden Standpunkte letztlich doch unvereinbar zu sein.

Gorbatschow, der wohl meine Skepsis spürte, fügte begütigend hinzu: »Wir haben hier in Moskau unsere Gespräche begonnen und werden sie im kaukasischen Gebirge fortsetzen. In der Bergluft sieht man vieles klarer.« Wir hatten uns schon von unseren Plätzen erhoben, als ich ihn, um ganz sicher zu gehen, fragte, ob die Reise in den Kaukasus überhaupt einen Sinn mache. Ich sagte, dass ich nur fahren würde, wenn am Ende unserer Gespräche die volle Souveränität des vereinten Deutschlands und dessen uneingeschränkte Nato-Mitgliedschaft stünden, ansonsten sei es besser, wieder nach Hause zu reisen. Michail Gorbatschow sagte auf diese Bemerkung hin weder ja noch nein. Er sagte nur: »Wir sollten fliegen.« In diesem Augenblick wusste ich, dass wir es schaffen würden.

Als wir hinüber in den Speisesaal gingen, hatten wir die für dieses erste Gespräch vorgesehene Zeit um mehr als 40 Minuten überzogen. Um den Zeitplan dennoch einigermaßen einhalten zu können, fand das Delegationsgespräch während des Mittagessens statt, zu dem Gorbatschow die Delegationen begrüßte: Beim ersten Gespräch am heutigen Vormittag habe man sich gleichsam aufgewärmt. Es bestünden sehr gute Aussichten auf eine Einigung, wiederholte er, denn in der herrlichen kaukasischen Luft arbeiteten die Gehirne besser. Beim Mittagessen ging es entspannt zu. Der Generalsekretär hob sein Wodkaglas und prostete mir zu: Dies sei das einzige Getränk in der Sowjetunion, das wirklich sauber sei. Wenig später stellten wir uns ganz kurz der Presse. Gorbatschow berichtete, man sei in den Gesprächen bereits an sehr große Fragen herangetreten. Da wir über gute Zähne verfügten, sei er zuversichtlich, dass alle harten Nüsse geknackt würden.

Gegen 13.30 Uhr fuhren Gorbatschow und ich zum Regierungsflughafen. Wenn ich mich recht erinnere, war es auf dieser Fahrt, dass ich die Frage der Truppenstärke des vereinten

Deutschlands ansprach. Michail Gorbatschow antwortete darauf, diese sei doch bereits zwischen unseren Außenministern ausgehandelt worden, und nannte eine Größenordnung von unter 300 000 Mann. Wieder musste ich zur Kenntnis nehmen, dass Genscher selbstherrlich mit Zahlen operiert hatte, die nicht akzeptabel waren. Diese Angaben entsprächen nicht der Auffassung der Bundesregierung, sagte ich und begründete, weshalb wir in Deutschland weiterhin eine Wehrpflichtarmee benötigten und dass dafür nun einmal eine Truppenstärke von 370 000 Mann erforderlich sei. Und ich verwies darauf, dass Karl Marx der Vater des Konzepts einer Armee von Wehrpflichtigen war. Gorbatschow hörte sich das alles an und widersprach nicht, was mir darauf hinzudeuten schien, dass er meinen Vorschlag nicht von vornherein ablehnte.

Pünktlich kamen wir auf dem Flugfeld vor der Präsidentenmaschine an, mit der wir kurz darauf in die Heimat des Generalsekretärs starteten. Ich saß mit Gorbatschow im luxuriös ausgestatteten Präsidentensalon im hinteren Teil der Maschine. Nur die Dolmetscher waren anwesend, und so unterhielten wir uns ganz privat, wie vor einem guten Jahr im Garten des Bundeskanzleramts. Während kleine, typisch russische Gerichte serviert wurden, erzählte Gorbatschow von der Vergangenheit, von seiner Kindheit im Süden des Landes, von der Partei, die in ihrer langen Geschichte so viele Menschenleben gefordert hatte. Er berichtete auch von seiner Zeit als Politfunktionär in Stawropol, von seinem Studium an der Lomonossow-Universität in Moskau und von den Jahren, die er dort mit seiner Frau verbracht hatte. Gegen Ende des 1600 Kilometer langen Fluges kam Raissa Gorbatschowa zu uns.

Nach zwei Stunden Flug über die endlosen Weiten Russlands setzte die Iljuschin auf der Landebahn von Stawropol auf. Am Flughafen, wo einige hundert Menschen Aufstellung genommen hatten, applaudierten und uns Blumensträuße in die Hände drückten, wurden wir von den örtlichen Funktionären begrüßt. Anschließend fuhren wir zum Gefallenen-Ehrenmal, einem gewaltigen Monolith mit den in Stein gemeißelten Gesichtern dreier Rotarmisten. Kriegsveteranen kamen zu uns und appellierten an uns, nunmehr den Frieden zwischen unseren Völkern endgültig zu besiegeln. Gorbatschow wandte sich zu mir um und sagte: »Das ist genau das, was wir damals in Bonn besprochen haben.«

In Stawropol, wo Gorbatschow von 1955 bis 1978 gelebt und gearbeitet hatte – zunächst als Sekretär für Propaganda des Komsomol, später als Erster Gebietssekretär der KPdSU –, zeigte er mir sein ehemaliges Büro, wo er seine Karriere begonnen hatte. Mir war sehr wohl bewusst, was es bedeutete, als erster ausländischer Regierungschef nach Stawropol eingeladen worden zu sein.

Nach kurzem Aufenthalt in der Stadt bestiegen wir zusammen mit den beiden Außenministern einen großen Aeroflot-Hubschrauber und flogen Richtung Kaukasus. Ein paar Minuten später landeten wir mitten auf einem riesengroßen Stoppelacker und wurden von jungen Bauernmädchen begrüßt, die bei der Erntearbeit waren. Sie überreichten uns Brot und Salz als Zeichen der Gastfreundschaft. In der alten ländlichen Tradition seiner kaukasischen Heimat küsste Gorbatschow das Brot, bestreute es mit Salz, brach es und verteilte es. Ich machte drei Kreuze auf den Laib. So hatte es früher meine Mutter getan, als ich noch ein Kind war. Ich erklärte Gorbatschow die Bedeutung dieser symbolischen Handlung.

Wenig später kletterten wir beide auf einen Mähdrescher und fuhren ein Stück mit. Gorbatschow berichtete mir von seinen vergeblichen Mühen, die Effizienz der Landwirtschaft zu erhöhen. Noch immer würden große Teile des Getreides durch unsachgemäße Lagerung oder beim Transport verderben. Dann erzählte ich ihm meine eigene Geschichte, dass ich als Junge davon träumte, einmal Bauer zu werden. Wir bestiegen wieder den Hubschrauber und flogen weiter in den Kaukasus. Als wir in dem kleinen, im Selemtschuk-Tal gelegenen, von dichten Wäldern umgebenen Dorf Archys landeten, wurden wir wiederum herzlich begrüßt wie zuvor in Stawropol. Wir fuhren gemeinsam zu einer versteckten Lichtung, auf der Gorbatschows »Datscha« stand, eine ehemalige staatliche Oberförsterei, an der der Fluss Selemtschuk wie ein Wildwasser vorbeirauscht.

Kaum war ich in meinem Zimmer, ließ Gorbatschow anfragen, ob wir einen Spaziergang machen wollten. Ich zog meine schwarze Strickjacke an, und wenig später gingen wir am Selemtschuk entlang. Die Delegationsmitglieder und Journalisten folgten uns. Nach ein paar Metern blieb Gorbatschow stehen, kletterte die Uferböschung hinunter und reichte mir die Hand, um mir zu bedeuten, ich solle ihm folgen. So standen wir am reißenden Wasser und sprachen über die Tücken des Flusses. Selten habe ich Michail Gorbatschow in einer so gelösten Stimmung erlebt. Wir machten Rast an einer aus Baumstämmen bestehenden Sitzgruppe. Genscher kam hinzu. Keiner von uns hatte Lust, in diesem Augenblick über »große Politik« zu reden, und so plauderten wir über Gott und die Welt. Diese Bilder gingen um die Welt, die Fernsehanstalten berichteten mit Sondersendungen aus dem Kaukasus.

Auch während des Abendessens blieb die Atmosphäre gelöst. Gegen 22 Uhr setzten Gorbatschow und ich uns zu einem kurzen Vier-Augen-Gespräch zusammen, um die für den folgenden Vormittag geplanten Verhandlungen vorzubereiten. Ich sprach noch einmal das Kernproblem an und sagte, dass ich bezüglich der Nato-Mitgliedschaft des vereinten Deutschlands keine Einschränkungen akzeptieren würde. Gorbatschow schwieg wiederum. Es war schon nach Mitternacht, als ich auf den Balkon der Datscha trat, über mir ein wunderschöner Sternenhimmel und vor mir die dunkle Silhouette des Kaukasus. Vieles ging mir durch den Kopf, vor allem aber fragte ich mich, was der morgige Tag wohl bringen würde. Es stand für uns Deutsche so viel auf dem Spiel.

Am nächsten Morgen um zehn Uhr begannen die entscheidenden Gespräche im Konferenzraum der alten Oberförsterei. Die Angehörigen der beiden Delegationen nahmen an einem langen Tisch Platz. Nach einem kurzen Eingangsgeplänkel eröffnete ich die Verhandlungen. Ich knüpfte an das Vier-Augen-Gespräch vom Vorabend an und schlug vor, man solle jetzt schon mit den Arbeiten an unserem großen bilateralen Vertrag beginnen, mit dem wir die Beziehungen zwischen unseren beiden Ländern von Grund auf neu regeln wollten. Als Zielvorstellung empfahl ich, den Vertrag innerhalb eines Jahres fertigzustellen. Gorbatschow stimmte zu und fragte mich, ob ich mit diesem Vertrag tatsächlich eine langfristige Perspektive für die deutsch-sowjetischen Beziehungen eröffnen wolle. Ich bejahte dies und bekräftigte meinen Willen, eine völlig neue Qualität der Beziehungen anzustreben.

Dann kam ich auf das Kernproblem zu sprechen: Hauptziel sei die volle Souveränität ohne jede Einschränkung für das vereinte Deutschland. Hans-Dietrich Genscher ergänzte, die Zwei-plus-Vier-Verhandlungen müssten mit einem Dokument abgeschlossen werden, das die volle Souveränität Deutschlands festschreibe und keine Fragen offenlasse. Zuvor müssten einige Voraussetzungen erfüllt sein, antwortete Gorbatschow, unter anderem die Regelung der mit dem Aufenthalt der sowjetischen Truppen in Deutschland verbundenen Fragen. Darüber müsse ein separater Vertrag abgeschlossen werden. Ich schlug nunmehr vor, dass dieser Vertrag, mit dem auch die Abzugsfristen geregelt werden sollten, bis zum Abschluss der Zwei-plus-Vier-Gespräche unter Dach und Fach sein sollte. Michail Gorbatschow widersprach mir zu meiner Erleichterung nicht.

Genscher sprach das nächste sensible Thema an, als er anmerkte, in dem abschließenden Zwei-plus-Vier-Dokument müsse festgeschrieben werden, dass Deutschland das Recht habe, sich einem Bündnis seiner Wahl anzuschließen. Dies werde natürlich die Nato sein. Gorbatschow stimmte zu, verlangte aber, dass die Nato in dem Abschlussdokument nicht ausdrücklich erwähnt werde. Er brauche Argumente, um der sowjetischen Bevölkerung die Lage zu erklären, und es sei für ihn leichter, in der Sowjetunion Verständnis dafür zu finden, dass das vereinte Deutschland das Recht habe, sein Bündnis zu wählen.

Immer noch nicht geklärt war zu diesem Zeitpunkt die Frage nach dem Geltungsbereich des Atlantischen Bündnisses im vereinten Deutschland. Schewardnadse, der die Vorstellung des Kreml präzisierte, führte aus, dass sich die Nato-Strukturen auch nach einem Abzug der sowjetischen Truppen aus Ostdeutschland nicht auf dieses Gebiet erstrecken dürften. Gorbatschow ergänzte, dass dies insbesondere für Nuklearwaffen der Nato gelten müsse. Eine gesamtdeutsche Bundeswehr dürfe allerdings auf diesem Gebiet stationiert werden, solange die betreffenden Verbände nicht der Nato unterstellt seien. Hans-Dietrich Genscher machte zu Recht darauf aufmerksam, dass diese Einschränkungen mit der vollen Souveränität des wiedervereinten Deutschlands nicht vereinbar seien, was Gorbatschow bestritt. So ging es einige Zeit hin und her, ehe Gorbatschow unserem hartnäckigen Drängen Schritt für Schritt nachgab. Zunächst bejahte er die Frage, ob die sich auf die Beistandspflicht beziehenden Artikel 5 und 6 des Nato-

Vertrags auch für den Osten Deutschlands Gültigkeit hätten, und schließlich stimmte er zu, dass nach dem Abzug der sowjetischen Streitkräfte auch der Nato unterstellte deutsche Truppen auf dem Gebiet der DDR stationiert werden dürften. Damit waren wir in der entscheidenden Frage am Ziel angelangt: Wir hatten Gorbatschow die volle und uneingeschränkte Nato-Mitgliedschaft des vereinten Deutschlands abgerungen!

Auch in der Frage, wann der Abzug der sowjetischen Streitkräfte abgewickelt sein sollte, konnten wir unsere Vorstellungen durchsetzen und uns auf einen Zeitraum von drei bis vier Jahren verständigen. Wir sagten unseren Gesprächspartnern zu, dass wir bei der Beschaffung von Wohnraum für die heimkehrenden sowjetischen Truppen mit Rat und Tat behilflich sein und außerdem mit einem Überleitungsvertrag die Folgen der D-Mark-Einführung in der DDR für die dort stationierten Truppen auffangen würden. Zur Überraschung einiger Teilnehmer der Runde einigten wir uns auch rasch auf eine Obergrenze der Truppenstärke des vereinten Deutschlands von 370 000 Mann. Michail Gorbatschow ging zunächst von 350 000 Mann aus, doch ich lehnte das strikt ab und erklärte, dass die von uns vorgeschlagene Truppenreduzierung bereits den größten Abrüstungsschritt bedeute, den ein moderner Staat jemals durchgeführt habe. Der Generalsekretär schwieg einen Augenblick, dann antwortete er: »Na gut, 370 000.«

Am Ende der über dreistündigen Sitzung fragte Gorbatschow, in welcher Form wir die Ergebnisse unserer Gespräche der Presse mitteilen wollten. Es müsse ja der Eindruck vermieden werden, dass wir über die Köpfe der anderen Zwei-plus-Vier-Teilnehmerstaaten hinweg entschieden hätten, und ebenso gelte es zu vermeiden, dass es heiße, der sowjetische Generalsekretär habe sich die Nato-Mitgliedschaft Gesamtdeutschlands abkaufen lassen. Ich möge diesen Punkt einfach so formulieren, dass Deutschland die volle Souveränität erhalte und über die Bündniszugehörigkeit frei entscheiden werde.

Keine zwei Stunden später fuhren wir durch das Selemtschuk-Tal in Richtung Schelesnowodsk. Hinter uns ließen wir das idyllisch gelegene Archys, in dem wir soeben Weltgeschichte geschrieben hatten. Bald erreichten wir den auf grünen Hügeln gelegenen Kurort. Vor einem Lungensanatorium hielten die Fahrzeuge. Umringt von Hunderten von Schaulustigen, gingen die Delegationen in das Gebäude, in dem die internationale Pressekonferenz stattfand.

Einleitend sagte Gorbatschow, wir hätten intensiv nach Lösungen für Europa und die Welt gesucht; die anwesenden Journalisten sollten sich auf interessante Nachrichten gefasst machen. Damit übergab er das Wort an mich.

Ich erklärte, die zurückliegenden Tage stellten einen neuen Höhepunkt in der Geschichte der deutsch-sowjetischen Beziehungen dar, sowohl hinsichtlich der Dichte der Gespräche in Moskau als auch im Flugzeug und in der Heimat des Präsidenten:

»Ich habe diese Einladung in seine Heimat als eine ganz besondere Geste verstanden […] Unsere Gespräche waren von größter Offenheit und gegenseitigem Verständnis und auch von persönlicher Sympathie geprägt. Mit dazu beigetragen hat das Umfeld, das wir vorgefunden haben, die herzlichen Begegnungen mit den Menschen.«

Die Bedeutung unseres Zusammentreffens liege jedoch in den Ergebnissen, und die ließen sich in acht zentrale Punkte fassen:

Erstens: Die Einigung Deutschlands umfasst die Bundesrepublik Deutschland, die DDR und ganz Berlin.

Zweitens: Wenn die Einigung vollzogen wird, werden die Vier-Mächte-Rechte und -Verantwortlichkeiten vollständig beendet. Damit erhält das geeinte Deutschland zum Zeitpunkt seiner Vereinigung die volle und uneingeschränkte Souveränität.

Drittens: Das vereinte Deutschland kann in Ausübung seiner uneingeschränkten Souveränität und in Übereinstimmung mit der KSZE-Schlussakte frei und selbst entscheiden, ob es einem Bündnis und welchem Bündnis es angehören will. Auffassung der Regierung der Bundesrepublik Deutschland sei es, dass das geeinte Deutschland Mitglied des Atlantischen Bündnisses sein möchte, erklärte ich und fügte an, ich sei sicher, dass dies auch der Ansicht der Regierung der DDR entspreche.

Viertens: Das geeinte Deutschland schließt mit der Sowjetunion einen bilateralen Vertrag über den Truppenabzug aus der DDR, der innerhalb von drei bis vier Jahren beendet sein soll. Gleichzeitig soll mit der Sowjetunion ein Überleitungsvertrag geschlossen werden, der für denselben Zeitraum die Auswirkung der Einführung der D-Mark in der DDR zum Gegenstand hat.

Fünftens: Solange sowjetische Truppen auf dem Territorium der DDR stationiert sind, werden die Nato-Strukturen nicht auf diesen Teil Deutschlands ausgedehnt. Die sofortige Anwendung von Artikel 5 und 6 des Nato-Vertrags bleibt davon von Anfang an unberührt.

Sechstens: Nicht-integrierte Verbände der Bundeswehr, also Verbände, die allein der territorialen Verteidigung dienen, können sofort nach der Einigung Deutschlands auf dem Gebiet der heutigen DDR und in Berlin statio-

niert werden. Für die Dauer der Präsenz sowjetischer Truppen auf DDR-Territorium sollen nach unserer Vorstellung die Truppen der drei Westmächte in Berlin verbleiben. Die Bundesregierung wird die drei Westmächte darum ersuchen und die Stationierung mit den jeweiligen Regierungen vertraglich regeln.
Siebtens: Die Bundesregierung erklärt sich bereit, noch in den laufenden Wiener Verhandlungen eine Verpflichtungserklärung abzugeben, die Streitkräfte eines geeinten Deutschlands innerhalb von drei bis vier Jahren auf eine Personalstärke von 370 000 Mann zu reduzieren. Die Reduzierung soll mit dem Inkrafttreten des ersten Wiener Abkommens beginnen.
Achtens: Ein geeintes Deutschland wird auf Herstellung, Besitz und Verfügung über ABC-Waffen verzichten und Mitglied des Nichtweiterverbreitungsvertrags bleiben.

Die Sensation war perfekt, wie das Raunen der Journalisten zeigte. Gorbatschow unterstrich die Bedeutung, die die zahlreichen Gipfeltreffen der vergangenen Monate für das jetzt erreichte Ergebnis hatten, und hob dabei besonders den Nato-Gipfel hervor, der ein historischer Wendepunkt gewesen sei und ohne den wir nicht das erreicht hätten, worüber ich soeben berichtet hätte. Zusammenfassend erklärte Gorbatschow, das Erreichte spiegle die Interessen beider Seiten und beider Völker wider. Er sprach von der Politik als der Kunst des Möglichen. Wer Widersprüche suche, werde sie auch finden, aber die Sowjetunion könne dem deutschen Volk nicht bestreiten, was sie anderen zubillige. Nach über einer Stunde beendete Michail Gorbatschow die Pressekonferenz mit den Worten: »Der Kanzler hat mich nach Deutschland in seine Heimat eingeladen. Ich werde diese Einladung annehmen.«

Durch eine Seitentür verließen wir das Gebäude, traten noch vor die Fernsehkameras und fuhren dann zum Flugplatz von Mineralnyje Wody. Raissa und Michail Gorbatschow und Eduard Schewardnadse begleiteten uns noch zur Gangway. Wir waren schon ein gutes Stück geflogen, als ich ins Heck der Maschine ging, um mit den Journalisten mit einem Schluck Sekt auf einen Verhandlungserfolg anzustoßen, von dem noch ein halbes Jahr zuvor niemand zu träumen gewagt hätte. An Bord herrschte große Freude, aber keine Triumphstimmung. Es war, als würde der enorme Erfolg uns allen noch nachträglich den Atem rauben.

Wenn jetzt tatsächlich eine geschichtliche Stunde geschlagen hatte, dann war das nicht zuletzt Frucht einer großen gemeinsamen Anstrengung, an der Außenminister Hans-Dietrich Genscher wesentlichen Anteil hatte. Das galt genauso für Theo Waigel. Er war in jenen Wochen nicht nur bei der Währungs-, Wirtschafts- und Sozialunion gefordert, sondern musste sich – um nur noch ein Beispiel zu nennen – auch um die äußerst schwierigen Fragen einer finanziellen Regelung für die Rückkehr der sowjetischen Truppen aus der DDR in ihre Heimat kümmern. Er hat in all diesen Fragen mit großem Verhandlungsgeschick die Interessen unseres Landes vertreten. Aber natürlich gehörte auch Fortüne dazu. Und die hatten wir weiß Gott.

Dank intensiver, vertrauensvoller Gespräche und Konsultationen auf allen Ebenen war ein Durchbruch auf dem Weg nun auch zur Regelung der äußeren Aspekte der deutschen Einheit gelungen, und die Konturen der künftigen europäischen Architektur waren klar zu erkennen. Entscheidend dazu beigetragen hatte, dass wir Deutschen unseren Weg zur Einheit im klaren Bewusstsein unserer nationalen und europäischen Pflicht gingen. Deutsche Politik war nicht gegen, sondern nur mit unseren Partnern und Nachbarn vorstellbar und erfolgversprechend. Daher die von Anfang an engste Abstimmung im Rahmen von EG und Nato. Daher die klare Absage an einen nationalen Alleingang oder einen deutschen Sonderweg. Daher das uneingeschränkte Ja zum festen Bündnis mit den freiheitlichen Demokratien Europas und Nordamerikas und zur europäischen Integration.

Wir hatten allen Grund, dankbar zu sein: den Menschen in unserem Vaterland, den drei Verbündeten – insbesondere unseren amerikanischen Freunden, allen voran Präsident Bush –, der EG-Kommission unter ihrem Präsidenten Jacques Delors, Präsident Gorbatschow für seine Weitsicht und seinen Realitätssinn und unseren Verbündeten und Nachbarn in West und Ost, die uns Verständnis und Vertrauen entgegenbrachten.

Es war Michail Gorbatschow persönlich, assistiert von Eduard Schewardnadse, der die großen Entscheidungen getroffen hatte. Während ich in nur zwei Punkten von meiner Maximalforderung abgegangen war, die beide den Sonderstatus für das DDR-Gebiet betrafen, und versprochen hatte, dort weder ausländische Streitkräfte noch Nuklearwaffen zu stationieren, hatte Gorbatschow zahlreiche Positionen geräumt:

- Statt einer Doppelmitgliedschaft Deutschlands in beiden Bündnissen hatte er sich mit der Nato-Mitgliedschaft einverstanden erklärt.
- Statt einer mehrjährigen Übergangsperiode stimmte Gorbatschow nun der Aufgabe der Vier-Mächte-Rechte zum Zeitpunkt der Ratifizierung des Zwei-plus-Vier-Vertrags zu.
- Statt auf einem Abzug auch der westlichen Streitkräfte von deutschem Territorium zu bestehen, fügte sich Gorbatschow in den einseitigen Abzug der sowjetischen Streitkräfte.

- Statt einer fünf- bis siebenjährigen Übergangszeit bis zum Abzug der sowjetischen Streitkräfte versprach er einen Abzug in nur drei bis vier Jahren.
- Statt einer dauerhaften Ausklammerung des DDR-Territoriums aus den Nato-Strukturen gestand Gorbatschow nun die Nato-Integration ganz Deutschlands in drei bis vier Jahren zu.
- Statt auf einer Demilitarisierung des DDR-Territoriums zu beharren, ermöglichte er den sofortigen Einzug nationaler deutscher Streitkräfte auf DDR-Gebiet nach der Wiedervereinigung.
- Statt eine Obergrenze für die deutschen Streitkräfte von 300 000 Soldaten oder weniger einzuziehen, konnte die Bundeswehr 370 000 Soldaten behalten.
- Statt eines Abzugs der ausländischen Streitkräfte aus Berlin innerhalb von sechs Monaten nach der Wiedervereinigung ließ Gorbatschow es zu, dass diese Streitkräfte erst im Laufe von drei bis vier Jahren, parallel zum Abzug sowjetischer Truppen vom DDR-Territorium, abgezogen würden.

Dass dieses große Entgegenkommen in der Sowjetunion nicht uneingeschränkte Zustimmung erfuhr, lag auf der Hand. Trotz der finanziellen Unterstützungsmaßnahmen unsererseits blieb das Verhandlungsergebnis für die Moskauer Hardliner unbefriedigend. Entsprechend fiel auch die Kritik in weiten Kreisen des Parteiapparats aus, von der wir damals nur eine leise Ahnung hatten. Heute wissen wir, dass selbst Reformbefürworter mit Unverständnis bis Empörung reagierten. Das Ergebnis meines Besuchs widersprach zutiefst jener politischen Linie, wie sie im Politbüro und im Verteidigungsministerium verfochten wurde. Gleiches galt für die Internationale Abteilung des Zentralkomitees. Hinter verschlossenen Türen sprachen Deutschlandexperten in Moskau von »politischem Masochismus« und von einem »Sommerschlussverkauf«. Leichtfertig und viel zu schnell habe Gorbatschow die deutschlandpolitischen Grundpositionen aufgegeben, die seit Jahrzehnten die sowjetische Deutschlandpolitik geleitet hätten. Man hätte die Entscheidungen nicht ohne vorherige Beratung mit der DDR, dem alten Verbündeten, und vor allem nicht in deren Abwesenheit fällen dürfen. Vernichtender konnte die Kritik nicht sein. Umso mehr müssen wir dankbar sein, dass Michail Gorbatschow dieses Risiko einging. Natürlich tat er das nicht ohne Hintergedanken, denn schließlich wollte er seine Perestroika mit unserer Hilfe und Gegenleistung stabilisieren.

Die Stimmung in Bonn war geradezu euphorisch. Die bundesdeutsche Presse war so positiv wie noch nie. Erstmals spendeten Journalisten im überfüllten Saal der Bundespressekonferenz Beifall und klopften mit ihren Bleistiften auf die Schreibtische. Der Verleger Rudolf Augstein schrieb im *Spiegel:* »Den Staatsmann Kohl wird man nicht mehr von der politischen Landkarte tilgen können.« Und die *Bild*-Zeitung titelte: »Die Welt staunt über Kohl – Adenauer und Brandt übertroffen«. Auch die ausländische Presse ging ausnehmend freundlich mit mir um. Nichts war mehr zu lesen von den alten Verdächtigungen und Zweifeln gegenüber den Deutschen. Die französische Tageszeitung *Le Monde* bescheinigte mir »einen Triumph der Kühnheit«, die Londoner *Times* schrieb vom »größten Bravourstück seiner Laufbahn« und der Wiener *Kurier* stellte fest: »Mit professioneller Präzision und einem unglaublichen Gespür für das Machbare hat Kohl die Zusammenführung im Eilzugtempo durchgezogen.«

Hunderte von Glückwunschtelegrammen trafen im Kanzleramt ein. Der amerikanische Präsident gratulierte mir zu meiner »hervorragenden Führungsrolle« und erklärte, er sei stolz auf die Leistung seines Freundes Helmut Kohl. Die Regierungschefs Europas standen dem nicht nach. Selbst die britische Premierministerin ließ es sich nicht nehmen, mir ihre Glückwünsche zu übermitteln: Die Zustimmung Gorbatschows zur Nato-Mitgliedschaft Gesamtdeutschlands sei ein gewaltiger Schritt nach vorn.

In ausführlichen Briefen unterrichtete ich François Mitterrand, Margaret Thatcher und Giulio Andreotti über die Gesprächsergebnisse in der Sowjetunion. Das Schreiben an François Mitterrand schloss ich mit den Worten:

> »Zu großem Dank verpflichtet sind wir allen unseren Verbündeten, die mit der zukunftsweisenden Londoner Erklärung den Grundstein für die Einbettung des vereinten Deutschlands ins westliche Bündnis gelegt haben, sowie allen Partnern im KSZE-Prozess, die auf dem bevorstehenden Pariser Gipfeltreffen den Bau der gerechten und dauerhaften europäischen Friedensordnung vorantreiben werden.
> Diesen Dank möchte ich Ihnen, lieber François, auch ganz persönlich aussprechen. Mit herzlichen Grüßen Ihr Helmut Kohl.«

Hans-Dietrich Genscher nutzte die Gelegenheit des dritten Außenministertreffens im Rahmen der Zwei-plus-Vier-Gespräche in Paris, an dem zeitweise auch der polnische Außenminister teilnahm, um seine drei westlichen Kollegen über die Ergebnisse von Moskau und Archys zu informieren. Alle Teilnehmer des Treffens gingen davon aus, dass die Kernfragen nunmehr gelöst waren, so dass die Gespräche am 12. September in Moskau abgeschlossen werden könnten – das wäre deutlich vor dem KSZE-Gipfel im November in Paris. Ich war zuversichtlich, dass bis dahin das abschließende Dokument unterzeichnet werden könnte, das die deutsche Vereinigung und die volle Souveränität für das vereinigte Deutschland ermöglichte.

25.
Die inneren Aspekte der deutschen Einheit – Der Einigungsvertrag und der gesamtdeutsche Wahltermin

Wenige Tage nach meiner Rückkehr aus dem Kaukasus fuhr ich Ende Juli für vier Wochen in den Urlaub nach St. Gilgen. Ich tat dies in dem Bewusstsein, dass bei allem, was noch zu tun war, die Dinge auf gutem Wege zu sein schienen. Bei den äußeren Aspekten hatten wir in Gorbatschows Heimat mit der Frage der Bündniszugehörigkeit eines vereinten Deutschlands die schwierigste, noch offene Hürde für einen erfolgreichen Abschluss der Zwei-plus-Vier-Gespräche genommen. Und bezüglich der noch offenen Fragen, die die inneren Aspekte der Einheit betrafen, herrschte zwischen Bonn und Ost-Berlin in wichtigen Fragen inzwischen Einvernehmen. Wir waren uns einig, dass die ersten gesamtdeutschen Wahlen am 2. Dezember 1990 stattfinden sollten, dass die DDR nach Artikel 23 des Grundgesetzes beitreten sollte und dass – statt eines Überleitungsgesetzes nach dem Beitritt – vor dem Beitritt ein Einigungsvertrag zwischen uns und der DDR ausgehandelt werden sollte, in dem die komplizierten Fragen der Rechtsüberleitung geregelt würden. Offen war die Frage des Beitrittsdatums. In Bonn gingen wir davon aus, dass dieser mit dem Termin für die gesamtdeutschen Wahlen zusammenfallen würde.

Insoweit hoffte ich, nach strapaziösen Wochen und Monaten bei Bergtouren und Bootspartien ein wenig Entspannung finden zu können. Doch wie schon im Vorjahr, wurde auch dieses Mal nichts Rechtes daraus, denn immer neue Probleme erforderten mein Eingreifen. In der Diskussion über die inneren Aspekte auf dem Weg zur Einheit war durch die Vielzahl von Akteuren und Interessenlagen eine Dynamik in Gang gekommen, die mit einer gewissen Zwangsläufigkeit ihren eigenen Gesetzen folgte und bei der wir mitunter quasi nur ausführendes Organ einer Entwicklung waren, die bestimmte Entscheidungen notwendig machte, die gleichwohl gestaltet werden mussten. Der Prozess drohte immer wieder, aus dem Ruder zu laufen. Die Verhandlungen mit der DDR-Regierung, aber auch den westdeutschen Bundesländern und der SPD waren in jeder Phase eine ziemlich komplizierte und aufreibende Sache. Immer wieder mussten immer schneller immer neue Entscheidungen getroffen werden. Schon die Wochen vor meinem Urlaub waren entsprechend aufreibend gewesen.

Eine solche Entscheidung betraf die ersten gesamtdeutschen Wahlen. Der Wahltermin war eine Fragestellung von zentraler Bedeutung und untrennbar mit der Entscheidung des Beitritts verknüpft. Nach den verfassungsrechtlichen Vorgaben musste die Wahl zum Bundestag zwischen dem 19. November 1990 und dem 19. Januar 1991 stattfinden. Die Frage war, ob die Wahlen zum Deutschen Bundestag sich auf Westdeutschland beschränken würden oder ob es gelingen würde, noch in der aktuellen Wahlperiode gesamtdeutsche Wahlen durchzuführen. Darüber mussten wir uns sowohl in der Bundesrepublik als auch mit der DDR verständigen. Und dies hing eben auch davon ab, wann die DDR beitreten wollte.

Ich strebte ein frühes Datum für die ersten gesamtdeutschen Wahlen an und war dabei immer auch davon ausgegangen, dass die Menschen bei dieser Wahl zugleich über den Beitritt abstimmen sollten. Einen frühen Wahltermin strebte ich auch deshalb an, weil ich mir zunehmend Sorgen um das innenpolitische Klima machte. Immer mehr Bedenkenträger und Miesmacher meldeten sich in der Frage der deutschen Einheit zu Wort und schürten die Ängste der Menschen in beiden Teilen Deutschlands, und auch die Opposition ließ mit ihrer entsprechenden Kampagne nicht nach. In dieser Lage konnten nur gesamtdeutsche Bundestagswahlen Klarheit bringen. Wir brauchten so rasch wie möglich eine Abstimmung des deutschen Volkes über die Wiedervereinigung.

Von diesen Überlegungen ließ ich mich bei der Diskussion über die Modalitäten des Beitritts und die Termine leiten. Das Entscheidende für mich war: Wir bekommen die Wiedervereinigung noch im Jahr 1990. Doch noch waren wir nicht soweit. Vorerst bestimmten heftige Auseinandersetzungen um den Wahltermin die Debatte, und das war wirklich alles andere als ein Vergnügen. Am 15. Mai hatten wir in der Bonner Koalitionsrunde von CDU, CSU und FDP beschlossen, spätestens bis zum 13. Januar 1991 gesamtdeutsche Wahlen durchzuführen. Damit hatten sich die Regierungsparteien schon sehr früh dafür entschieden, die Einheit noch in der laufenden Legislaturperiode des Bundestages vollziehen zu wollen. Länger mit der gesamtdeutschen Bundestagswahl zu warten, wäre aus den genannten Gründen politisch ganz falsch gewesen.

Doch der DDR-Ministerpräsident de Maizière sah das völlig anders. Lothar de Maizières Reaktion auf die Bonner Koalitionsentscheidung bestand darin, dass er erklärte, Neuwahlen seien für seine Regierung im Moment kein Thema. Die DDR-Regierung war zu diesem Zeitpunkt noch nicht soweit, gesamtdeutsche Wahlen in den Jahren 1990/1991 abhalten zu lassen.

In der Bundesrepublik begann unterdessen – insbesondere auch innerhalb der CDU/CSU – eine emotional geführte Debatte, in der das rasche Tempo der Entwicklung in Frage gestellt wurde. Viele meinten, zum jetzigen Zeitpunkt gesamtdeutsche Wahlen abzuhalten, wäre ein schwerer Fehler. Es gab Stimmen in den eigenen Reihen, die das für außerordentlich riskant hielten. Aus Umständen wie jenen, dass beispielsweise Sachsen früher meist rot gewählt habe und die meisten Wähler in der DDR protestantisch seien, lasen viele in den Unionsparteien bereits den Machtverlust und ein Ende unserer Regierungsverantwortung heraus. Diese Befürchtungen nahmen noch zu, als sich herausstellte, dass viele Menschen in der DDR keinerlei religiöse Bindung mehr hatten. Bis in die Bundestagsfraktion hinein gab es Hinweise auf den britischen Premierminister Winston Churchill, der einst den Krieg gewonnen und hinterher die Wahlen verloren habe. Auch wenn ich mir natürlich durchaus Hoffnungen auf einen Sieg der Bonner Regierungsparteien machte, war dies nicht meine erste Sorge. Sie galt eher dem erfolgreichen Abschluss des Einigungsprozesses mit Beitritt und gesamtdeutschen Wahlen. Insoweit hielt ich alle diese Bedenken für unerheblich.

Während es den einen zu schnell ging, konnte es den anderen nicht schnell genug gehen. Bezeichnend dafür war der 17. Juni. Beide Parlamente begingen im Konzerthaus am Gendarmenmarkt feierlich den »Tag der deutschen Einheit« in Erinnerung an den Aufstand in der DDR im Jahre 1953. Im Anschluss daran stellte die DSU-Fraktion den Antrag auf einen sofortigen Beitritt der DDR zum Geltungsbereich des Bonner Grundgesetzes. Das war ein sehr verständlicher Wunsch, aber politisch einfach nicht praktikabel. Natürlich waren wir alle für die Wiedervereinigung. Doch so, wie es sich Teile der Ost-Berliner Parlamentarier vorstellten, funktionierte der rasche Beitritt eben nicht. Erst mussten die Zwei-plus-Vier-Verhandlungen erfolgreich abgeschlossen sein, ebenso der KSZE-Prozess, und genauso wichtig war der Abschluss des deutsch-

deutschen Einigungsvertrags, mit dem wir Mitte Juni noch nicht einmal ins Verhandlungsstadium eingetreten waren. Der Einigungsvertrag war zwar keine zwingende Bedingung für den Beitritt, aber aus unserer Sicht durchaus wünschenswert.

Lothar de Maizière hatte alle Hände voll zu tun, die einzelnen Fraktionen davon zu überzeugen, dass das Tempo nicht noch mehr beschleunigt werden konnte. Es ist seinem klugen Verhandlungsgeschick zu verdanken, dass es ihm gelang, das Durcheinander in Grenzen zu halten und die Abgeordneten von einem geregelten Prozedere zu überzeugen. So wurde auch der Antrag der DSU zunächst einmal in die Ausschüsse überwiesen.

Ein Element in diesem ebenso komplizierten wie komplexen Prozess zur Regelung der inneren Aspekte war die Bildung des Kabinettsausschusses Deutsche Einheit vom 7. Februar 1990. In diesem Gremium mit seinen verschiedenen Arbeitsgruppen wurden die Währungsunion wie auch der Einigungsvertrag vorbereitet. Während wir die Währungsunion im Februar in Verbindung mit unserem entsprechenden Angebot an die DDR als solche hatten benennen können, hatten wir für die Fragen, die später im Einigungsvertrag geregelt wurden, zunächst eine Arbeitsgruppe »Staatsstrukturen und öffentliche Ordnung« unter Federführung von Bundesinnenminister Wolfgang Schäuble eingerichtet. Wir konnten ja nicht einfach sagen, dass es einen Vertrag geben würde. Das war eine Sache, die nach Artikel 23 des Grundgesetzes die DDR initiieren oder jedenfalls anregen musste, und das war erst nach den Wahlen am 18. März mit einer demokratisch legitimierten Regierung der DDR möglich.

Schon Ende Juni hatte der Kabinettsausschuss Deutsche Einheit Einvernehmen darüber erzielt, dass die Rechtsüberleitung im Zusammenhang mit dem Beitritt der DDR in einem

Staatsvertrag vereinbart werden sollte; die Zuständigkeit des Bundesinnenministeriums wurde bestätigt. Wolfgang Schäuble hatte zu diesem Zeitpunkt bereits einen Schubladenentwurf – er sprach von »Diskussionselementen« – bereitliegen. Schon ab Januar 1990 hatte er sich Gedanken gemacht, wie so etwas auszusehen hatte und was alles geregelt werden musste. Der Saar-Beitritt der fünfziger Jahre ließ sich mit der jetzigen Aufgabe nicht vergleichen und war kein passendes Modell dafür. Es war die Idee des Bundesinnenministers, in einem Vertrag die Bedingungen für die staatliche Einheit zu verhandeln, statt all die komplizierten rechtlichen Fragen, die sich aus dem Beitritt der DDR zum Geltungsbereich des Grundgesetzes ergaben, nach dem Beitritt im Rahmen eines Überleitungsgesetzes zu regeln, was ebenfalls ein gangbarer Weg gewesen wäre.

Schäubles Entwurf war schon deshalb eine gute Idee, weil er den Menschen in der DDR ein hohes Maß an Sicherheit gab. Damit gaben wir der DDR-Regierung Gelegenheit, die Vorstellungen unserer Landsleute in der DDR einzubringen, wie die rechtlichen Bedingungen ausgestaltet werden sollten. Ein Überleitungsgesetz nach dem Beitritt hätte zudem sehr viel Zeit gekostet und die Unsicherheit unter den Menschen im östlichen Teil unseres Vaterlands nur noch vergrößert. Nach Abwägung aller Vor- und Nachteile gab es deshalb keine Alternative zu einem zweiten Staatsvertrag.

Innerhalb der Bundesregierung entwickelten wir – informell und vertraulich – bis Ende Mai 1990 eine Abstimmung der Ressorts über die Grundstrukturen eines Einigungsvertrags. Da es in dieser Phase eine zusätzliche Abstimmung mit den Bundesländern zu vermeiden galt, die nur zu höchst komplizierten Verhandlungen und erheblichen Verzögerungen geführt hätte, mussten wir auf einen offenen Meinungsaustausch verzichten. Da die Initiative zu einem solchen Vertrag von der

DDR ausgehen musste, kam Wolfgang Schäuble zur rechten Zeit auf die richtige Idee, Günther Krause, dem Parlamentarischen Staatssekretär beim DDR-Ministerpräsidenten und auch Leiter der DDR-Delegation, die den Staatsvertrag über die Währungs-, Wirtschafts- und Sozialunion mit der Bundesrepublik verhandelt hatte, am Rande des Bonner Kanzlerfests im Sommer 1990 das vertrauliche Papier mit Elementen für eine vertragliche Regelung, den späteren Einigungsvertrag, in die Hand zu drücken. Um die Verhandlungen in Gang zu setzen, musste ein offizielles Papier formuliert werden, auf dessen Grundlage Gespräche möglich waren. Als dann der Prozess offiziell in Gang gebracht worden war, schickte der Bundesinnenminister den Schubladenentwurf auch an die elf Bundesländer und übergab ihn den Bundestagsfraktionen.

Am 6. Juli eröffnete Lothar de Maizière in seinem Ost-Berliner Amtsgebäude die erste Verhandlungsrunde. Der Ministerpräsident umriss in seiner Eröffnungsansprache die Vorstellungen seiner Regierung von einem zweiten Staatsvertrag, den er »Einigungsvertrag« genannt wissen wollte. Er strebe einen Vertrag zwischen zwei gleichberechtigten Partnern an, von denen einer untergehen werde. Deshalb seien die Interessen der Menschen dieses Partnerstaats zu sichern. Dazu gehöre auch, dass die beim ersten Staatsvertrag noch offen gebliebenen Vermögens- und Eigentumsfragen, deren Eckwerte in einer Gemeinsamen Erklärung beider deutschen Regierungen festgehalten worden seien, juristisch festgeschrieben werden müssten.

Wolfgang Schäuble verwies darauf, dass bei den bevorstehenden Vertragsverhandlungen die Belange der Parlamente tangiert sein würden. Für die zu erwartenden Änderungen des Grundgesetzes sei eine Zweidrittelmehrheit in den Parlamenten notwendig. Er appellierte zugleich an den Kooperationsgeist, denn schließlich gehe es um ein gemeinsames Ziel, das da hieß: deutsche Einheit.

De Maizière, der meine Vorstellung, bis zu welchem Datum die Wiedervereinigung vollzogen sein sollte, nicht teilte, plädierte dafür, zunächst getrennte Wahlen zum gemeinsamen Bundestag abzuhalten und erst danach mit der DDR dem Geltungsbereich des Grundgesetzes beizutreten. Er begründete seinen Vorschlag mit organisatorischen Schwierigkeiten. Außerdem wies de Maizière darauf hin, dass sich die Fünfprozentklausel des westdeutschen Wahlgesetzes nicht einfach auf die Verhältnisse in der DDR mit ihrer Vielzahl kleiner Parteien übertragen lasse, wenn man nicht wolle, dass ein hoher Prozentsatz der ostdeutschen Wähler – bei Zugrundelegung der Ergebnisse der Volkskammerwahlen wären dies etwa 30 Prozent – in einem gesamtdeutschen Bundestag nicht vertreten wäre. Das von de Maizière vorgeschlagene Verfahren hätte eine Verzögerung der deutschen Einheit bedeutet. Daher erwiderte Wolfgang Schäuble dem Ministerpräsidenten, dass er die umgekehrte Reihenfolge – erst Beitrittserklärung der Volkskammer, dann gemeinsame Wahlen – für den besseren Weg halte, weil er der schnellere sei.

Offenbar von dem Willen beseelt, die deutsche Einheit für jedermann sichtbar als Bruch auch mit der bundesrepublikanischen Kontinuität festzuschreiben, schlug de Maizière zudem vor, das vereinte Deutschland »Deutsche Bundesrepublik« oder »Bund Deutscher Länder« zu nennen und überdies das von Hoffmann von Fallersleben gedichtete »Einigkeit und Recht und Freiheit« durch den Wortlaut der von Johannes R. Becher getexteten DDR-Nationalhymne »Auferstanden aus Ruinen« zu ergänzen.

Ich war empört, als ich davon hörte, machte aber meinem Ärger keine Luft, denn natürlich war mir klar, dass die Verhandlungen über den Einigungsvertrag mehr als schwierig sein würden. Ich setzte dabei ganz auf Wolfgang Schäuble. Er war der beste Mann für diese Aufgabe, und zudem hatte er inzwischen ein gutes Verhältnis zum Ministerpräsidenten der DDR aufgebaut und verstand sich ausgezeichnet mit Günther Krause. Dies würde die vielfachen Probleme zwar nicht gleich lösen, aber möglicherweise den Weg zu ihrer Lösung etwas vereinfachen. Es galt, der DDR zu vermitteln, dass wir bereit waren, ihre Vorstellungen einfließen zu lassen, aber zugleich die Grenzen des Machbaren aufzuzeigen. Schließlich trat die DDR der Bundesrepublik bei und nicht umgekehrt. Dazu gehörte für mich auch, dass unser Grundgesetz, das sich 40 Jahre lang bewährt hatte, nur insoweit geändert werden durfte, wie sich dies aus dem Beitritt zwingend ergab.

Manchmal schien es mir, als wäre de Maizière ein wenig beleidigt, weil ich nicht selbst die Verhandlungsführung auf westdeutscher Seite übernommen hatte, mit ihm als Gegenpart auf der anderen Seite, sondern Schäuble alle Verhandlungsvollmachten besaß. Doch strategisch war es mitunter gar nicht schlecht, wenn er in schwierigen Situationen darauf verweisen konnte, erst mit mir Rücksprache nehmen zu müssen. Diese Strategie übernahm bald auch die DDR-Seite: Immer häufiger kam Günther Krause mit dem Argument, Lothar de Maizière einbeziehen zu müssen. Das war auch ganz in Ordnung so.

Während die beiden Delegationen am Einigungsvertrag arbeiteten, rückte die Regierung de Maizière vor der für Anfang August verabredeten zweiten Verhandlungsrunde doch noch von der Idee ab, getrennte Wahlen zum künftigen gesamtdeutschen Parlament abhalten zu wollen. Nicht zuletzt die Ergebnisse meiner Reise in den Kaukasus hatten offenbar den Druck auf de Maizière verstärkt, der befürchtete, die Dinge könnten ihm aus der Hand genommen werden. Am 22. Juli fand in der Volkskammer ein Antrag eine Mehrheit, mit dem die Bundesrepublik aufgefordert wurde, ein gemeinsames Wahlrecht auszuarbeiten.

In Bonn wurde der Vorschlag sofort aufgegriffen, doch die Umsetzung dieses Vorhabens geriet zum Kraftakt: An der im westdeutschen Wahlgesetz verankerten Fünfprozentklausel schieden sich die Geister. Während die FDP, die gemeinhin immer dann besonders gut abschneidet, wenn sie im Vorfeld von Wahlen an der Fünfprozenthürde vermeintlich zu scheitern droht, und die SPD gemeinsam für die Klausel stritten, traten CDU, CSU und Grüne mit Blick auf ihre teils schwachen östlichen Partner für eine Abschaffung der Klausel ein. Damit fanden sie die Zustimmung der SED-Nachfolgepartei PDS, die fürchten musste, bei gesamtdeutschen Wahlen an dieser Hürde zu scheitern. Schließlich einigte man sich auf eine Regelung, die zwar die Fünfprozentklausel festschrieb, zugleich aber für diese erste Wahl Listenverbindungen zwischen Parteien und politischen Gruppierungen zuließ. Diese Lösung war jedoch nicht von langer Dauer, denn Ende September gab das Bundesverfassungsgericht einer Organklage von Grünen, »Republikanern« und Linker Liste/PDS statt. Wegen »mangelnder Chancengleichheit« entschieden die Richter, dass die Fünfprozentklausel jeweils separat in den beiden Teilen Deutschlands angewandt werden müsse. Wer also auf dem Gebiet der DDR bei den ersten gesamtdeutschen Wahlen mehr als fünf Prozent der Stimmen erreichte, würde im Parlament des vereinten Deutschlands vertreten sein.

Schon nach der ersten Verhandlungsrunde hatte sich niemand mehr der Illusion hingegeben, dass beim Einigungsvertrag ein schnelles Einvernehmen zu erzielen sei. Zu groß waren die Meinungsunterschiede zwischen den beiden Delegationen, aber auch innerhalb der Delegationen selbst. Zu viele Einzelinteressen und jede Menge Taktik bestimmten die Gespräche, besonders mit Blick auf die Dezember-Wahl. Zu den umstrittensten Punkten gehörten die Hauptstadtfrage, die Rechtsangleichung, die künftige Finanzverfassung und vor allem die Eigentumsproblematik, aber auch der Umgang mit den Stasi-Akten und die Strafbarkeit des Schwangerschaftsabbruchs. Auf alle diese Fragen mussten schnell Antworten gefunden werden.

Was die künftige Hauptstadt des vereinten Deutschlands anging, so forderte die DDR-Delegation eine Festlegung auf Berlin, ohne die es keinen Einigungsvertrag geben werde. Ich hatte große Sympathien für diese Überlegung, war jedoch der Meinung, dass die ohnehin schwierigen Verhandlungen nicht auch noch mit dieser Frage belastet werden dürften, zumal parteiübergreifend eine große Zahl von Bundestagsabgeordneten und die Länder gegen Berlin als Parlaments- und Regierungssitz waren. Als Ausweg bot sich an, die Entscheidung dem gesamtdeutschen Parlament zu überlassen, und immerhin gelang es Wolfgang Schäuble, diesen Gedanken bei den Gesprächen über den Einigungsvertrag einzubringen.

Ich hatte mir vorgenommen, im Bundestag zu gegebener Zeit meinen Standpunkt zu Berlin noch einmal deutlich zu machen. Jahrzehntelang hatten wir uns ohne Wenn und Aber zu Berlin als deutscher Hauptstadt bekannt, nicht zuletzt weil der von Mauer und Stacheldraht umgebene freie Teil der Stadt eine Perspektive brauchte, wollte er unter den Bedingungen der Teilung überleben – und diese Perspektive konnte nur darin bestehen, eines Tages wieder Hauptstadt eines in Frieden und Freiheit wiedervereinigten Deutschlands zu sein. Selbstverständlich war das auch die Position eines Kurt Schumacher, eines Ernst Reuter, eines Willy Brandt gewesen.

Seit Beginn der achtziger Jahre jedoch war in der SPD die Vorstellung verbreitet, dass Berlins Rolle als »Hauptstadt der Nation« auf »nationalsozialistischem Gedankengut« gründe und deshalb hinderlich sei bei der Suche nach einer zukunftsorientierten Rolle der westlichen Teilstadt. Ihren Höhe- und gleichzeitig Endpunkt fanden diese Überlegungen in der Vorstellung von Walter Momper, dem letzten Regierenden Bürgermeister vor der Wiedervereinigung, der forderte, West-Berlin solle die »Stadt der Phantasie, die Hauptstadt der Kreativität und der Selbstverwirklichung« werden, während die SED den Ostteil der Stadt entgegen den Vereinbarungen des Vier-Mächte-Abkommens als »Hauptstadt der DDR« beanspruchte.

Beide Verhandlungsdelegationen einigten sich während der zweiten Runde vom 1. bis 3. August auf eine Kompromissformel, wonach Berlin die künftige Hauptstadt eines vereinten Deutschlands sein sollte, jedoch die Beantwortung der Frage, ob es auch Sitz von Parlament und Regierung sein werde, auf die Zeit nach der Wiedervereinigung verschoben wurde. Überraschend kam es auch zu einer Einigung in der schwierigen Frage der Übertragung der westdeutschen Rechtsordnung. Die DDR-Abordnung hatte entgegen den Vorstellungen der Bundesregierung – wir wollten grundsätzlich Bundesrecht einführen und nur ausnahmsweise DDR-Recht fortgelten lassen – zunächst eine schrittweise Rechtsangleichung gefordert, die auch Wolfgang Schäuble persönlich präferierte. Nun einigte man sich darauf, das Bundesrecht mit wenigen Ausnahmen in einem Zug in der DDR einführen zu wollen.

Am 2. August kam ich gerade von einer Wanderung zurück, als mir die Nachricht überbracht wurde, dass Lothar de Maizière mich unverzüglich sprechen wolle. Ich dachte zunächst an ein Telefonat, musste mir aber sagen lassen, dass er bereits auf dem Weg zu mir sei. Zusammen mit Günther Krause war er am Nachmittag mit einer riesigen Maschine auf dem kleinen Salzburger Flughafen gelandet. In St. Gilgen angekommen, kam er gleich zur Sache und schilderte mir eindringlich, dass seine Regierung die Situation in der DDR nicht mehr bis zum 2. Dezember beherrschen könne. Trotz der Bonner Milliarden rechne er mit dem baldigen wirtschaftlichen Kollaps seines Landes. Alles werde im Chaos versinken. Als Ausweg schlug er vor, in der folgenden Woche vor die Volkskammer zu treten und den Beitritt der DDR zur Bundesrepublik bereits für den 14. Oktober zu verkünden. Für diesen Tag seien auch die Landtagswahlen in den bis dahin gegründeten fünf neuen Ländern vorgesehen, so dass es sich anbiete, parallel dazu die ersten gesamtdeutschen Wahlen durchzuführen.

Auf den ersten Blick schien mir diese Argumentation schlüssig zu sein, und ich stimmte zu, was die Beitrittserklärung durch die Volkskammer anging. Auch de Maizières Vorschlag, die gemeinsamen Wahlen auf den 14. Oktober vorzuverlegen, stand ich durchaus aufgeschlossen gegenüber. Zwei Möglichkeiten bot das Grundgesetz für eine Verkürzung der Legislaturperiode an, beide brachten allerdings hochkomplizierte rechtliche Probleme mit sich. Ich ging deshalb davon aus, dass diese Frage zunächst einmal innerhalb unserer Fraktionen und Koalitionen, aber auch zwischen unseren Regierungen noch genauestens erörtert werden müsste. Nicht zuletzt war mit dem Bundespräsidenten zu sprechen. Bis tief in die Nacht saßen wir noch bei einem Schoppen Wein zusammen. Günther Krause setzte sich ans Klavier und spielte herrliche Stücke, zu denen wir gemeinsam sangen. Alles in allem endete der Abend in einer prächtigen Stimmung.

Das böse Erwachen kam am nächsten Tag, dem 3. August, als Lothar de Maizière in Ost-Berlin vor die Presse trat und im

Alleingang, ohne Rücksprache mit dem Koalitionspartner oder der Fraktion, verkündete, dass Beitritt, Landtagswahlen und die erste gesamtdeutsche Wahl am 14. Oktober stattfänden. Ich war fassungslos, als mich Wolfgang Schäuble in St. Gilgen anrief und mich über de Maizières Schritt informierte. Weshalb er diesen Alleingang unternahm, weiß ich bis heute nicht; schließlich hätte auch er wissen müssen, dass er mit dieser Eigenwilligkeit die Chancen für gesamtdeutsche Wahlen am 14. Oktober zunichte gemacht hatte. Vielleicht hat er auch angenommen, ich würde die Vorverlegung der Wahl nach dem Vorbild 1982/83 durchzusetzen versuchen. Nach Abwägung aller Argumente kam ich aber zu dem Schluss, dass dieser Weg über die Vertrauensfrage aus verfassungsrechtlichen Gründen in diesem Fall nicht zu rechtfertigen war, zumal es bei der Vorverlegung nur um wenige Wochen vom 2. Dezember auf den 14. Oktober gegangen wäre. Die Verfassungsjuristen waren sich auch einig: Eine Vorverlegung der Bundestagswahl war nur über eine Änderung des Grundgesetzes zu verwirklichen. Dafür bedurfte es jedoch der Zustimmung der SPD, die nun niemand mehr erwarten konnte, da die Sozialdemokraten einen gemeinsamen Coup von Kohl und de Maizière vermuteten, »die mit ihrem Latein am Ende seien«; die Rede war sogar von einem Komplott. Kein Wunder, denn eine Vorverlegung der Wahlen hätte den Sozialdemokraten das Konzept verhagelt. Ihr Kalkül lag auf der Hand: Je länger der Weg zur Einheit dauerte, umso größer würden die Schwierigkeiten und umso stärker stiegen ihre Wahlchancen und die Erfolgsaussichten ihres Kanzlerkandidaten Lafontaine. De Maizières Vorstoß belastete außerdem die Verhandlungen zum Einigungsvertrag, denn in der westdeutschen Delegation saßen auch die Vertreter der Bundesländer. Insbesondere die Sozialdemokraten fühlten sich durch den nicht abgestimmten Vorstoß hereingelegt. Dies wog umso schwerer, weil für die Ratifizierung des Einigungsvertrags eine Zweidrittelmehrheit in Bundestag und Bundesrat, und damit auch die Zustimmung der SPD, erforderlich sein würde.

Am 20. August war ich aus dem Österreichurlaub zurückgekehrt. Am gleichen Tag begann die dritte Runde der Verhandlungen zum Einigungsvertrag. In Bonn telefonierte ich als erstes mit EG-Kommissionspräsident Jacques Delors, dem gegenüber ich erneut betonte, dass die deutsche Einheit unter keinen Umständen mit einer Erhöhung der EG-Mittel für Deutschland in Zusammenhang gebracht werden dürfe. Von Anfang an war mir darum zu tun, anderen Mitgliedsstaaten keinen Vorwand zu liefern, mittels dessen sie den Einigungsprozess erschweren könnten. Delors sagte zu, er wolle vor der Presse deutlich machen, dass die deutsche Einheit vollzogen werde, ohne dass die Geldmittel der Gemeinschaft erhöht zu werden brauchten oder die vor allem für Griechenland, Italien und Portugal vorgesehenen Mittel geschmälert würden.

Der weitere Verlauf meines ersten Arbeitstags nach dem Sommerurlaub wurde von den Ereignissen in Ost-Berlin überschattet, wo der von der Regierung de Maizière eingeforderte Wahlvertrag an der erforderlichen Zweidrittelmehrheit in der Volkskammer gescheitert war. Außerdem erschütterte ein handfester Krach die dortige Regierungskoalition. Nachdem der Ministerpräsident den sozialdemokratischen Finanzminister Walter Romberg sowie den parteilosen, von der SPD vorgeschlagenen Landwirtschaftsminister Peter Pollack wegen deren mangelnder Bereitschaft, sich innerhalb der Koalition abzusprechen, entlassen hatte, hatten zwei weitere Minister unter Protest den Rücktritt erklärt, und kurz darauf – am 29. August – hatte die Volkskammerfraktion der SPD ihren Austritt aus der Koalitionsregierung beschlossen. Das Amt des DDR-Außenministers übernahm de Maizière zusätzlich zum Amt des Ministerpräsidenten.

Infolge des Regierungsaustritts der Ost-SPD wurden die Verhandlungen zum Einigungsvertrag noch schwieriger. Wolfgang Thierse, der Vorsitzende der SPD im Osten, drohte ganz offen, das Vertragswerk scheitern zu lassen, wenn die Vorstellungen seiner Partei nicht gebührend berücksichtigt würden. Die SPD verlangte ultimativ die Stärkung der Finanzkraft von Ländern und Gemeinden, die endgültige Festschreibung der Zwangskollektivierung in der DDR sowie eine neue gesamtdeutsche Verfassung statt einer Übernahme des Grundgesetzes. Dennoch gelang es Wolfgang Schäuble, seine Linie weitgehend durchzusetzen und die Eingriffe in das Grundgesetz auf das für den Einigungsprozess erforderliche Minimum zu beschränken. Die SPD setzte durch, Artikel 146 des Grundgesetzes dahingehend neu zu formulieren, dass es dem deutschen Volk vorbehalten bleibe, über eine neue Verfassung zu beschließen. Wir konnten damit leben, denn wir waren sicher, dass es für eine Totalrevision des Grundgesetzes keine Mehrheit geben würde.

Was die von SPD und Ost-Berliner Regierung geforderte Festschreibung der unter sowjetischer Herrschaft durchgeführten Enteignungen anging, so wussten wir alle, dass es angesichts der sowjetischen Intervention vom April 1990 keinerlei Alternative dazu gab. Anders lagen die Dinge in der Frage, wie mit dem von der SED-Herrschaft enteigneten Grund und Boden umgegangen werden sollte; hier wollten wir das Prinzip durchsetzen, dass Rückgabe vor Entschädigung galt.

Die Delegationen verhandelten noch im Bonner Verkehrsministerium über die strittigen Punkte des Einigungsvertrags, als in der Nacht vom 22. auf den 23. August die Volkskammer in einem zweiten Urnengang nicht nur dem Wahlvertrag zustimmte, sondern mit der erforderlichen Zweidrittelmehrheit auch den Beitritt zur Bundesrepublik bereits zum 3. Oktober 1990 beschloss. Der mit einer Mehrheit von über 80 Prozent der abgegebenen Stimmen gefasste Beschluss hatte den Wortlaut, den ich mir in meinen kühnsten Träumen immer gewünscht hatte:

»Die Volkskammer erklärt den Beitritt der Deutschen Demokratischen Republik zum Geltungsbereich des Grundgesetzes der Bundesrepublik Deutschland gemäß Artikel 23 des Grundgesetzes mit Wirkung vom 3. Oktober 1990.«

In der Entschließung wurde davon ausgegangen, dass die Beratungen zum Einigungsvertrag und die Zwei-plus-Vier-Verhandlungen bis zu diesem Termin abgeschlossen wären. Außerdem sollte die Länderbildung so weit vorbereitet sein, dass am 14. Oktober die Wahl zu den Länderparlamenten stattfinden könnte.

Ich war begeistert! Mit de Maizière hatte ich mehrmals darüber gesprochen, an welchem Tag die Einheit vollzogen werden sollte, und aus meiner Sicht bot sich der 3. Oktober zugleich als neuer Nationalfeiertag an. Es gab viele Planer, die sich mit dieser Frage befassten, und noch mehr Pläne. Viele forderten den 9. November als nationalen Gedenk- und Feiertag. Ich dagegen fand die düsteren Novembertage scheußlich, schließlich sollte der künftige Nationalfeiertag doch ein Tag der Freude sein. Zwar zählt der Tag der Maueröffnung am 9. November 1989 sicherlich zu den freudigsten Ereignissen des Jahrzehnts, und auch der 9. November 1918, an dem der Sozialdemokrat Philipp Scheidemann die erste deutsche Republik ausrief, ist ein wichtiges Datum. Doch in einer unseligen Verkettung historischer Ereignisse hat Adolf Hitler nur fünf Jahre später am gleichen Tag gegen die bayerische Regierung geputscht und dann am 9. November 1938 die Reichspogromnacht inszenieren lassen.

Mir schwebte ein Nationalfeiertag Anfang Oktober vor, weil zu diesem Zeitpunkt das Wetter in der Regel noch gut ist und die Menschen im Freien feiern können. Bei unseren französischen Nachbarn hat mir immer gut gefallen, dass der 14. Juli, ihr Nationalfeiertag, nicht nur ein Anlass für pathetische Reden ist, sondern dass an diesem Tag im ganzen Land fröhlich gefeiert wird. Die deutsche Einheit in Frieden und Freiheit – das ist doch nun wirklich ein Grund, sich unbeschwert zu freuen! Um ganz sicher zu gehen, ließ ich unter einem Vorwand ein Gutachten des Deutschen Wetterdienstes anfertigen. Ich wollte wissen, wie das Wetter Anfang Oktober in den vergangenen Jahrzehnten ausgefallen war und welche Wetterbeständigkeit der 3. Oktober besaß. Das Gutachten zeigte eindeutig, dass die erste Oktoberwoche in dieser Hinsicht nichts zu wünschen übrigließ. Wieder war es der DDR-Unterhändler Günther Krause, der sich bei den Fraktionen der DDR-Volkskammer mit Erfolg für meinen Vorschlag eingesetzt hatte.

All diesen Überlegungen kam entgegen, dass am 1. Oktober die KSZE-Außenministerkonferenz in New York beginnen sollte. Dieses Datum galt es abzuwarten, um der KSZE die Möglichkeit zu geben, das Ergebnis der Zwei-plus-Vier-Gespräche zu bestätigen, die am 12. September beendet werden sollten. Mit der Festsetzung des 3. Oktober als neuen Nationalfeiertag würde verständlicherweise der 17. Juni als Feiertag entfallen. Dem Personalrat der CDU-Bundesgeschäftsstelle in Bonn ging das gegen den Strich, und er überlegte ernsthaft, gegen diese Abschaffung zu klagen. Er bestand darauf, dass die Angestellten am 17. Juni weiterhin frei haben sollten, da dies Teil des Arbeitsvertrags sei. Ich fand für dieses Ansinnen deutliche Worte. In allerletzter Minute konnte die »kämpferisch« gesinnte Arbeitnehmervertretung im Konrad-Adenauer-Haus davon abgehalten werden ...

Am Tag nach den Volkskammerentscheidungen würdigte ich dieses Ereignis in einer Regierungserklärung vor dem Bundestag. Die Kolleginnen und Kollegen der Volkskammer hätten mit ihrem klaren Votum den entscheidenden Schritt zur Einheit Deutschlands getan und damit in eindrucksvoller Weise den Auftrag erfüllt, den ihnen unsere Landsleute in der DDR mit der Volkskammerwahl am 18. März erteilt hätten. Ich zitierte den früheren SPD-Vorsitzenden Kurt Schumacher, der in der ersten Debatte des Deutschen Bundestags im September 1949 gesagt hatte: »Wir wünschen, dass bei aller Verschiedenheit der Auffassungen sozialer, politischer und kultureller Natur die Angelegenheit der deutschen Einheit überall in Deutschland die Angelegenheit der gleichen Herzenswärme und der gleichen politischen Entschiedenheit wird.«

Es galt, an einem solchen Tag nicht nur auf die sich oft überstürzenden Ereignisse und Nachrichten des Tages zu schauen, sondern einen Augenblick innezuhalten und uns die historische Dimension dessen ins Bewusstsein zu rufen, was in den letzten Monaten geschehen war und noch weiter geschah. Natürlich sahen wir die wirtschaftlichen Schwierigkeiten und sozialen Probleme beim Neubeginn in der DDR, wir mussten uns aber auch immer wieder bewusst machen, dass wir Zeugen eines wahrhaft weltbewegenden Ereignisses und eines herausragenden Augenblicks in der Geschichte unseres Volkes waren.

Keine 24 Stunden später sprach ich vor der CDU-Volkskammerfraktion in Ost-Berlin und dankte den Abgeordneten.

Ich sprach die wirtschaftlichen Schwierigkeiten an, die Lothar de Maizière bewogen hatten, auf den schnellen Einheitskurs einzuschwenken.

Der Übergang von der Kommandowirtschaft zur Sozialen Marktwirtschaft hatte auch viele bittere Erfahrungen für die Menschen in der östlichen Hälfte unseres Vaterlands mit sich gebracht. Spekulanten und Abenteurer hatten seit Inkrafttreten der Währungs-, Wirtschafts- und Sozialunion am 1. Juli bei den ohnehin verunsicherten Menschen die schlimmsten Vorurteile über den Kapitalismus bestätigt. Für die Stimmungsmacher aus den Reihen der PDS, die immerzu von »Anschluss«, »Unterwerfung« oder gar von »Inbesitznahme« der DDR durch die Bundesrepublik sprachen, war das Auftreten solcher »Wessis« Wasser auf ihre Propagandamühlen. Es wurde geradezu der Eindruck erweckt, als ob nicht die Kommunisten, sondern die Bundesregierung für den wirtschaftlichen und ökologischen Bankrott des SED-Regimes verantwortlich zu machen wäre.

Gegen diese Untergangspropheten setzte ich vor der CDU-Volkskammerfraktion auf die Zukunft und appellierte an die Abgeordneten, die letzten Meter zum großen Ziel durchzustehen. Es gab an diesem 24. August allen Grund, optimistisch zu sein, denn die beiden Delegationen, die seit Wochen am Zustandekommen des Einigungsvertrags arbeiteten, hatten den Vertragsentwurf fertiggestellt und in weiten Teilen miteinander abgestimmt.

Dennoch blieben auch nach der dritten Verhandlungsrunde noch einige strittige Punkte. Vor allem die Frage der künftigen Finanzbeziehungen und insbesondere der Umsatzsteuerverteilung stellte sich als problematisch dar. Außerdem stand eine Klärung aus, wie der nach westdeutschem Recht strafbare, in der DDR legal praktizierte Schwangerschaftsabbruch und der

Umgang mit den Stasi-Akten im vereinten Deutschland gehandhabt werden sollten.

In dieser Situation wandten sich der SPD-Vorsitzende Hans-Jochen Vogel und seine drei Stellvertreter Herta Däubler-Gmelin, Johannes Rau und Oskar Lafontaine in einem Schreiben an mich und verlangten, die bislang noch nicht geklärten Punkte »unverzüglich zum Gegenstand eines Spitzengesprächs« zu machen. Da wir die Stimmen der Sozialdemokraten in Bundestag und Bundesrat brauchten, stimmte ich einem Termin im Kanzleramt zu. An dem Treffen am 26. August nahmen seitens der Bundesregierung und der Regierungsfraktionen Innenminister Schäuble, Finanzminister Waigel, Kanzleramtsminister Rudolf Seiters, der CDU/CSU-Fraktionsvorsitzende Alfred Dregger und CSU-Landesgruppenchef Wolfgang Bötsch sowie der FDP-Parteivorsitzende Graf Lambsdorff, Außenminister Genscher und FDP-Fraktionsvorsitzender Wolfgang Mischnick teil.

Wie schon beim Vertrag zur Währungs-, Wirtschafts- und Sozialunion ging es den Sozialdemokraten auch beim Einigungsvertrag darum, mit Blick auf die Öffentlichkeit ein Zeichen zu setzen, denn schließlich sollte am 2. Dezember gewählt werden. Von den Medien lautstark begleitet, forderten sie denn auch von mir, die von der SED Enteigneten zu entschädigen. Durch eine Politik der Rückgabe vor Entschädigung, wie sie die Bundesregierung vorhabe, könne man keinen sozialen Frieden herbeiführen, meinte die SPD-Spitze.

Ich versuchte damals, mich in die Situation derer zu versetzen, die vor 10, 15 Jahren in Leipzig, Magdeburg oder Dresden ein Haus erworben hatten, das im Laufe der Jahre zu ihrem Zuhause geworden war. Natürlich würde es für sie bitter sein, wenn sie nach einer Übergangsfrist von einigen Jahren ausziehen müssten. Aber wir mussten auch an all diejenigen denken, denen oftmals die Elternhäuser durch SED-Willkür abgenommen worden waren. Wie bitter musste das erst für diese Menschen gewesen sein. Sie hatten nicht nur den moralischen Anspruch, ihr Eigentum zurückzuerlangen, sondern sie hatten auch das Grundgesetz auf ihrer Seite, in dem der Schutz des Eigentums verankert ist. Nach sorgfältigem Abwägen aller Faktoren hatten wir uns daher entschlossen, Rückgabe vor Entschädigung zu stellen.

Wir diskutierten im Kanzleramt auch über die Finanzausstattung der neu zu bildenden Länder. Die SPD vertrat dabei eine in sich widersprüchliche Position, indem sie auf der einen Seite mehr Geld für die neuen Bundesländer forderte, gleichzeitig aber nicht in der Lage war, die Zustimmung der sozialdemokratisch geführten Landesregierungen zu garantieren. Offensichtlich glaubten sie, sich mit dieser Methode Sympathien in Ost und West gleichermaßen erwerben zu können. Ein weiterer Punkt, an dem die unterschiedlichen Meinungen aufeinanderprallten, war das unterschiedliche Recht beim Schwangerschaftsabbruch. In der DDR gab es eine Fristenlösung, die einen Abbruch bis zum dritten Monat auf einen einfachen Gang zum Arzt reduzierte. In dieser auch emotional stark aufgeladenen Frage eine einheitliche Handhabung des Paragraphen 218 sozusagen übers Knie zu brechen, hielt ich damals für den falschen Weg. Eben dies aber hätten wir in der Kürze der uns verbleibenden Zeit tun müssen, da wir uns mit den Sozialdemokraten ohnehin nicht einig geworden wären. Auch die FDP hatte in letzter Minute gegen die geplante Abtreibungsregelung Einspruch eingelegt und erklärt, sie würde nur dem »Tatortprinzip« (im Gegensatz zum Wohnortprinzip) zustimmen, wonach auch für Frauen aus den alten Bundesländern eine Abtreibung innerhalb der ersten drei Schwangerschaftsmonate straffrei blieb, wenn sie den Abbruch in den neuen Bundesländern vornehmen ließen, solange dort für eine Übergangszeit das alte DDR-Recht galt.

Ich wollte mich in dieser Frage nicht über die FDP hinwegsetzen; denn das wäre falsch gewesen und machte auch keinen Sinn. Auf keinen Fall wollte ich, dass der Koalitionspartner in Sachen Einigungsvertrag auf der Seite der SPD zu finden gewesen wäre, und das war gar nicht so unwahrscheinlich, wie es heute vielleicht klingen mag. Die Gefahr eines Scheiterns des Vertrags schätzte ich zu diesem Zeitpunkt sehr hoch ein. Die Dramatik der Stunde war nicht nur im Kanzleramt mit Händen zu greifen.

Aber auch in der Ost-CDU gab es Auffassungen, die von der Mehrheitsmeinung der CDU im Westen stark abwichen. So hatte Lothar de Maizière – obwohl selbst Synodaler der Berlin-Brandenburgischen Kirche – zu meiner Überraschung schon zu Beginn der Verhandlungen unmissverständlich klargemacht, dass er den Einigungsvertrag scheitern lassen würde, wenn wir die Indikationslösung für ganz Deutschland durchsetzen wollten. Es blieb daher gar nichts anderes übrig, als das Thema aus den Verhandlungen herauszulösen und für eine Übergangszeit von zwei Jahren eine unterschiedliche Rechtslage in Ost und West hinzunehmen.

In der Frage von Grund und Boden wurde im Einigungsvertrag die in der Gemeinsamen Erklärung vom 15. Juni festgehaltene Regelung in modifizierter Form übernommen. Sie sah nunmehr zwar »Rückgabe vor Entschädigung« vor, ermöglichte aber auch eine umgekehrte Vorgehensweise, wenn etwa ein Grundstück investiven Zwecken diente und zum Beispiel Arbeitsplätze sicherte.

Hinsichtlich der Finanzierung der Einheit und des Länderfinanzausgleichs sah der erzielte Kompromiss vor, die Finanzverfassung zwar auf die neu zu schaffenden Bundesländer zu übertragen, diese aber bis 1994 vom Länderfinanzausgleich auszuschließen. Außerdem sollten die neuen Länder 1991 nur 55 Prozent des durchschnittlichen Umsatzsteueranteils pro Einwohner erhalten, der dann bis 1995 auf 100 Prozent steigen sollte. Begründet wurde diese Schlechterstellung mit dem Hinweis auf die Aufbauhilfe von 115 Milliarden D-Mark aus dem Fonds Deutsche Einheit, wovon die alten Bundesländer 47,5 Milliarden D-Mark aufbrachten.

Zum Umgang mit den Stasi-Unterlagen war zwischen den Delegationen einvernehmlich ausgehandelt worden, dass sie der Obhut des Bundesarchivs übergeben werden sollten. In letzter Minute jedoch schuf die Volkskammer hierzu eine neue Ausgangslage, indem sie ein »Gesetz über die Sicherung und Nutzung der personenbezogenen Daten des ehemaligen Ministeriums für Staatssicherheit / Amtes für Nationale Sicherheit« beschloss. Damit sollten die Opfer des Bespitzelungs- und Überwachungsapparats sofort freien Zugang zu ihren Akten erhalten.

Da es sich hierbei um den Willen der frei gewählten Volkskammer in einer ureigenen DDR-Angelegenheit handelte, durften wir im Westen uns natürlich nicht darüber hinwegsetzen. Die Entscheidung, wie mit diesem Erbe umgegangen werden sollte, konnten nur diejenigen treffen, die unter der SED-Herrschaft gelebt und gelitten hatten. Sie hatten einen Anspruch darauf, die Wahrheit zu erfahren. Wenn ich heute zurückschaue, halte ich diese Entscheidung von damals für richtig, wenngleich ich zeitweise daran gezweifelt habe. Ich fürchtete, der ganze Unrat, der da hochkommen würde, könnte das Klima in Deutschland vergiften. Das ist zum Glück nicht eingetreten, weil es die Opfer verstanden haben, mit dieser düsteren Hinterlassenschaft verantwortungsvoll umzugehen.

Um dem Anliegen der Volkskammer gerecht zu werden,

arbeiteten deren Stasi-Beauftragter, der Rostocker Pfarrer Joachim Gauck, und der Staatssekretär im Bundesinnenministerium Hans Neusel eine Regelung aus, in der beide Seiten dem gesamtdeutschen Gesetzgeber empfahlen, die Grundsätze des Volkskammergesetzes zu berücksichtigen. Der Empfehlung zufolge sollten die Stasi-Unterlagen bereitgestellt werden zum Zwecke der Wiedergutmachung und Rehabilitierung von Opfern, zur Verfolgung von Straftaten, die im Zusammenhang mit der Tätigkeit des Staatssicherheitsdienstes standen, sowie zur Überprüfung von Parlamentariern und von Beschäftigten des öffentlichen Dienstes. All das hat sich als praktikabel erwiesen und bleibt bis heute unverzichtbar.

Am 31. August – keine acht Wochen nach Verhandlungsbeginn und nach nur vier Verhandlungsrunden – war es soweit: Wolfgang Schäuble und Günther Krause unterzeichneten im Ost-Berliner Kronprinzenpalais das Vertragswerk. Es regelt in neun Kapiteln und 46 Artikeln auf rund 1000 Seiten das ganze Spektrum der mit dem Beitritt der DDR zur Bundesrepublik anstehenden Fragen der Rechtsüberleitung – von den Beitrittsbestimmungen und den Grundgesetzänderungen über die künftige Finanzverfassung und die Gestaltung der Verwaltung bis hin zu den Maßnahmen der Strukturanpassung in den neuen Ländern und einer Vielzahl von Regelungen auf den Gebieten Arbeit, Soziales, Familie, Frauen, Kultur, Wissenschaft und Sport. Über 90 Prozent des Textumfangs des gewaltigen Vertragswerks machen die sogenannten Anlagen aus, in denen Einzelfragen oftmals bis ins letzte Detail geregelt werden.

Es war – ähnlich wie beim ersten Staatsvertrag über die Währungs-, Wirtschafts- und Sozialunion – schon eine einzigartige Leistung, die Wolfgang Schäuble und Günther Krause sowie all ihre Mitarbeiter und die beteiligten Ressorts in der

Kürze der Zeit und angesichts der Vielzahl widerstreitender Interessen vollbracht haben. Vor allem Wolfgang Schäuble bewältigte in diesen Wochen und Monaten ein ungeheures Arbeitspensum. Nicht zuletzt infolge seiner mehrjährigen Tätigkeit als Chef des Bundeskanzleramts war er einer der besten Kenner der innerdeutschen Probleme. Ohne ihn wäre der Vertrag so nicht mehrheitsfähig gewesen.

Nach dem Vertrag über die Währungs-, Wirtschafts- und Sozialunion, dem Wahlvertrag, der Volkskammerentschließung zum Beitritt am 3. Oktober 1990 und der Festsetzung des Termins für die ersten gesamtdeutschen Wahlen waren damit, einmal abgesehen von der noch ausstehenden Ratifizierung des Einigungsvertrags durch Volkskammer und Bundestag sowie Bundesrat, die inneren Aspekte der deutschen Einheit geregelt. Was die Zustimmung durch die Parlamente anging, so zweifelte ich zumal vor dem Hintergrund der engen Einbindung aller Beteiligten nicht daran, dass sie erfolgen würde, und so geschah es dann ja auch.

Ich werde oft gefragt, was vielleicht anders gemacht werden müsste, wenn wir noch einmal einen Einigungsvertrag auszuhandeln hätten. Aus der damaligen Situation heraus – und nur das kann der Maßstab sein – glaube ich nicht, dass man es wesentlich anders machen könnte. Trotz aller Irrungen und Wirrungen in den komplexen Verhandlungen mit der Vielzahl von Akteuren, zumal auf westdeutscher Seite die Länder und die Opposition eng einbezogen waren, und obwohl es keinen fertigen Plan gab – wir wären als Kriegstreiber verhetzt worden, hätte es einen solchen gegeben –, wurden hier von Anfang an die Weichen richtig gestellt und alle wesentlichen Dinge richtig gemacht.

Wir waren auch deswegen so trittsicher auf dem Weg der deutschen Einheit, weil wir sie wirklich wollten.

Behauptungen, dass unsere Landsleute in der DDR von uns quasi überrollt oder gar nicht gefragt oder vom Westen übernommen worden seien, sind alle ausgesprochen töricht. Es war die Entscheidung der Mehrheit der Menschen in der DDR selbst, der Bundesrepublik beizutreten. Nicht nur, dass es zur Wiedervereinigung kam, sondern auch, dass es so schnell zur Wiedervereinigung kommen sollte, war nur möglich, weil die Mehrheit der Menschen in der DDR es so wollte. Sie können stolz auf ihren unverzichtbaren Beitrag sein, den sie auf dem Weg zur Wiedervereinigung geleistet haben.

26.
Rückschläge –
Moskaus Nachbesserungsversuche und die Regierung Ihrer Majestät

Die außenpolitische Absicherung der Einheit war im Sommer 1990 noch nicht perfekt. Noch wurde um das Dokument gerungen, das die rechtlichen Grundlagen auf dem Weg zur deutschen Einheit festschreiben und das bei den bevorstehenden Zwei-plus-vier-Gesprächen im September abgeschlossen werden sollte. Da aber die Kernfragen gelöst waren, war aus unserer Sicht die für den 12. September in Moskau vorgesehene Paraphierung des entscheidenden Vertrags, mit dem Deutschland am 3. Oktober 1990 seine volle Souveränität zurückerhalten sollte, nur noch ein formaler Akt.

Doch es kam ganz anders. Bundesaußenminister Hans-Dietrich Genscher erhielt Ende August einen Brief von seinem sowjetischen Amtskollegen Eduard Schewardnadse, der sich zunächst dafür bedankte, dass die Verhandlungen über die im Kaukasus vereinbarten bilateralen Verträge zügig begonnen hatten. Es dürfe keine Zeit verlorengehen, damit das »Dokument der Sechs« beim bevorstehenden Treffen am 12. September in Moskau unterzeichnet werden könne. Schewardnadse sprach dann einige sowjetische Besorgnisse aus: Die Militärs seien der Meinung, dass der Abzug ihrer Truppen aus der DDR technisch nicht – wie wir vereinbart hatten – innerhalb von drei bis vier Jahren, sondern frühestens in fünf bis sieben Jahren abgeschlossen sein könne. Das sei eine besonders brisante Frage. Schewardnadse erinnerte außerdem daran, dass Gorbatschow bei unserem Treffen in Archys den

Abzug der Truppen an den Umfang der materiellen und finanziellen Unterstützung der deutschen Seite gekoppelt habe. Die deutschen Vorschläge dazu seien jedoch noch völlig unzureichend. Wenn keine Lösung dafür gefunden würde, müssten die Termine für den Truppenabzug geändert werden.

Ein zweites Problem sei der Generalvertrag zwischen unseren beiden Ländern. Mit den Formulierungsvorschlägen für die Artikel zur Sicherheit und zu den neuen Bedingungen für die wirtschaftliche und wissenschaftlich-technische Zusammenarbeit seien sie unzufrieden; die bloße Wiederholung früher benutzter Formulierungen reiche nicht aus.

Als letzten Punkt sprach Schewardnadse das Zwei-plus-Vier-Abschlussdokument an. Er forderte Genscher auf, eine Reihe weitergehender Festlegungen Deutschlands in Sicherheitsfragen zu akzeptieren. Das seien Investitionen in die Zukunft, die keine Beeinträchtigung der deutschen Souveränität darstellten.

Parallel dazu wurde am 28. August der stellvertretende sowjetische Außenminister und frühere sowjetische Botschafter in Bonn, Julij Kwizinskij, bei meinem außenpolitischen Berater Horst Teltschik im Kanzleramt vorstellig. Er berichtete, die Lage in der Sowjetunion spitze sich zu, die sowjetische Führung befinde sich in einer äußerst heiklen Situation. Vor diesem Hintergrund bereite der Stand der Verhandlungen über den Abzugsvertrag besondere Sorge. Die Haltung der sowjetischen Militärs sei sehr kritisch. Wenn es keine Mittel für Transportkosten, für neue Wohnungen und für den Aufenthalt sowjetischer Truppen in der DDR gebe, könne man einen Aufstand in der Sowjetarmee nicht ausschließen. Auch Kwizinskij sprach von einer Frist bis zu sechs Jahren für den Abzug der sowjetischen Truppen. Zum Generalvertrag zwischen uns und der Sowjetunion ergänzte er, dass es für die sowjetische Führung hilfreich wäre, wenn dieser noch vor dem 3. Oktober paraphiert und unmittelbar nach Vollzug der Einheit unterschrieben würde. Diese Unterredung verstärkte noch einmal den Eindruck von Schewardnadses Brief, dass Michail Gorbatschow nachzubessern versuchte.

Anderntags traf ich mit Genscher, Waigel und Bundeswirtschaftsminister Helmut Haussmann zusammen, um über die sowjetischen Klagen zu sprechen. Wir einigten uns, dass der Generalvertrag mit der Sowjetunion am 12. September paraphiert und Gorbatschow noch im Herbst zur Unterschrift nach Bonn eingeladen werden sollte. Lang und breit diskutierten wir vor allem über die Frage, in welcher Größenordnung die Bundesregierung Mittel für den Bau von Wohnungen für die zurückkehrenden sowjetischen Soldaten zur Verfügung stellen sollte.

Moskau erwartete eine Entscheidung vor dem 12. September, und so entschied ich, dass die Bundesregierung in der Frage des Wohnungsbaus großzügig verfahren, in der Frage der Stationierungskosten hingegen hart bleiben sollte. Wir wollten ein finanzielles Gesamtpaket von etwa acht Milliarden D-Mark zur Verfügung stellen mit Schwerpunkt auf dem großangelegten Wohnungsbauprogramm, doch nun signalisierte der Kreml, dass dies zu wenig sei, und bezifferte seine Vorstellung auf mehr als 18 Milliarden D-Mark.

Auch die USA wollten damals Geld von uns, denn durch den irakischen Einmarsch in Kuwait am 2. August entstanden den Vereinigten Staaten erhebliche Kosten. Sie mussten Truppen verlegen und Länder unterstützen, die nun kein Rohöl mehr bekamen. Weil in der Region die Interessen des ganzen Westens auf dem Spiel standen, erwarteten die USA auch von uns einen finanziellen und wirtschaftlichen Beitrag. Vor diesem Hintergrund und angesichts der zu erwartenden enormen

Summen für den Aufbau der neuen Bundesländer galt es daher, sparsam zu wirtschaften.

Aus diesen Gründen war ich nicht gewillt, den neuen Forderungen Moskaus nachzukommen. Dagegen verhielten wir uns großzügig, als es um eine neuerliche Nahrungsmittelaktion für die Sowjetunion ging, mit der ein umfassendes Lieferprogramm von landwirtschaftlichen Produkten aus der DDR im Wert von rund einer Milliarde D-Mark aufgelegt wurde. Es ging vor allem um die Lieferung von 255 000 Tonnen Fleisch und 60 000 Tonnen Butter. Mit dieser Aktion halfen wir gleichzeitig der Landwirtschaft in der DDR und den Menschen in der Sowjetunion. Ich hoffte natürlich auch, dass sich diese Hilfsaktion positiv auf das Klima auswirken würde.

Nach mehreren Telefonaten mit Präsident Bush, bei denen es fast ausschließlich um den Golfkonflikt und um die amerikanische Bitte um unsere finanzielle und wirtschaftliche Unterstützung ging, telefonierte ich am 7. September mit Michail Gorbatschow. Es war das erste Mal, dass wir nach unseren Verhandlungen im Kaukasus miteinander sprachen.

Gorbatschow machte einen bedrückten Eindruck. Er leitete das Gespräch mit den Worten ein, das Leben sei nicht einfach. Er hoffe noch, Zeiten zu erleben, wo er in größerer Ruhe mit mir in den Bergen wandern könne. Dann kam er auf sein eigentliches Anliegen zu sprechen: Bei den Verhandlungen über die Kosten des Aufenthalts und der Stationierung der sowjetischen Streitkräfte in Deutschland liefe nicht alles glatt. Ich erwiderte, dass wir seinerzeit großzügige Hilfen beim Wohnungsbau für die zurückkehrenden Truppen vereinbart hätten, doch jetzt würden von sowjetischer Seite auf einmal zusätzlich Gelder für die Stationierung der Soldaten bis zum Abzug und für ihren Rücktransport gefordert. Der Generalsekretär erwiderte, er hoffe, dass man bei den historischen Beschlüssen bleiben könne und diese nicht durch Details gefährde. Man sei ja auch von sowjetischer Seite nicht kleinlich aufgetreten. Das war ein Wink mit dem Zaunpfahl.

Ich wies Gorbatschow darauf hin, dass es der Bundesrepublik nicht an gutem Willen fehle, und wiederholte unser Angebot von acht Milliarden D-Mark. Gorbatschow meinte, diese Zahl führe in die Sackgasse. Nach sowjetischen Berechnungen käme man auf einen Betrag von elf Milliarden D-Mark, die allein für den Wohnungsbau und die dazugehörige Infrastruktur erforderlich seien. Dann wurde er sehr drastisch: Das Angebot der deutschen Seite unterminiere die gemeinsame Arbeit, die bisher geleistet worden sei. Die sowjetischen Forderungen seien keine Bettelei. Er müsse aber offen mit mir reden: Es dürften keine Hindernisse geschaffen werden, die sprengen könnten, was aufgebaut worden sei.

Schließlich verknüpfte Gorbatschow noch einmal die nach seinen Worten »schicksalsträchtigen Fragen des Aufenthalts und Abzugs sowjetischer Truppen« unmittelbar mit den geforderten Zahlungen und fragte mich, welche Weisungen er Schewardnadse mit Blick auf die bevorstehende letzte Runde der Zwei-plus-Vier-Gespräche geben solle. »Die Situation ist für mich sehr alarmierend«, sagte Gorbatschow. »Ich habe den Eindruck, ich bin in eine Falle geraten.« Ich widersprach ihm heftig und sagte, dass man so nicht miteinander reden könne. Um Zeit zu gewinnen, bat ich Gorbatschow, die Dinge noch einmal zu überlegen; wir sollten in drei Tagen wieder miteinander telefonieren.

Dieses Telefongespräch war wirklich dramatisch. Gorbatschow versuchte überraschend hart, Druck auszuüben, um mich zu weiteren finanziellen Zugeständnissen zu bewegen. Über das Angebot von acht Milliarden D-Mark war er sichtlich enttäuscht. Damit wurde aber auch deutlich, dass das finanzielle Paket für Gorbatschow ein zentraler Bestandteil des Gesamtergebnisses war, das er zu Hause vorweisen wollte und vermutlich auch musste. Ich nutzte also die Zeit bis zum nächsten Gespräch, um mich mit Waigel und Haussmann zu beraten.

Am Montag, den 10. September, setzten wir unser Gespräch wie verabredet um die Mittagszeit fort. Die Sowjets hatten unterdessen abermals ihre Forderungen auf 16 bis 18 Milliarden D-Mark beziffert. Ich wusste nur zu gut, dass Gorbatschow Herr des Geschehens war. Er hatte es in der Hand, die letzte Runde der Zwei-plus-Vier-Gespräche platzen zu lassen und uns damit nur wenige Meter vor unserem Ziel enorme Probleme zu bereiten, denn noch standen fast 400 000 sowjetische Soldaten auf deutschem Boden.

Gorbatschow begrüßte mich mit einer Freundlichkeit, als hätte es das unerfreuliche Telefongespräch am 7. September nie gegeben. Er wolle nicht den Eindruck entstehen lassen, dass die Sowjetunion auf Profite aus sei. Wegen der Wirtschaftsreformen befinde er sich zwar in einer schwierigen Situation, wolle aber dennoch nicht mit mir feilschen. Allerdings hoffe er, dass wir 15 bis 16 Milliarden D-Mark aufbringen könnten; das sei zwar eine große Summe, aber schließlich gehe es auch darum, einen großen Mechanismus zu bewegen, um die Vereinigung Deutschlands zu erreichen. Ich versicherte Gorbatschow, ihm helfen zu wollen, und schlug ihm als Gegenangebot elf bis zwölf Milliarden D-Mark vor. Das sei nur als erster Schritt zu verstehen, dem Ende des Jahres ein zweiter folgen könne, wenn der Westen eine Gemeinschaftsleistung für die Sowjetunion beschließe.

Gorbatschow erwiderte, es gehe ja weniger um Hilfe für die Sowjetunion als um den Einigungsprozess. Mit unseren Leistungen würden wir am Ende uns selbst und der Sowjetunion helfen. Er habe viele Kämpfe mit der Regierung, mit den Militär- und Finanzfachleuten ausgefochten, und am Ende stünden eben die von ihm genannten 15 Milliarden D-Mark. Wenn dieses Ziel nicht zu erreichen sei, müsse »praktisch alles noch einmal von Anfang an erörtert werden«. Jetzt sah ich den Zeitpunkt gekommen, zusätzlich zu den zwölf Milliarden D-Mark einen zinslosen Kredit in Höhe von drei Milliarden D-Mark ins Spiel zu bringen. Gorbatschow war spürbar erleichtert: So könne das Problem gelöst werden, meinte er, die deutschen Experten sollten gleich morgen nach Moskau kommen. Er glaube, dass damit diese komplizierte Etappe erfolgreich abgeschlossen werden könne. Am Ende des äußerst schwierigen Gesprächs wirkte er wie ausgewechselt und sagte, dass er mir die Hand drücke.

Es war von vornherein klar, dass sich dieser Knoten nur durch die Erhöhung des finanziellen Angebots lösen lassen würde. Der Vorschlag dazu kam erfreulicherweise aus dem Finanzministerium, das die Bedingungen für diesen zusätzlichen Kredit vorbereitet und mir rechtzeitig übermittelt hatte. Der zuständige Staatssekretär Horst Köhler, heute amtierender Bundespräsident, war nicht nur ein hervorragender Experte, sondern auch ein politisch denkender Spitzenbeamter.

Am späten Nachmittag rief Julij Kwizinskij aus Moskau an und teilte Horst Teltschik mit, Gorbatschow habe die Weisung erteilt, dass auf der Grundlage des Gesprächs mit mir am nächsten Tag die Verhandlungen über den Überleitungsvertrag abgeschlossen werden könnten. Endlich war auch hier nach aufreibender Gratwanderung der Durchbruch gelungen!

Manchmal folgt auf jeden Erfolg ein Rückschlag. Ich hatte geglaubt, dass der Zwei-plus-Vier-Vertrag nunmehr unter Dach und Fach wäre, doch das sollte sich als verfrüht erweisen, denn völlig überraschend erklärte der britische Außenminister Douglas Hurd am 11. September im Kreise einiger seiner Amtskollegen in Moskau, dass er das Dokument nicht unterschreiben werde. Seine Begründung: Man wisse nicht, wie lange Gorbatschow sich halten könne; deswegen sehe es die Regierung Ihrer Majestät für unabdingbar an, nach dem Abzug der Sowjetstreitkräfte Nato-Manöver auf dem jetzigen Territorium der DDR abhalten zu können. Erst nach einer Krisensitzung und nach einigen Rücksprachen mit London lenkte der britische Außenminister ein.

Am 12. September setzten Schewardnadse, Baker, Dumas, Hurd, Genscher und de Maizière in Gegenwart von Michail Gorbatschow in Moskau ihre Unterschrift unter den Vertrag, mit dem Deutschland am 3. Oktober 1990, dem Tag der deutschen Wiedervereinigung, seine volle Souveränität zurückerlangen sollte. Das Dokument hat zehn Artikel. Entscheidend ist Artikel 7, in dem es heißt:

»(1) Die Französische Republik, die Union der Sozialistischen Sowjetrepubliken, das Vereinigte Königreich Großbritannien und Nordirland und die Vereinigten Staaten von Amerika beenden hiermit ihre Rechte und Verantwortlichkeiten in bezug auf Berlin und Deutschland als Ganzes. Als Ergebnis werden die entsprechenden, damit zusammenhängenden vierseitigen Vereinbarungen, Beschlüsse und Praktiken beendet und alle entsprechenden Einrichtungen der Vier Mächte aufgelöst.
(2) Das vereinte Deutschland hat demgemäß volle Souveränität über seine inneren und äußeren Angelegenheiten.«

Das schloss unsere Entscheidungsfreiheit über die Zugehörigkeit zu einem Bündnis unserer Wahl ein. Auch für den Abzug der sowjetischen Streitkräfte vom Gebiet der DDR war ein verbindlicher Zeitplan festgelegt, der vorsah, dass bis zum Ende des Jahres 1994 alles abgeschlossen sein sollte. Das Zwei-plus-Vier-Abschlussdokument spiegelt darüber hinaus in überzeugender Weise die Tatsache wider, dass sich die deutsche Einheit im Einvernehmen mit allen unseren Freunden, Verbündeten und Nachbarn, ja mit allen Europäern vollzog. Ich unterstreiche das mit besonderem Blick auf Polen und die Entschließungen des Deutschen Bundestages und der Volkskammer zur Grenzfrage.

In Moskau wurden in diesen Tagen auch Marksteine für die zukünftige Entwicklung der deutsch-sowjetischen Beziehungen gesetzt: Außenminister Genscher paraphierte den »Vertrag über gute Nachbarschaft, Partnerschaft und Zusammenarbeit«, der nach der Vereinigung Deutschlands auf höchster politischer Ebene unterzeichnet werden sollte, was am 9. November dann auch in Bonn durch Gorbatschow und mich geschah. Mit diesem Vertrag wollten wir nicht nur den deutsch-sowjetischen Beziehungen eine neue Qualität verleihen; er wurde auch geschlossen in dem Wunsch, mit der Vergangenheit endgültig abzuschließen und durch Verständigung und Versöhnung einen wichtigen Beitrag zur Überwindung der Trennung Europas zu leisten. Der Vertrag enthielt Grundsätze für die umfassende Entwicklung der Zusammenarbeit auf allen Gebieten, einschließlich Politik, Wirtschaft, Wissenschaft und Kultur, Umwelt und nicht zuletzt auch humanitären Fragen. Er förderte die umfassende Begegnung der Menschen und gewährleistete, dass die in der Sowjetunion lebenden Deutschen ihre nationale, sprachliche und kulturelle Identität entfalten konnten; und er ermöglichte es uns, ihnen dabei zu helfen.

In Ergänzung zu diesem Vertrag gab es einen weiteren Vertrag über die Entwicklung einer umfassenden Zusammenarbeit auf dem Gebiet von Wirtschaft, Industrie, Wissenschaft und Technik, der lohnende Zukunftsperspektiven für beide Seiten eröffnete. Dieser Vertrag war der völkerrechtliche Rahmen für die Tatsache, dass das vereinte Deutschland – als Mitglied der Europäischen Gemeinschaft – der größte Wirtschaftspartner der Sowjetunion sein würde. Fertiggestellt wurde in diesen Tagen auch der durch die Währungsumstellung in der DDR zum 1. Juli erforderlich gewordene Vertrag über einige überleitende Maßnahmen, der vor allem auch die finanzielle Regelung für die sowjetischen Streitkräfte auf dem Gebiet der DDR enthielt. Es ging dabei um Aufenthaltskosten, die die sowjetische Seite grundsätzlich selbst trug, sowie um Rücktransportkosten und Wiedereingliederungskosten, die wir mit einem Wohnungsbauprogramm in der Sowjetunion und Umschulungsmaßnahmen unterstützten. Unser Gesamtaufwand belief sich auf etwa zwölf Milliarden D-Mark in vier Jahren, hinzu kam ein Kredit in Höhe von drei Milliarden D-Mark für eine Laufzeit von fünf Jahren. Im Nachhinein war das eine sehr günstige Investition, wenn man bedenkt, dass es uns gelang, in dreieinhalb Jahren mehr als eine Million sowjetischer Bürger aus der DDR nach Hause zu bringen, alle Waffen, Tausende von Atombomben und Raketen von deutschem Boden abzuziehen und das geeinte Deutschland in die Nato einzugliedern.

Alle Verträge sollten unmittelbar nach dem 3. Oktober durch die gesamtdeutsche Regierung unterzeichnet und dem gesamtdeutschen Parlament zur Ratifizierung vorgelegt werden, was dann auch erfolgte. Vor dem Hintergrund tiefgreifender Reformen in der Sowjetunion war damit das Tor für eine Zukunft in guter Nachbarschaft und mit einer umfassenden partnerschaftlichen Zusammenarbeit weit geöffnet.

Am 20. September fand in Bonn die letzte ordentliche Sitzung des Bundestags vor der Wiedervereinigung statt. 442 Abgeordnete stimmten auf dieser Sitzung für die Annahme des Einigungsvertrags, drei Abgeordnete enthielten sich der Stimme, und 47 (die Grünen sowie einige Unions-Abgeordnete) lehnten den Vertrag ab. Parallel tagte die Volkskammer der DDR in Ost-Berlin zum letzten Mal; die Abgeordneten billigten mit 299 Ja- gegen 80 Nein-Stimmen den Einigungsvertrag und gleichzeitig die Auflösung des DDR-Parlaments.

Etwa zur selben Zeit machte sich Oskar Lafontaine in Begleitung von Egon Bahr und Horst Ehmke zu einem Meinungsaustausch mit Michail Gorbatschow nach Moskau auf. Im Verlaufe dieses Treffens, dessen Gesprächsinhalt in Veröffentlichungen der Moskauer Gorbatschow-Stiftung nachzulesen ist, wünschte sich der SPD-Kanzlerkandidat unter anderem die Fortsetzung des Dialogs über die sozialistische Idee, von der er sagte, sie habe sich im Laufe der Zeit zwar verändert, aber Sinn und Ziel würden bleiben. Und von dieser Idee habe sich die deutsche Sozialdemokratie nicht verabschiedet.

Nur wenige Tage vor der deutschen Wiedervereinigung kritisierte Lafontaine gegenüber Gorbatschow die »fundamentalen Fehler«, die meine Regierung im deutschen Vereinigungsprozess gemacht habe. Unter anderem bemängelte Lafontaine das »nach wie vor sehr große Defizit« des Staatsbudgets. Entgegen dem Rat von Experten habe man auf dem Territorium der DDR gleich die D-Mark eingeführt und damit den »Finanzkapazitäten der BRD« großen Schaden zugefügt. Es sei auch ein »falscher Wechselkurs zur D-Mark« festgelegt worden, meinte Lafontaine und nannte stattdessen einen »realen Wechselkurs der West- zur Ostmark von 1:4«. Michail Gorbatschow sah sich veranlasst dagegenzuhalten und verwies

»auch auf politische Überlegungen«. Unter Hinweis auf die neue Bundesratsmehrheit für seine Partei meinte der SPD-Kanzlerkandidat: »Kohl kann nicht mehr alles, was er will, durchsetzen.«

Dann vertraute Gorbatschow seinen sozialdemokratischen Gästen »ein Geheimnis« an: Er habe mir geschrieben, ich möge meine Aufmerksamkeit doch darauf richten, dass man die Verfolgung der ehemaligen SED-Mitglieder in Deutschland nicht zulassen dürfe. Damit bezog er sich auf die juristische Aufarbeitung von SED-Verbrechen, die mit der Inhaftierung von Erich Honecker und anderen SED-Spitzengenossen in die Wege geleitet worden war. Die SPD-Genossen pflichteten Gorbatschow bei, und Lafontaine bat ihn noch: »Reden Sie mit Kohl darüber. Wenn wir es tun, wird man sich über uns hermachen.« Was für ein Dialog! Er belegt einmal mehr, wie fern einige führende Köpfe der SPD der Vereinigung unseres Vaterlands standen.

Was Gorbatschow der sozialdemokratischen Parteielite als »Geheimnis« anvertraut hatte, traf eine knappe Woche später, am 26. September, als offizielles Schreiben bei mir ein. Der Inhalt war außerordentlich überraschend. Diesen Brief konnte ich mir wie die letzten unerquicklichen Telefonate nur mit dem enormen Druck erklären, der wohl seit Wochen auf Gorbatschow lastete. In ungewöhnlich hartem Ton schrieb Gorbatschow, dass die strafrechtliche Verfolgung der SED-Führung, der Spione des Staatssicherheitsdiensts und aller anderen, die Seite an Seite mit Moskau für die Sache des Kommunismus gekämpft hätten, zu unterbleiben habe. Ihm komme das vor, als sollte damit der ehemalige Gegner »im Geiste eines primitiven Antikommunismus« gezwungen werden, »den bitteren Kelch bis zur Neige zu leeren«.

Er könne nicht beurteilen, ob die Zahl von 8000 Personen,

die man, wie es heiße, wegen »Landesverrats«, »Verbrechen gegen die Menschlichkeit« und nicht zuletzt wegen »subversiver Tätigkeit zugunsten eines fremden Staates« vor Bundesgerichte stellen wolle, richtig sei. Aber habe man erst einen Täter, so werde sich erfahrungsgemäß auch ein passender Paragraph finden lassen, und aus Archiven lasse sich auf Wunsch alles Mögliche herausziehen. Als Kinder des Kalten Krieges wüssten wir ja beide, wieviel Unrecht mit dieser Zeit der Blockkonfrontation auf beiden Seiten einhergegangen sei, und natürlich bildeten weder die Bundesrepublik noch die DDR dabei eine Ausnahme. An die Stelle von zwei Lebensordnungen, zwei Souveränitäten trete nun eine Ordnung, doch manch einem sei dies offenbar nicht genug. Was den »Dienst für einen fremden Staat« angehe, so ziele man mit der Verfolgung dieses Straftatbestands auf die Sowjetunion ab und übersehe dabei deren Beitrag zur Wiederherstellung der Einheit Deutschlands.

Die sowjetische Öffentlichkeit und der Oberste Sowjet, dem noch die Ratifizierung des Zwei-plus-Vier-Vertrags bevorstehe, verfolgten aufmerksam den Einigungsprozess, hieß es in dem Brief weiter. Auf sie würden die Versuche, als Verbrechen hinzustellen, was sich bis vor kurzem aus den Bündnisverpflichtungen der DDR ergeben habe, ganz gewiss nicht ohne Wirkung bleiben. Die offene oder gar verborgene Propagierung von Antisowjetismus und Antikommunismus passe nicht mit den Prinzipien der guten Nachbarschaft zusammen, denen wir beide uns verpflichtet hätten. Dies sei der Grund, weshalb er mir die Anregung geben wolle, einen Weg zu finden, um den Eifer derjenigen zu dämpfen, die nicht abgeneigt seien, den Kalten Krieg an der innerdeutschen Front zu verlängern. Die große historische Wende, die wir gemeinsam eingeleitet hätten, dürfe nicht durch eine »Hexenjagd« getrübt werden, sondern müsse auch bei mir zu Hause in Deutschland von Frieden unter den Bürgern gekrönt werden. Dies würde mir nur noch mehr Sympathien und mehr Vertrauen einbringen. Der Brief war in Ton und Stil ein erstaunliches Dokument, nicht zuletzt wegen des Hinweises auf die zu erwartenden Reaktionen der sowjetischen Öffentlichkeit und besonders des Obersten Sowjets, mit dem Gorbatschow seinen Forderungen Nachdruck zu verleihen versuchte.

Gelassenheit war jetzt das Stichwort. Vieles ließ darauf schließen, dass die Betonköpfe im Zentralkomitee den Entwurf dieses Schreibens erarbeitet hatten. Anders war eine solche Einmischung in die inneren Angelegenheiten nur schwer zu verstehen. Ich war sehr verärgert und nahm mir vor, bei nächster Gelegenheit mit Gorbatschow selbst über diesen Brief zu sprechen. Unter Berufung auf unser Gespräch von Archys schrieb er jetzt von dem Schlussstrich, den wir unter die Vergangenheit ziehen wollten. Damit war freilich zu keinem Zeitpunkt gemeint, die historische Wirklichkeit einfach unter den Teppich zu kehren.

Immer wieder hatten wir doch darin übereingestimmt, dass wir aus der Geschichte lernen müssten, um die Fehler von gestern nicht zu wiederholen. Aus diesem Grunde – das hatte er mir mehrmals gesagt – wollte er die Verbrechen der Stalin-Zeit schonungslos offenlegen. Nichts anderes aber sollte ja nun im vereinten Deutschland im Hinblick auf das von der SED begangene Unrecht geschehen. Von einer »Hexenjagd« konnte keine Rede sein. Zur Rechenschaft gezogen wurde nur der, der eine Straftat begangen hatte, die noch nicht verjährt war.

Zwei Tage später besuchte mich Jacques Delors in Bonn. Wir erörterten eingehend Lage und Perspektiven in der DDR, insbesondere die politischen und wirtschaftlichen Probleme, und sprachen darüber, wie die deutsche Einheit von den Nachbarn und in Europa insgesamt aufgenommen und akzeptiert werde und welche Konsequenzen daraus für die Europapolitik erwuchsen. Ich dankte dem Präsidenten der EG-Kommission auch noch einmal für seine tatkräftige Unterstützung bei der Vorbereitung der deutschen Einheit und bekräftigte, dass ich mich verstärkt dafür engagieren wolle, in den nächsten Jahren die europäische Einigung insbesondere durch die Vollendung des Binnenmarkts und den erfolgreichen Abschluss der Regierungskonferenzen zur Europäischen Wirtschafts- und Währungsunion und zur Politischen Union weiter voranzubringen. Die Jahre bis zur nächsten Europawahl Mitte 1994 stellten eine entscheidende Zeitspanne für Europa dar, dessen sei ich mir sicher.

Wir sprachen auch über das Verhältnis Deutschlands zu seinen Nachbarn, insbesondere zu Polen, zu dem die Beziehungen am kompliziertesten waren. Ich bedauerte, dass die polnische Regierung meine Vorstellung nicht aufgegriffen habe, gleich nach der Einheit und zusammen mit dem Grenzvertrag einen umfassenden Vertrag über die künftige Zusammenarbeit abzuschließen. Noch hoffte ich zwar, dass dieser Vertrag bald zustande kommen würde, aber es sollte noch bis Juni 1991 dauern, bevor es soweit war. Ein wichtiges Kapitel war für mich die Zusammenarbeit im grenznahen Bereich, damit die Oder-Neiße-Grenze nicht zu einer Wohlstandsgrenze wurde. Ich wünschte mir für diesen Raum eine regionale Zusammenarbeit, wie es sie in ähnlicher Form bereits zum Beispiel im Bodenseeraum oder im pfälzisch-elsässischen Grenzgebiet gab.

27.
Ein Traum wird wahr – Vereinigungsparteitag und Einheitsfeier

Der 1. Oktober 1990 war gleich in zweifacher Hinsicht ein denkwürdiges Datum. Zum einen für mich ganz persönlich, denn es war der achte Jahrestag meiner Kanzlerschaft, und bis auf Konrad Adenauer und Helmut Schmidt hatte ich damit meine Vorgänger im Amt des deutschen Bundeskanzlers überrundet. Zum anderen begann am 1. Oktober der Vereinigungsparteitag der CDU-West und der CDU-Ost. Am Vormittag eröffnete ich im Hamburger CongressCentrum den 38. Bundesparteitag der CDU Deutschlands und begrüßte – zunächst noch als Gäste – auch die Delegierten aus den fünf neuen Ländern und Ost-Berlin. Nach der Wahl des Tagungspräsidiums und nach Abgabe der obligatorischen Berichte wurde über die für die Durchführung des Vereinigungsparteitags erforderlichen Anträge zur Änderung des Statuts der CDU Deutschlands beraten und abgestimmt. Mit überwältigender Mehrheit machten die Delegierten den Weg frei für die vereinigte CDU Deutschlands, und so schloss ich nach nur einer guten Stunde den 38. Bundesparteitag und berief für den frühen Nachmittag den ersten Parteitag der wiedervereinigten CDU Deutschlands ein.

In der Eröffnungsansprache spannte ich den geschichtlichen Bogen am Beispiel bedeutender Persönlichkeiten wie Konrad Adenauer und Eugen Gerstenmaier sowie Andreas Hermes und Jakob Kaiser von der Gründung der CDU bis in die Gegenwart. Ausführlich ging ich bewusst auf die Wurzeln und den Weg der CDU Deutschlands ein und umriss damit auch das Wertefundament unserer Partei. Ich fand klare Worte für die komplexe, schwierige Geschichte der Ost-CDU und warnte allerdings vor pauschaler Verurteilung. Ich erinnerte an all jene aus unseren Reihen, die brauner oder roter Gewaltherrschaft zum Opfer gefallen waren; ihre Visionen waren nun nicht zuletzt dank der konsequenten Politik der CDU Wirklichkeit geworden. Zentrale Aussagen meiner Rede lauteten:

»Der Vereinigungsparteitag der CDU Deutschlands […] führt zusammen, was gemeinsam entstanden ist, und beendet über 40 Jahre gewaltsamer Trennung. Wir finden uns wieder zusammen, fest wurzelnd in den Ursprungsideen unseres gemeinsamen Herkommens. […] Hier und heute stehen wir wieder vor einem Neubeginn – Deutschland wird wiedervereinigt, die CDU wird wiedervereinigt. Dies sind Tage großer Freude und großer Dankbarkeit. Denn das, was wir jetzt bauen dürfen, wäre völlig undenkbar ohne das Fundament, das von den Gründern unserer Partei so dauerhaft und zukunftweisend errichtet wurde.
Jetzt, da Diktatur und Unfreiheit, Unterdrückung und Teilung endgültig überwunden sind, ist es für uns eine selbstverständliche Pflicht, der Gründer unserer Partei zu gedenken, der Gründer dieser großen Volkspartei, die konfessionelle Gräben und die unselige Parteienzersplitterung der ersten deutschen Demokratie überwand, die alle sozialen Schichten und Gruppen unseres Volkes umfasst und die nicht zuletzt als Partei der Mitte endlich stark genug wurde, ein stabiles demokratisches Regierungssystem mitzugestalten.

Die CDU ist ein Symbol deutschen Neuanfangs nach 1945. Sie ist aber auch und nicht zuletzt eine Partei, deren Wurzeln tief in den deutschen Widerstand gegen die totalitäre Nazi-Barbarei hineinreichen. Sie ist auch aus dem Kreis des Widerstands gegen Unterdrückung und Unfreiheit eines verbrecherischen Regimes geboren. Sie wurde von dem festen Willen beseelt, nie wieder in Deutschland Diktatur oder Krieg zuzulassen. […] Der Weg von der Gründung der CDU in der sowjetisch besetzten Zone bis hin zu der Partei, die wir in 40 Jahren SED-Staat erlebt haben, umfasst bis zur Erneuerung seit dem vergangenen Jahr viele bittere und auch tragische Abschnitte. Es war ein Weg verzweifelten Kampfes um Selbstbehauptung und manchmal auch von später Einsicht. Der Weg ist aber auch gekennzeichnet von rücksichtsloser Unterdrückung durch das Regime, von menschlichem Versagen und von mancher leichtfertigen Illusion. Vor allem wir, denen es geschenkt war, 40 Jahre in Frieden und Freiheit zu leben, sollten uns davor hüten, pauschal zu urteilen oder gar zu verdammen. Jeder von uns, liebe Freunde, möge sich prüfen, wie er sich selbst in einer solchen Zwangslage verhalten hätte.

Eines aber können wir mit voller Berechtigung feststellen: Es hat immer Menschen gegeben, die für die Ideale des christlich-demokratischen Gedankenguts einstanden und dafür verfolgt wurden. Es gab sie als Mitglieder der Union, es gab sie als einzelne Christen in Deutschland, die sich ihrer politischen Verantwortung auch unter den Zwangsverhältnissen bewusst waren. Wir werden vom heutigen Tag an gemeinsam und zusammen mit unseren Freunden aus den neuen Bundesländern die Einheit gestalten und mit ganzer Kraft unseren Beitrag dazu leisten, aus dem wiedervereinigten Deutschland ein freies, ein blühendes Land zu machen.«

Gerade in diesen Tagen des Umbruchs mit all seinen Herausforderungen wählte ich meine Worte auch bewusst für das Erinnern und gegen das Vergessen.

Anschließend standen die Beitrittserklärungen der neuen Landesverbände auf der Tagesordnung. Nacheinander erklärten Vertreter von Brandenburg, Mecklenburg-Vorpommern, Sachsen-Anhalt, Sachsen und Thüringen in zum Teil sehr persönlichen und bewegenden Worten ihren Beitritt zur CDU Deutschlands. Einigen war die innere Erschütterung deutlich anzumerken, viele kämpften mit den Tränen. Mir erging es nicht anders. Zuletzt trat eine Ost-Berliner Delegierte ans Rednerpult und erklärte, dass der Landesverband Ost-Berlin bereits Teil der CDU sei: Schon am 8. September hätten sich die elf Kreisverbände des Ostteils der Stadt mit denen des westlichen Berlins zu einem Landesverband zusammengeschlossen. Nachdem mit den Erklärungen der Landesverbände aus dem östlichen Teil unseres Landes die Einheit unserer Partei vollzogen war, erhoben sich die fast 1000 Delegierten von ihren Plätzen und stimmten das Deutschlandlied an.

Wir hatten eine bewegende Stunde erlebt, die wir sicherlich nie vergessen würden. Jetzt war die CDU wieder vereint, wir waren jetzt eine Partei für ganz Deutschland. In meiner anschließenden Hauptrede machte ich klar, wo der Standort der CDU war, und ging vor allem auf die Herausforderungen ein, die uns als wiedervereintes Deutschland erwarteten. Zu den wichtigsten Passagen meiner Rede gehörten:

> »Übermorgen, am 3. Oktober, wird die Einheit und Freiheit Deutschlands vollendet. Dies ist ein großer Tag, ein

Tag der Freude für alle Deutschen, und wir lassen uns das von niemandem vermiesen. Es ist unser Tag der Freude. Ich habe immer daran geglaubt, dass dies eines Tages Wirklichkeit werden würde. Aber ich habe nicht zu hoffen gewagt, diesen Augenblick so bald zu erleben. Wer von uns, liebe Freunde, hätte dies vor einem Jahr für möglich gehalten? Wer hätte diese Entwicklung vorhergesehen, als wir am 10. September des vergangenen Jahres zu unserem Parteitag in Bremen zusammenkamen? Damals öffnete Ungarn die Grenzen für die Flüchtlinge aus der DDR. Das war der Anfang vom Ende des Honecker-Regimes. [...]
Wir Christlichen Demokraten bekräftigen heute feierlich den Schwur, der in das moralische Fundament unseres Grundgesetzes eingegangen ist: Nie wieder Krieg und Gewalt! Nie wieder Diktatur und Unrechtsherrschaft! Und wir fügen heute hinzu: Nie wieder Sozialismus! Die CDU war und ist *die* Partei der deutschen Einheit. Sie war und ist zugleich *die* Partei der europäischen Einigung. [...]
Die Sozialdemokraten haben sich zentralen Schicksalsfragen unserer Nation nicht gewachsen gezeigt. In den fünfziger Jahren haben sie die Politik Adenauers, die Politik der europäischen Integration, erbittert bekämpft. Sie waren gegen die Einführung der Sozialen Marktwirtschaft. [...] In ihrem neuen Grundsatzprogramm vom Dezember 1989 [...] wird der Begriff Soziale Marktwirtschaft gar nicht erwähnt. Im Parlament der Sowjetunion diskutiert man über Soziale Marktwirtschaft und bei den Sozialdemokraten über Marx. Das ist der Unterschied. Mehr noch: In der Frage der Einheit der Nation hat die SPD nicht nur die Grundsätze ihrer großen Persönlich-

keiten – wie Kurt Schumacher und Ernst Reuter – preisgegeben, sondern sie war drauf und dran, unsere Landsleute in der DDR kläglich im Stich zu lassen.
Was wäre eigentlich geschehen, wenn wir den Forderungen der SPD nachgegeben hätten? Was wäre aus den deutschen Landsleuten geworden, die vor einem Jahr in den Botschaften in Budapest, in Prag und in Warschau Zuflucht suchten, wenn wir eine DDR-Staatsbürgerschaft anerkannt hätten? Wir brauchen keine Reden umzuschreiben. Wir haben auch kein gemeinsames Grundwerte-Papier mit der SED, das wir jetzt verstecken müssten. Wir haben [...], als sich die Mauer in Berlin öffnete, auch nicht gesagt, es gehe nicht um Wiedervereinigung, sondern ums Wiedersehen. Uns ging es ums Wiedersehen in der Wiedervereinigung. Das war unsere Forderung.
Wir haben nie aufgehört, für die Einheit der Deutschen in Freiheit zu arbeiten. Wir melden deshalb heute unseren Anspruch an, als die CDU Deutschlands in einem vereinten Deutschland weiterhin die führende politische Kraft zu sein. Für das letzte Jahrzehnt dieses Jahrhunderts, das so viel Elend, Leid und Tod sah, sehe ich vor allem drei große politische Gestaltungsaufgaben, denen wir uns im Geiste unserer christlich-demokratischen Ideale stellen werden:
Erstens: den Wiederaufbau in der bisherigen DDR. Wir wollen erreichen, dass die neuen Bundesländer dort schon bald wieder blühende Landschaften sein werden. Deutschland muss auch wirtschaftlich und sozial möglichst bald eins werden.
Zweitens nenne ich die Vollendung der Europäischen Union mit der Vision eines europäischen Bundesstaates:

der Vereinigten Staaten von Europa. Wir bleiben auf diesem Weg der politischen Einigung Europas.

[...] wir würden in dieser geschichtlichen Stunde versagen, wenn wir die Chance nicht ergriffen, nach der Einheit Deutschlands die Einheit Europas zu vollenden. Deutsche Europäer und europäische Deutsche zu sein – das ist das Signal, das wir setzen wollen.

Drittens geht es um den Beitrag, den Deutschland zur Gestaltung der Welt von morgen zu leisten hat. Wir Deutsche müssen unserer gewachsenen Verantwortung gerecht werden angesichts immer größerer weltweiter Herausforderungen.«

Als nächster sprach Lothar de Maizière, der die Ost-CDU als »einzige Alternative zur SED« bezeichnete. Es folgte eine lange Aussprache mit vielen persönlich gefärbten Redebeiträgen. Dann stand die Wahl des Bundesvorsitzenden an. Ich erhielt 943 von 964 abgegebenen und 957 gültigen Stimmen – ein Traumergebnis! Mit stehenden Ovationen und »Helmut! Helmut!«-Sprechchören wurde ich gefeiert.

Ich bedankte mich für dieses Wahlergebnis, das mir in meinem politischen Leben nicht häufig gelungen war. Ich erinnerte an meine erste Wahl: Am 1. Mai 1948 hätte ich bei der Jungen Union in der Pfalz kandidiert. Damals fiel ich mit 18 zu 19 Stimmen durch. Seitdem sei es ein weiter Weg gewesen, auf dem ich viele Wahlergebnisse erlebt hätte, sehr gute und weniger gute. Das Ergebnis von Hamburg gehörte zu den sehr guten Ergebnissen meiner politischen Laufbahn, es hat mich damals auch persönlich sehr bewegt, es war ein großer Vertrauensbeweis für meinen politischen Kurs und auch für mich persönlich. Ich versprach den knapp 1000 Delegierten, mit all meinen Kräften und Möglichkeiten unserer gemeinsamen Sache zu dienen – der Partei, die seit über 40 Jahren im besten Sinne des Wortes meine politische Heimat war, und unserem Vaterland.

Es schloss sich die Wahl des CDU-Generalsekretärs an. Auch Volker Rühe, den ich wieder vorgeschlagen hatte, erzielte ein herausragendes Ergebnis, ebenso mein Stellvertreter im Amt des Parteivorsitzenden, Lothar de Maizière. Bei der Wahl zum Präsidium erzielte Günther Krause mit 868 Ja-Stimmen das beste Ergebnis, was mich für ihn sehr freute. Er hatte es verdient. Auch Wolfgang Schäuble, Klaus Töpfer und Bernhard Vogel erreichten bei der Wahl zum Bundesvorstand mit über 90 Prozent an Zustimmung sehr gute Ergebnisse.

Zum Abschluss des Hamburger Vereinigungsparteitags verabschiedeten wir einstimmig ein Manifest mit Grundsätzen und Leitlinien für die Politik der vereinten Partei im vereinten Deutschland, »die politische Urkunde unserer gemeinsamen Grundüberzeugungen und Ziele«, wie es Volker Rühe formulierte. Dieses Einigungsmanifest, das noch gemeinsam vom Bundesvorstand der CDU-West und dem Präsidium der CDU-Ost erarbeitet worden war, fasste bisherige programmatische Aussagen der Partei zusammen – von den Gründungsaufrufen aus dem Jahr 1945 über das Grundsatzprogramm von Ludwigshafen von 1978 bis zu jüngsten Parteitagsbeschlüssen.

In Hamburg konnten wir, die wir aus Ost und West gekommen waren, mehr voneinander erfahren und voneinander lernen. Wir waren nach diesen Tagen besser in der Lage, einander zu verstehen. Gleichzeitig wussten wir, dass dieser Parteitag eine Zwischenstation war, dass wir – auch was die Einheit der Union betraf – noch ein gutes Stück des Weges zurückzulegen hatten, dass viel guter Wille und die Fähigkeit zum Miteinander dazugehörten.

Wir sahen 1990 die Probleme, wir sahen die Ängste der Menschen, vor allem auch in den Ländern der damaligen DDR. Wir sahen in ihren Augen aber auch die Hoffnung, eine Hoffnung, die vor allem auf uns gerichtet war. Wir kehrten von dem Hamburger Parteitag in alle Städte und Dörfer des bald wiedervereinigten Deutschlands mit der gemeinsamen Botschaft zurück: Wir werden es packen. Wir werden die Ärmel hochkrempeln und es gemeinsam schaffen.

Zum Abschluss des Parteitags erhoben sich alle und sangen noch einmal »Einigkeit und Recht und Freiheit für das deutsche Vaterland«. Selten in meiner 25jährigen Zeit als Parteivorsitzender und meiner 16jährigen Kanzlerschaft habe ich unsere Nationalhymne so leidenschaftlich mitgesungen.

Nach dem Ende des anderthalbtägigen Parteitags flog ich mit einigen Ministern und engen Mitarbeitern vom Flughafen Hamburg-Fuhlsbüttel in einer Maschine der Bundesluftwaffe direkt nach Berlin-Tempelhof. Ein Jungfernflug. Es war das erste Mal seit 45 Jahren, dass ein deutsches Militärflugzeug von bundesrepublikanischem Gebiet direkt nach Berlin flog. Noch bedurfte es dazu einer Sondergenehmigung der Alliierten, deren Rechte ja erst am 3. Oktober um null Uhr erloschen.

Am frühen Abend hielt ich über beide öffentlich-rechtlichen Sendeanstalten eine Ansprache zum bevorstehenden Tag der deutschen Einheit. In wenigen Stunden werde ein Traum Wirklichkeit, sagte ich und sprach von einem der glücklichsten Augenblicke meines Lebens. Noch einmal lenkte ich den Blick zurück auf 40 Jahre deutscher Teilung, auf die zerrissenen Familien und die Opfer der Mauer. Noch einmal dankte ich den Partnern im Westen, allen voran Präsident George Bush, aber auch den Freunden in Frankreich und Großbritannien. Ich merkte an, dass wir auch den Reformbewegungen in

Mittel-, Ost- und Südosteuropa Dank schuldeten, und hob besonders die Rolle der mutigen Ungarn hervor, die den ersten Stein aus der Mauer gebrochen hätten, als sie etwa ein Jahr zuvor die Flüchtlinge aus der DDR hätten ausreisen lassen. Ich erinnerte an die Freiheitsbewegungen in Polen und der Tschechoslowakei. Schließlich würdigte ich Michail Gorbatschow, der das Recht der Völker auf den eigenen Weg anerkannt habe, und strich dann die Rolle unserer Landsleute in der DDR heraus mit den Worten:

»Dass dieser Tag schon jetzt kommt, ist besonders jenen Deutschen zu verdanken, die mit der Kraft ihrer Freiheitsliebe die SED-Diktatur überwanden. Ihre Friedfertigkeit und ihre Besonnenheit bleiben beispielhaft.«

Ich beschwor den Geist guter Nachbarschaft und Freundschaft mit den Völkern Europas. Ich sprach von der notwendigen Solidarität, die wir vor allem als Deutsche jetzt untereinander beweisen müssten, und guter Nachbarschaft auch im Inneren. Ich gab zugleich meiner Überzeugung Ausdruck, dass die wirtschaftlichen Probleme zu lösen seien, gewiss nicht über Nacht, aber doch in einer überschaubaren Zeit.

Weil meine Aussage über die »blühenden Landschaften« schon so oft einseitig aus dem Zusammenhang gerissen und die von mir damit untrennbar verknüpfte Botschaft auch notwendiger »Opfer« ausgelassen wurde, möchte ich die Passage an dieser Stelle im Wortlaut wiedergeben, die ich in ähnlicher Form in jenen Wochen und Monaten immer wieder gebrauchte:

»Vor uns liegt – jeder weiß dies – eine schwierige Wegstrecke. Wir wollen diesen Weg gemeinsam gehen. Wenn

wir zusammenhalten und auch zu Opfern bereit sind, haben wir alle Chancen auf einen gemeinsamen Erfolg.
Die wirtschaftlichen Voraussetzungen sind heute ausgezeichnet. Noch nie waren wir besser vorbereitet als jetzt, die wirtschaftlichen Aufgaben der Wiedervereinigung zu meistern. Hinzu kommen Fleiß und Leistungsbereitschaft bei den Menschen in der bisherigen DDR.
Durch unsere gemeinsamen Anstrengungen, durch die Politik der Sozialen Marktwirtschaft werden schon in wenigen Jahren aus Brandenburg, aus Mecklenburg-Vorpommern, aus Sachsen, aus Sachsen-Anhalt und aus Thüringen blühende Landschaften geworden sein.«

Abschließend sagte ich:

»Über 40 Jahre SED-Diktatur haben gerade auch in den Herzen der Menschen tiefe Wunden geschlagen. Der Rechtsstaat hat die Aufgabe, Gerechtigkeit und inneren Frieden zu schaffen. Hier stehen wir alle vor einer schwierigen Bewährungsprobe. Schweres Unrecht muss gesühnt werden, doch wir brauchen auch die Kraft zur inneren Aussöhnung. Ich bitte alle Deutschen: Erweisen wir uns der gemeinsamen Freiheit würdig. Der 3. Oktober ist ein Tag der Freude, des Dankes und der Hoffnung. Die junge Generation in Deutschland hat jetzt – wie kaum eine andere Generation vor ihr – alle Chancen auf ein ganzes Leben in Frieden und Freiheit. […] Deutschland ist unser Vaterland, das vereinte Europa unsere Zukunft. Gott segne unser deutsches Vaterland!«

Meine Worte am Vorabend der deutschen Einheit unterstreichen einmal mehr, dass gar keine Rede davon sein kann, wie uns von der Opposition immer wieder vorgehalten wurde und bis heute vorgehalten wird, dass wir die Schwierigkeiten nicht angesprochen hätten. Wahr ist vielmehr, dass meine Worte nicht gehört wurden oder werden wollten. Die Bundesregierung war sich des schwierigen Weges wohl bewusst. Wir haben dies, gerade auch ich persönlich, immer deutlich gemacht.

Am 2. Oktober kurz vor Mitternacht war im Schauspielhaus am Gendarmenmarkt Schillers »Ode an die Freude« soeben verklungen, als Lothar de Maizière ans Rednerpult trat. Er sprach von einem »Abschied ohne Tränen« und mahnte, nach der notwendigen Klärung von Schuld und Unschuld müssten Aussöhnung und Befriedung der Gesellschaft an erster Stelle stehen. In einer guten Stunde werde es den Staat, dessen Ministerpräsident er noch sei, nicht mehr geben. Wenn de Maizière von einem »Abschied ohne Tränen« sprach, dann brachte er damit wohl zum Ausdruck, dass er der DDR nicht nachtrauerte, wenngleich ich längere Zeit das Gefühl gehabt hatte, er wäre noch ganz gerne im Amt geblieben, wenn es nicht zum wirtschaftlichen Bankrott der DDR gekommen wäre. Jetzt aber war der Zeitpunkt des Abschieds gekommen, und de Maizière spürte wohl – wie viele aus seiner Generation und unserer Landsleute im Osten – den tiefen Einschnitt, den dieser Augenblick bedeutete. Ich wurde mir dessen bewusst, als wir später im Reichstagsgebäude saßen, draußen die Menschen jubelten und ich ihn aufforderte, mit mir ans Fenster zu kommen. Er winkte nur ab.

Die Neunte Sinfonie wurde aus dem Schauspielhaus direkt auf den Platz der Republik vor dem Reichstag übertragen, wo sich inzwischen eine halbe Million Menschen eingefunden hatte. Eine Bläsergruppe spielte festliche Musik von Brahms, Mendelssohn Bartholdy und anderen. Dann sang der Berliner

Konzertchor, der vor dem Westportal des Wallot-Baus Aufstellung genommen hatte. Allmählich füllte sich die Tribüne mit den Ehrengästen.

Ich hatte mich mit meiner Frau Hannelore und einigen unserer Begleiter noch für ein paar Minuten in mein Dienstzimmer im Reichstag begeben, wo ich einer ausländischen Journalistin Rede und Antwort stand. Als wir uns dann auf den Weg zum Westportal machten, wären wir beinahe nicht mehr hingekommen, solch ein unvorstellbares Gedränge herrschte. Schließlich bahnten uns einige Sicherheitsbeamte den Weg. Als ich das Podest betrat, brandete enthusiastischer Beifall auf. »Helmut, Helmut«-Rufe unterbrachen den Chorgesang, unzählige schwarz-rot-goldene Fahnen wehten über den Hunderttausenden von Menschen.

Es war kurz vor Mitternacht. 14 Mädchen und Jungen aus Berlin schritten mit einem riesigen Fahnentuch die Treppen des Reichstags hinunter. Die begeisterte Menschenmenge durchbrach die Absperrungen und schob sich in Richtung Podest vor. Die Zeremonie stockte. Einen Augenblick lang drohte die Lage außer Kontrolle zu geraten, doch alles ging gut, und die jugendlichen Fahnenträger setzten sich wieder in Richtung Fahnenmast in Bewegung. Vom Schöneberger Rathaus herüber ertönte der Schlag der Freiheitsglocke, jener Glocke, die amerikanische Bürger aus Verbundenheit mit den Menschen des freien Teils von Berlin gestiftet hatten. Es dauerte jetzt nur noch wenige Minuten, bis die Fahne des demokratischen Deutschlands gehisst wurde, die Farben des Hambacher Festes. Dann hob sich das Tuch unter dem Jubel der Menschen aus der Vielzahl der kleineren Fahnen empor.

Bundespräsident Richard von Weizsäcker trat ans Mikrofon und gelobte im Namen aller Deutschen:

»In freier Selbstbestimmung wollen wir die Einheit Deutschlands vollenden. Für unsere Aufgabe sind wir uns der Verantwortung vor Gott und den Menschen bewusst. Wir wollen in einem vereinten Europa dem Frieden der Welt dienen.«

Die Bläser und der Chor intonierten das Lied der Deutschen. Hunderttausende stimmten in »Einigkeit und Recht und Freiheit« ein, während der herbstliche Westwind die riesige Fahne oben am Mast erfasste. Zwischen Willy Brandt, der seine Ergriffenheit nicht verbergen konnte, und Hans-Dietrich Genscher auf der einen und Richard von Weizsäcker sowie Lothar de Maizière auf der anderen Seite standen Hannelore und ich.

Es gibt Momente im Leben, da zieht tatsächlich die eigene Vergangenheit wie im Zeitraffer vor dem inneren Auge vorbei. Ich sah die Bilder des zerbombten Ludwigshafen, die Freunde im Gesprächskreis von Dekan Johannes Finck, die vielen Lehrmeister, Weggefährten und Kameraden, mit denen ich in den vergangenen Jahrzehnten für Einheit und Freiheit gekämpft hatte. Noch einmal passierten die schweren Entscheidungen Revue, die ich in all den Jahren zu treffen hatte. Und ich erlebte noch einmal die Stationen auf dem Weg zur Einheit unseres Vaterlands – meine Gespräche auf Schloss Gymnich mit der ungarischen Führung, die Nachricht vom Fall der Berliner Mauer, die mich in Warschau erreichte, den großartigen Empfang, den man mir in Dresden bereitete, meine Treffen mit George Bush, Michail Gorbatschow und François Mitterrand. Ich drückte Hannelore ganz fest an mich und wusste, was ich ganz besonders ihr in all den Jahren zu verdanken hatte.

Zu später Stunde rief mein Freund Felipe González an, um mir zu gratulieren. Um halb zwei Uhr morgens saßen wir noch im Reichstag zusammen: Hannelore, Lothar und Ilse de Maizière sowie eine ihrer Töchter, dazu meine Mitarbeiter Eduard Ackermann, Wolfgang Bergsdorf, Juliane Weber, Johannes Ludewig, Norbert Prill und Horst Teltschik sowie einige Freunde der de Maizières. Draußen standen noch immer Zehntausende von Menschen. Ihre »Helmut! Helmut!«-Rufe ebbten nicht ab. Immer wieder trat ich ans Fenster und winkte den Menschen zu. Es waren bewegende, unvergessliche Momente, die einfach nicht enden wollten.

Mir ging immer wieder durch den Kopf, dass alles auch ganz anders hätte kommen können. Als wir uns im Herbst 1989 nach dem Fall der Mauer auf den Weg zur Einheit machten, war es wie vor der Durchquerung eines Hochmoors: Wir standen knietief im Wasser, Nebel behinderte die Sicht, und wir wussten nur, dass es irgendwo einen festen Pfad geben musste. Wo er genau verlief, wussten wir nicht. Schritt für Schritt tasteten wir uns vor und kamen schließlich wohlbehalten auf der anderen Seite an. Ohne Gottes Hilfe hätten wir es nicht geschafft.

Jetzt, mit dem 3. Oktober 1990, mit der Vollendung der staatlichen Einheit Deutschlands, hatten wir unser großes nationales Ziel erreicht. Eine Vision war Wirklichkeit geworden. Aber der Weg war damit keineswegs beendet. In vielerlei Hinsicht war die staatliche Vereinigung unseres Vaterlands für uns erst ein Anfang, auch wenn wir auf vielem Bewährten aufbauen konnten. Das galt insbesondere für den zweiten Teil unserer Vision, mit der wir nach dem Krieg angetreten waren: Die Einigung Europas als die andere Seite derselben Medaille.

Bildnachweis

1. Ullstein-Bild
2. SZ-Photo / Werek
3. Helmut R. Schulze
4. Ullstein-Bild / dpa
5. Ullstein-Bild / Poly-Press
6. Ullstein-Bild / Lammel
7. SZ-Photo / Werek
8. Ullstein-Bild / Röhrbein
9. SZ-Photo / AP
10. Helmut R. Schulze
11. Ullstein-Bild / Schlemmer
12. Picture-alliance / ZB / Holger Busch
13. Ullstein-Bild / Bining
14. Picture-alliance / dpa / AFP
15. Picture-alliance / dpa
16. Picture-alliance / dpa
17. Picture-alliance / dpa / photoreporters
18. Picture-alliance / dpa / Heinz Wieseler
19. Picture-alliance / dpa / Peter Kneffel
20. Picture-alliance / dpa / Heinz Wieseler
21. Picture-alliance / dpa / AFP
22. Picture-alliance / dpa / Martin Athenstädt
23. Picture-alliance / dpa
24. Picture-alliance / dpa / Hartmut Reeh
25. Ullstein-Bild / Bundesbildstelle
26. Picture-alliance / dpa / Kai-Uwe Wärner
27. SZ-Photo / Th. Imo / Photothek.net
28. Privat

Register

Ackermann, Eduard 36, 46, 85 f., 88, 150, 182, 331, 408
Adamec, Ladislav 62
Adenauer, Konrad 7, 11 f., 76, 103, 171, 257, 304, 349, 394, 398
Albrecht, Ernst 262
Andreotti, Giulio 70, 80 f., 134, 138 f., 241, 350
Augstein, Rudolf 349

Bahr, Egon 389
Baker, James 199 f., 210, 215 f., 218, 237, 241, 281 ff., 301, 306, 311, 386
Becher, Johannes R. 359
Beckurts, Karl Heinz 127
Beil, Gerhard 277
Berghofer, Wolfgang 148
Bergmann-Pohl, Sabine 248 f.
Bergsdorf, Wolfgang 408
Biedenkopf, Kurt 53 f.
Bismarck, Otto von 9, 331
Bitterlich, Joachim 114
Blücher, Gebhard Leberecht von 316
Blüm, Norbert 53 f.
Böhme, Ibrahim 225, 248
Bonhoeffer, Dietrich 127
Bötsch, Wolfgang 372
Brändle, Reinhold 127
Brandt, Willy 88, 94; 159, 187, 192, 206, 257, 304, 349, 362, 407
Braunmühl, Gerold von 127
Breschnew, Leonid 122, 292
Bronfman, Edgar 174
Buback, Siegfried 127
Bulmahn, Edelgard 267
Bush, Barbara 25, 216

Bush, George 8, 19, 25, 33, 82, 95, 100, 109, 112, 120, 122 f., 129–133, 200 ff., 210, 215–221, 232 f., 240 ff., 246, 279, 291 ff., 297–302, 306 ff., 320 f., 324 f., 347, 349, 382, 402, 407

Castro, Fidel 324
Ceaușescu, Elena 165
Ceaușescu, Nicolae 164 f.
Chruschtschow, Nikita 292
Churchill, Winston 355

Däubler-Gmelin, Herta 372
Delors, Jacques 140 f., 245, 327, 347, 366, 392
Delp, Alfred 103
Diepgen, Eberhard 89, 225
Diestel, Peter-Michael 182 f., 231
Donda, Arno 277
Dregger, Alfred 372
Dubček, Alexander 164
Duisberg, Claus-Jürgen 114
Dumas, Roland 139, 311, 386

Ebeling, Hans-Wilhelm 180, 182 f., 231
Ehmke, Horst 389
Elisabeth II., Königin von England 238
Engholm, Björn 74
Eppelmann, Rainer 182 f., 231
Erhard, Ludwig 257, 304
Finck, Johannes 407
Fischer, Oskar 55, 174
Fitzgerald, Ella 304
Friedrich der Große 9

Gaddum, Johann Wilhelm 319
Gauck, Joachim 376
Gaulle, Charles de 76
Geißler, Heiner 53 f., 57 f., 75
Genscher, Hans-Dietrich 46 f., 55, 60 f., 88 f., 124 f., 129, 141 f., 144, 175, 209, 216 f., 247, 286 f., 290 f., 311, 313, 322, 326, 330, 337, 339 ff., 346, 350, 372, 379 ff., 386 f., 407
Gerassimow, Gennadi 236
Gerstenmaier, Eugen 103, 394
Giscard d'Estaing, Valéry 109
Glotz, Peter 267
Göbel, Wolfgang 127
González, Felipe 21, 34, 99, 138, 245, 407
Gorbatschow, Michail 8, 16, 19–36, 42, 48, 50, 60, 63, 66 ff., 72 f., 78 ff., 89 f., 97 ff., 107 ff., 112 f., 119 f., 122 f., 128, 130 f., 134, 141 ff., 146, 158, 163 f., 168 ff., 175, 185–189, 193 f., 196–211, 213 f., 217, 221, 233, 235 f., 240, 250, 279–286, 289, 291–303, 307 ff., 313 f., 317 f., 323–343, 345–350, 352, 379, 381–387, 389 f., 392, 403, 407
Gorbatschowa, Raissa 24, 31, 337, 346
Grass, Günter 262
Groppler, Eckhard 127

Habsburg, Otto von 40
Hansen, Hans-Wilhelm 127
Hanz, Martin 115
Hartmann, Peter 114
Haughey, Charles 138, 244 ff.
Haussmann, Helmut 381, 384
Havel, Václav 164
Hawking, Stephen 304
Heraklit 334

Hermes, Andreas 394
Herrhausen, Alfred 50, 126 f.
Herrhausen, Traudl 126
Heseltine, Michael 242
Hillegaart, Heinz 127
Hitler, Adolf 83, 103, 369
Hoffmann von Fallersleben, August Heinrich 359
Höfner, Ernst 277
Honecker, Erich 16 f., 26, 36–40, 42, 47, 53, 59 f., 62 ff., 67, 79, 99, 104, 145, 210, 223, 276 f., 390, 398
Horn, Gyula 35, 47, 55, 57
Horváth, István 46 f.
Hurd, Douglas 242, 311, 386

Jakowlew, Alexander 186, 188
Jaruzelski, Wojciech 80, 83, 87, 104, 221

Kaestner, Uwe 114
Kaiser, Jakob 394
Kass, Rüdiger 114
Kennedy, John F. 305
Kiechle, Ignaz 208
Kiesinger, Kurt Georg 257
Kirchner, Martin 182 f.
Klein, Hans 85, 330
Kohl, Hannelore 25, 115, 216, 406 ff.
Kohl, Walter 304
Köhler, Horst 260, 385
Kossygin, Alexei 206
Krack, Erhard 157
Krause, Günther 259, 358, 360, 364, 369, 376, 401
Krenz, Egon 67 ff., 73, 76, 80, 95–99, 104 ff., 145 f., 149, 277
Krjutschkow, Wladimir 186, 188
Krolikowski, Werner 43
Kwizinskij, Julij 89, 233 ff., 280 f., 284 ff., 380, 385

Register

Lafontaine, Oskar 74, 125, 253, 262, 266 f., 270, 365, 372, 389 f.
Lambsdorff, Otto Graf 196, 265, 372
Landsbergis, Vytautas 284
Leisler Kiep, Walther 53 f.
Lorenz, Peter 157
Lubbers, Ruud 138 f., 241
Ludewig, Johannes 260, 408
Lukaschek, Hans 103

Maizière, Ilse 408
Maizière, Lothar de 180, 182 f., 231, 249 ff., 255 f., 280, 283 f., 311, 313 f., 354, 356, 358 ff., 363–368, 371, 374, 386, 400 f., 405, 407 f.
Major, John 242
Marcisz, Heinz 127
Marshall, George 304
Marx, Karl 337, 398
Masur, Kurt 67
Matthäus-Maier, Ingrid 263, 274
Mazowiecki, Tadeusz 83 ff., 103 f., 161, 218, 221, 232 f.
Meckel, Markus 283, 311 ff.
Mertes, Michael 114 f.
Michelis, Gianni de 129
Mielke, Erich 248
Mirbach, Andreas von 127
Mischnick, Wolfgang 372
Mitterrand, François 13 ff., 21, 25, 34, 70, 75–80, 95, 100, 109 ff., 129, 137, 139, 146, 168 ff., 175, 190, 210, 213 ff., 221 f., 240, 242 ff., 284, 297, 314–318, 321, 324 f., 350, 407
Mock, Alois 35
Modrow, Hans 63, 97, 104 ff., 114, 117, 128, 142, 144, 146, 148 ff., 147, 163, 179 ff., 185 f., 188, 190, 192–196, 198, 210 ff., 249

Moltke, Helmuth James Graf von 103
Momper, Walter 74, 88 f., 94, 157, 363

Napoleon 39, 316
Németh, Miklós 40, 46–50, 54, 56, 107, 146
Neuer, Walter 85, 148, 331
Neumann, Bernd 225
Neusel, Hans 376
Newrzella, Michael 127
Nossol, Alfons 103

Patten, Chris 242
Pieler, Roland 127
Pöhl, Karl Otto 265
Pollack, Peter 366
Ponto, Jürgen 127
Prill, Norbert 114, 408
Prunskiene, Kazimiera 292
Ramstetter, Erich 115
Ramstetter, Fritz 115
Rau, Johannes 372
Reagan, Ronald 157
Reuter, Ernst 362, 399
Rohwedder, Detlev Karsten 127, 274
Rombach, Walter 257
Romberg, Walter 366
Rühe, Volker 58, 180, 182, 401
Ryschkow, Nikolai 186, 189, 193, 294

Schabowski, Günter 85
Schalck-Golodkowski, Alexander 149, 277
Schamir, Yitzhak 172
Schäuble, Wolfgang 97, 124, 126, 179, 230, 356–360, 362 f., 365, 367, 372, 376 f., 401

Scheidemann, Philipp 368
Schewardnadse, Eduard 60, 128 f.,
   186, 198 f., 236, 282, 284–289, 294,
   310 f., 313, 330 f., 341, 346 f.,
   379 ff., 383, 386
Schily, Otto 229
Schleyer, Hanns-Martin 126 f.
Schmidt, Helmut 15, 17, 257, 304,
   394
Schnur, Wolfgang 182 f., 225
Scholz, Rupert 115
Schröder, Gerhard 266 f., 270
Schröder, Richard 248
Schumacher, Kurt 362, 370, 399
Schuman, Robert 11
Schürer, Gerhard 276 f.
Scowcroft, Brent 217
Seiters, Rudolf 43, 46, 61, 85, 105 ff.,
   124, 148, 182, 196, 372
Silajew, Iwan 129
Späth, Lothar 53 f., 58, 75, 174
Springer, Axel 157
Stalin, Josef 12, 30, 165, 188, 292, 392
Stern, Maram 174
Stolpe, Manfred 231
Stoltenberg, Gerhard 166, 291
Strauß, Franz Josef 14
Sudhoff, Jürgen 62
Süssmuth, Rita 53 f.

Talleyrand-Périgord, Charles-Maurice
   de 39
Teltschik, Horst 27, 46, 89, 114, 150,
   199, 217, 294 f., 317, 330 f., 380,
   385, 408
Terechow, Wladislaw 309
Thatcher, Margaret 21, 33, 70, 78 ff.,
   94 f., 100, 110 f., 129, 134, 136 ff.,
   168, 170, 175 f., 190, 218, 221,
   238–242, 317 f., 320, 350
Thierse, Wolfgang 367
Tietmeyer, Hans 259
Töpfer, Klaus 401
Tschernajew, Anatoli 331

Ulbricht, Walter 157
Ulmer, Helmut 127

Verheugen, Günter 267
Vogel, Bernhard 401
Vogel, Hans-Jochen 74, 88, 225, 228,
   273, 372
Vogel, Wolfgang 60
Voigt, Karsten 125

Wagner, Konrad 151
Waigel, Theo 166, 196, 257, 260, 265,
   330, 346, 372, 381, 384
Wallmann, Walter 179
Walters, Vernon 88, 281, 284
Weber, Juliane 46, 126, 150, 182, 331,
   408
Weizsäcker, Richard von 54, 75,
   125 f., 304, 406 f.
Wieczorek-Zeul, Heidemarie 267
Wohlrabe, Jürgen 88 f.
Wojtyla, Karol 102
Wörner, Manfred 320, 327
Wurster, Georg 127

Yao Yilin 64

Zieten, Hans Joachim von 9
Zimmermann, Ernst 127